정보보호활용능력 1급 필기/실기

제4차 산업혁명!
'컴활' 시대를 지나서 '정활' 시대로!
정보보호활용능력 1급 필기/실기

2018년 3월 16일 초판 1쇄 인쇄
2018년 3월 23일 초판 1쇄 발행

지 은 이 : 공병철 외 6인
펴 낸 이 : 최 정 식
진　　행 : 인포더북스 출판기획팀

펴 낸 곳 : 인포더북스(books@infothe.com)
홈페이지 : www.infothebooks.com
주　　소 : (121-708) 서울시 마포구 마포대로 25(마포동, 신한디엠빌딩 13F)
전　　화 : (02) 719-6931
팩　　스 : (02) 715-8245
등　　록 : 제10-1691호

표지 · 내지 디자인 : 나은경 · 임준성

Copyright ⓒ 공병철, 이원연, 송병룡, 김형구, 여동균, 오원철, 오법영 2018.
Printed in Seoul, Korea

본 도서는 저작권법에 의해 보호를 받는 저작물이므로 내용을 무단으로
복사, 복제, 전재 및 발췌하는 행위는 저작권법에 저촉되며, 민형사상의 처벌을 받게 됩니다.

정가 32,000원

ISBN 978-89-94567-85-3 (13000)

제4차 산업혁명!
'컴활' 시대를 지나서 '정활' 시대로!

정보보호활용능력 1급 필기/실기

공병철, 이원연, 송병룡, 김형구, 여동균, 오원철, 오법영 지음

발간사

최근 제4차 산업혁명의 핵심인 지능정보기술(인공지능(AI)), 사물인터넷(IoT), 클라우드, 빅데이터 등)로 다양한 산업에서 융합이 일어나고 있으며, 데이터와 지식이 산업의 경쟁 원천이 되면서 플랫폼 기반의 산업생태계가 조성될 것으로 전망되고 있습니다.

제 3차 산업혁명 시기에는 컴활(컴퓨터활용능력)이 있었다면, 제 4차 산업혁명 지능정보사회에는 정활(정보보호활용능력)로 미래 사회를 준비해 나가야 합니다.

'정보보호활용능력(IPA : Specialist in Information Protection Application ability)'은 지능정보사회에 인공지능과 IoT, 클라우드, 빅데이터, 모바일을 통해서 많은 데이터의 수집·축적하는 지능정보기술의 활용능력과 개인정보 유출, 사생활 침해, 사이버 위협과 같은 역기능 대응 능력 등 개개인의 정보보호 관련된 업무를 신속, 정확하게 수행할 수 있는지의 능력을 판단하는 등의 업무 수행을 갖추고 있는 자를 말합니다.

정보보호활용능력 자격검증 시험은 1, 2급 필기시험과 실기시험으로 나누어집니다. 응시자격은 1급은 2년제 대학 졸업, 2급은 제한이 없으며, 이론 필기시험은 1급의 경우 정보보호 일반, 정보보호 활용, 정보보호 기술 등 3과목을, 2급은 정보보호의 개요, 개인정보보호의 개요, 생활 속의 정보보호, 정보보호 기술, 지능정보사회의 정보보호 등 필기시험(1급 70문항, 2급 50문항)과 실기시험을 평가하며, 실무 실기시험으로 주관식 필답형으로 실무 및 기술실무를 평가합니다.

정보보호활용능력 자격증은 한국직업능력개발원으로부터 지난 2017년 7일 14일 민간자격등록증(관리번호 29787호)을 취득하였으며, 주무부처는 과학기술정보통신부 [구, 미래창조과학부(등록번호 제 2017-003656호)]로 등록자격관리자는 주식회사 에스링크입니다.

전국민 대상으로 정보보호가 누구나 서비스 제공 비용에 상관없이 이용할 수 있는 기본권의 보편적인 서비스(Universal Service)의 개념으로 제공되어야 하며, 정보보호활용능력 자격증 취득은 지능정보인재를 조기 발굴·육성하여 산업계에서 필요한 인력이 양성되도록 지원과 정보보호 산업의 맞춤형 인재를 배출하여 청년취업 및 일자리 창출에 기여할 것입니다.

사단법인 한국사이버감시단(대표이사 공병철, KCGA)은 지난 1999년 발족하여 2001년 정식 등록된 비영리민간법인으로 사이버상에서 이루어지는 피해사례에 대한 조정 및 해결을 통해 소비자 권익보호 및 올바르고 건전한 정보통신 문화를 만들어가며, 나아가 사이버상의 건전한 정보교류를 활성화하여 정보화 역기능 방지와 국가의 정보화 경쟁력 향상에 기여함을 목적으로 합니다.

본 단체 편찬도서의 훌륭한 원고를 주신 집필위원과 전문위원님들의 노고에 감사를 드리며, 본 교재의 감수기관인 한국정보보호심사원협회 임원과 정보보호연구회 위원님들께도 깊은 감사를 드립니다.

 대표이사 공병철

시험 정보

학습 전략

본 교재는 정보보호활용능력 자격증 취득을 위한 표준 도서로서 시험 준비생에게 필요한 내용으로 작성되었으며, 각 분야별 정보보안 최고전문가가 참여하여 최신 정보보호 및 지능정보기술 경향분석을 통하여 시험을 대비할 수 있도록 준비하였습니다.

또한 1급 자격증 시험 준비생을 위하여 부족한 이론을 점검하고, 실전 모의고사 문제풀이 50문제를 통해서 최종 점검을 통하여 자격증 시험을 취득하기 위한 표준도서로 활용하면 많은 도움이 될 것입니다.

시험 유형 분석

정보보호활용능력은 지능정보화 사회에서 IoT, 클라우드, 빅데이터, 모바일, 인공지능을 통해서 많은 데이터의 수집·축적하는 지능정보기술의 활용 여부를 판단하는 등의 업무를 수행하기 위한 능력을 검증하는 자격증으로 사이버 위협과 역기능에 대한 개개인의 정보보호 대응의 신속, 정확하게 업무를 할 수 있는지의 수행능력 평가를 위하여 정보보안기술, 개인정보보호, 지능정보기술 등 활용과 대응능력 전반적인 내용에 대한 문제가 출제됩니다.

정보보호 활용능력 1급 필기 시험은 제1과목 정보보호의 개요, 제2과목 정보보호 활용, 제3과목 정보보호 기술으로 총 3과목을 평가하며 객관식 4지선다 100문항이 출제됩니다.

정보보호활용능력 1급 실기시험은 주관식 필답형으로, 단답형 40문항(80점), 서술형 5문항(20점)으로 출제됩니다. 과목별로 주어진 사례 중심의 문제해결을 통한 현장실무 능력을 평가합니다.

| 학습 스케줄표(1급)

⟨6주 완성⟩ 최종 점검을 위한 학습 방법은 다음과 같습니다.

■ 1주 : 정보보호 일반_①
  정보보호와 개인정보의 정의, 개인정보 위반사례, 정보보호 윤리의식 이해하기

■ 2주 : 정보보호 일반_②
  생활 속의 정보보호, 국내정보보보호의 현황, 정보보호 법규 이해하기

■ 3주 : 정보보호 활용_①
  컴퓨터, 시스템, 네트워크, 응용프로그램, 모바일기기 정보보호 이해하기

■ 4주 : 정보보호 활용_②
  무선랜, IoT, 클라우드, 빅데이터, AI 등 정보보호, 보안시스템과 지원 시스템 운영 이해하기

■ 5주 : 정보보호 기술
  정보보호 분야별 대책, 암호, 악성코드, 사이버 공격대응, 보안장비, 솔루션 이해하기

■ 6주 : 전체 복습과 실전 모의고사 풀이
  과목별 주요 이론 복습, 실전 모의고사 문제풀이

시험 정보

정보보호활용능력(IPA) 자격검정 시험 개요

■ 검정 개요

○ 직무내용 : 정보보호활용 직무는 지능정보화 사회에서 컴퓨터, 시스템, 네트워크, 무선랜, ICBA 등과 함께 일상생활 전반에 다양한 종류의 스마트디바이스 기기를 효율적이며 안전하게 활용하고 개인정보 유출, 사생활 침해, 사이버 위협과 같은 역기능 대응 등 정보보호를 처리하고 관리하는 일이다.

규정 제1조 (목적) ① 이 규정은 정보보호활용능력(영문명 IPA : Specialist in Information Protection Application ability ; Expert(1th), Beginner(2th))의 민간자격검정의 업무를 엄정하고, 효율적으로 시행하기 위하여 필요한 사항에 대하여 규정함을 목적으로 한다.

② 정보보호활용능력은 지능정보사회에 인공지능과 IoT, 클라우드, 빅데이터, 모바일을 통해서 다양한 데이터 수집·축적하는 지능정보기술의 활용능력과 개인정보 유출, 사생활 침해, 사이버 위협과 같은 역기능 대응능력 등 개개인의 정보보호 관련된 업무를 신속, 정확하게 수행할 수 있는지의 능력을 가진 자를 말하고, 당해 전문지식과 지능정보기술능력을 검정하여 정보보호 산업현장에 공급함으로써 정보보호 인력 양성은 물론 나아가 국가 경쟁력 향상에 기여토록 함을 목적으로 한다.

■ 검정 기준

등급	검 정 기 준
2급	정보보호와 활용 및 일상생활/기업/기관에서의 정보보호 기술에 대한 지식의 기초적인 이해도 평가와 지능정보기술의 활용 및 관리 방법론, 관련법규의 이해 능력을 갖추고 있는지에 대한 실무기능 평가
1급	정보보호와 활용 및 일상생활/기업/기관에서의 고도의 정보보호 기술에 대한 지식의 이해도 평가와 정보보호 기술을 안전하고 효율적으로 운영하기 위한 실무기능 평가

■ 검정 방법

○ 시험 과목 및 시험 방법

구 분		과 목 명	문항 수	검정시간	문제유형	합격기준
필기 시험	1급	1. 정보보호 일반	20	2급 60분 1급 90분	4지 택일형	60점
		2. 정보보호 활용	20			
		3. 정보보호 기술	30			
	2급	1. 정보보호의 개요	10			
		2. 개인정보보호의 개요	10			
		3. 생활 속의 정보보호	10			
		4. 정보보호 기술	10			
		5. 지능정보사회의 정보보호	10			
실기 시험		정보보호활용 실무	45	1급 120분 2급 90분	필답형	60점

시험 정보

■ 응시 자격

응시자격은 필기시험은 응시 제한이 없으며, 실기시험은 해당 종목의 필기시험을 합격한 후에 실기시험 시행일까지 2년이 경과하지 않은 자로 한다.

등급	연령/학력	세부 응시 자격
1급	- 연령 : 20대 이상 - 학력 : 전문대학졸업자 등 또는 그 졸업예정자	1. 응시하려는 종목이 속하는 동일 및 유사 직무분야의 다른 종목의 기능사 등급 이상의 자격을 취득한 사람 2. 관련학과의 2년제 또는 3년제 전문대학졸업자등 또는 그 졸업예정자 3. 응시하려는 종목이 속하는 동일 및 유사 직무분야에서 1년 이상 실무에 종사한 사람 4. 외국에서 동일한 종목에 해당하는 자격을 취득한 사람
2급	- 연령 : 제한없음 - 학력 : 제한없음	1. 제한없음 (학력, 연령, 경력별)

○ 필기 시험(객관식)

1급	70문항 × 1.43점 = 100점	4지선다형
2급	50문항 × 2점 = 100점	4지선다형

○ 실기 시험(주관식)

구 분	1급 & 2급 공통 적용	비고
단답형	40문항 × 2점 = 80점	부분점수 존재
서술형	5문항 × 4점 = 20점	부분점수 존재

- 과목별로 주어진 사례중심의 문제 해결을 통한 현장실무 능력을 측정한다.
- 평가 방법은 사례 중심 문제의 세부 배점 및 채점기준에 따라 점수 부여한다.

■ 합격 기준 & 응시 수수료

ㅇ 필기 시험 : 100점 만점기준 각 과목 40점 이상, 전과목 평균 60점 이상 득점한 자
ㅇ 실기 시험 : 100점 만점기준 60점 이상 득점한 자

등 급	필 기	실 기
1급 (대학 2년 이상)	30,000원	40,000원
2급 (제한없음)	20,000원	30,000원

※ 단체 : 10인 이상 20% 할인, 대표자 일괄 결제

■ 민간자격 검증사업단 개요

- 주최 : (사)한국사이버감시단
- 발급기관 : ㈜에스링크 대표이사 공병철
- 직업능력개발원 민간자격증 관리번호 제 29787 호
- 주무 부처 : 과학기술정보통신부 등록번호 제 2017-003656 호

■ 검증 문의

- http://www.ipa17.co.kr
- Tel : 02-555-0816
- e-mail : ipa@wwwcap.or.kr

Contents

Part 1 정보보호 일반

제1장 정보보호의 정의
    1.1 정보보호의 개념 ··· 18
    1.2 정보보호의 필요성과 목적 ··· 23

제2장 개인정보보호의 정의
    2.1 개인정보보호의 개념 ··· 28
    2.2 개인정보보호의 원칙 ··· 35
    2.3 정보주체의 권리 ··· 37
    2.4 개인정보의 처리 ··· 43

제3장 개인정보 위반사례 등
    3.1 개인정보보호 위반사례 예시 ··· 54
    3.2 개인정보의 침해대응 방법 ··· 57

제4장 정보보호 윤리의식
    4.1 정보보호 윤리의식의 필요성 ··· 64
    4.2 정보보호 윤리의식 ··· 69

제5장 생활속의 정보보호
    5.1 생활 속의 정보보호 의미 ··· 74
    5.2 생활 속의 정보보호 대응방안 ··· 75

제6장 국내 정보보호의 현황
    6.1 정보보호 기관 현황 ··· 82
    6.2 사이버보안체계 현황 및 체계의 이해 ····························· 87

제7장 정보보호 법규
    7.1 정보보호 법규의 개념 ··· 92
    7.2 정보보호 법규의 주요 내용 ··· 96

Part 2 정보보호 활용

제1장 컴퓨터 정보보호
    1.1 컴퓨터 정보보호의 개요 ··· 112
    1.2 컴퓨터 보안 관리 ··· 115

제2장 시스템 및 네트워크 정보보호
- 2.1 운영체제 개념 및 구성 …………………………………… 150
- 2.2 윈도우즈 보안 …………………………………………… 156
- 2.3 TCP/IP 일반 및 OSI 7 레이어 …………………………… 160

제3장 응용프로그램 정보보호
- 3.1 응용프로그램 정보보호 ………………………………… 172
- 3.2 응용프로그램 정보보호 대응방안 …………………… 175

제4장 모바일 기기 정보보호
- 4.1 모바일 기기 정보보호의 개념 ………………………… 180

제5장 무선랜 정보보호
- 5.1 무선랜 정보보호의 개념 ………………………………… 190
- 5.2 무선랜 공격 대응방법 …………………………………… 193

제6장 IoT, 클라우드, 빅데이터, AI 등 정보보호
- 6.1 IoT 정보보호의 개념 …………………………………… 202
- 6.2 IoT 보안 …………………………………………………… 211
- 6.3 클라우드의 개념 ………………………………………… 216
- 6.4 클라우드의 보안 및 관련 법률 ………………………… 222
- 6.5 빅데이터의 개념 ………………………………………… 225
- 6.6 빅데이터의 보안 ………………………………………… 229
- 6.7 인공지능의 개념 ………………………………………… 234
- 6.8 인공지능의 보안 ………………………………………… 242

제7장 보안 시스템 운영
- 7.1 방화벽 기능 및 작동원리 ……………………………… 250
- 7.2 IPS/TMS 기능 및 작동원리 …………………………… 255
- 7.3 DDoS 장비 기능 및 작동원리 ………………………… 259
- 7.4 백신, NAC, 매체제어, WIPS 등 기타 솔루션 이해 … 264
- 7.5 NAC 시스템 기능 및 작동원리 ………………………… 266
- 7.6 매체제어 시스템 기능 및 작동원리 …………………… 268
- 7.7 WIPS 장비 기능 및 작동원리 ………………………… 270
- 7.8 기타 보안 시스템 ………………………………………… 273

Contents

Part 3 정보보호 기술

제1장 물리적, 관리적, 기술적 보호조치
    1.1 물리적 보호조치의 개념 …………………………………………… 284
    1.2 관리적 보호조치의 개념 …………………………………………… 288
    1.3 기술적 보호조치의 개념 …………………………………………… 290

제2장 암호
    2.1 암호의 개념 ………………………………………………………… 298
    2.2 암호의 활용 ………………………………………………………… 302

제3장 악성코드
    3.1 악성코드의 개념 …………………………………………………… 306
    3.2 악성코드의 종류 …………………………………………………… 307

제4장 사이버공격 대응
    4.1 사이버 공격의 개념 ………………………………………………… 314
    4.2 사이버 공격의 유형 ………………………………………………… 317
    4.3 보안관제의 발전 방향 ……………………………………………… 329
    4.4 사이버 대피소 소개 ………………………………………………… 333

실전 모의고사
    실전 모의고사 ………………………………………………………… 338

Part 1
정보보호 일반

제1장 정보보호의 정의
제2장 개인정보보호의 정의
제3장 개인정보 위반사례 등
제4장 정보보호 윤리 의식
제5장 생활속의 정보보호
제6장 국내 정보보호의 현황
제7장 정보보호 법규

Part 1. 정보보호 일반

학습 목표

정보보호의 정의, 정보보호 윤리의식, 정보보호 법규에 대하여 학습한다.

정보보호의 사전적·법적인 정의와 정보보호의 역사 및 정보보호의 필요성과 목적에 대하여 이해한다.

해커와 크래커 및 사물인터넷의 발달과 해킹의 증가에 대한 학습을 통하여 정보보호 윤리의식의 필요성을 이해한다.

정보보호 법규의 구조 및 제정 목적을 학습하면서 실생활에서 준수하여야 하는 정보보호 법규의 주요 내용에 대하여 이해한다.

평가의 목표

1장에서는 정보보호의 정의와 역사를 이해하고, 정보보호의 목적과 관련 기술을 이해하는지 평가한다.

2장에서는 해커의 용어에 대해 이해하고, 사물인터넷의 발달에 따른 해킹의 증가에 대해 학습하며, 정보보호 윤리의식을 함양하는지 평가한다.

3장에서는 정보보호 법규의 구조에 대해 이해하고, 실생활에서 정보보호의 준수를 위해 정보보호 법규의 주요내용을 이해하는지 평가한다.

제1장
정보보호의 정의

학습 및 평가 목표

1장에서는 정보보호의 정의에 대하여 학습한다.
정보보호의 사전적·법적인 정의를 통해 정보보안과 정보보호의 차이점을 이해하고, 정보보호의 역사와 정보보호의 필요성에 대한 학습을 통하여 정보보호의 목적을 숙지한다.

정보보호의 개념

Chapter 1. 정보보호의 일반적인 정의

■ 정보의 사전적 의미
→ 관찰이나 측정을 통해 수집한 자료를 실제 문제에 도움이 되도록 정리한 지식 또는 그 자료

■ 정보보호의 사전적 의미
→ 정보의 수집·가공·저장·검색·송신·수신 중에 정보의 훼손·변조·유출 등을 방지하기 위한 관리적·기술적 수단, 또는 그러한 수단으로 이루어지는 행위를 말한다(출처 : IT용어사전, 외국어 표기 : information security, 情報保護).

→ 컴퓨터 시스템의 공유 자원에 놓여진 정보에 대한 부당한 읽어내기, 변경 등에 대한 보호를 말한다(출처 : 컴퓨터인터넷IT용어대사전, 외국어 표기 : information protection).

→ 활자, 구두, 그림 및 통신을 통한 정보의 누설을 예방하는 조치로서, 적에게 자료의 노출을 방지하고 보호하기 위해 인원 및 정보의 공개를 제한한다(출처 : 군사용어사전).

■ 흔히 우리는 보안과 보호라는 용어를 일상생활에서 많이 쓰고 있는데, 보안과 보호의 정확한 차이점은 무엇일까? 이 둘을 구분하기 쉽지 않다. 과연 보안과 보호가 동일한 의미일까?
→ 보안과 보호의 사전적 의미
  - 보안(保安) : 안전을 유지함, 사회의 안녕과 질서를 유지함
  - 보호(保護) : 위험이나 곤란 따위가 미치지 않도록 잘 보살펴 돌봄, 잘 지켜 원래대로 보존되게 함

→ 동일한 대상에 대한 보안과 보호의 용어를 사용하는가에 따라서 그 의미가 조금은 달라진다.
  - 출입문 보안 : 출입문을 통과하지 못하게 안전하게 지킨다.
  - 출입문 보호 : 출입문 그 자체가 부서지지 않고 온전하게 보존한다.
  - 석굴암 보안 : 석굴암으로 들어가는 출입문 등 함부로 통과하지 못하게 안전하게 지킨다.
  - 석굴암 보호 : 석굴암 그 자체가 오래토록 부서지지 않고 온전하게 보존한다.

→ 정보보안과 정보보호의 차이는 보안과 보호의 앞에 '정보'라는 대상이 붙어 있는 것뿐이다. 즉, 정보를 안전하게 지킨다는 의미의 정보보안이 있고, 정보를 잘 지켜 원래대로 보존되게 하는 의미의 정보보호가 있다. 둘 다 비슷한 의미로 받아들일 수도 있지만 그 차이점은 있다.
  - 예를 들어, 본인의 개인정보(주민번호, 계좌번호, 금융정보, 연락처 등)를 금고나 지갑에 넣어 두는 행동은 정보보안이라 할 수 있다며, 평소에 안전하게 관리하기 위해서 신경을 쓰는 것은 정보보호라 할 수 있다.
  - 인터넷에 회원가입 시 패스워드(PW)가 안전하게 저장되기 위해 암호화되어야 하는 것이 정보보안이라면, 다른 이가 알 수 없도록 본인만 알 수 있는 패스워드를 입력하고 기억하는 것은 정보보호의 의미가 되는 것이다.

→ 즉, 정보보안은 지키고자 하는 중요한 주체(정보)를 보호하기 위하여 관리적, 물리적, 기술적 방법을 사용하는 수단을 의미하고 있다.

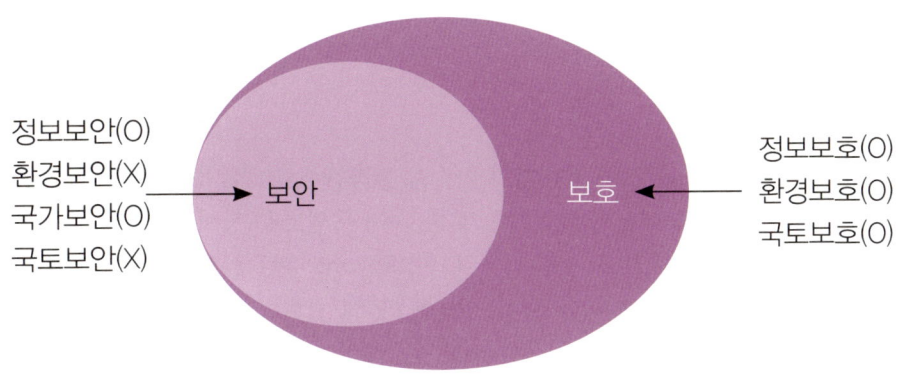

[그림 1-1] **보호와 보안의 차이**

Chapter 2. 정보보호의 법적인 정의

■ 국가정보화기본법 제3조 "정보보호"라 함은 정보의 수집·가공·저장·검색·송신·수신 중에 정보의 훼손·변조·유출 등을 방지하기 위한 관리적·기술적 수단(이하 "정보보호시스템"이라 한다)을 강구하는 것을 말한다.

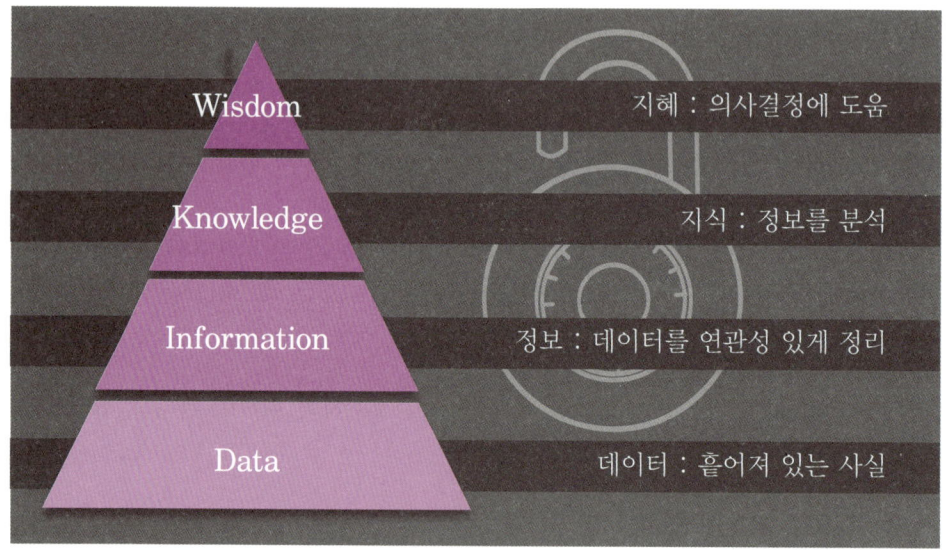

[그림 1-2] 정보의 의미

Chapter 3. 정보보호의 역사

■ 정보보호의 역사는 그리스나 로마 시대까지 거슬러 올라간다. 그리스의 양피지를 이용한 암호 장치나 알파벳을 사용하여 메시지를 작성한 로마 시저의 암호문 등이 그것이다. 근대에 들어서서는 독일이 제2차 세계대전에 사용한 에니그마(Enigma)라는 암호화 장치가 있다. 에니그마에 의해 암호화된 암호문의 해독은 연합군이 전쟁에서 유리한 위치를 점하는 데 크게 도움이 되었을 뿐 아니라 이때의 연구가 나중에 컴퓨터의 발명 및 발전에도 큰 영향을 주었다.

→ 시저의 암호문
 - 시저는 키케로나 친지들에게 은밀한 편지를 보내고자 할 때 암호문을 이용했는데, 다음은 시저 암호문의 한 예이다.

QHYHU WUXVW EUXWXV

- 이 암호문은 단순히 알파벳을 왼쪽으로 세 자리 이동해서 작성한 것이다. 원래 문장(평문)의 문자 A는 암호 문자 D로, 평문 문자 B는 암호 문자 E로, 그리고 평문 문자 W는 암호 문자 Z로 그리고 암호 문자로 아직 사용되지 않은 A, B, C는 평문 문자 X, Y, Z를 의미한다. 이런 평문 문자와 암호 문자의 관계를 표로 나타낸 것이 다음 표인데, 윗줄이 평문 문자고 아랫줄이 암호 문자다. 이런 표를 암호화 표라 한다.

평문 문자	A B C D E F G H I J K L M N O P Q R S T U V W X Y Z
암호 문자	D E F G H I J K L M N O P Q R S T U V W X Y Z A B C

[그림 1-3] 시저 암호의 평문 문자와 암호 문자의 관계를 나타내는 암호화 표

→ 독일군의 에니그마
- '에니그마(Enigma Machine)'는 제2차 세계대전 당시 독일군이 사용했던 암호 기계이다.
- 다른 회전자 기계(Rotor Machine)처럼 에니그마는 '기계적 하부체계'와 '전기적 하부체계'로 이루어졌다. 기계적 하부체계는 알파벳 26개로 구성된 키보드가 있고 각각의 키는 하나 이상의 명령으로 수행된다. 전기적 하부체계는 자판, 회전자, 플러그판 등으로 만들어졌다. 암호화 규칙(키 값)을 무한히 길게 하는 '다중 치환 암호'를 전기공학적으로 구현한다. 자판으로 암호화할 문장을 입력하면 스크램블러가 돌아가면서 암호화된 문장으로 만들어 램프에 표시한다.

[그림 1-4] 2차 세계대전 당시 독일군이 사용했던 암호 기계 에니그마

■ 컴퓨터의 시대가 되면서 암호학은 더욱 발달하여 현재는 대칭키 암호화, 비대칭키(공개키-개인키 쌍) 암호화와 일회용 비밀번호(OTP: One Time Password) 등 다양한 암호화 방식 및 암호화 응용 서비스들이 개발되어 사용되고 있다.

■ 1986년에는 DOS 운영체제에서 동작하는 개인용 컴퓨터를 감염시키는 C 브레인이라고 하는 컴퓨터 바이러스가 등장했다. 초기의 바이러스는 별다른 피해를 주지 않고 특정한 메시지를 출력하는 정도에 그치는 경우가 많았으나 이후 컴퓨터의 파일들을 삭제하거나 아예 컴퓨터의 파일 시스템을 파괴하여 시스템을 못 쓰게 만들어 버리는 악성 바이러스들이 대량으로 출현하게 되었다. 또한 바이러스의 종류도 다양하게 분화하여 시스템에 숨어 있다가 동작하는 트로이 목마나 자기 스스로를 복제하는 웜과 같은 종류도 출현하게 되었다. 이들은 흔히 시스템을 원격조정하거나 패스워드, 키보드 입력값 등을 가로채 전송하는 등 시스템 및 사용자에게 막대한 피해를 줄 수도 있는 기능을 가지고 있다. 이에 따라 바이러스를 제거하고 나아가 방어하는 백신 소프트웨어들이 활발하게 개발, 사용되고 있다.

■ 최근에는 네트워크를 통한 접속에 의한 침입이 큰 문제가 되므로 이를 막는 방화벽(Firewall)이나 침입탐지 시스템(IDS : Intrusion Detection System) 또는 침입방지 시스템(IPS : Intrusion Prevention System) 등이 개발되어 정보보호에 큰 역할을 하고 있다.

1.2 정보보호의 필요성과 목적

Part 1 정보보호 일반

Chapter 1. 정보보호의 필요성

■ 산업사회에서 정보화 사회로 바뀌면서 오프라인에서 수행되던 일이 대부분 온라인으로 수행 가능해 지고있다. 하지만 정보화의 순기능과 함께 개인정보가 노출, 악용되는 등의 사례가 증가함에 따라 사생활이 침해되거나, 조직 내 중요 정보가 오용과 악의적인 의도에 의해 유출되는 등의 치명적인 정보화의 역기능이 발생하게 되었다.

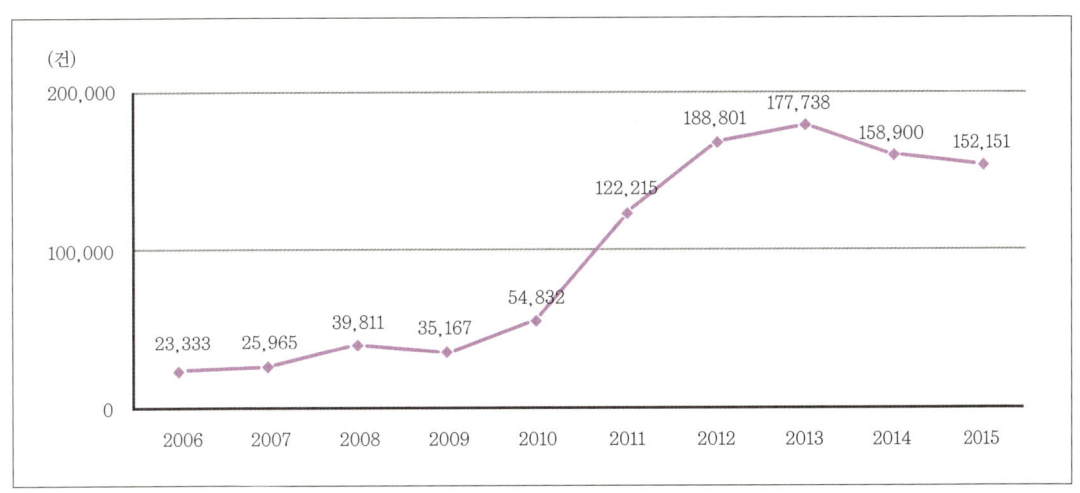

출처 : 방송통신위원회(한국인터넷진흥원 개인정보침해신고센터 접수자료)

[그림 1-5] 연도별 개인정보 침해신고 상담건수

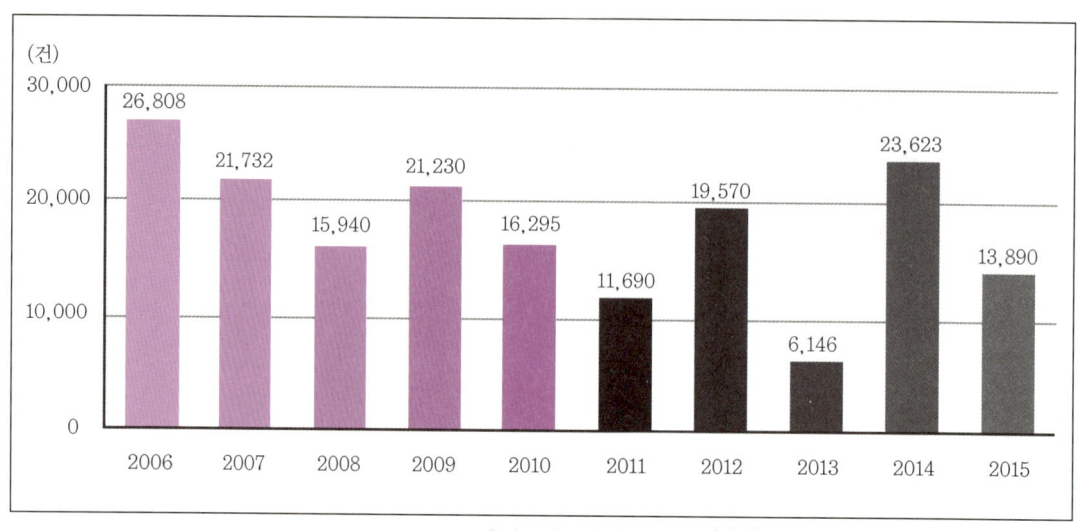

출처 : 한국인터넷 진흥원(인터넷 침해사고 동향 및 분석 월보)

[그림 1-6] **연도별 해킹사고 처리건수**

■ 향후 클라우드, 사물인터넷, 인공지능의 시대가 본격화됨에 따라 정보보호의 대상이 기존의 정보통신기기 중심에서 우리 주변의 모든 사물로 확대될 것이며, 그 피해의 범위 또한 확대되어 기존의 정보유출이나 금전적 피해에 그치지 않고 사용자의 생명 또는 신체에 대한 위협으로도 나타날 수 있다. 또한 빅데이터의 경우 정보 유출의 규모와 피해의 정도가 기존보다 더욱 커질 수 있다. 이렇듯 정보화 역기능의 사례는 지속적으로 증가하고 있으며 사용되고 있는 기술도 정보기술과 함께 발달하고 있으므로, 정보보호의 필요성이 더욱 중요시되고 있다.

Chapter 2. 정보보호의 목적

■ 정보에 대한 위협의 종류에는 허락되지 않은 접근, 수정, 노출, 훼손, 파괴 등이 있다. 이러한 위협은 나날이 늘어가고 있기 때문에 모든 위협을 나열할 수는 없으나, 이러한 위협에 대해서 아래의 사항을 보장할 수 있도록 하는 것이 정보보호의 주요한 목적이다.

[표] 정보보호의 목적

구 분	목 적	정보보호 기술
기밀성	정당한 권한이 부여된 사용자만 접근 가능	암호화
무결성	정보의 불법적인 변경, 삭제 방지	접근통제, 해쉬함수
가용성	정보가 필요할 때 언제든지 사용 보장	백업, 이중화
인증	정당한 사용자인지 검증	일회용 패스워드 (One Time Password, OTP) 등
부인방지	송·수신자의 송·수신 사실 거부 방지	전자서명

→ 기밀성(Confidentiality)
- 기밀성이란 비밀이 유지되어야 하는 것을 뜻한다. 즉, 허가받지 않은 대상에게는 정보가 제공되어서는 안 된다는 것을 의미한다. 보통 사람들이 생각하는 정보보호는 기밀성에 한정되어 있는 경우가 많다.

→ 무결성(Integrity)
- 무결성이란 정보가 정확해야 한다는 것을 말한다. 이는 정보가 허가 없이는 수정될 수 없도록 하는 것으로 달성할 수 있다.

→ 가용성(Availability)
- 허락된 사용자가 정보에 접근하려 하고자 할 때 이것이 방해받지 않도록 하는 것이다. 최근에 많이 알려진 서비스 거부 공격(DoS 공격, Denial of Service Attack)이 이러한 가용성을 해치는 공격이다.

→ 인증(Authentication)
- 인증이란 사용자의 신분을 확인하는 것으로 접근하는 대상이 자신이 주장하는 신분이 맞는지 증명하는 것이다. 가장 보편적인 인증의 예로 아이디(ID)와 비밀번호(password)로 로그인하는 것이 있다.

→ 부인방지(Non-repudiation)
- 부인방지는 부인봉쇄라고도 하는데 본인이 보낸 메시지를 나중에 본인이 보내지 않았다고 부인할 수 없게 하거나 메시지를 수신하고서도 수신하지 않았다고 부인할 수 없도록 하는 것, 또는 본인이 전자서명을 하고나서 나중에 서명하지 않았다고 말 할 수 없도록 조치를 하는 것이다.

정보보호의 3요소인 기밀성, 무결성, 가용성은 서로 안정적인 균형을 이루어야 한다. 어느 하나라도 미흡하고 부족하다면, 올바른 정보보호 수준을 유지하기 어렵다고 볼 수 있다.

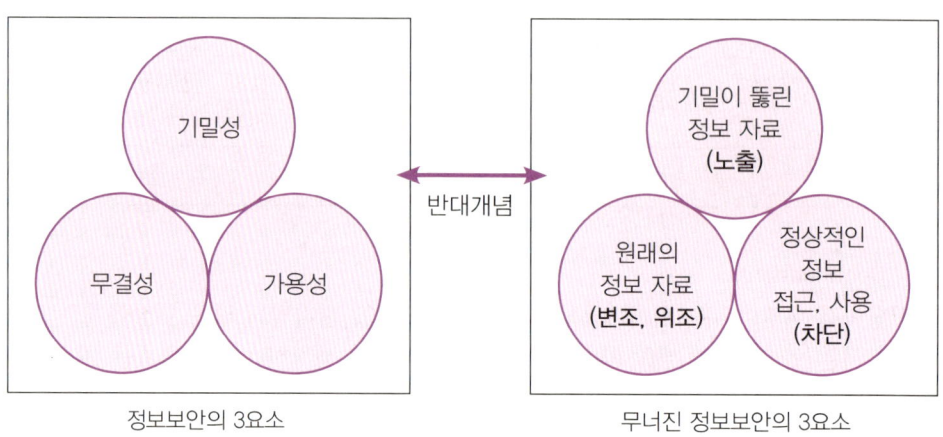

[그림 1-7] 정보보안의 3요소

1장 정보보호의 정의 | 핵심정리

■ 기밀성(Confidentiality)
→ 기밀성이란 비밀이 유지되어야 하는 것을 뜻한다. 즉, 허가받지 않은 대상에게는 정보가 제공되어서는 안 된다는 것을 의미한다. 보통 사람들이 생각하는 정보보호는 기밀성에 한정되어 있는 경우가 많다.

■ 무결성(Integrity)
→ 무결성이란 정보가 정확해야 한다는 것을 말한다. 이는 정보가 허가 없이는 수정될 수 없도록 하는 것으로 달성할 수 있다.

■ 가용성(Availability)
→ 허락된 사용자가 정보에 접근하려 하고자 할 때 이것이 방해받지 않도록 하는 것이다. 최근에 많이 알려진 서비스 거부 공격(DoS 공격, Denial of Service Attack)이 이러한 가용성을 해치는 공격이다.

제2장
개인정보보호의 정의

학습 평가 및 목표

개인정보와 개인정보보호의 개념을 이해하고, 이를 통해 개인정보보호가 왜 필요한지 이해하고, 개인정보보호의 원칙과 각 개인인 정보주체의 권리를 파악하고, 개인정보보호를 위한 올바른 조치방안을 평가한다.

개인정보의 수집에서부터 파기에 이르는 전체 과정을 주요 단계로 나누어 개인정보의 수집 및 이용, 제공, 이용 제한, 파기로 구분하여 개인정보보호의 의미를 이해하고, 개인정보 동의와 관련되어 발생한 사례를 중심으로 개인정보보호 방안을 평가한다.

개인정보보호의 개념

Chapter 1. 개인정보의 정의

■ 자신이 근무하고 있는 회사에서의 행사나 학교에서의 야외 활동 이후에 상사 및 동료 또는 친구와 행사 진행에서 찍은 사진을 회사나 학교 홈페이지 내 게시판에 올리는 경우, 정보주체의 의상, 얼굴, 행동 등으로 사람들에게 공개하고 싶지 않은 경우가 있다. 이런 경우에 자신의 개인정보를 보호 받기 위하여 개인(이하 '정보주체'라 한다.)의 사진을 홈페이지에서 삭제하거나 게시판에서 내려 달라고 할 수 있는 권리가 현재 우리나라 법률에서 있는지 궁금할 수 있다. 이에 우리나라의 개인정보 보호법에서는 정보주체의 개인정보를 어떻게 정의하고 있는지 살펴보도록 한다.

→ 개인정보는 '살아 있는' 개인에 관한 정보여야 한다. 개인정보보호 법률상 개인정보는 '살아 있는' 자연인에 관한 정보이므로 사망했거나 실종선고 등 관계 법령에 의해 사망한 것으로 간주되는 자에 관한 정보는 개인정보로 볼 수 없다. 다만, 사망자의 정보라고 하더라도 유족과의 관계를 알 수 있는 정보는 유족의 개인정보에 해당한다.

→ 개인정보는 '개인에 관한' 정보이어야 한다. 개인정보의 주체는 자연인이어야 하며, 법인 또는 단체에 관한 정보는 개인정보에 해당하지 않는다. 따라서 법인 또는 단체의 이름, 소재지 주소, 대표 연락처(이메일 주소 또는 전화번호), 업무별 연락처, 영업실적 등은 개인정보에 해당하지 않는다. 또 개인사업자의 상호명, 사업장 주소, 전화번호, 사업자등록번호, 매출액, 납세액 등은 사업체의 운영과 관련한 정보로서 원칙적으로 개인정보에 해당하지 않는다. 그러나 법인 또는 단체에 관한 정보이면서 동시에 개인에 관한 정보인 대표자를 포함한 임원진과 업무 담당자의 이름, 주민등록번호, 주소 및 개인 연락처, 사진 등 그 자체가 개인을 식별할 수 있는 정보는 개별 상황 또는 맥락에 따라 법인 등의 정보에 그치지 않고 개인정보로 취급될 수

있다. 사람이 아닌 사물에 관한 정보는 원칙적으로 개인정보에 해당하지 않는다. 그러나 사물 등의 제조자 또는 소유자 등을 나타내는 정보는 개인정보에 해당한다. 예를 들어 건물이나 아파트의 소유자가 자연인인 경우, 그 건물이나 아파트의 주소가 특정 소유자를 알아보는 데 이용된다면 개인정보에 해당한다.

→ 개인정보는 개인을 '알아볼 수 있는' 정보이어야 한다. '알아볼 수 있는'의 의미는 해당 정보를 '처리하는 자'의 입장에서 합리적으로 활용될 가능성이 있는 수단을 고려하여 개인을 알아볼 수 있다면 개인정보에 해당한다. 한편 주민등록번호와 같은 고유식별 정보는 해당 정보만으로도 정보주체인 개인을 알아볼 수 있지만, 생년월일의 경우에는 같은 날 태어난 사람이 여러 사람일 수 있으므로 다른 정보 없이 생년월일 그 자체만으로는 개인을 알아볼 수 있다고 볼 수 없다.

→ 개인정보는 다른 정보와 '쉽게 결합하여' 개인을 알아볼 수 있는 정보도 포함된다. '쉽게 결합하여'의 의미는 결합 대상이 될 정보의 '입수 가능성'이 있어야 하고 '결합 가능성'이 높아야 함을 의미한다. '입수 가능성'은 두 종 이상의 정보를 결합하기 위해서는 결합에 필요한 정보에 합법적으로 접근·입수할 수 있어야 함을 의미하며, 이는 해킹 등 불법적인 방법으로 취득한 정보까지 포함한다고 볼 수는 없다. '결합 가능성'은 현재의 기술 수준을 고려하여 비용이나 노력이 비합리적으로 수반되지 않아야 함을 의미하며, 현재의 기술 수준에 비추어 결합이 사실상 불가능하거나 결합하는데 비합리적인 수준의 비용이나 노력이 수반된다면 이는 결합이 용이하다고 볼 수 없다. 개인정보에 대해 행정안전부와 한국인터넷진흥원에서는 개인정보의 유형을 다음과 같이 분류하고 있다.

개인정보란?
개인의 신체, 재산, 사회적지위, 신분 등에 관한 사실, 판단, 평가 등을 나타내는 일체의 모든 정보를 말합니다.

정보사회를 맞이하여 사회 각 분야에서 인터넷과 정보통신기술의 사용이 일상화되면서, 개인정보는 과거의 단순한 신분정보에서 오늘날에는 전자상거래, 고객관리, 금융거래 등 사회의 구성, 유지, 발전을 위한 필수적인 요소로서 기능하고 있습니다.
또한 개인 정보는 기업의 입장에서도 수익 창출을 위한 자신적 가치로서 높게 평가되고 있습니다.

개인정보의 구체적인 예는 다음과 같습니다.

01 신분관계
성명, 주민등록번호, 주소, 본적, 가족관계, 본관 등

02 내면의 비밀
사상, 신조, 종교, 가치관, 정치적 성향등

03 심심의 상태
건강상태, 신장, 체중 등 신체적 특징, 병력, 장애정도 등

04 사회경력
학력, 직업, 자격, 전과 여부 등

05 경제관계
소득규모, 재산보유상황, 거래내역, 신용정보, 채권채무관계 등

06 기타 새로운 유형
생체인식정보(지문, 홍채, DNA등), 위치정보 등

「개인정보 보호법」 제2조에서는 개인정보를 "살아 있는 개인에 관한 정보로서 성명, 주민등록번호 및 영상 등을 통하여 개인을 알아볼 수 있는 정보 (해당 정보만으로는 특정 개인을 알아볼 수 없더라도 다른 정보와 쉽게 결합하여 알아볼 수 있는 것을 포함한다)를 말한다." 라고 규정하고 있습니다.

[그림 1-8] 한국인터넷진흥원 개인정보침해신고센터에서의 개인정보 구체적인 예

[표] 개인정보의 유형 분류

유형구분	개인정보 항목
일반정보	이름, 주민등록번호, 운전면허번호, 주소, 전화번호, 생년월일, 출생지, 본적지, 성별, 국적
가족정보	가족구성원들의 이름, 출생지, 생년월일, 주민등록번호, 직업, 전화번호
교육 및 훈련정보	학교출석사항, 최종학력, 학교성적, 기술 자격증 및 전문 면허증, 이수한 훈련 프로그램, 동아리활동, 상벌사항
병역정보	군번 및 계급, 제대유형, 주특기, 근무부대
부동산정보	소유주택, 토지, 자동차, 기타소유차량, 상점 및 건물 등
소득정보	현재 봉급액, 봉급경력, 보너스 및 수수료, 기타소득의 원천, 이자소득, 사업소득
기타 수익정보	보험(건강, 생명 등) 가입현황, 회사의 판공비, 투자프로그램, 퇴직프로그램, 휴가, 병가
신용정보	대부잔액 및 지불상황, 저당, 신용카드, 지불연기 및 미납의 수, 임금압류 통보에 대한 기록
고용정보	현재의 고용주, 회사주소, 상급자의 이름, 직무수행평가기록, 훈련기록, 출석기록, 상벌기록, 성격 테스트결과, 직무태도
법적정보	전과기록, 자동차 교통 위반기록, 파산 및 담보기록, 구속기록, 이혼기록, 납세기록
의료정보	가족병력기록, 과거의 의료기록, 정신질환기록, 신체장애, 혈액형, IQ, 약물테스트 등 각종 신체테스트 정보
조직정보	노조가입, 종교단체가입, 정당가입, 클럽회원
통신정보	전자우편(E-mail), 전화통화내용, 로그파일(Log file), 쿠키(Cookies)
위치정보	GPS나 휴대폰에 의한 개인의 위치정보
신체정보	지문, 홍채, DNA, 신장, 가슴둘레 등
습관 및 취미정보	흡연, 음주량, 선호하는 스포츠 및 오락, 여가활동, 비디오 대여기록, 도박성향

> **고유식별정보란?**
>
> 개인에게 부여된 고유한 번호와 같은 것이다. 절대 동일한 번호가 있을 수 없다. 우리나라에서는 개인 고유식별정보로 주민등록번호, 여권번호, 운전면허 번호, 그리고 외국인에게는 외국인 등록번호 등 총 4개가 있다.
>
> [개인정보 보호법 시행령, 대통령령 제27522호, 2016.9.29., 일부개정]
>
> 제19조(고유식별정보의 범위) 법 제24조제1항 각 호 외의 부분에서 "대통령령으로 정하는 정보"란 다음 각 호의 어느 하나에 해당하는 정보를 말한다. 다만, 공공기관이 법 제18조제2항 제5호부터 제9호까지의 규정에 따라 다음 각 호의 어느 하나에 해당하는 정보를 처리하는 경우의 해당 정보는 제외한다. 〈개정 2016.9.29〉
>
> 1. 「주민등록법」 제7조제3항에 따른 주민등록번호
> 2. 「여권법」 제7조제1항제1호에 따른 여권번호
> 3. 「도로교통법」 제80조에 따른 운전면허의 면허번호
> 4. 「출입국관리법」 제31조제4항에 따른 외국인등록번호

Chapter 2. 개인정보보호의 필요성

■ 많은 현대인들은 인터넷을 통해 이용하는 서비스가 대부분 무료라고 생각하고, 많은 홈페이지에 회원을 가입하고, 해당 홈페이지에서 제공하는 서비스를 이용하려고 한다. 대부분의 인터넷은 정상적인 서비스를 제공하고 있지만, 일부 몰지각한 인터넷 서비스 운영자는 정보주체가 입력하는 개인정보를 수집하는 목적 이외로 이용하거나 또는 제3자에게 판매하거나 그 중 일부는 광고 메일 발송 등으로 이용하는 경우가 있다. 이러한 경우를 대비하여 정보주체의 개인정보에 대한 보호를 위한 필요성을 살펴보도록 한다.

■ 대통령 직속기관으로 개인정보보호를 총괄하는 개인정보보호위원회에서는 2018년부터 2020년까지의 개인정보보호 기본계획을 수립하면서 개인정보를 둘러싸고 있는 처리 환경이 다음과 같이 변화되는 요인을 가지고 있으므로, 더욱 더 개인정보보호가 필요한 것으로 주장하고 있다.

→ 개인정보가 자유롭게 유통될 수 있고, 사람의 개입 없이 개인정보의 처리가 가능한 초 연결 기반 지능정보 사회의 도래함으로 인해 개인정보보호가 더 중요해지고 있다. 개인정보가 자유롭게 유통되는 과정에서 개인정보가 보호받지 못할 환경에 처할 수 있으며, 또한 사람의 개입 없이 사물 인터넷으로도 연결이 증가하여 개인정보가 언제, 어디에서, 누구에게 연결되어 전달될지 파악하기 어려워지므로, 개인정보보호는 더욱 중요해진다.

→ 기술·서비스 혁신에 따른 개인정보의 다양화 및 새로운 서비스 등장에 따른 개인정보의 가치 증가에 따라 개인정보의 활용이 증가하고 있다. 정보주체인 개인이 어느 위치에 있는지를 알려주는 위치정보를 활용하여 맛집 찾기나 관심있는 상품 브랜드의 할인점 안내 등 다양하게 개인정보의 가치를 향상시키고 이를 활용하는 비즈니스가 증가하고 있으므로, 개인정보는 보호에 더욱 힘쓸 필요가 있다.

→ 국가별 개인정보 보호강화 추세 및 국가 간 개인정보 유통증가에 따른 국제적 개인정보 보호의 중요성 증대하고 있다. 최근에 유럽에서는 개인정보 가이드를 제시하는 것에서 벗어나, 개인정보 법령에 해당하는 지침을 제정하고 내년부터 시행할 계획을 가지고 있어서 국가별 개인정보 보호를 강화하는 트렌드를 보여 주고 있으며, 국가 간에도 개인정보의 유통이 증가되어 개인정보를 보호하는 것이 더욱 더 필요하다.

개인정보 침해에 따른 개인/기업/국가의 피해

개인	기업	국가
정신적 피해뿐만 아니라 명의 도용, 보이스피싱에 의한 금전적 손해, 유괴 등 각종 범죄에 노출	기업의 이미지 실추, 소비자단체 등의 불매운동, 다수 피해자에 대한 집단적손해배상시 기업 경영에 큰 타격	프라이버시 라운드의 대두에 따른 IT 산업의 수출 애로, 전자정부의 신뢰성 하락, 국가브랜드 하락

[그림 1-9] **개인정보 침해에 따른 피해**

■ 개인정보보호를 위해 우리나라에서는 2011년 9월 30일 개인정보 보호법을 제정하였으며, 주요 내용으로는 다음과 같다.

1. 보호의무적용대상의 확대
분야별 개별법에 따라 시행되던 개인정보 보호의무 적용대상을 공공/민간 부문의 모든 개인정보처리자로 확대 적용

2. 보호 범위의 확대
컴퓨터 등에 의해 처리되는 정보 외 동사무소 민원신청서류 등 종이문서에 기록된 개인정보도 보호대상에 포함

3. 고유식별정보 처리 제한
- 주민번호 등 고유식별정보는 원칙적 처리 금지, 사전 규제제도 신설
  – 위반 시 5년 이하 징역 또는 5천만 원 이하 벌금
- 주민번호 외 회원가입방법 제공 의무화 및 암호화 등의 안전조치 의무화
  – 위반 시 3천만 원 이하 과태료

4. 영상정보 처리기기 규제
- 공개된 장소에 설치·운영하는 영상정보처리기기 규제를 민간까지 확대
- 설치목적을 벗어난 카메라 임의조작, 다른 것을 비추는 행위, 녹음 금지
  – 위반 시 3년 이하 징역 또는 3천만 원 이하 벌금

5. 개인정보 수집·이용 제공 기준
- 공공민간 통일된 처리원칙과 기준 적용 개인정보 수집·이용 가능 요건 확대
  – 위반 시 5년 이하 징역 또는 5천만 원 이하 벌금

6. 개인정보 유출 통지 및 신고제 도입
- 정보주체에게 유출 사실을 통지
- 대규모 유출 시에는 행정안전부 또는 전문기관에 신고
  – 위반 시 3천만 원 이하 과태료

[그림 1-10] 개인정보 보호법 주요 내용

Internet Explorer의 경우	Chrome의 경우	Firefox의 경우

우리가 관심이 있는 인터넷 사이트에 가면 대부분 회원가입을 하도록 요구하고 있으며, 회원가입을 해야 하는 인터넷 사이트가 수십 개에 달하고 있다.

이때, 우리는 대부분 동일한 아이디와 비밀번호를 사용하고 있어서, 어느 한 곳에서의 아이디와 비밀번호가 노출되면 우리가 가입한 거의 모든 곳의 아이디와 비밀번호가 유출되는 상황이 발생한다.

이를 예방하기 위해서는 안전하게 인터넷 사이트를 운영하는 곳에만 회원가입을 하고, 안전하게 관리하지 않는 사이트에는 회원가입을 탈퇴하는 방식이 필요하다.
안전하게 사이트를 관리하는 방법이 위에 있는 그림과 같이 자물쇠가 있는지를 확인하는 방법이다. 본인의 아이디와 비밀번호를 넣으려고 할 때, 위와 같은 자물쇠가 없다면, 회원을 탈퇴하는 방법을 권유한다.

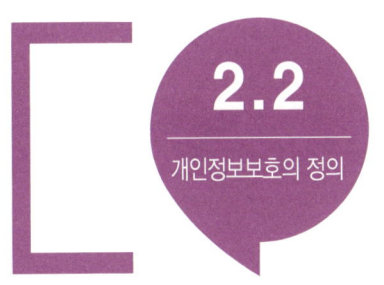

개인정보보호의 원칙

Chapter 1. 개인정보보호의 원칙

■ 개인정보 보호법 제3조에서 명시하고 있는 개인정보보호 원칙과 OECD 프라이버시 8원칙을 비교하면 다음과 같다.

■ 우리나라 개인정보 보호법은 세계적으로 통용되고 있는 「OECD 프라이버시 8원칙」(1980)을 모두 수용하고 있으며, 「APEC 프라이버시 원칙」(2004)도 고려하고 그 밖에 법률에서 개인정보 보호 원칙을 상세하게 기술하고 있는 영국, 스웨덴, 캐나다, 홍콩, 호주, 뉴질랜드 등의 「개인정보 보호법」도 참고하고 있다. 우리나라 개인정보 보호법에서 명시하고 있는 개인정보보호 원칙은 다음과 같다.

→ 개인정보처리자는 개인정보의 처리 목적을 명확하게 하여야 하고 그 목적에 필요한 범위에서 최소한의 개인정보만을 적법하고 정당하게 수집하여야 한다.

→ 개인정보처리자는 개인정보의 처리 목적에 필요한 범위에서 적합하게 개인정보를 처리하여야 하며, 그 목적 외의 용도로 활용하여서는 아니 된다.

→ 개인정보처리자는 개인정보의 처리 목적에 필요한 범위에서 개인정보의 정확성, 완전성 및 최신성이 보장되도록 하여야 한다.

→ 개인정보처리자는 개인정보의 처리 방법 및 종류 등에 따라 정보주체의 권리가 침해받을 가능성과 그 위험 정도를 고려하여 개인정보를 안전하게 관리하여야 한다.

→ 개인정보처리자는 개인정보 처리방침 등 개인정보의 처리에 관한 사항을 공개하여야 하며, 열람청구권 등 정보주체의 권리를 보장하여야 한다.

→ 개인정보처리자는 정보주체의 사생활 침해를 최소화하는 방법으로 개인정보를 처리하여야 한다.

→ 개인정보처리자는 개인정보의 익명처리가 가능한 경우에는 익명에 의하여 처리될 수 있도록 하여야 한다.
→ 개인정보처리자는 이 법 및 관계 법령에서 규정하고 있는 책임과 의무를 준수하고 실천함으로써 정보주체의 신뢰를 얻기 위하여 노력하여야 한다.

[표] OECD 프라이버시 8원칙과 개인정보보호 원칙의 비교

OECD 프라이버시 8원칙	개인정보보호 원칙
수집제한의 원칙(1원칙)	- 목적에 필요한 최소정보의 수집(제1항) - 사생활 침해를 최소화하는 방법으로 처리(제6항) - 익명처리의 원칙(제7항)
정보 정확성의 원칙(2원칙)	- 처리목적 내에서 정확성·완전성·최신성 보장(제3항)
목적 명확화의 원칙(3원칙)	- 처리목적의 명확화(제1항)
이용제한의 원칙(4원칙)	- 목적 범위 내에서 적법하게 처리, 목적 외 활용 금지(제2항)
안전성 확보의 원칙(5원칙)	- 권리침해 가능성 등을 고려하여 안전하게 관리(제4항)
처리방침 공개의 원칙(6원칙)	- 개인정보 처리방침 등 공개(제5항)
정보주체 참여의 원칙(7원칙)	- 열람청구권 등 정보주체의 권리보장(제5항)
책임의 원칙(8원칙)	- 개인정보처리자의 책임준수·신뢰확보 노력(제8항)

출처 : 개인정보 보호법 해설서

정보주체의 권리

Chapter 1. 정보주체의 권리

■ 대다수의 국민들이 다양한 홈페이지에 회원으로 가입하고 있다. 이러한 인터넷 서비스의 이용에 따라 개인정보가 자유롭게 유통될 수 있고, 새로운 서비스 등장에 따른 개인정보의 가치 증가에 따라 개인정보의 활용도가 증가하면서 정보주체의 권리를 지키는 것도 쉽지 않은 일이 되고 있다. 따라서 개인정보 보호법에서 명시하고 있는 정보주체의 권리를 살펴보고, 더 나아가 개인정보를 지키는 행동 습관에 대해 살펴보도록 한다.

■ 개인정보 보호법에서 정보주체는 자신의 개인정보 처리와 관련하여 다음과 같은 권리를 가지는 것으로 규정하고 있다.
→ 개인정보의 처리에 관한 정보를 제공받을 권리
→ 개인정보의 처리에 관한 동의 여부, 동의 범위 등을 선택하고 결정할 권리
→ 개인정보의 처리 여부를 확인하고 개인정보에 대하여 열람(사본의 발급을 포함한다. 이하 같다.)을 요구할 권리
→ 개인정보의 처리 정지, 정정·삭제 및 파기를 요구할 권리
→ 개인정보의 처리로 인하여 발생한 피해를 신속하고 공정한 절차에 따라 구제받을 권리

■ 다음은 개인정보를 지켜내기 위해서 인터넷을 사용할 때나 생활 속에서 실천해야 할 개인정보 보호 오남용 피해방지 10계명이다.

① 개인정보처리방침 및 이용약관 꼼꼼히 살피기

01 회원가입을 하거나 개인정보를 제공할 때에는 개인정보처리방침 및 약관을 꼼꼼히 살핍니다.

개인정보처리자는 [개인정보 보호법]에 따라 회원가입 등의 방법으로 개인정보를 수집하고자 할 경우, 개인정보처리 목적, 처리 및 보유 기간, 제3자 제공에 관한 사항, 정보주체의 권리·의무 및 행사방법, 위탁업무의 내용 등 개인정보 취급 관련 내용을 개인정보처리방침에 포함하여 공개하도록 하고 있습니다. 따라서 이용자는 회원가입을 하거나 개인정보를 제공할 경우 사업자의 개인정보처리 목적 등을 자세히 검토한 후 가입/제공하여야 합니다.

② 비밀번호는 문자와 숫자로 8자리 이상으로 설정

02 회원가입 시 비밀번호를 타인이 유추하기 어렵도록 영문/숫자 등을 조합하여 8자리 이상으로 설정합니다.

안전한 패스워드란 본인이 아닌 다른 사람이 쉽게 추측할 수 없으며, 인터넷을 통해 전송되는 정보를 해킹하여 이용자 패스워드를 알 수 없거나 알 수 있어도 패스워드를 알아내는데 많은 시간이 요구되는 패스워드를 말합니다.

회원가입 시 안전한 비밀번호를 사용하기 위하여 영문자, 숫자 2가지 조합으로 10자리 또는 영문자, 숫자 및 기호의 3가지 조합으로 8자리 이상으로 설정해야 한다.

③ 비밀번호는 주기적으로 변경하기(6개월에 한 번 이상 변경하는 것을 권고)

03 자신이 가입한 사이트에 타인이 자신인 것처럼 로그인하기 어렵도록 비밀번호를 주기적으로 변경합니다.

권장하는 패스워드 변경주기는 6개월이며 패스워드 변경 시 이전에 사용하지 않은 새로운 패스워드를 사용하고 변경된 패스워드는 예전의 패스워드와 연관성이 없어야 합니다.

자신이 가입한 사이트에 타인이 자신인 것처럼 로그인하기 어렵도록 비밀번호를 주기적으로 변경한다.

④ 회원가입은 주민등록번호 대신 I-PIN 사용

04 가급적 안전성이 높은 주민번호 대체수단(아이핀 : i-PIN)으로 회원가입을 하고, 꼭 필요하지 않은 개인정보는 입력하지 않습니다.

아이핀(i-PIN)은 인터넷상 개인식별번호(Internet Personal Identification Number)로써, 대면확인이 어려운 온라인에서 본인확인을 할 수 있는 수단의 하나입니다. 인터넷 이용자가 주민등록번호를 제공하지 않으면서 본인확인을 할 수 있는 방법이므로 개인정보(주민등록번호)의 오/남용을 줄일 수 있습니다. i-PIN은 이용자가 인터넷 사이트 회원가입이나 성인인증 등을 위해 자신의 신원정보를 본인확인기관에 제공하고 본인 확인이 필요할 때마다 식별 ID와 비밀번호를 이용하여 본인확인을 받는 방법으로, 다수의 본인확인기관이 서비스를 제공하고 있습니다.

⑤ 명의도용 확인 서비스 이용하여 가입정보 확인

05 타인이 자신의 명의로 신규 회원가입 시 즉각 차단하고, 이를 통지받을 수 있도록 명의도용 확인서비스를 이용합니다.

자신의 개인정보가 노출되어 자신의 명의로 자신도 모르게 회원가입이 되어있는 경우가 있으므로 명의도용확인 서비스를 이용하여 인터넷 가입정보 확인, 정보도용 차단, 실명인증기록 조회 등을 확인할 수 있습니다.

⑥ 개인정보는 친구에게도 알려주지 않기

06 자신의 아이디와 비밀번호, 주민번호 등 개인정보가 공개되지 않도록 주의하여 관리하며 친구나 다른 사람에게 알려주지 않습니다.

자신의 개인정보가 노출되어 타인이 자신의 명의로 자신도 모르게 회원가입이 되어있는 경우가 있으므로 명의도용확인 서비스를 이용하여 인터넷 가입정보 확인, 정보도용 차단, 실명인증기록 조회 등을 확인할 수 있습니다.

⑦ P2P 공유폴더에 개인정보 저장하지 않기

07 인터넷에 올리는 데이터에 개인정보 포함되지 않도록 하며, P2P로 제공하는 자신의 공유폴더에 개인정보 파일이 저장되지 않도록 합니다.

P2P(Peer to Peer) 서비스는 인터넷에 연결된 모든 개인 PC로부터 직접 정보를 제공받고 검색은 물론 내려받기까지 할 수 있는 서비스로 웹 사이트에 한정되어 있던 정보추출 경로를 개인, 회사가 운영하는 DB까지 확대할 수 있습니다. 따라서 자신의 개인정보 또는 다른 사람의 개인정보를 공유폴더에 저장하여 P2P 사이트에 올리는 것은 개인정보 노출 및 오/남용을 극대화하는 것이라고 볼 수 있으므로, 개인정보가 포함된 파일은 홈페이지나 공유폴더에 게시하지 않고 개인 메일로 전송하거나 오프라인에서 배포하여야 합니다.

[관련사례]
인터넷 P2P 사이트를 통해 주민등록번호를 수집하여, 중국에서 가짜 주민등록증을 만들어 국내에 들여온 후 이를 대포폰, 대포통장을 개설 및 고급 승용차 구입 등에 악용

⑧ 금융거래는 PC방에서 이용하지 않기

08 금융거래 시 신용카드 번호와 같은 금융정보 등을 저장할 경우 암호화하여 저장하고, 되도록 PC방 등 개방 환경을 이용하지 않습니다.

신용카드 번호와 같은 금융정보 등의 중요한 개인정보들은 문서에 작성하여 저장할 경우 암호화기능을 제공하는 문서프로그램(한글, MS 워드 등)을 사용해야 합니다. 개인정보가 담긴 문서를 프린트하여 다른 사람들이 볼 수 있는 곳에 두거나, 문서 파일을 PC방 등 개방 환경에서 사용 및 복사를 자제하고, 복사 시 반드시 삭제하여야 합니다.

⑨ 출처가 불명확한 자료는 다운로드 금지

09 인터넷에서 아무 자료나 함부로 다운로드하지 않습니다.

인터넷상에서 정확히 모르는 파일을 다운로드하게 되면 그 파일이 개인정보를 유출하는 프로그램일 경우도 있고 해킹 프로그램일 수도 있어 파일을 다운로드 시행했을 시 이용자 개인 PC에 있는 개인정보를 유/노출시킬 수 있으므로 파일 내역을 잘 모르거나 의심이 가는 자료는 다운로드하지 않습니다.

⑩ 개인정보 침해신고 적극 활용하기

10 개인정보가 유출된 경우 해당 사이트 관리자에게 삭제를 요청하고, 처리되지 않는 경우 즉시 개인정보 침해신고를 합니다.

Chapter 2. 국가와 지방자치단체에서 해야 할 개인정보보호

■ 개인정보보호를 위해 국가와 지방자치단체에서 시행해야 할 것으로 법에서 다음과 같은 4가지 사항을 나열하고 있다.

① 국가와 지방자치단체는 개인정보의 목적 외 수집, 오용·남용 및 무분별한 감시·추적 등에 따른 폐해를 방지하여 인간의 존엄과 개인의 사생활 보호를 도모하기 위한 시책을 강구하여야 한다.

② 국가와 지방자치단체는 정보주체의 권리를 보호하기 위하여 법령의 개선 등 필요한 시책을 마련하여야 한다.

③ 국가와 지방자치단체는 개인정보의 처리에 관한 불합리한 사회적 관행을 개선하기 위하여 개인정보처리자의 자율적인 개인정보보호활동을 존중하고 촉진·지원하여야 한다.

④ 국가와 지방자치단체는 개인정보의 처리에 관한 법령 또는 조례를 제정하거나 개정하는 경우에는 이 법의 목적에 부합되도록 하여야 한다.

■ 개인정보 보호법 해설서에서는 이러한 개인정보 보호법에서의 국가 등의 책무에 대해 다음과 같은 사항으로 설명하고 있다.

→ 인간존엄 및 사생활 보호를 위한 시책 강구
 국가 및 지방자치단체는 개인정보의 오·남용 등으로부터 인간의 존엄과 개인의 사생활을 보호할 수 있도록 개인정보 처리 실태를 점검하고 필요한 시책을 수립·시행하여야 한다.

→ 법령의 개선 등 필요한 시책 마련
 국가와 지방자치단체는 정보주체의 권리를 보호하기 위해 필요한 법령을 정비하는 등 필요한 시책을 마련하여 시행하여야 한다.

→ 개인정보보호 자율규제 촉진·지원
 사회 전반에 개인정보보호 제도와 관행이 정착되기 위해서는 개인정보처리자의 자율규제가 활성화되어야 한다. 이를 위해 국가와 지방자치단체는 개인정보처리자의 자발적인 개인정보보호 활동을 존중하고 촉진·지원하여 개인정보처리에 관한 불합리한 사회적 관행을 개선하고 개인정보가 안전하게 처리될 수 있는 사회적 환경을 조성할 책무가 있다.

→ 개인정보 보호법 목적에 부합하도록 법령·조례 제·개정

국가 및 지방자치단체는 개인정보 처리에 관한 법령 또는 조례, 소관 부처 지침·고시 등을 제·개정할 때 개인의 자유와 권리를 보호하고 나아가 개인의 존엄과 가치의 구현이라 하는 이 법의 목적에 부합할 수 있도록 하여야 한다.

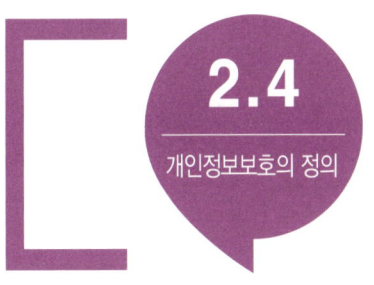

2.4 개인정보의 처리

■ 아래 내용은 개인정보보호법에서 관련된 주요 조항만 발췌한 것이다.

→ 제15조(개인정보의 수집·이용)

① 개인정보처리자는 다음 각 호의 어느 하나에 해당하는 경우에는 개인정보를 수집할 수 있으며 그 수집 목적의 범위에서 이용할 수 있다.

1. 정보주체의 동의를 받은 경우
2. 법률에 특별한 규정이 있거나 법령상 의무를 준수하기 위하여 불가피한 경우
3. 공공기관이 법령 등에서 정하는 소관 업무의 수행을 위하여 불가피한 경우
4. 정보주체와의 계약의 체결 및 이행을 위하여 불가피하게 필요한 경우
5. 정보주체 또는 그 법정대리인이 의사표시를 할 수 없는 상태에 있거나 주소불명 등으로 사전 동의를 받을 수 없는 경우로서 명백히 정보주체 또는 제3자의 급박한 생명, 신체, 재산의 이익을 위하여 필요 하다고 인정되는 경우
6. 개인정보처리자의 정당한 이익을 달성하기 위하여 필요한 경우로서 명백하게 정보주체의 권리보다 우선하는 경우. 이 경우 개인정보처리자의 정당한 이익과 상당한 관련이 있고 합리적인 범위를 초과 하지 아니하는 경우에 한한다.

→ 제16조(개인정보의 수집 제한)

① 개인정보처리자는 제15조제1항 각 호의 어느 하나에 해당하여 개인정보를 수집하는 경우에는 그 목 적에 필요한 최소한의 개인정보를 수집하여야 한다. 이 경우 최소한의 개인정보 수집이라는 입증책임은 개인정보처리자가 부담한다.

② 개인정보처리자는 정보주체의 동의를 받아 개인정보를 수집하는 경우 필요한 최소한의 정보 외의 개인정보 수집에는 동의하지 아니할 수 있다는 사실을 구체적으로 알리고 개인정보를 수집하여야 한다.

③ 개인정보처리자는 정보주체가 필요한 최소한의 정보 외의 개인정보 수집에 동의하지 아니한다는 이 유로 정보주체에게 재화 또는 서비스의 제공을 거부하여서는 아니 된다.

→ 제75조(과태료)
① 다음 각 호의 어느 하나에 해당하는 자에게는 5천만원 이하의 과태료를 부과한다.
1. 제15조제1항을 위반하여 개인정보를 수집한 자
② 다음 각 호의 어느 하나에 해당하는 자에게는 3천만원 이하의 과태료를 부과한다.
1. 제15조제2항, 제17조제2항, 제18조제3항 또는 제26조제3항을 위반하여 정보주체에게 알려야 할 사항을 알리지 아니한 자

■ 다음은 개인정보의 처리에 관한 내용은 한국인터넷진흥원에서 발간한 2016년 개인정보보호법 상담 사례집 내용을 편집한 것이다.

Chapter 1. 개인정보보호의 수집 및 이용

■ 게임을 좋아하다 보니 여러 게임을 하고 있다. 게임을 자주 하다 보니 게임상에서 만나 채팅을 하는 사람들이 여럿 있는데 아무래도 온라인으로 대화를 나누다 보니 별거 아닌 것으로도 언쟁을 하게 된다. 최근에 게임상에서 대화를 나눈 사람들 중 한 사람이 같이 게임을 하는 사람들이 모여있는 모바일 메신저 대화창에 나의 이름, 연락처, 주소, 게임 아이디, 비밀번호를 공개하고 나에게 악의적인 글을 여기저기 올리고 있다. 이런 경우 내가 취할 수 있는 조치가 무엇인지 궁금하다.

→ 개인정보를 이용하여 타인의 사생활을 침해하거나 이를 악용하여 타인의 명예 훼손 또는 협박하는 경우에는, 형사 처분이 될 수 있다. 「개인정보 보호법」은 업무를 목적으로 개인정보를 처리하는 개인정보처리자를 적용 대상으로 하고 있다. 일반인이 개인적으로 사회생활을 유지하기 위해 처리하는 개인정보는 「개인정보 보호법」의 규율 대상이 아니다. 다만, 공공연하게 다른 사람을 비방하거나 사실 또는 허위 사실을 퍼뜨리는 경우, 명예훼손 등으로 처벌받을 수 있으며, 이를 부정한 목적으로 이용하는 경우 또한 처벌받을 수 있다. 참고로 인터넷상 게시글로 인해 사생활 침해 또는 명예훼손 등 권리침해 사안이 발생한 경우 방송통신심의위원회의 권리침해신고를 통해 삭제 또는 제재 등의 도움을 받아 볼 수 있다.

■ 길거리에서 서명을 받고 있는데 타인의 개인정보가 전부 노출되고 있다. ○○단체에서 쓰레기 분리수거장 유치 반대 집회를 하면서 시민들을 상대로 홍보물을 배포하고 쓰레기 분리수거장 유치 반대지지 서명을 받고 있다. 평소 사회 문제에 많은 관심이 없어 그냥 지나가려고 하는데, 서명부를 보니 지지서명을 한 사람들의 이름, 주소, 연락처가 한 장에 수십 개씩 적혀 있었다. 제가 알기로는 개인정보를 수집하려면 정보주체의 동의도 받아야 하고 지지서명 여부가

노출되는 게 좀 이상한 것 같은데 개인정보 보호법상 위반은 없는지 궁금하다.
→ 이 사례의 경우, ○○단체가 지지서명을 받는 과정에서 정보주체로부터 법에서 요구하는 고지항목을 알리고, 동의를 받는 절차가 미흡한 것으로 보인다. 물론 ○○단체가 지지서명을 유도하는 과정에서 지지서명의 목적, 내용 등을 설명하였을 수는 있지만 그렇다고 하더라도 법에서 요구하는 고지 항목이 전부 포함되어 있고, 이를 정보주체가 명확하게 인식하였는지 여부에 대해서 확인이 필요하므로 법에서 정한 절차를 이행해야 할 것이다. 지지서명부의 경우, 타인의 개인정보가 전부 노출될 가능성이 많으므로, 개별 서명 등을 통해 지지서명부에 적힌 개인정보가 유·노 출, 오·남용되지 않도록 필요한 조치를 해야 하며, 이를 위반할 경우, 형사처분을 받을 수도 있다.

Chapter 2. 개인정보보호의 제공

■ "인터넷 가입센터라는 곳에서 인터넷 가입 권유 전화를 받았다. 본인들은 인터넷 가입을 대행해주는 ○○텔레콤 가입센터가 기존에 쓰고 있는 인터넷 서비스에 대해 업그레이드를 하라는 전화를 받았다. ○○텔레콤 가입센터에서 먼저 저의 이름과 저희 집 인터넷 가입년도, 회선수 등을 말하였고, 저희 집 주소도 알고 있었다. 나의 개인정보를 어떻게 알고 있냐고 물었지만 ○○텔레콤 가입센터에서는 정확한 출처는 얼버무리며 전화통화를 종료하는데 급급했다. 이런 경우, 제가 취해야 할 조치가 무엇인지 궁금하다.
→ 개인정보 수집 출처 고지를 요구할 수 있으며, 개인정보 파기 요청을 할 수 있다. 인터넷 혹은 이동통신사라고 하며 상담사가 직접 육성으로 가입 권유전화를 한다면 텔레마케팅으로 볼 수 있다. 이와 관련하여 통신사가 고객의 동의를 받고 직접 또는 위탁하여 신규 요금제 또는 서비스 안내 등을 전화로 광고하는 행위는 허용될 수 있다. 그러나 인터넷통신서비스 관련 불법 텔레마케팅은 보유하고 있는 개인정보를 고객 동의 없이 이용하거나 통신사의 대리점(혹은 판매점)에서 불법적으로 수집(구매)한 개인정보를 활용하는 경우가 있다. 대리점(혹은 판매점)인 경우 소속, 직급을 문의하였을 때 대답을 회피하거나 발신전용번호 또는 휴대전화번호로 광고를 한다면 불법 텔레마케팅을 의심할 수 있다.
→ 이 사례의 경우, ○○텔레콤 가입센터에 정보주체의 개인정보를 어떻게 수집하였는지 개인정보 수집 출처 고지를 요구하였지만 ○○텔레콤 가입센터이 이에 대한 적절한 답변을 하지 않았으므로 과태료가 부과될 수 있다. ○○텔레콤 가입센터는 정보주체의 개인정보 수집 출처 요구에 법에 정한 고지 내용을 알려줘야 할 의무가 있기 때문이다. 또한 ○○텔레콤 가입센터는 인터넷 서비스를 제공하기 위해 수집한 개인정보를 별도의 마케팅 목적으로 사용하고자 한다면, 정보주체에게 별도로 마케팅 목적으로 개인정보를 사용해도 되는지를 법에 정한 고지 항목을 알리고 동의를 받아서 이용해야 하며, 이를 위반할 경우 형사처분을 받을 수도 있다.

Chapter 3. 개인정보보호의 이용 · 제공 제한

■ 2년 전에 예약한 적이 있는 ○○레스토랑에서 이벤트 문자가 수신되었다. A시에서 꽤 유명한 ○○레스토랑에 가족들과 식사를 하기 위해 ○○레스토랑 전화번호로 저녁 예약을 하였다. 담당 매니저 B씨가 정말 친절하여 좋은 기억이 있었으나 직장이 C시로 이전하면서 2년 넘게 ○○레스토랑을 가지 못하였다. 그런데 우리 가족을 담당했던 ○○레스토랑 매니저 B씨가 ○○레스토랑에서 나와 C시에 개업을 하였다며 개업 안내 문자를 보내왔다. ○○레스토랑에 저녁 식사 예약을 위해 제공한 개인정보를 B씨가 이용할 수 있는지 궁금하다.

→ 개인정보를 수집한 목적 외로 이용하면 형사처분을 받을 수 있다. ○○레스토랑은 식사 예약을 위해서 정보주체의 동의 없이 이름, 전화번호 등을 수집할 수 있다. 다만 ○○레스토랑이 식사 예약을 위해서 수집한 개인정보이므로 식사 예약자 확인, 예약 내용 안내, 식사 제공 등의 목적에 한해서만 이용이 가능하다. 또한 정보주체가 개인정보를 제공한 목적인 식당 예약 등의 목적이 전부 달성된 경우에는 지체 없이 파기 등 필요한 조치를 하여야 한다.

→ 이 사례의 경우 ○○레스토랑은 식사 예약을 목적으로 수집한 정보주체의 개인정보를 식사가 제공된 이후인 2년이 지나서도 파기 등 필요한 조치를 하지 않고 보관하고 있어 개인정보 미파기가 의심되며, 개인정보 취급자라고 할 수 있는 담당 매니저 B씨가 ○○레스토랑을 퇴사하는 과정에서 예약자 명단을 무단으로 취득하여 외부로 반출한 혐의 및 이를 이용하여 식사 예약의 목적이 아닌 담당 매니저 B씨의 영업자 홍보의 목적으로 이용한 혐의가 있다. 특히 개인정보 취급자가 개인정보를 무단으로 외부로 반출하거나 수집한 목적과 다르게 이용할 경우에는 형사처분을 받을 수도 있으므로 개인정보처리자는 항상 개인정보 취급자에 대한 적절한 교육 및 관리 · 감독을 하여야 한다.

■ 공공기관 청사에 출입하기 위해서는 신분증을 제출해야 한다. 공공기관에 접수한 민원의 처리가 너무 지연이 되는 것 같아 제 민원의 담당자와 수차례 통화를 하였고, 사전 약속을 잡아 방문하게 되었다. 안내소에 가서 공공기관에 방문하는 목적, 담당자의 이름, 연락처를 말했는데도 불구하고 청사에 출입하려면 신분증을 제출하라고 한다. 신분증에는 주민등록번호 등 많은 개인정보가 기재되어 꼭 필요한 경우가 아니면 타인에게 제공하면 안 된다고 하는데 안내소의 직원에게 내 신분증을 맡겨도 되는지 잘 모르겠다. 개인정보 보호법에 위반되는게 아닌지 궁금하다.

→ 본인확인을 위해 신분증을 육안으로 확인하는 것은 주민등록번호 처리에 해당하지 않는다. 일부 건물의 경우, 건물 출입통제 확인 등을 이유로 건물 출입 시, 신분증을 맡기고 출입증을 받아 들어간 다음, 용무를 마치고 나오면서 출입증을 반납하고 신분증을 돌려받는 경우가 있다. 주민등록증, 운전면허증 등의 신분증에는 주민등록번호가 기재되어 있고, 주민등록번호는 관련 법령에서 구체적으로 요구하거나 허용하는 경우에 한해서만 처리할 수 있다. 단순히 주민등록번호가 기재된 신분증을 육안으로 확인하고 되돌려주는 행위는 주민등록번호 처리 행위

에 해당하지 않으나 건물 출입이나 출입증 발급 등을 목적으로 신분증을 맡기는 경우에는 원칙적으로 주민등록번호 처리금지 원칙에 위배될 여지가 있다.

Chapter 4. 개인정보보호의 파기

■ 이전에 신용대출을 받은 적이 있는데, 그 이후부터 대출 광고 문자가 자주 온다. 갑자기 급하게 돈이 필요했는데 인터넷 대출 광고를 보게 되었다. 몇 가지 개인정보를 입력하고 본인 인증을 받고 나니 곧바로 통장으로 약간의 선이자를 제외한 금액이 입금되었다. 그런데 그 이후부터 예전과 다르게 대출 광고 문자가 하루에도 수십 개씩 수신되었다. 처음에는 대수롭지 않게 생각했는데 대출금을 기간 내에 다 상환한 후에도 대출 광고 문자가 지속적으로 수신되니 조금은 불쾌하였다. 혹시 내 개인정보가 대부업체들 사이에서 공공연하게 거래되거나 유통되는 게 아닌지 걱정이 된다. 이런 경우에 제가 취할 수 있는 조치가 무엇인지 궁금하다.

→ 개인정보처리자는 해당 개인정보를 수집한 목적 범위 안에서만 이용할 수 있고, 수집 목적이 달성된 후에는 지체 없이 파기해야 한다. 원칙적으로 개인정보처리자(대부업자)는 개인정보를 수집한 목적 범위 내에서만 이용해야 하고, 수집 목적을 달성한 경우에는 지체 없이 파기해야 한다. 개인정보처리자 (대부업자)가 정보주체가 제공한 개인정보를 어떻게 처리하는지를 간편하게 알 수 있는 방법은 홈페이지 등에 공개되어 있는 개인정보처리방침을 확인하는 것이다. 알 수 없는 곳에서 대출 광고 문자를 받는다면, 개인정보처리자에게 본인 개인정보의 수집 출처를 요구할 수 있고, 대출금을 기간 내에 다 상환한 후에도 해당 업체로부터 대출 광고 문자가 수신된다면 해당 업체에 개인정보 파기 요청 등을 할 수 있다. 만약에 대출 문자로 인한 금전적 피해가 발생했다면 가까운 경찰서나 경찰청 사이버안전국(http://cyberbureau.police.go.kr)에 신고하여 신속한 피해구제를 받을 수 있다.

Chapter 5. 개인정보 동의와 관련된 사례

■ 지방의 한 소도시에서 근무하다가 정년퇴직을 하고 취미삼아서 등산을 다니고 있다. 매일 등산을 하다 보니 자연스레 자주 만나는 사람들도 생기고, 산악회에 가입 권유를 받아 ○○산악회에 가입하게 되었다. 그런데, ○○산악회에서는 회원 비상연락망을 손바닥만 한 크기로 만들어 100여 명이 넘는 회원에게 배포하였다. 취미삼아 등산을 다니는 것은 좋지만 같은 산악회라고 할지라도 회원 모두가 제 개인정보를 알고 있는 것은 불편하다. 이런 경우 개인정보보호법 상 취할 수 있는 조치가 무엇인지 궁금하다.

→ 정보주체는 개인정보에 대한 자기 결정권이 있으므로 ○○산악회에 개인정보 처리정지를 요청할 수 있다. 동창회, 동호회 등 친목 도모를 위한 단체(자원봉사, 취미, 정치, 종교 등 공통의 관심사나 목표를 가진 사람간의 친목도모를 위한 모임)를 위하여 개인정보를 수집하는 경우에는 개인

정보 수집·이용 동의를 받지 않고도 수집할 수 있다. 개인정보 보호법은 업무 목적으로 개인정보를 처리하는 자를 법 적용 대상자로 보고 있는데, 친목단체는 업무적 성격보다는 사적 모임의 성격이 강하기 때문에 이 법의 일부 적용을 배제하고 있다.

→ 이 사례의 경우, ○○산악회는 취미삼아 등산을 좋아하는 사람들이 모여 만든 친목 단체로 보이며, 따라서 업무를 목적으로 개인정보를 수집하였다고 보기 어려워 이 법의 일부 적용이 배재되나 친목 단체의 설립 목적을 벗어난 개인정보의 이용·제공에 대해서는 개인정보 보호법이 엄격하게 적용된다. 따라서 개인정보처리자인 산악회 운영진에게 개인정보 처리정지 요구서를 통해 개인정보 처리의 정지를 요구할 수 있다.

■ 차량번호 하나만으로는 개인정보라고 볼 수 없을까?
→ 구체적으로 해당 차량번호가 수집 및 이용되는 상황에 따라 판단이 달라질 수 있지만 차량 번호 하나만으로는 개인을 식별할 여지가 없더라도 자동차등록원부 등과 쉽게 결합하여 등록자 개인을 식별할 수 있으므로 개인정보로 볼 수 있다.

■ 스마트폰에 저장된 전화번호 단독으로도 개인정보로 볼 수 있나?
→ 전화번호는 단독으로도 개인정보가 될 수 있다. 단, 「개인정보 보호법」상 의무를 부담하는 대상(개인정보처리자)은 업무를 목적으로 개인정보를 처리하는 경우에 한정된다. 사적인 친분관계를 위하여 스마트폰에 전화번호, 이메일 등을 저장하는 경우는 개인정보처리자에 해당하지 않는다.

■ 포털 사이트의 주소록에 개인이 지인의 정보를 업로드 하는 것이 법에 저촉되는 행위인가?
→ '개인정보처리자'라 함은 업무를 목적으로 개인정보파일을 운용하기 위하여 스스로 또는 다른 사람을 통하여 개인정보를 처리하는 공공기관, 법인, 단체 및 개인 등을 말한다. 개인이 사적인 친분관계에 있는 지인의 정보를 포털 사이트 주소록에 저장하는 것은 개인적인 활동으로서 '업무'라고 보기 어려우므로 「개인정보 보호법」이 적용되지 않는다.

■ 학원에서 강의 등록을 위해 수강생의 이름, 성별, 생년월일, 지역, 출신학교, 휴대전화번호 등을 적으라고 하는데, 과도한 수집이 아닌가?
→ 「개인정보 보호법」에 따르면 '법령상의 의무'를 준수하기 위하여 불가피한 경우에는 정보주체의 동의 없이도 정보를 수집·이용할 수 있다. 이때 개인정보처리자는 그 목적에 필요한 최소한의 개인정보를 수집하여야 한다. 학원은 「학원의 설립·운영 및 과외교습에 관한 법률 시행규칙」 제16조에 따라 수강생 대장을 기록·유지하여야 한다. 수강생 대장에는 등록번호, 성명, 생년월일, 주소, 전화번호 등을 기재하도록 하고 있으므로 학원 강의를 위해 수집할 수 있는 최소한의 개인정보는 성명, 생년월일, 주소, 전화번호 등이 될 수 있다. 지역, 출신학교 등을 수집하는 것은 과도한 수집이 될 수 있으므로, 선택적 정보의 수집에 대해서는 동의를 구하여야 하며, 선택적 정보의 제공에 대한 동의거부에 따른 학원 등록 등 당해 서비스 제공을

거부해서는 안 된다.

■ 졸업앨범에 있는 개인정보를 수집하여 TM(텔레마케팅) 등에 활용해도 되나?
→ 공개되어 있는 개인정보라 하더라도 당초 공개된 목적 내에서만 이용하는 것이 원칙이다. 졸업앨범에 개인 연락처가 공개되어 있다면 동문간의 연락 등 졸업앨범 본래의 목적만을 위해 이용할 수 있으며, 회원의 동의를 얻지 않고 마케팅 행위 등에 이용하는 것은 공개된 목적 범위를 벗어나는 이용이 된다.

■ 마음에 드는 여행상품이 있어 전화로 상담을 하였는데 가입신청을 하지는 않았다. 이후에도 여행사에서 계속 전화와 문자가 오는데「개인정보 보호법」위반이 아닌가?
→ 만약 고객이 상품 구매나 서비스 가입의 의사가 정해지지 않은 상태에서 단순히 가입조건 등을 확인하는 상담만 하였을 뿐이고 이후 상품 구매나 서비스 가입을 하지 않았다면 이는 상담이라는 최초의 개인정보 수집·이용목적이 달성된 것으로 보아야 한다. 따라서 해당 기업은 상담 종료 후, 비구매자의 개인정보를 지체 없이 파기해야 한다. 단, 고객의 개인정보를 이용하여 향후 상품계약 가능성이 있는 고객에 대한 지속적인 관리 및 마케팅 활동을 하기 위해서는 최초 개인정보 수집 시에 개인정보 수집·이용 목적 및 보유·이용 기간 등에 대해 명확히 알리고 동의를 받아야 한다.

■ 병원 진료 기록을 삭제하고 싶은데, 병원 측에서는 불가능하다고 한다. 제 개인정보를 삭제할 수 있는 방법이 없나?
→ 다른 법령에서 그 개인정보가 수집대상으로 명시되고 있고, 일정기간 보존하도록 규정하고 있는 경우, 개인정보처리자는 정보주체의 삭제요청이 있더라도 법에서 정한 보유기간 동안 개인정보를 파기하지 않고 보존하여야 한다. 병원은 환자의 성명, 주소, 주민등록번호 등이 기재된 진료기록부를 작성해야 하고, 작성된 진료기록부를 최소한 10년간 보존해야 하므로 삭제가 불가능할 것으로 보인다.

2장 개인정보호호의 정의 | 핵심정리

■ 개인정보 정의 예
 - 개인의 신체, 재산, 사회적 지위, 신분 등에 관한 사실, 평가 등을 나타내는 일체의 모든 정보
 - 성명, 주민등록번호, 주소, 본적 등 신분관계 정보
 - 사상, 종교, 가치관, 정치적 성향 등 내면의 비밀 정보
 - 건강상태, 신장, 체중 등 신체적 특징과 병력 등을 나타내는 심신의 상태 정보
 - 학력, 직업, 자격 등 사회 경력 정보
 - 소득규모, 재산보유상황, 거래내역, 신용정보, 채권채무 관계 등 경제관계 정보
 - 지문, 홍채, DNA 등의 생체인식 정보 및 위치 정보 등 기타 새로운 유형 정보

■ 개인정보 보호법의 주요 내용
 - 공공부문 및 민간부문의 개인정보를 다루는 모든 기관에 적용
 - 컴퓨터로 처리되는 정보와 민원신청 서류 등 종이문서도 보호대상에 포함
 - 주민등록번호는 원칙적으로 처리를 금지하는 등 사전 규제제도 신설
 - 공개된 장소에 설치하는 영상정보처리기기의 규제를 민간까지 확대
 - 공공기관과 민간기관에 대해 통일된 개인정보 수집 및 이용 제공 기준 적용
 - 개인정보 유출 시 정보주체에게 유출사실을 통지하는 유출통지 및 신고제 도입

■ OECD 프라이버시 8원칙
 - 수집 제한의 원칙
 - 정보 정확성의 원칙
 - 목적 명확화의 원칙
 - 이용 제한의 원칙
 - 안전성 확보의 원칙
 - 처리방침 공개의 원칙
 - 정보주체 참여의 원칙
 - 책임의 원칙

■ 개인정보보호 오남용 피해방지 10계명
  ① 개인정보처리방침 및 이용약관 꼼꼼히 살피기
  ② 비밀번호는 문자와 숫자로 8자리 이상으로 설정
  ③ 비밀번호는 주기적으로 변경하기(6개월에 한 번 이상 변경하는 것을 권고)
  ④ 회원가입은 주민등록번호 대신 I-PIN 사용
  ⑤ 명의도용 확인 서비스 이용하여 가입정보 확인
  ⑥ 개인정보는 친구에게도 알려주지 않기
  ⑦ P2P 공유폴더에 개인정보 저장하지 않기
  ⑧ 금융거래는 PC방에서 이용하지 않기
  ⑨ 출처가 불명확한 자료는 다운로드 금지
  ⑩ 개인정보 침해신고 적극 활용하기

■ 국가와 지방자치단체에서의 개인정보보호
  ① 인간존엄 및 사생활 보호를 위한 시책 강구
  ② 법령의 개선 등 필요한 시책 마련
  ③ 개인정보보호 자율규제 촉진 · 지원
  ④ 개인정보 보호법 목적에 부합하도록 법령 · 조례 제 · 개정

■ 개인정보의 수집 및 수집 목적의 범위 내에서 이용이 가능한 경우
  - 정보주체의 동의를 받은 경우
  - 법률에 특별한 규정이 있거나 법령상 의무를 준수하기 위하여 불가피한 경우
  - 공공기관이 법령 등에서 정하는 소관 업무의 수행을 위하여 불가피한 경우
  - 정보주체와의 계약의 체결 및 이행을 위하여 불가피하게 필요한 경우
  - 명백하게 정보주체 또는 제3자의 급박한 생명, 신체, 재산의 이익을 위한 경우
  - 개인정보처리자의 정당한 이익을 달성하기 위하여 필요한 경우로서 명백하게 정보주체의 권리보다 우선하는 경우

■ 개인정보를 수집할 경우, 주의해야 할 사항
  - 목적에 필요한 최소한의 개인정보 수집
  - 필요한 최소한의 정보 외에 동의하지 않을 수 있다는 사실 통지
  - 필요한 최소한의 정보 외에 동의하지 아니한다는 이유로 재화나 서비스 제공을 거부해서는 안 된다는 사실

제3장

개인정보보호 위반사례 등

학습 및 평가 목표

개인정보 보호 위반사례와 이러한 사례에 대응하기 위한 개인정보 권리행사의 방법 및 절차를 이해하고, 최근 5년간의 개인정보 침해 신고와 상담 접수 및 조치 현황을 살펴보고, 전반적으로 개인정보 침해에 대응하기 위한 방안을 평가한다.

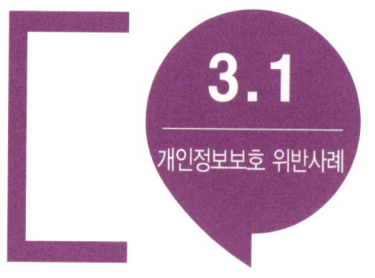

개인정보보호 위반사례 예시

Chapter 1. 개인정보보호 위반사례

■ 다음은 개인정보 위반사례 중 대표적인 사례이다. "학교숙제를 위해서 인터넷 학습지 사이트에 가입했는데 별로 도움이 되지 않아서 회원탈퇴를 하려고 했지만 계속 연락을 해도 탈퇴가 안 된다. 빨리 회원탈퇴를 하고 싶은데 어떻게 해야 하나?"

→ 인터넷을 이용하다 보면 회원으로 가입하는 것은 쉽게 되지만 회원을 탈퇴하는 것은 어려울 때가 있다. 우리나라의 법률은 인터넷 웹사이트에 회원 가입을 한 사람은 언제든지 회원 탈퇴나 개인정보를 지워줄 것을 요구할 수 있다. 인터넷 웹사이트는 특별한 이유가 없으면 회원탈퇴를 해줘야 하고, 만약 회원 탈퇴를 제대로 해주지 않는다면 법률에 의해서 죄를 물게 될 수도 있다.

→ 웹사이트에 계속 회원 탈퇴를 해달라고 요청해도 회원 탈퇴가 되지 않는다면, 우선은 자기가 회원 탈퇴를 제대로 요청했는지를 살펴보아야 한다. 어떤 웹사이트는 특별한 절차에 따라 회원 탈퇴를 시켜주는 경우도 있기 때문이다. 그리고 제대로 회원 탈퇴를 요청했는데도 처리가 안 된다면, 웹사이트 첫 화면에 있는 "개인정보처리방침"을 살펴보고 그 안의 개인정보보호 책임자 연락처로 연락을 해서 회원 탈퇴를 요구할 수 있다. 이런 요구들을 모두 했는데도 회원 탈퇴가 안 된다면, 개인정보분쟁조정위원회로 도움을 요청할 수 있다.

■ 부모님 허락을 받지 않고 온라인 게임에 가입해서 게임을 했는데 한 달 후에 요금이 아주 많이 나왔다. 이럴 땐 어떻게 해야 하나?

→ 인터넷을 이용하다 보면 아바타를 꾸미기 위해서 사이버캐시를 구입하거나 온라인 게임을 위해서 게임 아이템을 사용하는 경우가 있다. 그런데 최근에는 어린이를 상대로 하여 사이버캐

시를 올려주거나 게임아이템을 키워주겠다고 하면서 아이디와 비밀번호를 알려달라고 하는 경우가 있다. 또한 이메일이나 쪽지를 보내 자기가 웹사이트 관리자라며 비밀번호를 알려달라고 하는 경우도 있다. 이렇게 아이디와 비밀번호를 요구하는 사람은 거의 대부분 다른 사람의 비밀번호를 알아낸 다음 사이버캐시나 게임아이템을 가로챈다. 따라서 다른 사람이 비밀번호를 알려달라고 할 때는 어떠한 이유에서든지 비밀 번호를 알려주지 않아야 한다.

→ 만약 다른 사람에게 속아서 비밀번호를 알려주었다면 빨리 비밀번호를 다른 것으로 바꾸고 그 웹사이트의 개인정보보호책임자(대부분의 웹사이트는 첫 화면에 "개인정보처리방침"이 있고 그 안에 개인정보보호책임자의 연락처가 있다)에게 연락해서 도움을 청하는 것이 좋다. 그리고 웹사이트 관리자의 잘못으로 인해서 이미 게임아이템이 없어졌거나 하는 피해가 생겼다면 개인정보분쟁조정위원회에 연락해서 도움을 받을 수 있다.

■ 인터넷 채팅을 하다가 상대방이 사이버캐시를 올려주겠다고 해서 아이디와 비밀번호를 모두 알려줬는데, 사이버캐시는 올라가지 않고 오히려 나에게 요금만 나왔다. 어떻게 해야 하나?

→ 인터넷 웹사이트에 회원으로 가입하려면 대부분 주민등록번호를 입력해야 한다. 이는 어른과 어린이를 구분하기 위해서이기도 하고, 회원으로 가입하려는 사람의 신분을 확인하기 위해서이기도 하다. 그런데 주민등록번호로 신분을 확인한다는 점을 악용해서 어떤 사람들은 다른 사람의 주민등록번호를 훔친 다음에 이것을 이용해서 회원가입을 하는 경우가 있다. 또한 요즘에는 "주민등록번호 생성기"라는 불법적인 프로그램을 이용해서 주민등록번호를 만들어낸 다음에 이를 이용해서 회원가입을 하기도 한다.

→ 만약 다른 사람의 주민등록번호를 훔쳐서 이용하였다면 이는 범죄행위가 될 수 있고, 특히 다른 사람의 주민등록번호를 이용해서 재산상의 피해를 입혔다면 법률에 의해서 형사처분을 받을 수도 있는 중대한 범죄가 된다. 따라서 절대로 다른 사람의 주민등록번호를 훔쳐서 이용하는 일이 없도록 해야 한다.

→ 인터넷 회원가입을 하는 과정에서 자기의 주민등록번호가 이미 가입된 주민등록번호라고 나온다면 이것은 누군가가 자기의 주민등록번호를 이용해서 회원가입을 한 것이다. 따라서 이 경우는 그 웹사이트의 개인정보보호책임자에게 연락해서 빨리 회원정보를 삭제하는 조치를 취해야 한다. 그리고 주민등록번호로 인해서 이미 피해가 발생하였다면 개인정보분쟁조정위원회에 연락해서 도움을 받을 수 있다.

[그림 1-11] 위반사례

개인정보의 침해대응 방법

Chapter 1. 개인정보 권리행사의 방법 및 절차

■ 개인정보 침해신고 제도의 배경은 개인정보가 현대사회에서 많은 분야에 걸쳐 그 활용범위가 점차 넓어지고 있는데, 이에 따른 개인정보 노출, 유출로 인한 침해 위험도 함께 증가하고 있다.
→ 최근에는 금융권, 온라인 쇼핑몰, 게임사 등에서 해킹으로 인한 대규모 개인정보 유출사고가 빈번하게 발생하였고, 유출된 개인정보를 통해 명의도용, 피싱, 신분증 위조 등 추가 피해도 사회적인 문제로 확대되어 국민의 불안감이 급증하고 있다.

■ 개인정보 침해신고 및 침해 구제의 필요성은 「개인정보 보호법」에서 찾을 수 있다. 법 제2조에서 '개인정보'란 살아 있는 개인에 관한 정보로서 성명, 주민등록번호 및 영상 등을 통하여 개인을 알아볼 수 있는 정보(해당 정보만으로는 특정 개인을 알아볼 수 없더라도 다른 정보와 쉽게 결합하여 알아볼 수 있는 것을 포함)를 말한다고 개인정보의 정의를 내리고 있다.
→ '개인정보의 침해'란 정보주체의 개인정보자기결정권에 기하지 않거나 법적 근거 없이 개인정보가 처리되는 등, 개인정보와 관련한 정보주체의 권리를 침해하는 일체의 작위·부작위로 인한 피해를 말한다.
→ 일반적으로 '개인정보침해신고'는 법령을 위반한 누군가의 행위로 말미암아 개인정보를 침해 당한 사람이 그 사실을 진술하면서 고충처리 등 특정한 행위를 요구하는 것을 말한다.
→ '침해신고'의 개념은 넓게는 신고인이 입은 고충의 해결, 피해보상, 위법사실 통보, 행정처분 또는 형사처분 요구 등을 모두 포함하나, 좁게는 위법사실 통보 및 행정처분 요구만을 포함한다.

→ 개인정보와 관련하여 발생하는 피해는 개인의 사생활이나 경제·사회활동과 직접 연관되어 있기 때문에 매우 민감하게 받아들여지는 경우가 많고, 경우에 따라서는 동일 사건에 있어 피해자가 매우 다수이기 때문에 피해 파급효과가 빠르다. 특히 대부분의 개인정보 침해·유출은 또다시 명의도용이나 스팸광고, 피싱, 금전적 피해와 같은 이른바 '2차 피해'를 야기하므로 신속하고 공정한 피해구제 활동이 요구된다.

■ 개인정보침해신고센터 조사권한은 개인정보침해신고센터에 소관 업무를 실효성 있게 수행하기 위하여 조사에 관한 행정적 권한이 부여되어 있다. 행정안전부장관 및 과학기술정보통신부장관은 각각 「개인정보 보호법」 및 「정보통신망법」에 따라 한국인터넷진흥원 개인정보침해신고센터에 자료제출 요구권 및 검사권을 위탁 부여하고 있다.

■ 개인정보 침해 신고는 신고인의 정확한 침해 사실관계에 대한 서술 및 증거자료 첨부 등이 요구 된다. 따라서 전화로 침해신고를 받지 않고 가급적 인터넷 또는 이메일, 문서 등을 통하여 접수함을 원칙으로 한다.

■ 개인정보 침해 신고와 상담 접수가 2016년에 줄어들기는 했지만, 아직은 정보주체의 권리를 보호하기 위한 많은 노력이 필요하다. 이는 안전불감증으로 인해 더 큰 화를 당하는 사례를 주변에서 많이 볼 수 있기 때문이다.

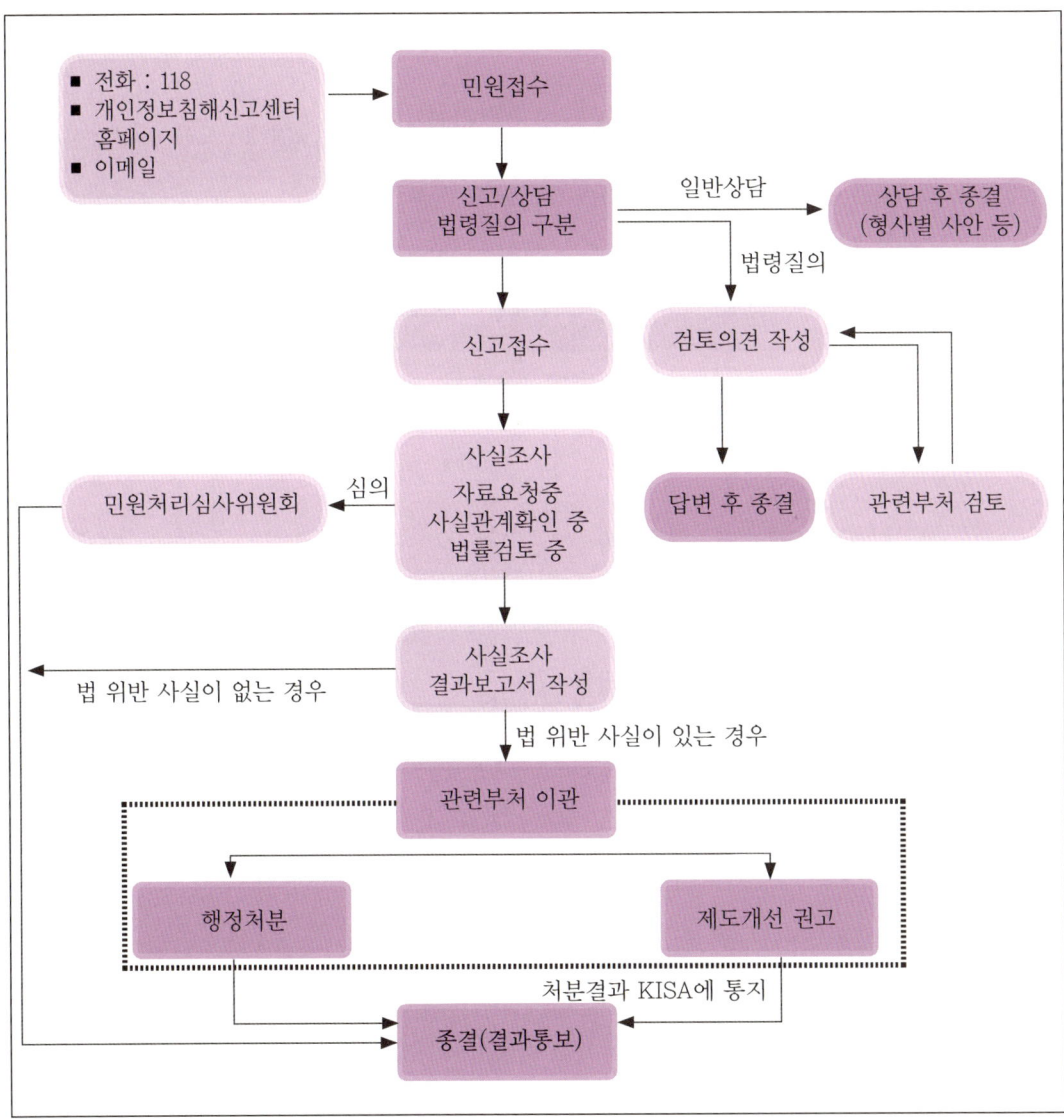

[그림 1-12] 개인정보 침해신고 업무처리 절차

Chapter 2. 개인정보의 침해신고 및 상담현황

■ 개인정보 침해 신고와 상담 접수 및 조치 현황을 보면 작년도에 신고 및 상담 접수가 줄어든 것을 보여주고 있으나, 아직은 주민등록번호 등 타인 정보 훼손·침해·도용이 상당히 많은 것으로 나타나고 있다.

[표] 연도별·유형별 개인정보 침해신고 및 상담 접수 현황(단위 : 건)

구 분	2012년	2013년	2014년	2015년	2016년
신 고	2,058	2,347	2,992	2,316	1,559
상 담	164,743	175,389	155,908	149,835	96,651
계	166,801	177,736	158,900	152,151	98,210

[표] 개인정보 침해신고 접수 유형별 분석(단위 : 건)

접수 유형	2012년	2013년	2014년	2015년	2016년
개인정보 수집 요건	3,507	2,634	3,923	2,442	2,568
개인정보 수집 시 고지·명시 의무	396	84	268	65	54
과도한 개인정보 수집	847	1,139	1,200	868	390
목적 외 이용 또는 제3자 제공	2,196	1,988	2,242	3,585	3,141
개인정보취급자에 의한 훼손·침해 등	941	1,022	1,036	857	622
개인정보 처리 위탁	125	44	40	22	25
개인정보 보호책임자	48	51	39	48	123
개인정보 안전성 확보조치	3,855	4,518	7,404	4,006	2,731

접수 유형	2012년	2013년	2014년	2015년	2016년
개인정보 미파기	779	602	686	767	545
정보주체 권리 (열람, 정정요구 등)	717	674	792	957	855
열람·정정을 수집보다 쉽게 해야 할 조치	660	510	352	381	286
아동 개인정보 수집	47	36	33	34	33
주민등록번호 등 타인 정보 훼손·침해·도용	139,724	129,103	83,126	77,598	48,557
타 법 관련 개인정보 사례	12,915	35,284	57,705	60,480	38,239
계	166,757	177,689	158,846	152,110	98,169

해킹, 개인정보 유출사고가 일어났을 때 어디로 신고해야 할까?

개인정보침해신고센터 (privacy.kisa.or.kr/kor/main.jsp)

개인정보침해 및 사이버 공격 피해에 대한 신고는 한국인터넷진흥원의 보호나라 118로 신고하면 된다는 사실을 꼭 알아두어야 한다. 우리가 119 번호를 모르고 있다면, 불이 나도 신고할 수 없을 것이다. 우왕좌왕 하다가는 신고가 늦어져 초기대처가 어려워진다. 118 번호를 꼭 기억하자! 주변에 모르는 이들을 위해 꼭 전파해야 하겠다.

3장 개인정보보호 위반사례 등 | 핵심정리

■ 개인정보보호 위반사례 대응
→ 회원 탈퇴를 요청해도 탈퇴가 되지 않는 경우, 비밀번호가 노출되어 도움을 받아야 하는 경우, 주민등록번호가 도용된 경우에는 해당 웹사이트의 개인정보처리방침에 나와 있는 개인정보 보호책임자에게 연락하여 조치를 취해 주도록 요청하고, 이미 피해가 발생한 경우에는 118로 신고한다.
→ 개인정보와 관련한 정보주체의 권리를 침해당한 경우에는 침해당한 사람이 그 사실을 바탕으로 고충의 해결, 피해보상, 위법사실 통보, 행정처분 또는 형사처분 요구 등을 모두 포함하며, 대부분의 개인정보 침해·유출은 또다시 명의도용이나 스팸광고, 피싱, 금전적 피해와 같은 이른바 '2차 피해'를 야기하므로 신속하고 공정한 피해구제 활동이 요구된다.

■ 개인정보 침해 유형
→ 개인정보 침해 유형을 보면, 주민등록번호 등 타인 정보 훼손·침해·도용이 가장 많이 나타나므로 자신의 주민등록번호가 도용된 것은 아닌지 관심을 가져야 한다.

제4장
정보보호 윤리의식

학습 및 평가 목표

정보보호 윤리의식에 대하여 학습하도록 한다.
해커와 크래커의 차이점 및 사물인터넷의 발달에 따른 해킹의 증가에 대해 이해하고, 정보보호 윤리의식을 숙지한다.

4.1 정보보호 윤리의식의 필요성

Chapter 1. 해커와 크래커

■ 해커는 작업과정 자체에서 느껴지는 순수한 즐거움을 탐닉하는 것 외에는 그 어떤 목적에도 관심을 갖지 않는 컴퓨터 전문가를 지칭한다. 따라서 일부에서는 순수한 동기를 가진 해커와 따로 구별하기 위해 다른 사람의 전산망을 뚫고 들어가 범죄적 행위를 저지르는 사람들을 전문적인 해커들은 자신들과 달리 '크래커(Cracker)'라고 구분해 부르기도 한다.

[그림 1-13] 국제 해커그룹 어나니머스

■ 한편 기존의 해커/크래커 분류와 달리, 블랙햇 해커(Black Hat Hacker) 또는 화이트햇 해커(White Hat Hacker)로 분류하기도 한다.
→ 블랙햇 해커(Black Hat Hacker) 또는 블랙햇(Black Hat)은 침입자(Intruder)·공격자(Invader)라고도 하며, 또는 악의적으로 다른 사람의 컴퓨터에 불법적으로 침입하여 데이터나 프로그램을 엿보거나 변경하는 등의 컴퓨터 범죄 행위를 저지르는 사람을 가리킨다. 블랙햇이라는 말은 주로 서부영화에 나오는 악당 역할의 등장인물이 자주 쓰는 검은 색의 모자에서 유래되었다고 한다.
→ 화이트햇 해커(White Hat Hacker)는 선의의 해커를 의미하며, 민·관에서 활동하는 보안 전문가들을 통칭한다. 이들은 네트워크에 침입한다는 점에서 일반적인 해커와 같지만, 미비한 보안 시스템을 발견해 관리자에게 제보하여 블랙 해커의 공격을 훼방하거나 퇴치하는 역할을 한다는 점이 다르다. 화이트햇이라는 말 역시 영화의 주인공 역할이 자주 쓰는 밝은 색 모자에서 유래한 것이다.

세계적인 해커, 어나니머스와 룰즈섹

다음에서 소개하는 해커 집단은 좋은 일도 하고 나쁜 일을 하기도 한다. 그래서 '좋다', '나쁘다'로 판단하기에는 어려운 점도 있다. 중요한 것은 좋은 일을 한다고 해서 남의 정보를 허락 없이 빼내거나 시스템을 공격하는 일은 정당화 될 수 없다는 것이다.

대표적인 해커그룹 어나니머스(Anonymous)와 룰즈섹(Luzsec)을 소개한다. 먼저, 어나니머스 해커 그룹이다. 어나니머스는 영어로 '익명'이란 뜻으로, '누군지 몰라, 누군지 모르게 절대 얼굴을 드러내지 않고 있다.

두 번째로 유명한 해커 그룹이 룰즈섹이다. 룰즈섹은 세계적으로 유명한 해커그룹이고, 2011년 4월 중순 발생한 소니 플레이스테이션 네트워크를 공격한 해커 그룹으로 알려져 있다.

Chapter 2. 사물인터넷의 발달과 해킹의 증가

■ 사물인터넷은 '모든 것'을 연결해서 정보를 공유하는 센서기술의 일종이다. 사물인터넷의 발달에 따라 다음과 같은 이유로 해킹이 증가될 전망이다.

→ 첫 번째는 해킹 툴의 간편화이다. 해킹 툴은 해커들이 해킹할 때 사용하는 프로그램이다. 기술발달로 인해서 해킹 툴의 간편화는 전문 해커가 아니더라도 누구든지 해킹을 쉽게 할 수 있게 한다. 예를 들어 전문 해커가 아니더라도 DDoS, 사이트 위·변조와 같은 해킹공격을 감행할 수 있다.

→ 두 번째는 사물인터넷이 가지는 취약점이다. 사물인터넷은 센서기반 기술이다. 센서는 모바일, 컴퓨터보다 보안에 취약한데, 이유는 CPU, 메모리와 같은 성능들이 우수하지 않기 때문에 정보보호 기술의 적용에 한계가 있다. 정리하면 쉽고 성공확률이 높아지기 때문에 해킹공격이 더욱 늘어나게 될 것이다.

→ 세 번째는 해킹 대상의 확대이다. 사물인터넷은 모든 것들을 네트워크로 연결하는 기술이다.

달리 말하면 모든 것들에 대해 해킹 가능성이 있음을 시사한다. 네트워크로 연결 되었기 때문이다. 과거에는 사이트가 주된 해킹 대상이었다면 이제는 우리의 생활 속의 모든 것이 해킹범죄의 대상이 될 것이다. 즉 가전기기, 자동차, 집 등이 해킹 위협에 놓이게 되며 2020년에는 인터넷에 연결된 기기 수는 370억 개에 이를 전망이다.

→ 마지막으로 청소년 해킹의 증가 가능성이다. 사이버에 가장 익숙한 세대들은 다름이 아닌 청소년들이다. 특히 청소년들은 기존 세대들보다 새로운 기술에 대한 습득이 빠르기 때문에 해킹기술도 쉽게 접하고 이해할 수 있다. 청소년들은 사이버공간이 너무나도 익숙하기 때문에 게임처럼 해킹을 우발적으로 일으킬 가능성이 있다. 더욱이 청소년들은 사이버공간에 익숙하기 때문에 해킹을 장난으로 생각하는 경우가 많다.

■ 사물인터넷 시대에는 해킹만으로 살인자가 될 수 있다. 예를 들어 장난으로 자동차를 해킹해 원격조정으로 개인의 목숨을 위협할 수 있다. 특히 정보보호 기술은 사용하는 목적에 따라 해킹 기술로도 사용될 수 있기 때문에 정보보호 기술을 연마한 정보보호인에 의한 해킹문제를 예방하기 위해서는 해킹은 범죄라는 것이 인식될 수 있도록 정보보호 윤리의식을 함양할 필요가 있다.

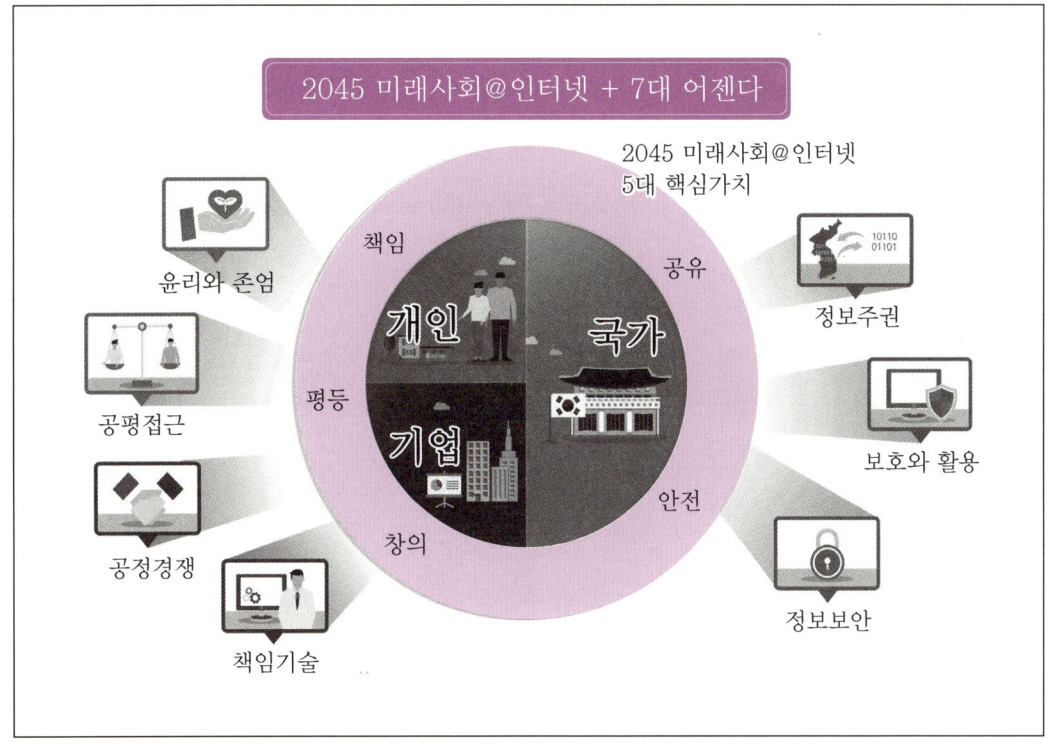

출처 : KISA 2017.08.10.

[그림 1-14] 2045 미래사회 인터넷 플러스 **信賴를_세우다**

출처 : 과학기술정보통신부 2016.12.05

[그림 1-15] 2017년 7대 사이버 공격 전망

정보보호 윤리의식

Chapter 1. 정보보호 윤리의식

■ 책임감과 자부심을 가지며 지속적으로 역량을 개발한다(Professional).
→ 정보보호인으로서 자신의 전문적 지식과 기술을 통하여 우리사회에 투명하고 건실한 정보보안 인식이 정착될 수 있도록 노력하여야 한다.
→ 정보보호인으로서 최신 동향과 새로운 견해를 지속적으로 파악하고 연구개발 하여야 한다.
→ 정보보호인으로서 직무 수행 시 법령의 변동 사항 여부에 대해 검토하고 반영하여야 한다.

■ 합법적이고 공정해야 한다(Fairness).
→ 정보보호인으로서 어떠한 경우에도 법률을 준수하여야 한다.
→ 정보보호인으로서 사적 또는 공적 이익을 목적으로 공정하지 못한 결정이나 행동을 하여서는 안 된다.
→ 정보보호인으로서 정보보호 직무에 관련된 이해관계인으로부터 경제적 이익을 추구하지 않는다.

■ 합리성과 객관성을 유지하여야 한다(Objectivity).
→ 정보보호인으로서 가치, 형식, 목적을 사회적 규범에 부합하도록 한다.
→ 정보보호인으로서 논리적 안전성과 검증이 가능한 기술을 확보하기 위하여 노력하여야 한다.
→ 정보보호인으로서 최대한 투명성을 높이도록 노력해야한다.

■ 직무상 알게 된 정보에 대하여 비밀을 유지한다(Confidentiality).
→ 정보보호인으로서 직무상 알게 된 정보는 자신 또는 타인의 이익을 위하여 사용하지 않아야 한다.
→ 정보보호인으로서 직무상 알게 된 정보는 자신이 소속된 조직 내에서도 비밀을 유지하여야 한다.

→ 정보보호인으로서 직무상 알게 된 정보는 직무가 종료된 이후에도 비밀을 유지하여야 한다.

■ 보안과 관련된 사회적 의무를 다한다(Obligation).
→ 정보보호인으로서 보안 위협에 대한 정보를 신속하게 공유할 수 있도록 최선을 다한다.
→ 정보보호인으로서 보안 위협에 대한 해결 방안을 적극적으로 제시한다.
→ 정보보호인으로서 사회적 안전을 위해 최선의 노력을 다한다.

4.2 | 핵심정리

해킹의 증가 전망

■ 해킹 툴의 간편화
→ 기술발달로 인한 해킹 툴의 간편화로 사용이 용이
■ 사물인터넷이 가지는 취약점
→ 센서의 성능상의 문제로 인한 정보보호 기술 적용의 한계 노출
■ 해킹 대상의 확대
→ 사물인터넷 네트워크 연결의 확대에 따른 해킹 범죄 대상 증가
■ 청소년 해킹의 증가 가능성
→ 신기술 습득 용이 및 사이버 공간의 익숙함

해킹의 증가 전망

■ 해킹 툴의 간편화
→ 기술발달로 인한 해킹 툴의 간편화로 사용이 용이
■ 사물인터넷이 가지는 취약점
→ 센서의 성능상의 문제로 인한 정보보호 기술 적용의 한계 노출
■ 해킹 대상의 확대
→ 사물인터넷 네트워크 연결의 확대에 따른 해킹 범죄 대상 증가
■ 청소년 해킹의 증가 가능성
→ 신기술 습득 용이 및 사이버 공간의 익숙함

정보보호 윤리의식

■ 책임감과 자부심을 가지며 지속적으로 역량을 개발한다(Professional).
■ 합법적이고 공정해야 한다(Fairness).
■ 합리성과 객관성을 유지하여야 한다(Objectivity).
■ 직무상 알게 된 정보에 대하여 비밀을 유지한다(Confidentiality).
■ 보안과 관련된 사회적 의무를 다한다(Obligation).

제5장

생활속의 정보보호

학습 및 평가 목표

생활 속에서 스마트폰 사용 및 택배, 우편물 등에 기재된 이름, 주소 등의 개인정보를 올바르게 조치하고 대응하는지 평가한다. 또한 인터넷상에서 어떠한 개인정보도 '잊혀질 권리'가 있다는 것을 이해하고, 정보보호 실천수칙과 스파이웨어, 악성 봇 차단과 USB메모리, 무선 랜, 비밀번호, IP 카메라 등 안전한 사용방법을 숙지한다.

생활 속의 정보보호 의미

Chapter 1. 의미

■ 생활 속의 정보보호 의미
→ 4차 산업혁명 시대에 모바일 기기 및 스마트폰의 사용이 활성화되어 있고, 이를 생활 속에 이용하면서 개인정보의 유출 및 2차 해킹피해로 확산 되는 경우가 빈번히 발생하고 있다. 또한 인터넷 상에서는 수십 년간 살아온 우리들의 개인정보와 중요정보들이 떠돌아다니고 있어 이를 올바르게 관리 및 조치해야 하는 현실이다.

■ 잊혀질 권리
→ '잊혀질 권리(Right to be Forgotten)'는 인터넷에서 생성·저장·유통되는 개인의 사진이나 거래 정보 또는 개인의 성향과 관련된 정보에 대해 소유권을 강화하고 이에 대해 유통기한을 정하거나 이를 삭제, 수정, 영구적인 파기를 요청할 수 있는 권리 개념을 말한다.
→ 최근 인터넷의 상용과 디지털 환경의 도래와 함께 활발하게 논의되는 것이 바로 잊혀질 권리다. 잊혀질 권리에 대한 명확한 정의는 없으나 대개 '기록이 저장되어 있는 영구적인 저장소로부터 특정한 기록을 삭제할 수 있는 권리' 또는 '자신의 정보가 더 이상 적법한 목적을 위해 필요치 않을 때, 그것을 지우고 더 이상 처리되지 않도록 할 개인의 권리'다. 이처럼 생산은 쉬운 반면 삭제와 파기가 용이하지 않은 인터넷 환경에서 잊혀질 권리를 도입해야 할 필요성이 인식되고 있는 반면 현행법상 삭제 범위나 표현의 자유, 알 권리 등과 충돌할 가능성이 매우 높다.

생활 속의 정보보호 대응방안

Chapter 1. 생활 속의 정보보호 대응방안

■ 생활 속의 정보보호 사례
→ 개인 PC 및 스마트 폰, USB 사용 등 일상생활 속에서 다양한 사이버 위협과 개인정보 유출 피해 사례가 빈번히 일어나고 있다. 또한 택배나 우편물에 부착된 집 주소, 이름, 전화번호 등을 무심코 버리는 경우에는 택배를 가장한 강도, 도둑의 사고로 이어질 수 있는 위험이 따른다.

■ 생활 속의 정보보호 대응방안
→ 정보보호 실천수칙 (개인)
1. PC 운영체제 및 소프트웨어 최신 보안업데이트
2. PC 윈도우즈 운영체제 자동보안업데이트 설정하기
3. 백신프로그램을 설치하고 바이러스 검사하기
4. PC 비밀번호 설정기능 사용하고 주기적으로 변경하기(!, 등 특수문자 활용)
5. 언제 어디서든 신뢰할 수 없는 웹 사이트는 방문하지 않기
6. 공인인증서는 외장매체에 안전하게 저장하기
7. 출처가 불분명한 이메일은 열어보지 말고 삭제하기
8. 정품 OS(운영체제)를 사용하기(스마트폰 탈옥하지 않기)
9. 의심스러운 문자메시지는 열지 말고, 바로 삭제하기
10. 공유기 관리자/WiFi 패스워드 설정하기/WiFi 패스워드 설정하기

→ 정보보호 실천수칙 (스마트폰)
1. 공식 앱 마켓이 아닌 다른 출처(출처를 알 수 없는 앱)의 앱 설치 제한하기
2. 단문 문자(또는 SNS) 메시지에 포함된 URL 클릭하지 않기
3. 공인인증서는 USIM 등 안전한 저장장소에 보관하기
4. 스마트폰 운영체제와 모바일 백신을 항상 최신으로 업데이트하기
5. 스마트폰 보안 잠금(비밀번호 또는 화면 패턴)을 설정하여 이용하기
6. 루팅, 탈옥 등 스마트폰 구조를 임의로 변경하지 않기
7. 스마트폰 앱 설치 시 과도한 권한을 요구하는 앱은 설치하지 않기
8. 스마트폰 WiFi 연결 시 제공자 불분명한 공유기 이용하지 않기
9. 스마트폰에 중요정보 정리하기

→ 정보보호 실천수칙 (기업)
1. 임직원 대상 정기적인 정보보호 교육 실시하기
2. 정보보호 정책·지침을 수립하고 책임자와 담당자를 지정하여 운영하기
3. 정보시스템의 사용자계정 및 접근권한 관리하기
4. 기업의 정보자산 분류기준을 수립하고 목록 관리하기
5. 개인 및 공용 업무 환경의 PC, 노트북은 정기적으로 보안점검하기(백신설치, 보안업데이트, 화면보호기 설정, 비밀번호 변경 등)
6. 주기적인 취약점 점검·보완 및 홈페이지 제작 시 시큐어 코딩 준수하기
7. 중요정보는 정기적으로 백업하고 안전하게 별도 관리하기
8. 사무실내 중요문서는 방치되지 않도록 하고 반드시 파쇄하기
9. 시스템 및 소프트웨어 폐기 시에는 기록된 데이터 완전하게 삭제하기(덮어쓰기 7회 이상, 디가우징-Degaussing, 물리적 파괴 등)
10. 기업이 지켜야할 보안관련 법적요구사항을 파악하고 준수여부 점검하기

→ 안전한 택배 관리 4가지 수칙
1. 안심번호 서비스 사용하기
   안심번호 서비스는 고객의 개인정보보호를 위해 상품 주문 시 실제 연락처 정보가 판매자 또는 택배 사에 노출되지 않도록 050, 0503 등으로 시작되는 일회용 안심번호를 발급하는 서비스다. 쇼핑몰에서는 안심번호 서비스를 의무적으로 적용하거나 선택할 수 있도록 하고 있다.
2. 배송완료시 구매확정 버튼 누르기
   또는 기간지나면 알아서 확정되니까 등의 이유로 구매확정을 하지 않는 사용자가 많은 편이다. 판매자와 택배 사에서는 고객정보를 파기해야할 의무가 있기 때문에 구매를 확정하면 그만큼 개인정보파기시기가 앞당겨지게 된다. 또한, 일반적으로 구매확정, 환불완료 등 주문처리 종료

시 또는 주문일로부터 90일 이후 안심번호가 해지되기 때문에 구매확정단계는 매우중요하다.
3. 택배 운송장 떼어내서 찢어버리기
   또 하나는 아파트, 빌라 등 거주지역이 밀집된 곳에서는 버려진 택배박스를 쉽게 찾을 수 있는데, 택배 박스에 붙여진 운송장을 떼어내지 않고 버리는 경우가 허다하다. 안심번호로 전화번호를 쉽게 알 수 없다 하더라도 받는 사람의 이름과 주소가 기재되어 있으므로 택배기사를 사칭해 주택에 침입하는 범죄의 빌미가 될 수 있다. 택배박스를 버릴 때에는 운송장을 꼭 떼어내서 찢어버려야 혹시 모를 개인정보노출로 인한 피해를 예방할 수 있다.
4. 택배문자에 URL 링크가 걸린 경우, 절대 누르지 않기
   평소 문자가 오던 택배기사 번호가 아닌, 처음 보는 번호로 배송 알림문자가 오는 경우에도 의심할 필요가 있다. 여기에 주소지 미확인 등으로 URL 링크가 걸려 있는 경우에는 의심이 필수다. 가급적이면 문자에 포함된 URL 링크는 누르지 않도록 해야 하며, 평소 휴대폰에 백신을 설치하고 주기적으로 점검하는 등의 관리가 필요하다.

→ 스파이웨어 차단·대응
- 스파이웨어란 컴퓨터 이용자의 동의 없이 설치되거나 의도와 다르게 작동되어 컴퓨터 사용에 불편을 끼치거나 정보를 훔쳐가는 악성 프로그램이다.
- 증상 및 피해
  • 컴퓨터 작동의 이상을 유발하거나 중요자료가 유출된다.
  • 웹브라우저의 '홈페이지 설정'이나 '즐겨찾기' 등이 변경된다.
  • 원하지 않는 광고창이 뜨거나 성인, 광고 웹사이트로 접속된다.
  • 이용자가 특정 프로그램을 삭제하거나 종료할 수 없다.
- 예방 방법
  • 스파이웨어는 주로 인터넷 사용 도중 설치되므로 믿을 수 있는 웹사이트만 방문하고 의심되는 광고나 게시물은 클릭하지 않는다.
  • 음란, 도박 등 불건전 웹사이트는 접속하지 않는다.
  • 웹사이트에서 소프트웨어 설치를 요구할 경우 주의한다.

→ 악성 봇 차단·대응
- 악성 로봇(Robot)의 준말로서, 봇에 감염될 경우 해커가 감염된 컴퓨터를 로봇과 같이 마음대로 조종할 수 있다.
- 증상 및 피해
  • 컴퓨터는 해커가 지시한 일을 수행한다.
  • 특히 해커가 다른 시스템을 공격하는 데 이용될 수 있다.
- 예방 방법

- 컴퓨터의 보안 업데이트를 '자동'으로 설정한다.
- 백신프로그램과 방화벽 등 보안 프로그램을 설치한다.
- 비밀번호는 추측이 어렵게 만들고 자주 변경해야 한다.
- 믿을 수 있는 웹사이트와 프로그램만을 사용한다.

→ USB 메모리 관리
- USB는 컴퓨터와 주변 기기를 연결하는 표준 가운데 하나로서 컴퓨터에 쉽게 연결하여 정보를 쓰고 읽을 수 있는 도구로써 여러 컴퓨터에서 사용하는 경우 컴퓨터 바이러스 등에 감염되기 쉬우며 분실·도난 시 대량의 정보가 유출된다.
- 안전한 사용 방법
  - USB 메모리를 백신프로그램으로 수시로 검사·치료한다.
  - USB 메모리 내의 자료는 다음 중 하나의 방법으로 암호화하여 사용한다.
    ☞ USB 메모리 업체에서 제공하는 암호화 프로그램을 사용한다.
    ☞ 압축프로그램에서 제공하는 '암호화 압축' 기능을 활용한다.
    ☞ 문서작성 프로그램의 암호화 저장기능을 사용한다.
  - 공인인증서는 별도의 USB에 인증서만을 저장하여 사용한다.

→ 무선 랜의 정보유출 대응
- 무선 랜(Wireless LAN)은 물리적인 선 없이 전파를 이용하여 인터넷을 사용하는 방법으로서 이동성과 편리성 때문에 가정과 직장에서 널리 사용되고 있으나, 전파를 이용하기 때문에 유선 인터넷에 비해 도청에 매우 취약하다.
- 안전한 사용 방법
  - 무선 랜을 사용하여 중요 자료를 전송하지 않는다.
  - 컴퓨터와 무선 랜 기계(무선 공유기 등)에 암호를 설정하여 전송되는 자료를 암호화한다.
  - 무선 공유기에 관리자 암호를 설정한다.
    ☞ 공유기에 암호를 설정함으로써 권한 없는 사용자의 관리자 페이지 접근을 막는다.
  - 접속 가능한 기기를 제한한다.
    ☞ 무선 공유기에서 접속 가능한 기기를 설정한다. MAC(Media Access Control) 이라는 기기별 고유번호를 이용하여 접속 가능한 기기를 선택할 수 있다.
  - 무선 랜 기계의 자동 로그인 기능을 사용하지 않는다.

→ 안전한 비밀번호 사용법
- 인터넷 사이트 이용, 금융거래, 컴퓨터 로그인 등에 본인확인을 위해 비밀번호를 사용한다. 다른 사람이 비밀번호를 알게 될 경우 금전 피해, 정보 유출 및 사기 등 불법행위에 사용될 수

있기에 비밀번호가 타인에게 노출되지 않도록 관리가 필요하다.
- 올바른 관리 방법
    - 다른 사람이 추측할 수 없도록 숫자 · 특수문자를 섞어 8자 이상으로 구성한다.
      (예 : 10H+20Min, I!Can&9It)
        - ☞ 본인 · 가족의 이름, 생일, 주민등록번호 등은 사용하지 않는다.
    - 익숙한 명칭 · 제목 · 속담 등을 활용하여 기억하기 쉽도록 설정한다.
    - 비밀번호는 웹사이트별로 다르게 설정한다.
        - ☞ 기본 비밀번호에 웹사이트별 규칙을 추가하여 비밀번호로 사용한다.
        - ☞ 금융거래에 사용하는 비밀번호는 일반 비밀번호와 다르게 설정한다.
    - 타인에게 비밀번호와 관련된 정보 및 힌트를 알려주지 않는다.
    - 비밀번호는 최소한 3개월마다 변경한다.

→ IP 카메라 안전한 사용법
- 인터넷회선을 통해 PC나 스마트기기로 관찰하고 녹화 할 수 있는 기기이다. 일반 CCTV처럼 녹화기를 별도로 구입하거나 설치비용이 필요 없이 직접 설치할 수 있다. 가격도 저렴하여 베이비 모니터, 소규모 매장 보안, 어린이집 등 다양하게 활용되고 있지만, IP 카메라로 인해 개인의 사생활이 침해당할 수 있다.
- 예방 방법
    - 초기 설정된 관리자 ID/PW 사용 금지
    - 자주 사용되는 패스워드 사용금지하고 주기적으로 변경
    - 펌웨어 업데이트 및 보안패치 실행

5장 생활속의 정보보호 | 핵심정리

■ 생활 속의 정보보호 의미
  → 인터넷 상에서는 수십 년간 살아온 우리들의 개인정보와 중요정보들이 떠돌아다니고 있어 이를 올바르게 관리 및 조치해야 하는 현실이다.

■ '잊혀질 권리(Right to be Forgotten)'는 인터넷상에서 원치 않는 개인정보가 있을 경우에 이를 삭제, 수정, 영구적인 파기를 요청할 수 있는 권리 개념이다.

■ 안전한 택배 관리 수칙
  → 안심번호 서비스 사용하기, 배송완료시 구매확정 버튼 누르기, 택배 운송장 떼어내서 찢어버리기, 택배문자에 URL링크 걸린 경우 절대 누르지 않기 등의 안전한 택배 관리 수칙을 지킨다.

■ '정보보호 실천수칙
  → 개인, 스마트폰, 기업임직원들이 평소에 정보보호 실천수칙을 숙지하여야 하며, 스파이웨어, 악성 봇 차단과 USB메모리, 무선 랜, 비밀번호, IP 카메라 등 안전한 사용법을 지킨다.

제6장
국내 정보보호의 현황

학습 및 평가 목표

국내의 정보보호 기관에 대해 숙지하고 국가별 대표적인 CERT 현황과 국가별 대표 정보보호 전문기관의 주요 임무 및 기능에 대해 이해한다. 또, 우리나라의 사이버보안체계 현황 및 체계를 이해하고 국내 보안관제센터 역할을 비교할 수 있는지 평가한다.

정보보호 기관 현황

Chapter 1. 정보보호 기관의 현황

■ 중앙행정기관, 지방자치단체 및 공공기관의 장은 「국가사이버안전관리규정」에 의거 보안관제센터를 설치·운영하여야 하며, 이에 따라 국가·공공기관은 정보통신망에 대한 사이버 공격을 실시간 탐지·분석하여 즉시 대응조치 할 수 있도록 보안관제센터를 구축·운영하고 있다. 국가·공공기관의 보안관제는 단위보안관제(각급기관) → 부문보안관제(중앙행정기관) → 국가보안관제(국가사이버안전센터)로 구성된 3단계 사이버공격 탐지·차단체계를 구축·운영하고 있다. 국가사이버안전센터는 국가보안관제센터로서 부문·단위 보안관제센터에 사이버공격을 탐지할 수 있는 기술을 배포하고 국가 안보를 위협하는 사이버공격을 탐지·대응하는 역할을 수행하고 있다.

■ 현재 중앙행정기관은 32개의 부문 보안관제센터를 운영하고 있으며 자체 및 소속·산하기관의 정보통신망을 대상으로 24시간 365일 무중단 보안관제를 실시하면서 사이버공격으로 인한 피해의 발생 또는 확산을 방지하고 국가기관이 보유한 정보 시스템·전산망 및 보유 정보를 보호하고 있다. 보안관제 업무를 수행하기 위해서는 전문인력과 시설을 갖춰야 하는데 필요한 경우 과학기술정보통신부 장관이 지정하는 보안관제 전문업체의 인원을 파견 받아 수행할 수 있다.

■ 보안관제는 사이버공격·위협의 탐지뿐만 아니라 사이버 공격 발생 시 피해를 최소화하기 위해 관계 기관간의 정보공유 또한 중요하다. 이에, 보안관제센터는 보안관제시 수집된 사이버 공격 정보가 다른 보안관제센터의 업무와 연관될 경우에 해당 보안관제센터에 탐지·분석한

위협정보를 실시간으로 공유함으로써 국가 차원의 사이버위협에 대해 종합적이고 체계적으로 대응하고 있다.

구분	기관명	소관 분야
국무조정	국무조정실	국조실 사이버안전센터
행정	행정자치부	정부통합전산센터(대전)
		정부통합전산센터(광주)
		지역정보개발원(G-CERT)
국방	국방부	사이버사령부
외교	외교부	외교 사이버안전센터
국토교통	국토교통부	국토교통 사이버안전센터
보건·의료	보건복지부	보건의료 사이버안전센터
교육	교육부	교육 사이버안전센터
에너지	산업통상자원부	산업통상 사이버안전센터
통신과학	과학기술정보통신부	과학기술정보통신 사이버안전센터
		KISA 인터넷 침해대응센터
		과학기술 사이버안전센터
금융	금융위원회	금융보안원
치안	경찰청	경찰 사이버보안관제센터
특허	특허청	특허 관제센터
관세	관세청	관세 관제센터
국세	국세청	국세 관제센터
방위산업	방위산업청	방위사업 관제센터
재정	기획재정부	재정 사이버안전센터
문화	문화체육관광부	문화체육관광 사이버안전센터
기상	기상청	기상 관제센터
노동	고용노동부	노동 관제센터
환경	환경부	환경 관제센터
법무	법무부	법무 관제센터
통일	통일부	통일 관제센터
농식품	농림축산식품부	농식품부 사이버안전센터
검찰	대검찰청	대검 사이버안전센터

구분	기관명	소관 분야
병무	병무청	병무청 사이버안전센터
해양	해양수산부	해양수산 사이버안전센터
중소기업	중소기업청	중기청 사이버안전센터
공정위	공정거래위원회	공정위 사이버안전센터

* 출처 : 2016 국가정보보호백서

Chapter 2. 국가별 CERT 현황

국가명	국가 CERT	홈페이지
한국	KrCERT/cc	www.krcert.or.kr
아르헨티나	ArCERT	www.arcert.gov.ar
오스트레일리아	AusCERT	www.auscert.org.au
오스트리아	CERT.at	www.cert.at
벨기에	BELNET CERT	cert.belnet.be
브라질	CERT.br	www.cert.br
캐나다	EWA-Canada/CanCERT	www.cancert.ca
칠레	CLCERT	www.clcert.cl
중국	CNCERT/CC	www.cert.org.cn
크로아티아	CARNet CERT	www.cert.hr
덴마크	CSIRT.DK	www.csirt.dk
에스토니아	CERT-EE	www.cert.ee
핀란드	CERT-FI	www.cert.fi
프랑스	Cert-IST	www.cert-ist.com
독일	DFN-CERT	cert.grnet.gr
그리스	GRNET-CERT	cert.grnet.gr
홍콩	HKCERT	www.hkcert.org
헝가리	Hun-CERT	www.cert.hu
인도	Cert-in	www.cert-in.org.in
이스라엘	CERTGOVIL	www.cert.gov.il
이탈리아	GARR-CERT	www.cert.garr.it
일본	JPCERT/CC	www.jpcert.or.jp

국가명	국가 CERT	홈페이지
라트비아	CERT NIC.LV	cert.nic.lv
리투아니아	LITNET CERT	cert.litnet.lt
말레이시아	MyCERT	www.mycert.org.my
멕시코	UNAM-CERT	www.unam-cert.unam.mx
네덜란드	certgovcert.nl	www.govcert.nl
노르웨이	NorCERT	www.nsm.stat.no
오만	OCERT	www.cert.gov.om
파키스탄	PAKCERT	www.pakcert.org
페루	TERIS	www.tp.com.pe
필리핀	PH-CERT	www.ph-cert.org
폴란드	CERT POLSKA	www.cert.pl
러시아	RU-CERT	www.cert.ru/Eng/
싱가포르	SingCERT	www.singcert.org.sg
슬로베니아	SI-CERT	www.arnes.si/en/si-cert
남아프리카공화국	ECS-CSIRT	www.e-comsec.com
스페인	esCERT-UPC	escert.upc.es
스웨덴	SUNet-CERT	www.cert.sunet.se
스위스	SWITCH-CERT	www.switch.ch/cert/
대만	TWCERT/CC	www.cert.org.tw
태국	ThaiCERT	www.thaicert.nectec.or.th
튀니지	tunCERT	www.ansi.tn
우크라이나	CERT-UA	www.cert.gov.ua
아랍에미리트	ETISALAT-CERT	www.cert.etisalat-nis.ae
영국	JANET-CERT	www.ja.net/CERT
미국	US-CERT	www.us-cert.gov
베네수엘라	VenCERT	www.vencert.gob.ve

Chapter 3. 국가별 대표 정보보안 전문기관

■ 국가별로 침해사고 대응 및 정보보안 전문기관에 대한 주요임무를 살펴본 결과 우리나라의 국가사이버안전센터 또는 한국인터넷진흥원의 역할과 유사하다. 아래 표는 국가별 대표 정보보안 전문기관 현황이다.

국가	기관명	주요 임무 및 기능	우리나라 기관
미국	국토안보부 국가안전사이버안보센터 (NCSC : 2008)	• 연방정보의 통신망 보호업무 수행 - 국가안정보장국(NSA)과 연방수사국(FBI), 국방부(DoD)의 전 통신시스템의 정보를 수집, 공유하며 모니터링	• 국가사이버안전센터(NCSC) - 국정원, 국방부, 안행부, 방송통신위원회, 과학기술정보통신부 등 정부기관이 민·관·군으로 분담, 소관분야 정보수집 및 공유
	국토안보부 국가사이버보안처 (NCSD : 2003)	• 사이버테러 대응조치, 총괄 조정 • 취약점 확인·분석·경보 발령 • 민·관 협력 및 훈련, 교육 홍보	• 국가사이버안전센터(공공) • 한국인터넷진흥원(민간) • 국정원, 행안부, 방통위, 국방부 등
	FBI 국가기반보호센터 (NIPC : 1998)	• 민간 해킹사고조사, 모니터링(관제) • 사이버위협 경향 분석 및 배포	• 한국인터넷진흥원(KISA) 및 통신·은행·증권 CERT 등
영국	내무부 국가기반보호센터 (CPNI : 2007)	• 경보, 정부침해사고대응기구 관할 • NISCC, NSAC CESG 등 합동근무, 물리적·사이버 보안 융합 수행	• 국정원 국가사이버안전센터 • 유관기관 파견관(5명) 합동근무 물리적·사이버보안 개별수행
	내무부 연방침해사고 대응기구 (UNIRAS : 1992)	• 전자공격위협에 대한 경보 • 침해사고 및 취약점 수집·분석	• 한국인터넷진흥원(KISA) 인터넷침해사고대응지원센터
독일	내무부 연방정보기술 보안청 (BSI : 1991)	• 보호제품 평가·인증, 보안 관제 등 국가사이버안전 업무 총괄	• 국가사이버안전센터(NCSC) 및 한국인터넷진흥원 등
일본	내각관방부 내각관방정보 보안센터 (NISC : 2005)	• 사이버테러 정보수집·위험평가 및 성·청에 위기관리대책 수립, 지시	• 국가사이버안전센터(NCSC)
	내각관방부 정보보호대책 추진실 (2001)	• 정부기관 사이버안전업무 총괄 • 사이버테러 복구 및 대응지원	
중국	국가안전부 기술정찰국	• 국가암호, 컴퓨터 보안정책 수립, 사이버안전업무 총괄	• 국가사이버안전센터(NCSC)
러시아	공안부	• 공공기관 납품 제품평가·인증 등	• 국가사이버안전센터(NCSC) 및 한국인터넷진흥원(KISA)
	연방보안부(FSB) 정보보안센터(ISC)	• 통신보안업무와 정보보호 시스템 평가·인증업무를 총괄 조정	

참조 : 한국국가정보학회, 주요국의 사이버안전관련 법·조직체계 비교 및 발전방안 연구, 2009.2.24.

6.2 정보보호 윤리의식

사이버보안체계 현황 및 체계의 이해

Part 1 정보보호 일반

Chapter 1. 사이버보안체계 현황 및 체계의 이해

■ 국가 사이버 안전체계로 국방분야는 국방부 사이버사령부, 중앙행정기관은 국정원의 국가사이버안전센터, 민간분야는 과학기술정보통신부 한국인터넷진흥원을 중심으로 분야별로 사이버안전 역할을 수행하고 있다. 중앙부처의 사이버안전센터는 부문 보안관제센터로 분류되고, 중앙부처의 산하기관 등의 자체 관제센터는 단위 보안관제센터로 분류하고 있다. 또한 국가사이버안전의 최고 컨트롤타워 역할은 국가안보실에서 그 업무를 수행하고 있다.

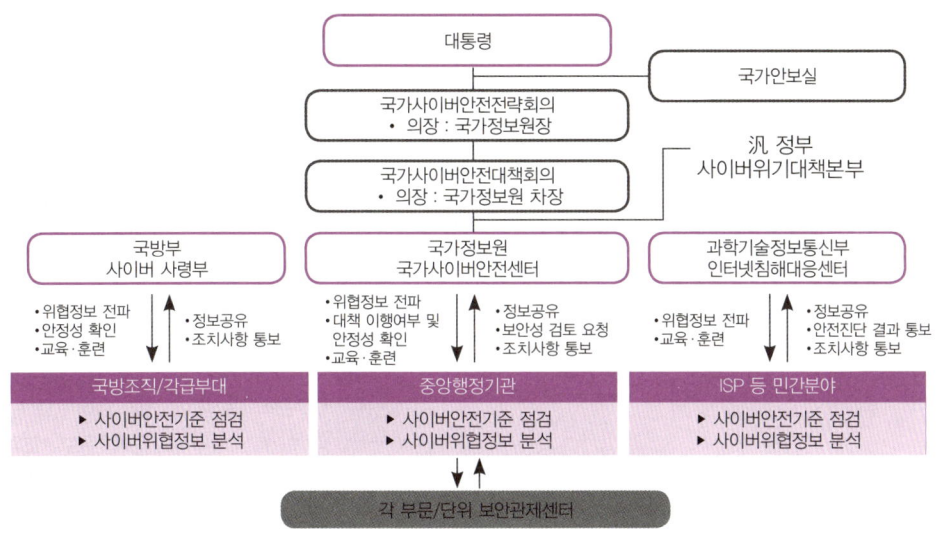

[그림 1-16] 우리나라의 사이버보안체계 현황

Chapter 2. 국내 보안관제센터 역할 비교

■ 국내 사이버안전센터의 현황 및 역할

아래와 같이 국가사이버안전체계에서 살펴보았듯 국가사이버안전센터, KISA의 인터넷침해대응센터, 정부통합전산센터, 각 부문별 중앙부처 사이버안전센터의 기능과 역할은 조금씩 상이하며, 관제 대상 및 범위 등 각각의 특징이 있음을 알 수 있다.

	국가사이버안전센터	인터넷침해대응센터	정부통합전산센터	각 부문별 사이버안전센터
목적	• 국가차원에서 사이버공격에 대한 종합적이고체계적인 대응을 수행	• 국내 민간 전산망 정보보호 - 침해사고 예방을 위한 기술지원 - 실질적인 침해사고 대응 및 분석, 피해 복구 기술 지원 - 침해사고 대응을 위한 단일 창구 운영 - 그 밖의 침해사고 예방활동	• 정부기관별로 분산 구축/운영되던 정부자원을 통합하고 국가 차원의 정보보호체계 구축	• 사이버위협으로부터 보안전문인력에 의해 예방, 탐지, 대응 활동을 통하여 정부 및 기관의 주요정보 자산을 보호
주요 업무	• 국가사이버안전 정책 총괄 - 국가사이버안전 정책 기획·조율 - 국가사이버안전 제도·지침 수립 - 국가사이버안전 전략회의 및 대책회의 운영 - 民·官·軍 정보공유체계 구축 및 운영 • 사이버 위기 예방활동 - 각급기관 전산망 보안 컨설팅 및 안전측정 - 정보보호 제품 평가·인증 및 보안적 합성 검증 - 사이버위기 대응훈련 - 정보보안 관리실태 평가 • 사이버공격 탐지활동 - 24×365 각급기관 보안관제	• 전산망 보호침해사고 예방활동 - 침해사고 예방을 위한 기술지원 - 전산망 보안 기술 지침 개발 및 보급 - 기술 세미나 지원 • 침해사고 처리 지원 - 침해사고의 접수 - 전산망 보안 침해사고 진단 분석 지원 • 국제 사고대응 활동 참여를 위한 창구 제공 - FIRST 활동 참여 - FIRST 제공 정보의 공유	• 운영총괄과 - 정보시스템 운영관련 고객 대응 - 정보시스템 운영개선 및 안정화 - 대전 운영·유지보수 사업 총괄 • 정보시스템과 - 고객기관 전산장비 관리·운영 - 전산실 관리 - 백업(스토리지), DRS 등 보조장비 운영 관리 - 금융시스템 관리·운영 • 서비스운영과 - 시스템 SW 관리·운영 - 공통서비스 관리·운영 - 우편 및 사무시스템 관리·운영 - 고객기관 재해복구시스템 운영	• 관제운영 - 24×365 실시간 관제 - 보안침해사고 탐지/대응 - 보안시스템 운영 및 보안관리 - 국내 유관기관과 협력체계 구축/운영 • 침해사고 분석 및 대응 - 침해사고 예방 및 대응 - 보안관제를 통한 침해사고 대응 - 사고분석 전문도구를 이용한 원인분석 - 침해사고 복구지원 - 침해사고 대응 보고서 • 보안점검 - 보안가이드라인 제공 - PC 보안 시스템모니터링 및 통보·조치지원 - 서버, 네트워크, 홈페이지 취약점 진단 - 보안점검 실시

	국가사이버안전센터	인터넷침해대응센터	정부통합전산센터	각 부문별 사이버안전센터
주요 업무	− 단계별 사이버위기 경보발령 − 각급기관 보안관제센터 운영 및 교육지원 − 신종 해킹 탐지기술 개발·지원 • 사고조사 및 복구지원 활동 − 해킹사고 발생 시 사고조사 및 원인규명 − 시스템 복구지원 및 공격기법 분석 − 사이버위기 대책본부 구성·운영 − 해외유관기관과 협력체계 구축	• 기타 활동 − 사고 통계 및 분석 결과 배포 − 국내 유관 기관 협력	• 보안통신과 − 통합관제(서비스데스크 포함) 및 장애관리 − 센터 정보보호시스템 운영 및 관리 − 국가정보통신망 및 센터 통신망 운영 − 정보보호 취약점 분석 및 평가	• 대응 및 복구강화 − 침해사고에 대한 전문화·고도화된 분석 − 악성코드 수집·분석, 탐지 및 대응 − 침해사고 유형별 대응/개선 − 침해사고 재방방지 대책 수립 및 전파 − 내부 모의훈련 실시

Chapter 3. 보안관제센터 근무체제

■ 보안관제센터는 기본적으로 24시간 365일 상시 사이버위협에 대응하기 위하여 주/야 교대근무를 원칙으로 한다. 보안관제센터의 운영인력에 따라 주간만 운영하는 곳도 있다. 일정 규모 이상의 보안관제센터에서는 주간 상시 근무자와 야간 교대 근무자로 편성되어 있으며, 관제인원은 2명이 한 조를 이루고, 근무 주기는 주간/야간/비번/비번 또는 주간/야간/비번 등 다양한 형태로 상황에 맞게 운영한다.

■ 어떠한 근무형태를 운영할지는 기관/기업에서 판단한다. 중요한 것은 법정근로기준에 의거하여 근무자들의 휴식과 보상이 제대로 이루어져야 한다는 것이 모든 보안인 및 IT 종사자들의 의견이다. 이처럼 정보보호산업진흥법 등을 바탕으로 보안 소프트웨어와 사업대가 책정에 대한 적정성이 중요시되고 있다.

6장 국내 정보보호의 현황 | 핵심정리

■ 정보보호 기관 현황
국가·공공기관의 보안관제는 단위보안관제(각급기관) → 부문보안관제(중앙행정기관) → 국가보안관제(국가사이버안전센터)로 구성된 3단계 사이버공격 탐지·차단체계를 구축·운영하고 있다.

■ 사이버보안체계 현황 및 체계의 이해
국가 사이버 안전체계로 국방 분야는 국방부 사이버사령부, 중앙행정기관은 국정원의 국가사이버안전센터, 민간분야는 과학기술정보통신부 한국인터넷진흥원을 중심으로 분야별로 사이버안전 역할을 수행하고 있다.

■ 국내 보안관제센터 역할 비교
국가사이버안전센터, KISA의 인터넷침해대응센터, 정부통합전산센터, 각 부문별 중앙부처 사이버안전센터의 기능과 역할은 조금씩 상이하며, 관제 대상 및 범위 등 각각의 특징이 있다.

제7장

정보보호 법규

학습 및 평가 목표

정보보호 법규 구조 및 정보보호 법규의 제정 목적에 대해 이해하고, 실생활에서 준수해야 할 정보보호 법규의 주요내용을 숙지한다.

정보보호 법규의 개념

Chapter 1. 정보보호 법규의 구조

■ 법규는 국가의 행정상의 명령에 의해 제정된 법률이나 규정을 통틀어 이르는 말로 일반 국민의 권리·의무에 관계되는 법규범을 말한다. 넓은 뜻으로는 성문의 법령(법률·명령·조례·규칙 등)을 의미하며, 법, 규범 그 자체를 가리키는 경우도 있으나 보통은 성문법으로 되어 있는 개개의 규정을 가리킨다.

■ 정보보호 법규의 구조는 다음과 같다.
→ 법률 : 국회의 의결(議決)을 거쳐서 대통령이 서명·공포함으로써 성립하는 법률
→ 시행령 : 법률에서 구체적으로 범위를 정하여 위임하는 사항을 대통령이 발하는 명령, 법률과 시행령을 합하여 법령이라고 말함
→ 시행규칙 : 법령을 시행함에 있어 필요한 세부적 규정을 담은 법규로서 대통령령의 시행에 관하여 필요한 사항을 각 부 장관이 규정
→ 고시 : 행정기관이 결정한 사항, 또는 일정한 사항을 공식적으로 일반에게 널리 알리는 일. 원칙적으로 법규성은 없으나 보충적으로 법규성을 가지는 일이 있음

[표] 대표적인 정보보호 법규의 구조

구 분	법 규 명
법률	- 정보통신망 이용촉진 및 정보보호 등에 관한 법률 - 개인정보 보호법 - 신용정보의 이용 및 보호에 관한 법률 - 정보통신기반 보호법
시행령	- 정보통신망 이용촉진 및 정보보호 등에 관한 법률 시행령 - 개인정보 보호법 시행령 - 신용정보의 이용 및 보호에 관한 법률 시행령 - 정보통신기반 보호법 시행령
시행규칙	- 정보통신망 이용촉진 및 정보보호 등에 관한 법률 시행규칙 - 개인정보 보호법 시행규칙 - 신용정보의 이용 및 보호에 관한 법률 시행규칙 - 정보통신기반 보호법 시행규칙
고시	- 개인정보의 기술적·관리적 보호조치 기준 - 개인정보의 안전성 확보조치 기준 - 신용정보업감독규정

쉬운 정보보호 법규 검색 방법

정보보호 법규는 국가법령정보센터에서 쉽게 검색할 수 있다.
→ 법, 시행령, 시행규칙은 법령에서 검색이 가능하며,
→ 고시는 행정규칙에서 검색이 가능함

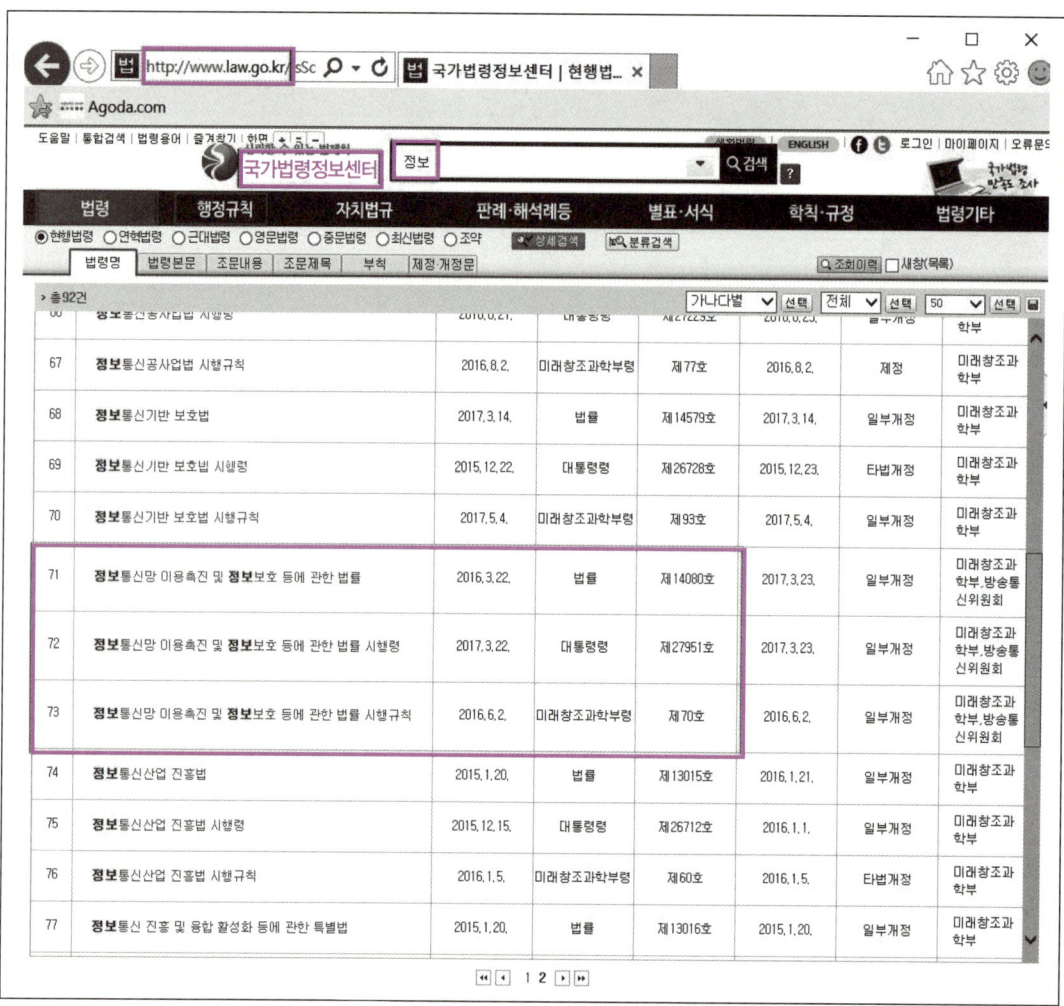

[그림 1-17] 국가법령정보센터(http://www.law.go.kr)

Chapter 2. 정보보호 법규의 제정 목적

■ 정보통신망 이용촉진 및 정보보호 등에 관한 법률 (약칭 "정보통신망법")
→ 정보통신망의 이용을 촉진하고 안정적인 관리·운영을 도모하며, 정보통신 서비스를 이용하는 자의 개인정보를 보호하여 정보사회의 기반을 조성함으로써 국민생활의 향상과 공공복리의 증진에 이바지하는 것을 목적으로 1999년 2월 8일에 제정된 법률이다.
→ 정보통신망의 표준화 등 정보통신망의 이용촉진, 개인정보의 수집 및 취급·개인정보의 이용

및 제공의 제한 등 개인정보의 보호, 정보통신망의 안정성 확보·정보통신 서비스 제공자 등의 준수사항 등 정보통신망의 보호, 자료제출 등에 관한 내용을 각각 규정하고 있다.

■ 개인정보 보호법
→ 개인정보의 수집·유출·오용·남용으로부터 사생활의 비밀 등을 보호함으로써 국민의 권리와 이익을 증진하고, 나아가 개인의 존엄과 가치를 구현하기 위하여 개인정보 처리에 관한 사항을 규정함을 목적으로 2011년 3월 29일에 제정된 법률이다.
→ 당사자의 동의 없는 개인정보 수집 및 활용하거나 제3자에게 제공하는 것을 금지하는 등 개인정보보호를 강화하는 내용을 규정하고 있다.

■ 신용정보의 이용 및 보호에 관한 법률(약칭 "신용정보법")
→ 신용정보업을 건전하게 육성하고 신용정보의 효율적 이용과 체계적 관리를 도모하며 신용정보의 오용·남용으로부터 사생활의 비밀 등을 적절히 보호함으로써 건전한 신용질서의 확립에 이바지함을 목적으로 1995년 1월 6일에 제정된 법률이다.
→ 신용정보주체의 자기정보 통제권을 보강하여 개인의 사생활 보호를 강화하며, 신용조회회사 등에 신용정보를 보호하기 위한 엄격한 내부통제 절차를 마련하도록 하여 신용정보 활용에 있어 책임성을 높이는 등 금융이용자 보호를 위한 신용정보 보호에 관한 내용을 규정하고 있다.

■ 정보통신기반보호법
→ 전자적 침해행위에 대비하여 주요정보통신기반시설의 보호에 관한 대책을 수립·시행함으로써 주요정보통신기반시설을 안정적으로 운용하도록 하여 국가의 안전과 국민생활의 안정을 보장하는 것을 목적으로 2001년 1월 26일에 제정된 법률이다.
→ 주요 정보통신 기반 시설을 교란·마비 또는 파괴한 자는 10년 이하의 징역 또는 1억 원 이하의 벌금에 처하는 것을 규정하고 있다.

정보보호 법규의 주요 내용

Chapter 1. 정보통신망 이용촉진 및 정보보호 등에 관한 법률

→ 제2조(정의) ① 이 법에서 사용하는 용어의 뜻은 다음과 같다.
1. "정보통신망"이란 「전기통신사업법」에 따른 전기통신설비를 이용하거나 전기통신설비와 컴퓨터 및 컴퓨터의 이용기술을 활용하여 정보를 수집·가공·저장·검색·송신 또는 수신하는 정보통신체제를 말한다.
2. "정보통신서비스"란 「전기통신사업법」에 따른 전기통신역무와 이를 이용하여 정보를 제공하거나 정보의 제공을 매개하는 것을 말한다.
3. "정보통신서비스 제공자"란 「전기통신사업법」에 따른 전기통신사업자와 영리를 목적으로 전기통신사업자의 전기통신역무를 이용하여 정보를 제공하거나 정보의 제공을 매개하는 자를 말한다.
4. "이용자"란 정보통신서비스 제공자가 제공하는 정보통신서비스를 이용하는 자를 말한다.
5. "전자문서"란 컴퓨터 등 정보처리능력을 가진 장치에 의하여 전자적인 형태로 작성되어 송수신되거나 저장된 문서형식의 자료로서 표준화된 것을 말한다.
7. "침해사고"란 해킹, 컴퓨터바이러스, 논리폭탄, 메일폭탄, 서비스 거부 또는 고출력 전자기파 등의 방법으로 정보통신망 또는 이와 관련된 정보시스템을 공격하는 행위를 하여 발생한 사태를 말한다.
9. "게시판"이란 그 명칭과 관계없이 정보통신망을 이용하여 일반에게 공개할 목적으로 부호·문자·음성·음향·화상·동영상 등의 정보를 이용자가 게재할 수 있는 컴퓨터 프로그램이나 기술적 장치를 말한다.

→ 제22조(개인정보의 수집·이용 동의 등) ① 정보통신서비스 제공자는 이용자의 개인정보를 이용하려고 수집하는 경우에는 다음 각 호의 모든 사항을 이용자에게 알리고 동의를 받아야 한다.
  1. 개인정보의 수집·이용 목적
  2. 수집하는 개인정보의 항목
  3. 개인정보의 보유·이용 기간

→ 제22조의2(접근권한에 대한 동의) ① 정보통신서비스 제공자는 해당 서비스를 제공하기 위하여 이용자의 이동통신단말장치 내에 저장되어 있는 정보 및 이동통신단말장치에 설치된 기능에 대하여 접근할 수 있는 권한(이하 "접근권한"이라 한다)이 필요한 경우 다음 각 호의 사항을 이용자가 명확하게 인지할 수 있도록 알리고 이용자의 동의를 받아야 한다.
  1. 해당 서비스를 제공하기 위하여 반드시 필요한 접근권한인 경우
    가. 접근권한이 필요한 정보 및 기능의 항목
    나. 접근권한이 필요한 이유
  2. 해당 서비스를 제공하기 위하여 반드시 필요한 접근권한이 아닌 경우
    가. 접근권한이 필요한 정보 및 기능의 항목
    나. 접근권한이 필요한 이유
    다. 접근권한 허용에 대하여 동의하지 아니할 수 있다는 사실

→ 제23조(개인정보의 수집 제한 등) ① 정보통신서비스 제공자는 사상, 신념, 가족 및 친인척관계, 학력(學歷)·병력(病歷), 기타 사회활동 경력 등 개인의 권리·이익이나 사생활을 뚜렷하게 침해할 우려가 있는 개인정보를 수집하여서는 아니 된다. 다만, 이용자의 동의를 받거나 다른 법률에 따라 특별히 수집 대상 개인정보로 허용된 경우에는 필요한 범위에서 최소한으로 그 개인정보를 수집할 수 있다.

→ 제23조의2(주민등록번호의 사용 제한) ① 정보통신서비스 제공자는 다음 각 호의 어느 하나에 해당하는 경우를 제외하고는 이용자의 주민등록번호를 수집·이용할 수 없다.
  1. 본인확인기관으로 지정받은 경우
  2. 법령에서 이용자의 주민등록번호 수집·이용을 허용하는 경우
  3. 영업상 목적을 위하여 이용자의 주민등록번호 수집·이용이 불가피한 정보통신서비스 제공자로서 방송통신위원회가 고시하는 경우

→ 제24조의2(개인정보의 제공 동의 등) ① 정보통신서비스 제공자는 이용자의 개인정보를 제3자에게 제공하려면 다음 각 호의 모든 사항을 이용자에게 알리고 동의를 받아야 한다. 다음 각 호의 어느 하나의 사항이 변경되는 경우에도 또한 같다.
  1. 개인정보를 제공받는 자
  2. 개인정보를 제공받는 자의 개인정보 이용 목적

3. 제공하는 개인정보의 항목
4. 개인정보를 제공받는 자의 개인정보 보유 및 이용 기간

→ 제30조(이용자의 권리 등) ① 이용자는 정보통신서비스 제공자등에 대하여 언제든지 개인정보 수집·이용·제공 등의 동의를 철회할 수 있다.
　② 이용자는 정보통신서비스 제공자등에 대하여 본인에 관한 다음 각 호의 어느 하나의 사항에 대한 열람이나 제공을 요구할 수 있고 오류가 있는 경우에는 그 정정을 요구할 수 있다.
1. 정보통신서비스 제공자등이 가지고 있는 이용자의 개인정보
2. 정보통신서비스 제공자등이 이용자의 개인정보를 이용하거나 제3자에게 제공한 현황
3. 정보통신서비스 제공자등에게 개인정보 수집·이용·제공 등의 동의를 한 현황

→ 제31조(법정대리인의 권리) ① 정보통신서비스 제공자등이 만 14세 미만의 아동으로부터 개인정보 수집·이용·제공 등의 동의를 받으려면 그 법정대리인의 동의를 받아야 한다. 이 경우 정보통신서비스 제공자는 그 아동에게 법정대리인의 동의를 받기 위하여 필요한 법정대리인의 성명 등 최소한의 정보를 요구할 수 있다.
　② 법정대리인은 해당 아동의 개인정보에 대하여 이용자의 권리를 행사할 수 있다.

→ 제32조(손해배상) ① 이용자는 정보통신서비스 제공자등이 이 장의 규정을 위반한 행위로 손해를 입으면 그 정보통신서비스 제공자등에게 손해배상을 청구할 수 있다. 이 경우 해당 정보통신서비스 제공자등은 고의 또는 과실이 없음을 입증하지 아니하면 책임을 면할 수 없다.

→ 제32조의2(법정손해배상의 청구) ① 이용자는 다음 각 호의 모두에 해당하는 경우에는 대통령령으로 정하는 기간 내에 정보통신서비스 제공자등에게 손해배상을 청구하는 대신 300만원 이하의 범위에서 상당한 금액을 손해액으로 하여 배상을 청구할 수 있다. 이 경우 해당 정보통신서비스 제공자등은 고의 또는 과실이 없음을 입증하지 아니하면 책임을 면할 수 없다.
1. 정보통신서비스 제공자등이 고의 또는 과실로 이 장의 규정을 위반한 경우
2. 개인정보가 분실·도난·유출·위조·변조 또는 훼손된 경우

→ 제42조의2(청소년유해매체물의 광고금지) 누구든지 「청소년 보호법」에 따른 매체물로서 청소년유해매체물을 광고하는 내용의 정보를 정보통신망을 이용하여 부호·문자·음성·음향·화상 또는 영상 등의 형태로 청소년에게 전송하거나 청소년 접근을 제한하는 조치 없이 공개적으로 전시하여서는 아니 된다.

→ 제44조(정보통신망에서의 권리보호) ① 이용자는 사생활 침해 또는 명예훼손 등 타인의 권리를 침해하는 정보를 정보통신망에 유통시켜서는 아니 된다.

② 정보통신서비스 제공자는 자신이 운영·관리하는 정보통신망에 제1항에 따른 정보가 유통되지 아니하도록 노력하여야 한다.

→ 제44조의2(정보의 삭제요청 등) ① 정보통신망을 통하여 일반에게 공개를 목적으로 제공된 정보로 사생활 침해나 명예훼손 등 타인의 권리가 침해된 경우 그 침해를 받은 자는 해당 정보를 처리한 정보통신서비스 제공자에게 침해사실을 소명하여 그 정보의 삭제 또는 반박내용의 게재(이하 "삭제 등" 이라 한다)를 요청할 수 있다.

→ 제44조의7(불법정보의 유통금지 등) ① 누구든지 정보통신망을 통하여 다음 각 호의 어느 하나에 해당하는 정보를 유통하여서는 아니 된다.
  1. 음란한 부호·문언·음향·화상 또는 영상을 배포·판매·임대하거나 공공연하게 전시하는 내용의 정보
  2. 사람을 비방할 목적으로 공공연하게 사실이나 거짓의 사실을 드러내어 타인의 명예를 훼손하는 내용의 정보
  3. 공포심이나 불안감을 유발하는 부호·문언·음향·화상 또는 영상을 반복적으로 상대방에게 도달하도록 하는 내용의 정보
  4. 정당한 사유 없이 정보통신시스템, 데이터 또는 프로그램 등을 훼손·멸실·변경·위조하거나 그 운용을 방해하는 내용의 정보
  5. 「청소년 보호법」에 따른 청소년유해매체물로서 상대방의 연령 확인, 표시의무 등 법령에 따른 의무를 이행하지 아니하고 영리를 목적으로 제공하는 내용의 정보
  6. 법령에 따라 금지되는 사행행위에 해당하는 내용의 정보
    6의2. 개인정보 보호에 관한 법령을 위반하여 개인정보를 거래하는 내용의 정보
  7. 법령에 따라 분류된 비밀 등 국가기밀을 누설하는 내용의 정보
  8. 「국가보안법」에서 금지하는 행위를 수행하는 내용의 정보
  9. 그 밖에 범죄를 목적으로 하거나 교사(敎唆) 또는 방조하는 내용의 정보

→ 제48조(정보통신망 침해행위 등의 금지) ① 누구든지 정당한 접근권한 없이 또는 허용된 접근권한을 넘어 정보통신망에 침입하여서는 아니 된다.
  ② 누구든지 정당한 사유 없이 정보통신시스템, 데이터 또는 프로그램 등을 훼손·멸실·변경·위조하거나 그 운용을 방해할 수 있는 프로그램(이하 "악성프로그램"이라 한다)을 전달 또는 유포하여서는 아니 된다.
  ③ 누구든지 정보통신망의 안정적 운영을 방해할 목적으로 대량의 신호 또는 데이터를 보내거나 부정한 명령을 처리하도록 하는 등의 방법으로 정보통신망에 장애가 발생하게 하여서는 아니 된다.

→ 제49조(비밀 등의 보호) 누구든지 정보통신망에 의하여 처리·보관 또는 전송되는 타인의 정보를 훼손하거나 타인의 비밀을 침해·도용 또는 누설하여서는 아니 된다.

→ 제49조의2(속이는 행위에 의한 개인정보의 수집금지 등) ① 누구든지 정보통신망을 통하여 속이는 행위로 다른 사람의 정보를 수집하거나 다른 사람이 정보를 제공하도록 유인하여서는 아니 된다.

Chapter 2. 개인정보 보호법

→ 제2조(정의) 이 법에서 사용하는 용어의 뜻은 다음과 같다.
  1. "개인정보"란 살아 있는 개인에 관한 정보로서 성명, 주민등록번호 및 영상 등을 통하여 개인을 알아볼 수 있는 정보(해당 정보만으로는 특정 개인을 알아볼 수 없더라도 다른 정보와 쉽게 결합하여 알아볼 수 있는 것을 포함한다)를 말한다.
  3. "정보주체"란 처리되는 정보에 의하여 알아볼 수 있는 사람으로서 그 정보의 주체가 되는 사람을 말한다.
  5. "개인정보처리자"란 업무를 목적으로 개인정보파일을 운용하기 위하여 스스로 또는 다른 사람을 통하여 개인정보를 처리하는 공공기관, 법인, 단체 및 개인 등을 말한다.

→ 제4조(정보주체의 권리) 정보주체는 자신의 개인정보 처리와 관련하여 다음 각 호의 권리를 가진다.
  1. 개인정보의 처리에 관한 정보를 제공받을 권리
  2. 개인정보의 처리에 관한 동의 여부, 동의 범위 등을 선택하고 결정할 권리
  3. 개인정보의 처리 여부를 확인하고 개인정보에 대하여 열람(사본의 발급을 포함한다. 이하 같다)을 요구할 권리
  4. 개인정보의 처리 정지, 정정·삭제 및 파기를 요구할 권리
  5. 개인정보의 처리로 인하여 발생한 피해를 신속하고 공정한 절차에 따라 구제받을 권리

→ 제15조(개인정보의 수집·이용) ① 개인정보처리자는 다음 각 호의 어느 하나에 해당하는 경우에는 개인정보를 수집할 수 있으며 그 수집 목적의 범위에서 이용할 수 있다.
  1. 정보주체의 동의를 받은 경우
  2. 법률에 특별한 규정이 있거나 법령상 의무를 준수하기 위하여 불가피한 경우
  3. 공공기관이 법령 등에서 정하는 소관 업무의 수행을 위하여 불가피한 경우
  4. 정보주체와의 계약의 체결 및 이행을 위하여 불가피하게 필요한 경우
  5. 정보주체 또는 그 법정대리인이 의사표시를 할 수 없는 상태에 있거나 주소불명 등으로 사전 동의를 받을 수 없는 경우로서 명백히 정보주체 또는 제3자의 급박한 생명, 신체, 재산의 이익을 위하여 필요하다고 인정되는 경우

6. 개인정보처리자의 정당한 이익을 달성하기 위하여 필요한 경우로서 명백하게 정보주체의 권리보다 우선하는 경우. 이 경우 개인정보처리자의 정당한 이익과 상당한 관련이 있고 합리적인 범위를 초과하지 아니하는 경우에 한한다.

② 개인정보처리자는 동의를 받을 때에는 다음 각 호의 사항을 정보주체에게 알려야 한다.
1. 개인정보의 수집·이용 목적
2. 수집하려는 개인정보의 항목
3. 개인정보의 보유 및 이용 기간
4. 동의를 거부할 권리가 있다는 사실 및 동의 거부에 따른 불이익이 있는 경우에는 그 불이익의 내용

→ 제17조(개인정보의 제공) ① 개인정보처리자는 다음 각 호의 어느 하나에 해당되는 경우에는 정보주체의 개인정보를 제3자에게 제공(공유를 포함한다. 이하 같다)할 수 있다.
1. 정보주체의 동의를 받은 경우
2. 개인정보를 수집한 목적 범위에서 개인정보를 제공하는 경우

② 개인정보처리자는 동의를 받을 때에는 다음 각 호의 사항을 정보주체에게 알려야 한다.
1. 개인정보를 제공받는 자
2. 개인정보를 제공받는 자의 개인정보 이용 목적
3. 제공하는 개인정보의 항목
4. 개인정보를 제공받는 자의 개인정보 보유 및 이용 기간
5. 동의를 거부할 권리가 있다는 사실 및 동의 거부에 따른 불이익이 있는 경우에는 그 불이익의 내용

→ 제23조(민감정보의 처리 제한) ① 개인정보처리자는 사상·신념, 노동조합·정당의 가입·탈퇴, 정치적 견해, 건강, 성생활 등에 관한 정보, 그 밖에 정보주체의 사생활을 현저히 침해할 우려가 있는 개인정보로서 대통령령으로 정하는 정보(이하 "민감정보"라 한다)를 처리하여서는 아니 된다. 다만, 다음 각 호의 어느 하나에 해당하는 경우에는 그러하지 아니하다.
1. 정보주체에게 다른 개인정보의 처리에 대한 동의와 별도로 동의를 받은 경우
2. 법령에서 민감정보의 처리를 요구하거나 허용하는 경우

→ 제24조(고유식별정보의 처리 제한) ① 개인정보처리자는 다음 각 호의 경우를 제외하고는 법령에 따라 개인을 고유하게 구별하기 위하여 부여된 식별정보로서 대통령령으로 정하는 정보(이하 "고유식별정보" 라 한다)를 처리할 수 없다.
1. 정보주체에게 다른 개인정보의 처리에 대한 동의와 별도로 동의를 받은 경우
2. 법령에서 구체적으로 고유식별정보의 처리를 요구하거나 허용하는 경우

③ 개인정보처리자가 고유식별정보를 처리하는 경우에는 그 고유식별정보가 분실·도

난·유출·위조·변조 또는 훼손되지 아니하도록 대통령령으로 정하는 바에 따라 암호화 등 안전성 확보에 필요한 조치를 하여야 한다.

→ 제24조의2(주민등록번호 처리의 제한) ① 개인정보처리자는 다음 각 호의 어느 하나에 해당하는 경우를 제외하고는 주민등록번호를 처리할 수 없다.
  1. 법률·대통령령·국회규칙·대법원규칙·헌법재판소규칙·중앙선거관리위원회규칙 및 감사원규칙에서 구체적으로 주민등록번호의 처리를 요구하거나 허용한 경우
  2. 정보주체 또는 제3자의 급박한 생명, 신체, 재산의 이익을 위하여 명백히 필요하다고 인정되는 경우
  3. 주민등록번호 처리가 불가피한 경우로서 안전행정부령으로 정하는 경우
    ② 개인정보처리자는 주민등록번호가 분실·도난·유출·위조·변조 또는 훼손되지 아니하도록 암호화 조치를 통하여 안전하게 보관하여야 한다.
    ③ 개인정보처리자는 주민등록번호를 처리하는 경우에도 정보주체가 인터넷 홈페이지를 통하여 회원으로 가입하는 단계에서는 주민등록번호를 사용하지 아니하고도 회원으로 가입할 수 있는 방법을 제공하여야 한다.

→ 제25조(영상정보처리기기의 설치·운영 제한) ① 누구든지 다음 각 호의 경우를 제외하고는 공개된 장소에 영상정보처리기기를 설치·운영하여서는 아니 된다.
  1. 법령에서 구체적으로 허용하고 있는 경우
  2. 범죄의 예방 및 수사를 위하여 필요한 경우
  3. 시설안전 및 화재 예방을 위하여 필요한 경우
  4. 교통단속을 위하여 필요한 경우
  5. 교통정보의 수집·분석 및 제공을 위하여 필요한 경우
    ② 누구든지 불특정 다수가 이용하는 목욕실, 화장실, 발한실(發汗室), 탈의실 등 개인의 사생활을 현저히 침해할 우려가 있는 장소의 내부를 볼 수 있도록 영상정보처리기기를 설치·운영하여서는 아니 된다.
    ④ 영상정보처리기기를 설치·운영하는 자(이하 "영상정보처리기기운영자"라 한다)는 정보주체가 쉽게 인식할 수 있도록 다음 각 호의 사항이 포함된 안내판을 설치하는 등 필요한 조치를 하여야 한다. 다만, 군사시설, 국가중요시설, 그 밖에 대통령령으로 정하는 시설에 대하여는 그러하지 아니하다.

  1. 설치 목적 및 장소
  2. 촬영 범위 및 시간
  3. 관리책임자 성명 및 연락처
  4. 그 밖에 대통령령으로 정하는 사항

⑤ 영상정보처리기기운영자는 영상정보처리기기의 설치 목적과 다른 목적으로 영상정보처리기기를 임의로 조작하거나 다른 곳을 비춰서는 아니 되며, 녹음기능은 사용할 수 없다.

→ 제29조(안전조치의무) 개인정보처리자는 개인정보가 분실·도난·유출·위조·변조 또는 훼손되지 아니하도록 내부 관리계획 수립, 접속기록 보관 등 대통령령으로 정하는 바에 따라 안전성 확보에 필요한 기술적·관리적 및 물리적 조치를 하여야 한다.

→ 제34조(개인정보 유출 통지 등) ① 개인정보처리자는 개인정보가 유출되었음을 알게 되었을 때에는 지체 없이 해당 정보주체에게 다음 각 호의 사실을 알려야 한다.
  1. 유출된 개인정보의 항목
  2. 유출된 시점과 그 경위
  3. 유출로 인하여 발생할 수 있는 피해를 최소화하기 위하여 정보주체가 할 수 있는 방법 등에 관한 정보
  4. 개인정보처리자의 대응조치 및 피해 구제절차
  5. 정보주체에게 피해가 발생한 경우 신고 등을 접수할 수 있는 담당부서 및 연락처

→ 제35조(개인정보의 열람) ① 정보주체는 개인정보처리자가 처리하는 자신의 개인정보에 대한 열람을 해당 개인정보처리자에게 요구할 수 있다.
  ② 정보주체가 자신의 개인정보에 대한 열람을 공공기관에 요구하고자 할 때에는 공공기관에 직접 열람을 요구하거나 대통령령으로 정하는 바에 따라 행정자치부장관을 통하여 열람을 요구할 수 있다.

→ 제36조(개인정보의 정정·삭제) ① 자신의 개인정보를 열람한 정보주체는 개인정보처리자에게 그 개인정보의 정정 또는 삭제를 요구할 수 있다. 다만, 다른 법령에서 그 개인정보가 수집 대상으로 명시되어 있는 경우에는 그 삭제를 요구할 수 없다.

→ 제37조(개인정보의 처리정지 등) ① 정보주체는 개인정보처리자에 대하여 자신의 개인정보 처리의 정지를 요구할 수 있다.

→ 제38조(권리행사의 방법 및 절차) ① 정보주체는 열람, 정정·삭제, 제37조에 따른 처리정지 등의 요구(이하 "열람 등 요구"라 한다)를 문서 등 대통령령으로 정하는 방법·절차에 따라 대리인에게 하게 할 수 있다.
  ② 만 14세 미만 아동의 법정대리인은 개인정보처리자에게 그 아동의 개인정보 열람 등 요구를 할 수 있다.

→ 제39조(손해배상책임) ① 정보주체는 개인정보처리자가 이 법을 위반한 행위로 손해를 입으면 개인정보처리자에게 손해배상을 청구할 수 있다. 이 경우 그 개인정보처리자는 고의 또는 과실이 없음을 입증하지 아니하면 책임을 면할 수 없다.
　　③ 개인정보처리자의 고의 또는 중대한 과실로 인하여 개인정보가 분실·도난·유출·위조·변조 또는 훼손된 경우로서 정보주체에게 손해가 발생한 때에는 법원은 그 손해액의 3배를 넘지 아니하는 범위에서 손해배상액을 정할 수 있다.

→ 제62조(침해 사실의 신고 등) ① 개인정보처리자가 개인정보를 처리할 때 개인정보에 관한 권리 또는 이익을 침해받은 사람은 행정자치부장관에게 그 침해 사실을 신고할 수 있다.

Chapter 3. 신용정보의 이용 및 보호에 관한 법률

→ 제2조(정의) 이 법에서 사용하는 용어의 뜻은 다음과 같다.
　1. "신용정보"란 금융거래 등 상거래에 있어서 거래 상대방의 신용을 판단할 때 필요한 다음 각 목의 정보로서 대통령령으로 정하는 정보를 말한다.
　　가. 특정 신용정보주체를 식별할 수 있는 정보
　　나. 신용정보주체의 거래내용을 판단할 수 있는 정보
　　다. 신용정보주체의 신용도를 판단할 수 있는 정보
　　라. 신용정보주체의 신용거래능력을 판단할 수 있는 정보
　2. "개인신용정보"란 신용정보 중 개인의 신용도와 신용거래능력 등을 판단할 때 필요한 정보로서 대통령령으로 정하는 정보를 말한다.
　3. "신용정보주체"란 처리된 신용정보로 식별되는 자로서 그 신용정보의 주체가 되는 자를 말한다.
　5. "신용정보회사"란 신용정보업을 할 목적으로 금융위원회의 허가를 받은 자를 말한다.
　8. "신용조회업무"란 신용정보를 수집·처리하는 행위, 신용정보주체의 신용도·신용거래능력 등을 나타내는 신용정보를 만들어 내는 행위 및 의뢰인의 조회에 따라 신용정보를 제공하는 행위를 말한다.

→ 제19조(신용정보전산시스템의 안전보호) ① 신용정보회사 등은 신용정보전산시스템에 대한 제3자의 불법적인 접근, 입력된 정보의 변경·훼손 및 파괴, 그 밖의 위험에 대하여 대통령령으로 정하는 바에 따라 기술적·물리적·관리적 보안대책을 수립·시행하여야 한다.

→ 제20조의2(개인신용정보의 보유기간 등) ① 신용정보제공·이용자는 금융거래 등 상거래관계(고용관계는 제외한다. 이하 같다)가 종료된 날부터 금융위원회가 정하여 고시하는 기한까지 해당 신용정보주체의 개인신용정보가 안전하게 보호될 수 있도록 접근권한을 강화하는 등 대통령

령으로 정하는 바에 따라 관리하여야 한다.

→ 제32조(개인신용정보의 제공·활용에 대한 동의) ① 신용정보제공·이용자가 개인신용정보를 타인에게 제공하려는 경우에는 대통령령으로 정하는 바에 따라 해당 신용정보주체로부터 다음 각 호의 어느 하나에 해당하는 방식으로 개인신용정보를 제공할 때마다 미리 개별적으로 동의를 받아야 한다.
  1. 서면
  2. 「전자서명법」에 따른 공인전자서명이 있는 전자문서
  3. 개인신용정보의 제공 내용 및 제공 목적 등을 고려하여 정보 제공 동의의 안정성과 신뢰성이 확보될 수 있는 유무선 통신으로 개인비밀번호를 입력하는 방식
  4. 유무선 통신으로 동의 내용을 해당 개인에게 알리고 동의를 받는 방법
  5. 그 밖에 대통령령으로 정하는 방식
    ② 신용조회회사 또는 신용정보집중기관으로부터 개인신용정보를 제공받으려는 자는 대통령령으로 정하는 바에 따라 해당 신용정보주체로부터 개인신용정보를 제공받을 때마다 개별적으로 동의(기존에 동의한 목적 또는 이용 범위에서 개인신용정보의 정확성·최신성을 유지하기 위한 경우는 제외한다)를 받아야 한다. 이 경우 개인신용정보를 제공받으려는 자는 개인신용정보의 조회 시 신용등급이 하락할 수 있는 때에는 해당 신용정보주체에게 이를 고지하여야 한다.

→ 제35조(신용정보 이용 및 제공사실의 조회) ① 신용정보회사 등은 개인신용정보를 이용하거나 제공한 경우 대통령령으로 정하는 바에 따라 다음 각 호의 구분에 따른 사항을 신용정보주체가 조회할 수 있도록 하여야 한다.
  1. 개인신용정보를 이용한 경우: 이용 주체, 이용 목적, 이용 날짜, 이용한 신용정보의 내용, 그 밖에 대통령령으로 정하는 사항
  2. 개인신용정보를 제공한 경우: 제공 주체, 제공받은 자, 제공 목적, 제공한 날짜, 제공한 신용정보의 내용, 그 밖에 대통령령으로 정하는 사항
    ② 신용정보회사 등은 제1항에 따라 조회를 한 신용정보주체의 요청이 있는 경우 개인신용정보를 이용하거나 제공하는 때에 제1항 각 호의 구분에 따른 사항을 대통령령으로 정하는 바에 따라 신용정보주체에게 통지하여야 한다.
    ③ 신용정보회사 등은 신용정보주체에게 제2항에 따른 통지를 요청할 수 있음을 알려주어야 한다.

→ 제38조(신용정보의 열람 및 정정청구 등) ① 신용정보주체는 신용정보회사 등에 본인의 신분을 나타내는 증표를 내보이거나 전화, 인터넷 홈페이지의 이용 등 대통령령으로 정하는 방법으로 본인임을 확인받아 신용정보회사 등이 가지고 있는 본인정보의 제공 또는 열람을 청구할

수 있으며, 본인정보가 사실과 다른 경우에는 금융위원회가 정하여 고시하는 바에 따라 정정을 청구할 수 있다.

→ 제38조의2(신용조회사실의 통지 요청) ① 신용정보주체는 신용조회회사에 본인의 개인신용정보가 조회되는 사실을 통지하여 줄 것을 요청할 수 있다. 이 경우 신용정보주체는 금융위원회가 정하는 방식에 따라 본인임을 확인받아야 한다.

→ 제38조의3(개인신용정보의 삭제 요구) ① 신용정보주체는 금융거래 등 상거래관계가 종료되고 대통령령으로 정하는 기간이 경과한 경우 신용정보제공·이용자에게 본인의 개인신용정보의 삭제를 요구할 수 있다.

→ 제39조의2(신용정보 누설통지 등) ① 신용정보회사 등은 신용정보가 업무 목적 외로 누설되었음을 알게 된 때에는 지체 없이 해당 신용정보주체에게 다음 각 호의 사실을 동지하여야 한다.
  1. 누설된 신용정보의 항목
  2. 누설된 시점과 그 경위
  3. 누설로 인하여 발생할 수 있는 피해를 최소화하기 위하여 신용정보주체가 할 수 있는 방법 등에 관한 정보
  4. 신용정보회사 등의 대응조치 및 피해 구제절차
  5. 신용정보주체에게 피해가 발생한 경우 신고 등을 접수할 수 있는 담당부서 및 연락처
    ② 신용정보회사 등은 신용정보가 누설된 경우 그 피해를 최소화하기 위한 대책을 마련하고 필요한 조치를 하여야 한다.

Chapter 4. 정보통신기반 보호법

→ 제2조(정의) 이 법에서 사용하는 용어의 정의는 다음과 같다.
  1. "정보통신기반시설"이라 함은 국가안전보장·행정·국방·치안·금융·통신·운송·에너지 등의 업무와 관련된 전자적 제어·관리시스템 및 「정보통신망 이용촉진 및 정보보호 등에 관한 법률」에 의한 정보통신망을 말한다.
  2. "전자적 침해행위"라 함은 정보통신기반시설을 대상으로 해킹, 컴퓨터바이러스, 논리·메일폭탄, 서비스거부 또는 고출력 전자기파 등에 의하여 정보통신기반시설을 공격하는 행위를 말한다.
  3. "침해사고"란 전자적 침해행위로 인하여 발생한 사태를 말한다.

→ 제6조(주요정보통신기반시설보호계획의 수립 등) ① 관계중앙행정기관의 장은 제출받은 주요정보통신기반시설보호대책을 종합·조정하여 소관분야에 대한 주요정보통신기반시설에 관한 보

호계획(이하 "주요정보통신기반시설보호계획"이라 한다)을 수립·시행하여야 한다.
 ② 관계중앙행정기관의 장은 전년도 주요정보통신기반시설보호계획의 추진실적과 다음 연도의 주요정보통신기반시설보호계획을 위원회에 제출하여 그 심의를 받아야 한다.
 ③ 주요정보통신기반시설보호계획에는 다음 각호의 사항이 포함되어야 한다.
1. 주요정보통신기반시설의 취약점 분석·평가에 관한 사항
2. 주요정보통신기반시설 및 관리 정보의 침해사고에 대한 예방, 백업, 복구대책에 관한 사항
3. 그 밖에 주요정보통신기반시설의 보호에 관하여 필요한 사항
 ⑤ 관계중앙행정기관의 장은 소관분야의 주요정보통신기반시설의 보호에 관한 업무를 총괄하는 자(이하 "정보보호책임관"이라 한다)를 지정하여야 한다.

→ 제8조(주요정보통신기반시설의 지정 등) ① 중앙행정기관의 장은 소관분야의 정보통신기반시설 중 다음 각호의 사항을 고려하여 전자적 침해행위로부터의 보호가 필요하다고 인정되는 정보통신기반시설을 주요정보통신기반시설로 지정할 수 있다.
1. 당해 정보통신기반시설을 관리하는 기관이 수행하는 업무의 국가사회적 중요성
2. 기관이 수행하는 업무의 정보통신기반시설에 대한 의존도
3. 다른 정보통신기반시설과의 상호연계성
4. 침해사고가 발생할 경우 국가안전보장과 경제사회에 미치는 피해규모 및 범위
5. 침해사고의 발생가능성 또는 그 복구의 용이성

→ 제9조(취약점의 분석·평가) ① 관리기관의 장은 대통령령이 정하는 바에 따라 정기적으로 소관 주요정보통신기반시설의 취약점을 분석·평가하여야 한다.
 ③ 관리기관의 장은 취약점을 분석·평가하고자 하는 경우에는 다음에 해당하는 기관으로 하여금 소관 주요정보통신기반시설의 취약점을 분석·평가하게 할 수 있다.
1. 한국인터넷진흥원
2. 정보공유·분석센터
3. 정보보호 전문서비스 기업
4. 한국전자통신연구원

→ 제12조(주요정보통신기반시설 침해행위 등의 금지) 누구든지 다음에 해당하는 행위를 하여서는 아니된다.
1. 접근권한을 가지지 아니하는 자가 주요정보통신기반시설에 접근하거나 접근권한을 가진 자가 그 권한을 초과하여 저장된 데이터를 조작·파괴·은닉 또는 유출하는 행위
2. 주요정보통신기반시설에 대하여 데이터를 파괴하거나 주요정보통신기반시설의 운영을 방해할 목적으로 컴퓨터바이러스·논리폭탄 등의 프로그램을 투입하는 행위
3. 주요정보통신기반시설의 운영을 방해할 목적으로 일시에 대량의 신호를 보내거나 부정한

    명령을 처리하도록 하는 등의 방법으로 정보처리에 오류를 발생하게 하는 행위

→ 제13조(침해사고의 통지) ① 관리기관의 장은 침해사고가 발생하여 소관 주요정보통신기반시설이 교란·마비 또는 파괴된 사실을 인지한 때에는 관계 행정기관, 수사기관 또는 한국인터넷진흥원(이하 "관계기관 등"이라 한다)에 그 사실을 통지하여야 한다. 이 경우 관계기관 등은 침해사고의 피해확산 방지와 신속한 대응을 위하여 필요한 조치를 취하여야 한다.

→ 제16조(정보공유·분석센터) ① 금융·통신 등 분야별 정보통신기반시설을 보호하기 위하여 다음 각호의 업무를 수행하고자 하는 자는 정보공유·분석센터를 구축·운영할 수 있다.
  1. 취약점 및 침해요인과 그 대응방안에 관한 정보 제공
  2. 침해사고가 발생하는 경우 실시간 경보·분석체계 운영

→ 제28조(벌칙) ① 제12조의 규정을 위반하여 주요정보통신기반시설을 교란·마비 또는 파괴한 자는 10년 이하의 징역 또는 1억원 이하의 벌금에 처한다.

Part 2
정보보호 활용

제1장 컴퓨터 정보보호
제2장 시스템 및 네트워크 정보보호
제3장 응용프로그램 정보보호
제4장 모바일 기기 정보보호
제5장 무선랜 정보보호
제6장 IoT, 클라우드, 빅데이터, AI 등 정보보호
제7장 보안 시스템 운영

Part 2. 정보보호 일반

학습 목표

일상생활에서 활용되고 있는 IT 기기에 대해 알아보고 각 시스템에 대한 정보보호 방안에 대해 학습한다.

새로운 IT 기술에 대한 습득 및 신기술에 대한 보안위협을 파악하고 이에 대한 정보보호 방안을 학습한다.

정보보호를 위한 보안 시스템에 대한 이해와 운영 방안을 습득한다.

평가의 목표

일상생활에서 사용되고 있는 IT 기기에 대한 정보보호 관리 방안에 대한 이해를 평가한다.

신기술에 대한 기술 습득 및 새로운 환경 변화에 따른 위협 요소 및 정보보호 기술 습득을 평가한다.

정보보호를 위한 보안 시스템의 종류를 파악하고 관련된 기술 습득 내용을 평가한다.

제1장
컴퓨터 정보보호

학습 및 평가 목표

컴퓨터 정보보호의 기본 개념과 보안관리 필요성을 이해하고, 올바른 컴퓨터 보안관리 방안을 습득하고 설정하는 방법 및 바이러스/웜에 대응하기 위한 방법을 학습하여야 한다.

1.1 컴퓨터 정보보호의 개요

Chapter 1. 컴퓨터와 정보보호 역사

■ 컴퓨터의 등장
→ 1950년대와 1960년대
- 메인프레임 형태의 컴퓨터들이 개발되어 기관이나 학교 등에서 사용되기 시작하였다.
- 1950년대 후반 MIT의 학생 클럽인 TMRC(Tech Model Railroad Club)에 의해 '독창적인 방법(Ingenuity)으로 기발한 성과(Clever Results)를 얻어내는 사람'을 일컫는 의미로 해커(Hacker)라는 용어를 처음 사용하였다.

■ 개인용 컴퓨터의 등장
→ 1970년대
- 애플에서 개인용 컴퓨터(PC) 판매를 시작으로 일반인들도 컴퓨터를 접할 수 있게 되었다.

→ 1980 ~ 1990년대
- IBM에서 저가 PC 판매를 시작으로 본격적으로 대중화되었다.
- 인터넷 표준 통신 프로토콜인 TCP/IP가 개발되어 PC와 인터넷으로 다양한 정보를 접할 수 있는 환경이 조성되었다.
- ARPANET(Advanced Research Project Agency Network) : 1960년대 후반, 미국 국방부에서 각 지역 기관들을 연결하는 네트워크를 개발하였으며, 1980년대에 이르러 인터넷이 등장하였다.
- 이러한 환경에서 악의적인 사용자도 생겨나면서 컴퓨터 보안의 필요성이 증가하게 되었다.
- 모리스 웜(Morris Worm)이 발생하여 인터넷으로 연결된 Unix 컴퓨터를 감염시키면서 침해대

응센터인 CERT가 만들어졌다.

■ 다양한 위협
→ 2000년대
- DDoS, 악성코드, 바이러스, 최근의 랜섬웨어 창궐 등 전 세계가 연결되는 인터넷 기반하에서 다양한 위협이 발생하였다.
- 국내에서는 2001년 정보통신망 이용촉진 및 정보보호 등에 관한 법률 제정을 시작으로 2011년 개인정보 보호법 제정, 2015년 정보보호 산업의 진흥에 관한 법률 제정 등 다양한 법률이 등장하였다.
- 컴퓨터에 대한 보안 위협은 정부, 기업 대상뿐만 아니라, 개인 컴퓨터에 대한 보안 위협도 지속적으로 증가하고 있다.
- 개인 컴퓨터의 공인인증서 탈취, 랜섬웨어 감염 등 금전적인 피해도 다수 발생하고 있다.

Chapter 2. 컴퓨터 보안 관리의 필요성

■ 인터넷 사용의 급격한 증가
→ 국제전기통신연합(ITU)에서 2015년에 발표한 자료에 따르면 한국은 노르웨이, 영국의 뒤를 이어 3번째로 인터넷 이용률이 높게 조사되었다.

국 가	노르웨이	영국	한국	일본	스웨덴	네덜란드
이용률	97.3%	94.8%	92.7%	92%	91.5%	90.4%

→ 인터넷 보급률 및 컴퓨터 보유율에 있어서도 가구 수의 84.4%가 보급되어, 대다수의 국민이 인터넷을 사용하고 있다.

■ 일상생활에서의 여러 가지 활동들이 인터넷에 의존
→ 컴퓨터 보안의 문제는 경제적 피해까지 유발 가능하다.

■ 개인 PC 해킹 부분의 증가
→ 해킹 사고의 증가 원인
- 네트워크를 통하여 연결되어 개방되는 시스템과 사용자 증가로 대상이 확대되었다.
- 크래커 간의 자유롭고 빠른 정보 교환(다크웹 등)이 되고 있다.
- 급속도로 진행되는 기술의 발달로 방어(방패)를 위한 기술보다 취약점을 찾아 공격(창)하는 속도가 빨라졌다.

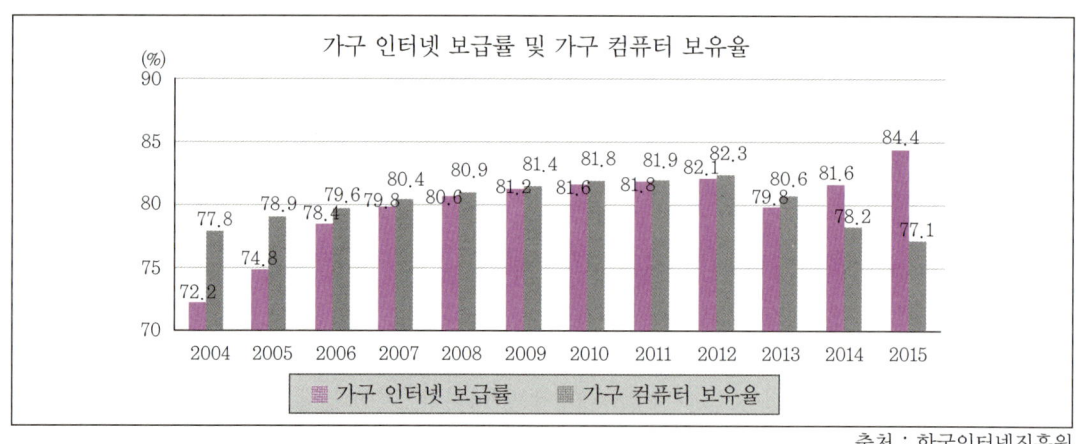

[그림 2-1] 인터넷이용실태조사

1.2 컴퓨터 정보보호

컴퓨터 보안 관리

Part 2
개인정보
보호의 개요

Chapter 1. 패스워드 설정

■ CMOS 패스워드 설정
→ BIOS vs CMOS
- BIOS : Basic Input Output System의 약자로 컴퓨터의 동작을 가능하도록 도와주는 프로그램이다.
- CMOS : Complementary Metal Oxide Semiconductor의 약자로 컴퓨터의 부팅 디스크, 시각 등을 기록하는 것으로 배터리나 전원이 없으면 소멸된다.
- 보통 부팅 시 암호를 설정하라고 하면 CMOS 비밀번호 설정을 의미한다.
- CMOS는 컴퓨터의 기본 정보를 저장하고 있는 하드웨어이고, BIOS는 설정을 변경하는 소프트웨어라고 이해하면 쉽다.

→ 부팅 시 CMOS 패스워드가 있으면 윈도우에서만 사용자 확인하는 것보다 보안이 강화된다.
→ CMOS 패스워드 세팅 방법
- BIOS 종류에 따라 환경 설정으로 들어갈 수 있는 Key가 다르며, 일부 제조사마다도 다른 경우가 있다.
- BIOS 종류별 진입 key

> **TIP** CMOS란?
>
> CMOS는 컴퓨터의 기본 정보를 저장하고 있는 하드웨어이고, BIOS는 설정을 변경하는 소프트웨어라고 이해하면 쉽다.

구 분	피닉스(Phoenix) BIOS	어워드(Award) BIOS	아미(Ami) BIOS
Key	F2	DEL 또는 F1	DEL

- 제조사별 진입 Key (단, 일반적인 Key이며 기종에 따라 다를 수 있다)

구분	델	HP	레노버	아우스	에이서	삼성	LG
Key	F2	F10	F1	DEL(PC) DEL 또는 F2(노트북)	F2	F2	F2

- BIOS마다 패스워드를 세팅할 수 있는 메뉴가 조금씩 다르시만, 대부분이 '암호', 'Security', '보안' 등의 메뉴로 제공하고 있다.
- (예시) 피닉스(Phoenix) 암호 설정하기

  ☞ [Security(보안)] 항목으로 이동하여 [Set Supervisor Password(관리자 암호 설정)]으로 이동하여 Enter를 누른다.

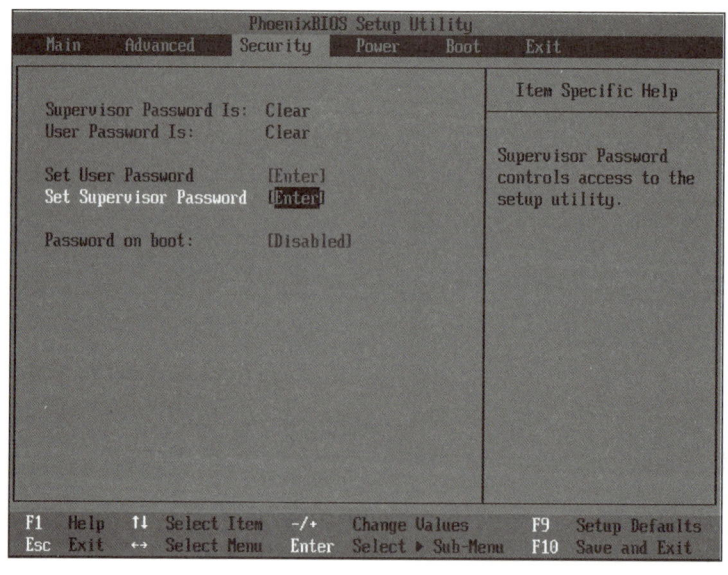

☞ 패스워드 입력창이 나오면 사용할 패스워드를 두 번 입력한다.

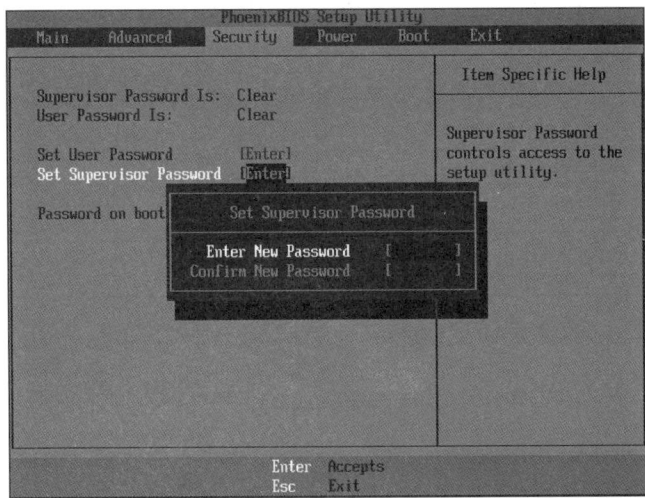

☞ [Password on boot(부팅 시 비밀번호)] 항목을 [Enabled(사용함)]으로 설정한다.

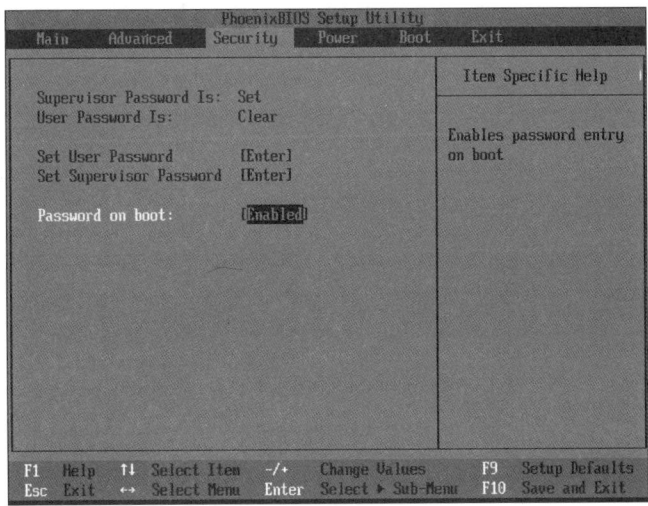

☞ [F10] 또는 [Exit] 메뉴 항목을 선택하여 Save 하여 적용한다.
☞ BIOS 및 버전에 따라 메뉴가 다를 수 있다.
· 어워드 BIOS : BIOS Feature Setup → Security Option → System
· 아미 BIOS : Security → Supervisor → Password 설정
　　　　　Setup → Advanced → Password Check → Always 선택

■ 윈도우 로그온 패스워드 사용
→ 로그온 패스워드란 사용자가 컴퓨터 사용이 허용되어 있는지를 확인하는 수단으로써, 등록된 사용자만 컴퓨터를 사용할 수 있도록 해주는 기능이다.
- 로그온 패스워드를 사용하지 않으면 인증과정 없이 로그온할 수 있어, 결과적으로 누구나 컴퓨터를 불법적으로 사용할 수 있게 된다.

→ 로그온 패스워드 설정 방법
- 제어판 → 사용자 계정을 클릭한다.

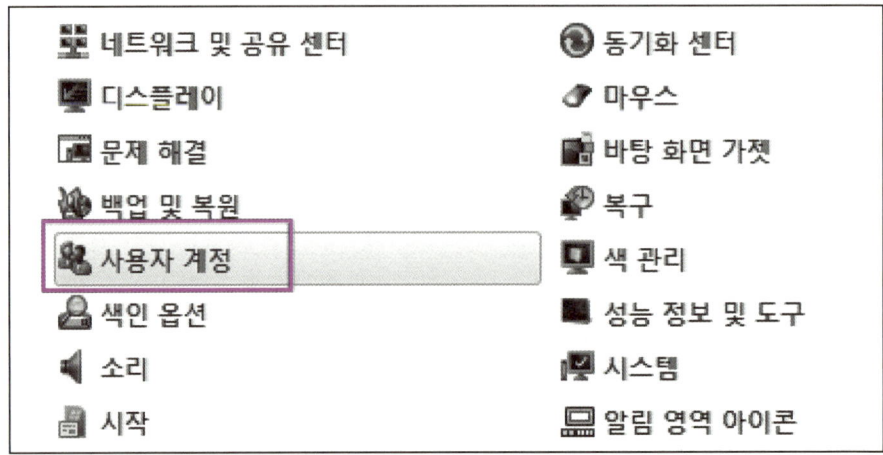

- 사용자 계정 → 사용자 계정에 대한 암호를 만든다.

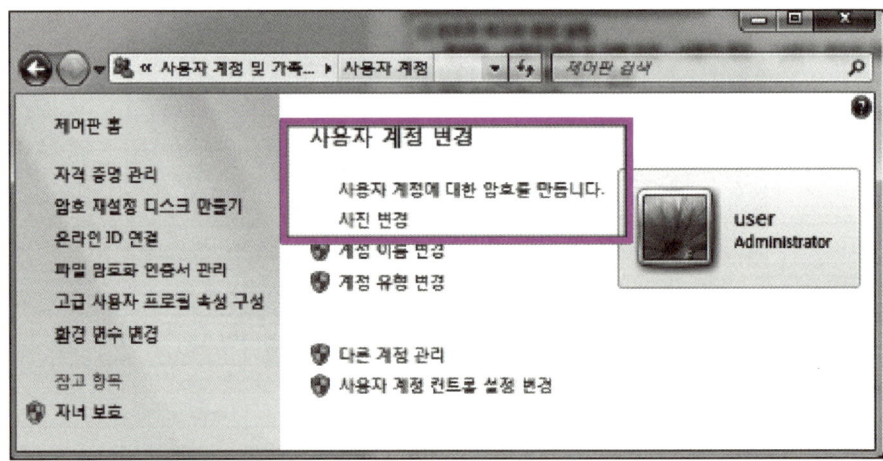

- 생성할 암호를 기입하고 "암호 만들기"를 클릭한다.

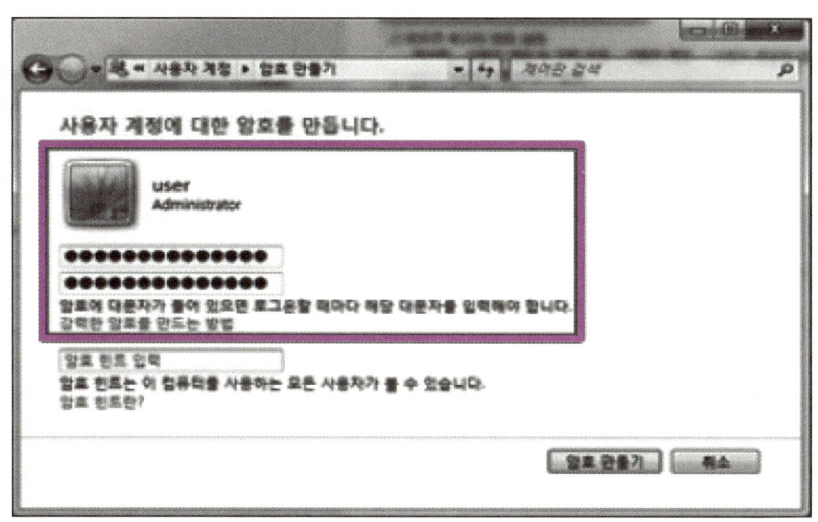

■ 로그온 패스워드 사용 기간 설정
→ 복잡한 패스워드를 사용하고 있어도 하나의 패스워드를 오랜 기간 동안 사용하게 되면 노출될 가능성이 높아진다.
→ 하나의 패스워드가 사용되는 기간을 제한하고, 다른 패스워드를 변경하여 안전성을 높일 필요가 있다.
- 해킹으로 인한 패스워드 노출
  ☞ 스니핑에 의한 노출 : 해킹기술의 일종인 스니핑은 일종의 도청기술로, 사용자의 컴퓨터에서 소통되는 데이터의 내용을 공격자에게 불법적으로 전달되어 노출될 수 있다.
  ☞ key Logging 등에 의한 노출 : 컴퓨터에 악성 프로그램 등을 설치하여 키보드에 입력되는 데이터의 내용을 공격자에게 불법적으로 전달되어 노출될 수 있다.

→ 계정 암호 정책 설정
- 제어판 → 관리도구 → 로컬 보안 정책 → 계정 정책 → 암호 정책
  ☞ 암호는 복잡성을 만족해야 함 : 사용
  ☞ 최근 암호 기억 : 사용자 선택(0~24)
  ☞ 최대 암호 사용 기간 : 90일
  ☞ 최소 암호 길이 : 8자리
  ☞ 최소 암호 사용 기간 : 1일
  ☞ 해독 가능한 암호화를 사용하여 암호 저장 : 사용 안 함

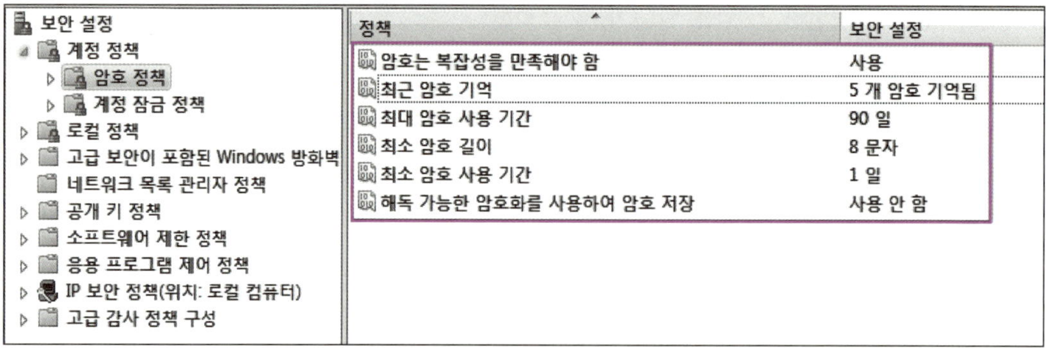

[그림 2-2] 로그온 패스워드 사용 기간 설정

■ 로그온 패스워드 복잡도 설정
→ 컴퓨터에서 사용하는 패스워드는 단순한 조합이나 연속된 번호 등은 사용하지 않도록 한다.
→ 패스워드 길이는 최소 8자리 이상으로 설정하는 것이 좋다.
- 정부에서는 숫자, 대소문자, 특수문자 조합으로 최소 8자리 이상(공공기관의 경우 최소 9자리 이상)으로 설정하는 것을 권고하고 있다 (2가지 이상 조합인 경우 10자리 이상).
- 패스워드 길이와 크래킹 시간의 관계

길 이	패스워드 개수	크래킹 시간
4	14,776,336	2초
5	916,132,832	2분 30초
6	56,800,235,584	2시간 30분
7	3,521,614,606,208	1주
8	218,340,105,584,896	1년
9	13,537,086,546,263,552	70년

– 다양한 문자 조합과 크래킹 시간의 관계

패스워드 형식	패스워드 개수	크래킹 시간
출력할 수 있는 문자열	6,634,204,312,890,625	30년
문자와 숫자 조합	218,340,105,584,896	1년
문자	53,459,728,531,456	96일
한 개의 대문자와 소문자	1,670,616,516,608	3일
소문자	208,827,064,576	9시간
영어 단어 : 8글자 또는 그 이상	250,000	1초 이내

– https://howsecureismypassword.net/비밀번호 길이 및 복잡도에 따른 크래킹 시간 확인 가능

■ 최근 로그온 패스워드 기억
→ 로그온 패스워드 사용 기한을 제한하여 패스워드로 변경하게 되어도 최근에 사용했던 패스워드를 재사용한다면 패스워드 사용 기한을 제한해도 동일 패스워드를 사용할 수 있어 보안에 취약하게 된다.
→ 제어판 → 관리도구 → 로컬 보안 정책 → 계정 정책 → 암호 정책
– 암호는 복잡성을 만족해야 함 : 사용
– 최근 암호 기억 : 사용자 선택(0~24)
– 최대 암호 사용 기간 : 90일
– 최소 암호 길이 : 8자리
– 최소 암호 사용 기간 : 1일
– 해독 가능한 암호화를 사용하여 암호 저장 : 사용 안 함

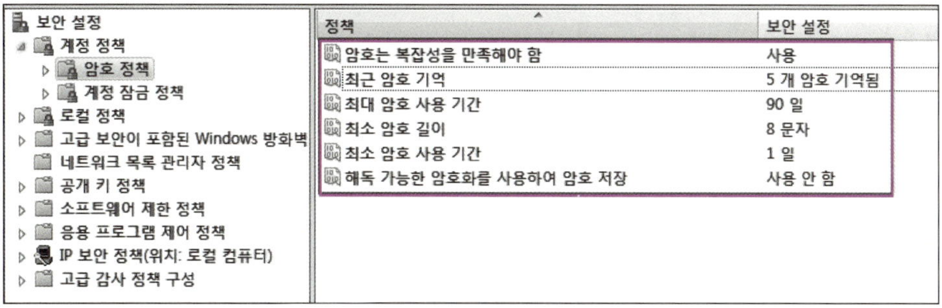

[그림 2-3] 최근 로그온 패스워드 기억

Chapter 2. 윈도우 보안

- Guest 계정 비활성화
→ Windows에서 기본적으로 생성되는 Guest 계정의 경우 사용을 중지해야 한다.
- Guest 계정이 활성화되어 있으면 모든 사용자가 Guest 계정을 이용해 접근할 수 있으며, 원격으로 접근할 경우 컴퓨터 정보 및 내부자료 유출이 가능하다.

→ Guest 계정 비활성화 방법
- 제어판 → 사용자 계정 → 계정 관리 → Guest 계정 선택 → Guest 계정 끄기

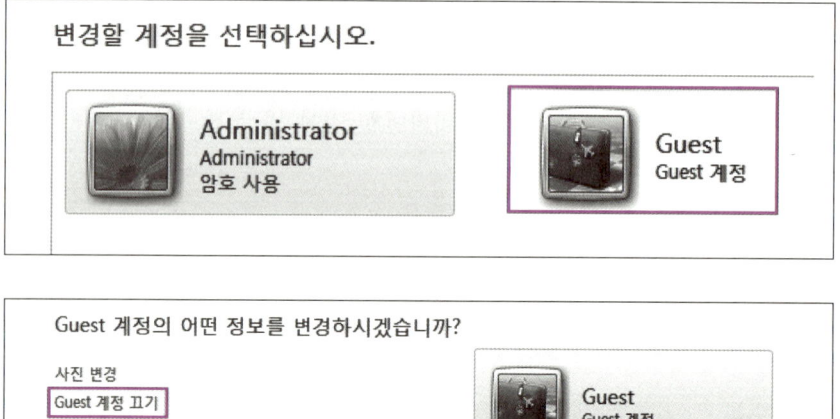

- 관리도구에서도 Guest 계정을 정지할 수 있다.
  ☞ 제어판 → 컴퓨터 관리 → 로컬 사용자 및 그룹 → 사용자 → Guest → 계정 사용 안 함

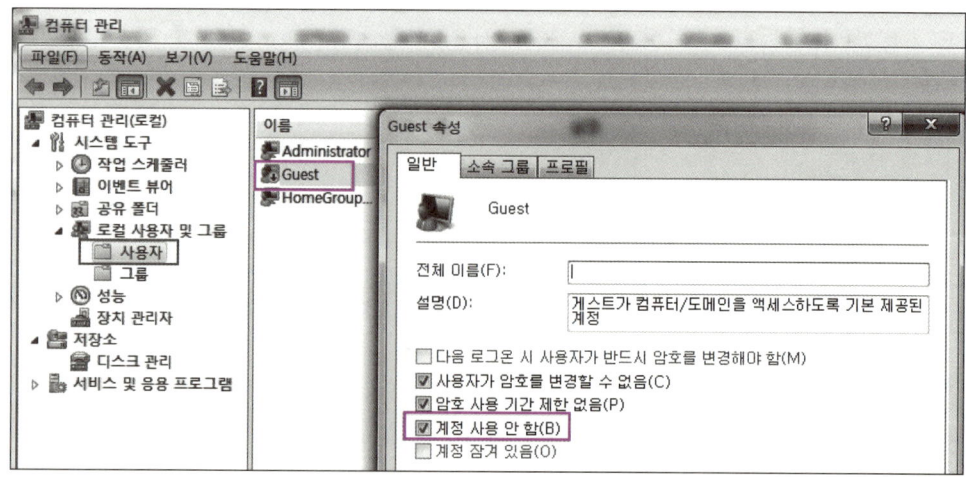

■ 마지막 사용자 이름 표시 안함
→ 컴퓨터에 마지막으로 로그온 한 사용자의 이름을 Windows 로그온 대화 상자에 표시할지 여부를 결정함. 실제로 콘솔에 액세스할 수 있는 사용자 또는 터미널 서비스를 통해 서버에 연결할 수 있는 사용자 등 콘솔에 액세스할 수 있는 공격자는 서버에 마지막으로 로그온 한 사용자의 이름을 볼 수 있으며 공격자는 암호를 추측하거나 무작위 공격을 통해 로그온을 시도할 수 있다.
- 시작 → 실행 → SECPOL.MSC → 로컬정책 → 보안옵션에서 확인

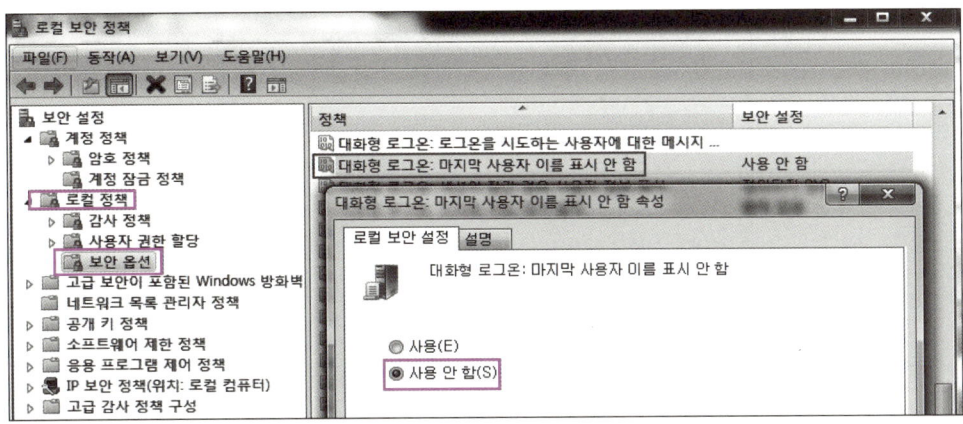

■ 자동 로그온 비활성화
→ 자동 로그온이 설정되어 있으면 인증 과정 없이 로그온 할 수 있어, 누구나 컴퓨터를 불법적으로 사용할 수 있는 환경이 된다.

→ 자동 로그온 비활성화 방법
- 윈도우 → 실행 → control userpasswords2

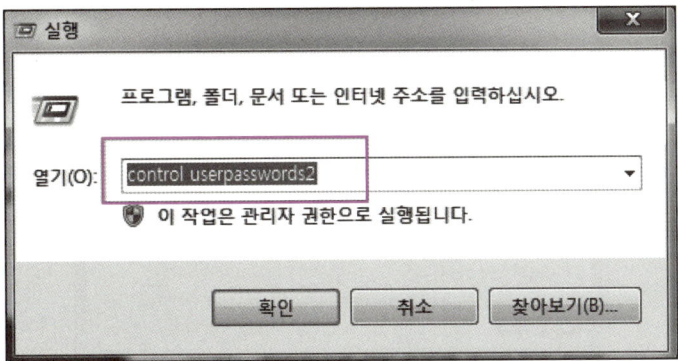

- 사용자 계정 창이 나오면 "사용자 이름과 암호를 입력해야 이 컴퓨터를 사용할 수 있음"을 체크하고 "확인" 버튼을 클릭한다.

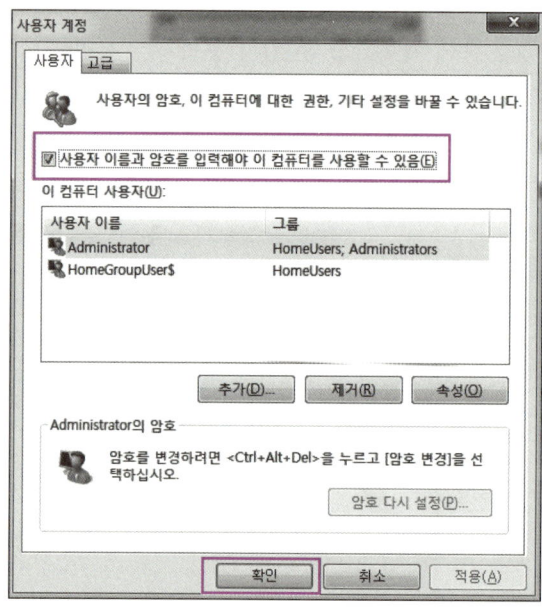

- '프로그램 및 파일 검색'에서 netplwiz를 실행하면 사용자 계정 창을 실행할 수 있다.

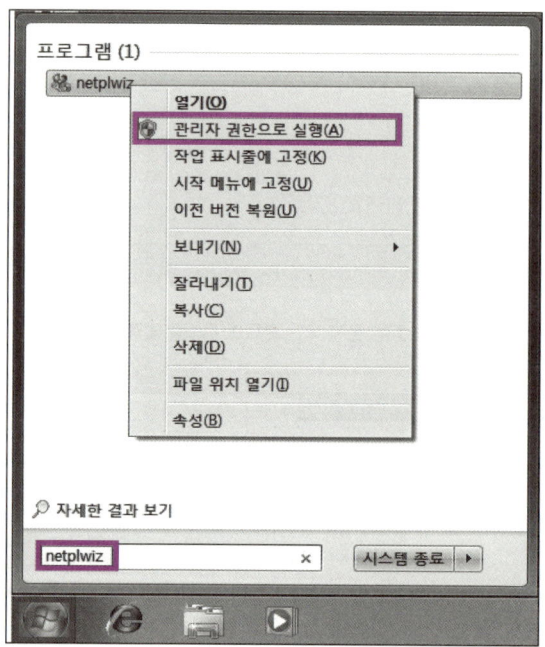

■ 익명 SID/이름 변환 허용 안함
→ 익명 사용자가 다른 사용자의 SID 특성을 요청할 수 있는지 여부를 결정하는것으로 이 정책 설정을 사용하는 경우 로컬 액세스 권한이 있는 사용자는 잘 알려진 Administrator SID를 사용하여 Administrator 계정의 실제 이름을 알아낼 수 있으며 암호 추측 공격을 실행할 수 있다.
- 시작 → 실행 → SECPOL.MSC → 로컬 정책 → 보안옵션에서 확인
- 단, 이 정책을 '사용안함'으로 설정할 경우 일부 환경에서 통신이 안 될 수 있으므로 주의해야 한다.

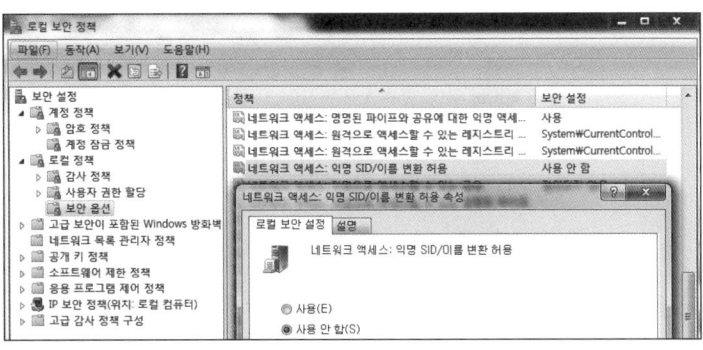

■ 화면보호기 사용
→ 일정시간 동안 컴퓨터 사용이 없는 경우에 Window에서 자동으로 화면보호기를 실행하게 하여 자리를 비우는 동안 불법적인 사용을 하지 못하도록 한다.
- 화면보호기 실행 시간과 화면의 종류 그리고 패스워드 적용 여부는 사용자가 선택할 수 있다.

→ 화면 보호기 설정 방법
- 제어판 → 모양 및 개인 설정

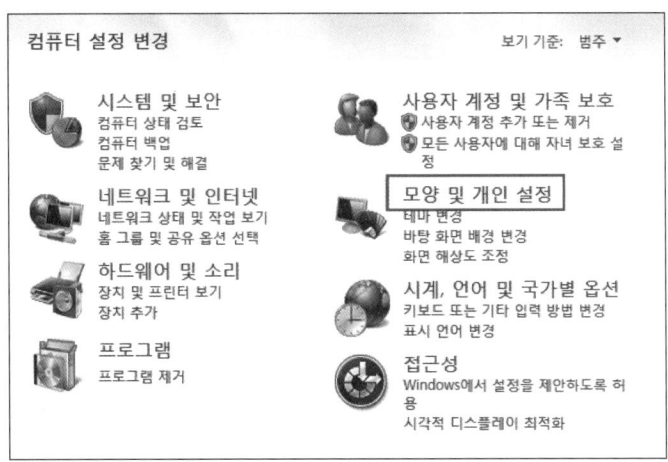

- 화면 보호기 변경 선택

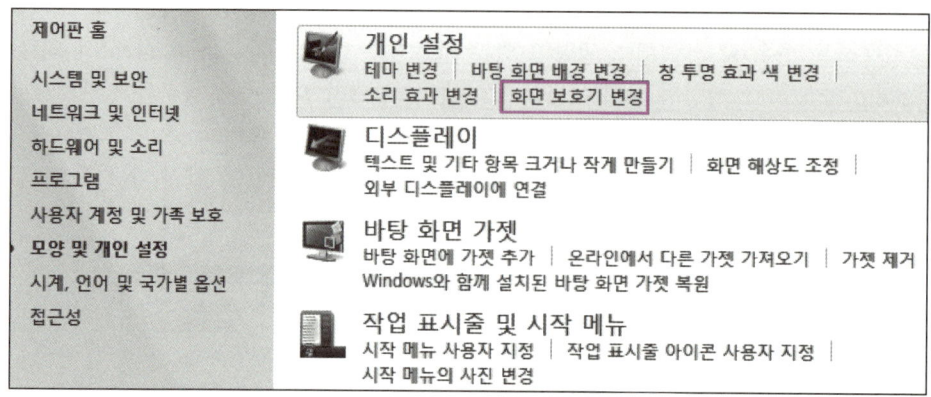

- 화면보호기 설정
    - ☞ 화면보호기 사용 여부 : 사용
    - ☞ 화면보호기 대기시간 : 10분 이하
    - ☞ 암호 보호 사용 여부 : 다시 시작할 때 로그온 화면 표시 체크

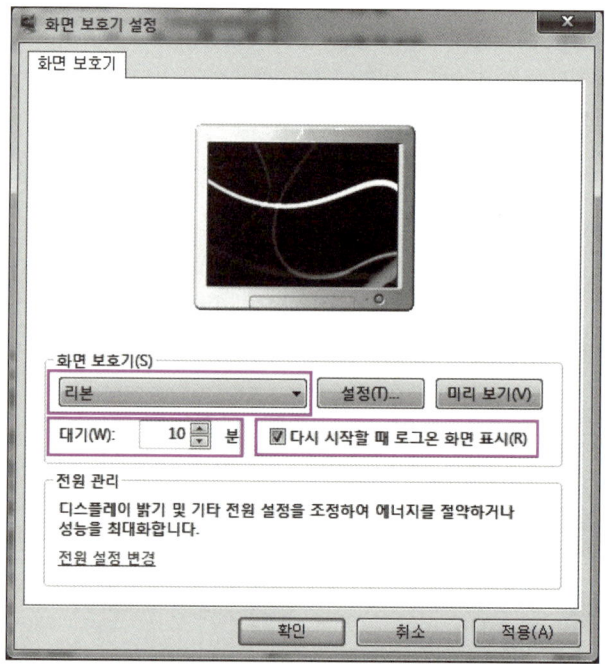

■ 보안 패치 설치
→ Windows 운영체제 및 MS Office 등의 주요 프로그램에 대한 취약점들을 주기적으로 제거하기 위해 보안패치를 설치하여야 한다.
- 보안패치를 설치하지 않으면, 이미 발견된 취약점을 이용한 공격에 취약해진다.

→ Windows 운영체제 및 MS Office 보안 패치
- 시작 → 모든 프로그램 → Windows Update를 클릭한다.
- 업데이트 확인을 눌러 업데이트 최신 패치를 확인한다.

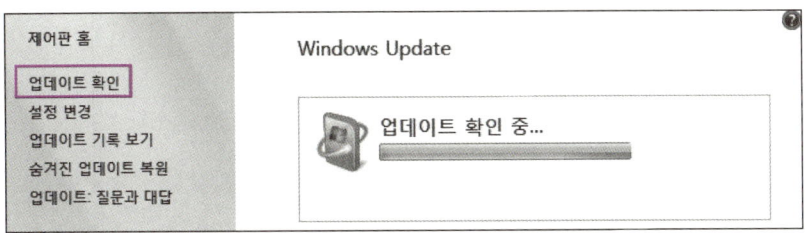

- 기본적으로 자동적으로 보안 패치가 이루어질 수 있도록 "설정 변경"을 클릭하여 설정을 한다.
  ☞ 업데이트 자동 설치(권장)
  ☞ 새 업데이트 설치 : 매일
  ☞ 시간 : 적정한 시간으로 설정
  ☞ 아래와 같이 시간을 오전 3시로 설정하는 경우 오전 3시까지 컴퓨터가 켜져 있지 않으면 업데이트가 이루어지지 않는다.

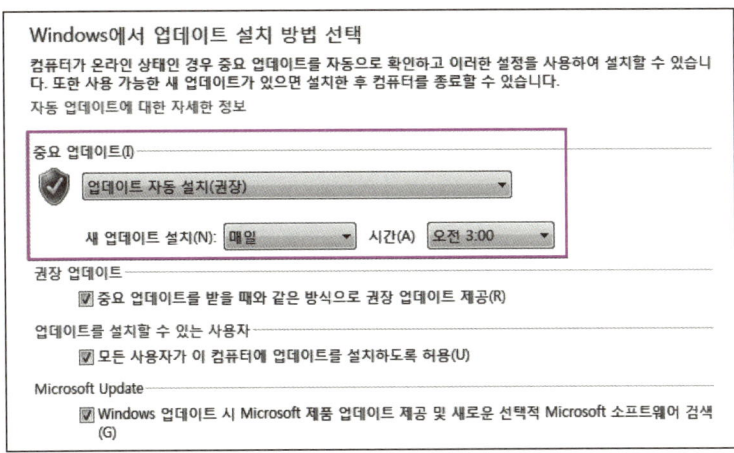

→ 이외 컴퓨터에 설치된 프로그램(한컴 오피스, Adobe 등)에 대해서도 주기적으로 업데이트를 확인하여야 한다.

■ 이동식디스크 자동실행 해제
→ 이동식디스크 자동실행 기능으로 사용자 승인 없이 악성코드 자동 실행이 가능하여 자동실행 기능을 해제하여야 한다.
- 제어판 → 하드웨어 및 소리 → 자동 실행 선택

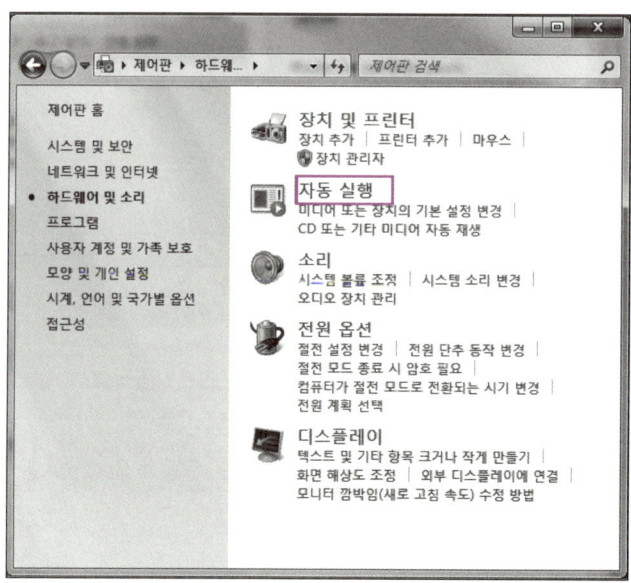

- 모든 미디어 및 장치에 자동 실행 사용을 체크해제한다.

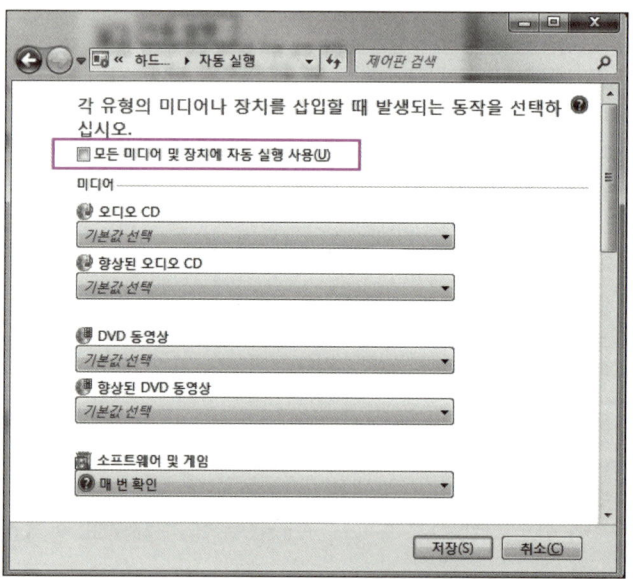

- 또 다른 방법으로는 레지스트리를 수정하는 방법이다 (Windows 7 기준).
- 시작 → 실행 → regedit를 입력하여 레지스트리 편집기 실행
- 레지스트리에서 다음 항목을 찾아 클릭
    - ☞ "HKEY_CURRENT_USER₩SOFTWARE₩Microsoft₩Windows₩CurrentVersion₩ policies ₩Explorer₩NoDriveTypeAutorun"
    - ☞ NoDriveTypeAutorun의 값을 16진수를 'FF'로 변경하여 모든 유형의 드라이브 비활성화

Chapter 3. 네트워크 보안

■ 공유 폴더 사용 제한
→ 불필요한 공유폴더를 통해 사용자 동의 없이 악성코드나 해킹 등이 발생할 수 있으므로 반드시 제거가 필요하다.

→ 공유폴더 해제 방법
- "제어판 → 시스템 및 보안 → 관리도구 → 컴퓨터 관리 → 공유폴더 → 공유"에서 불필요한 폴더 제거한다.

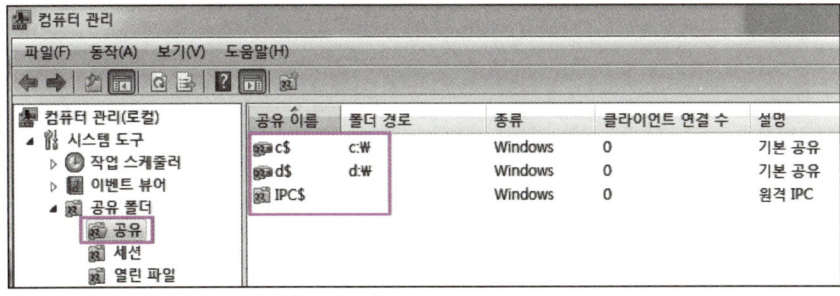

- 디스크가 C, D가 있다고 할 때 기본 공유는 ADMIN$, C$, D$, IPC$가 관리용 기본 공유로 설정되어 있다.

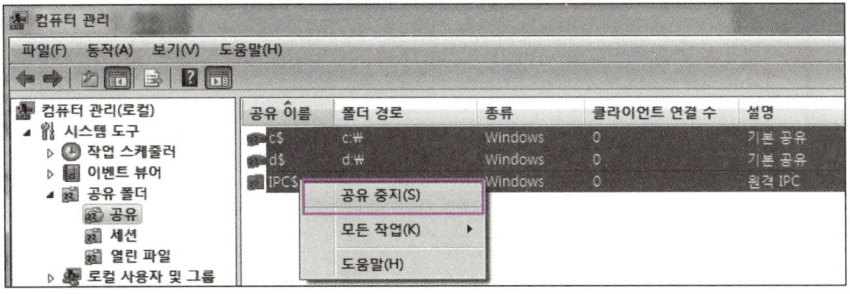

- 공유된 폴더를 다른 방법으로 확인하고 해제하는 방법은 윈도우 실행에서 CMD → net share 를 입력하면 현재 공유 현황을 볼 수 있다.

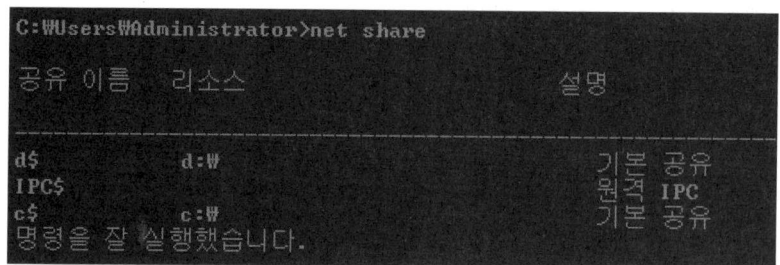

- net share 명령어를 활용하여 공유폴더를 해제할 수 있다.

  ☞ net share 명령어로 확인된 공유폴더를 net share 공유이름 / delete하여 해제한다.

  ☞ 다시 net share 명령어로 확인하면 공유폴더가 모두 해제된 것을 확인할 수 있다.

→ 재부팅을 해도 공유폴더가 활성화되지 않도록 레지스터 수정하기
- net share 명령어 등을 통해 공유폴더를 해제해도 재부팅하면 다시 자동으로 공유가 된다.
- 레지스터를 수정하여 재부팅을 해도 다시 공유가 되지 않도록 한다.
- 윈도우 실행에서 regedit를 실행

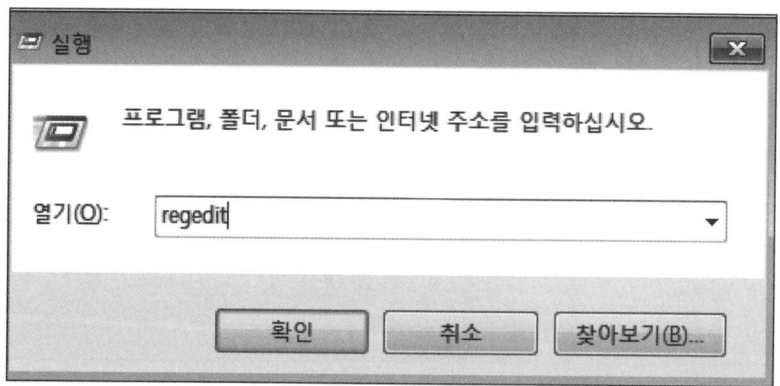

- ₩HKEY_LOCAL_MACHINE₩SYSTEM₩ControlSet001₩services₩LanmanServer₩
Parameters에서 DWORD(32비트) 값으로 새로 만든다.

- 이름은 AutoShareWks, 값은 0으로 입력하여 생성한다.

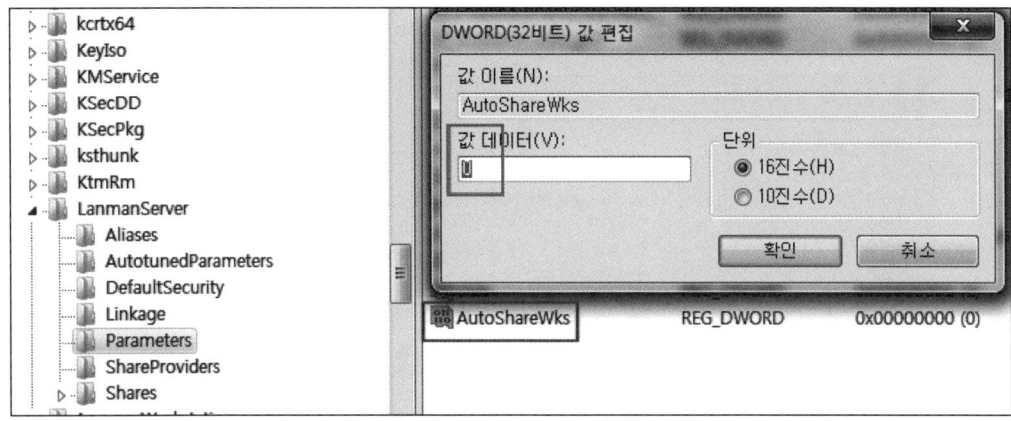

- 이후 재부팅을 해도 공유폴더가 자동으로 생성되지 않는다.
  ☞ 단, 임의로 지정한 공유폴더는 재부팅해도 공유폴더가 해제되지 않는다. 임의로 지정한 공유폴더는 레지스트리에서 해당 키 값을 지우면 된다.
  ☞ ₩HKEY_LOCAL_MACHINE₩SYSTEM₩ControlSet001₩services₩LanmanServer₩Shares

■ Window 방화벽 사용
→ Window 방화벽은 개인용 방화벽으로, 윈도우 XP, 윈도우 서버 2003, 윈도우 비스타 이상에 기본적으로 포함되어 있으며, 2004년 윈도 XP 서비스 팩 2 이전까지는 인터넷 연결 방화벽이라는 용어를 사용한다.

→ Window 방화벽 설정 방법

- 제어판 → 시스템 및 보안 → Windows 방화벽

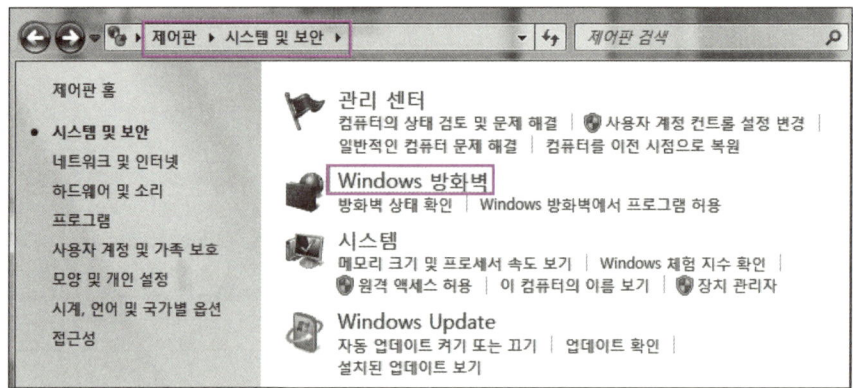

- 방화벽 설정 업데이트에서 "권장 설정 사용"을 선택한다.

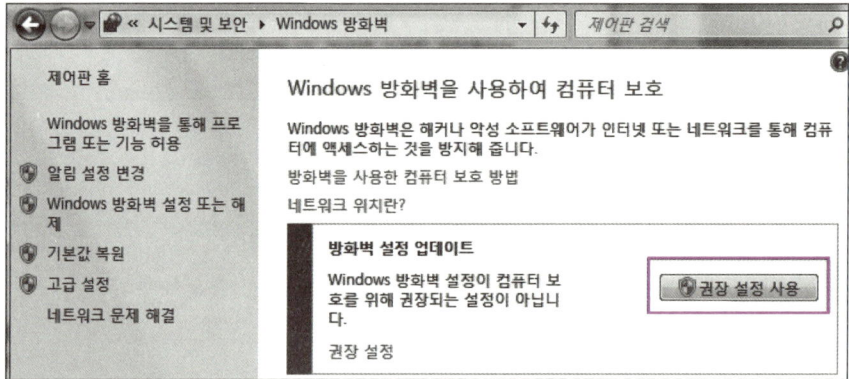

- 네트워크 유형별 설정도 가능하다.

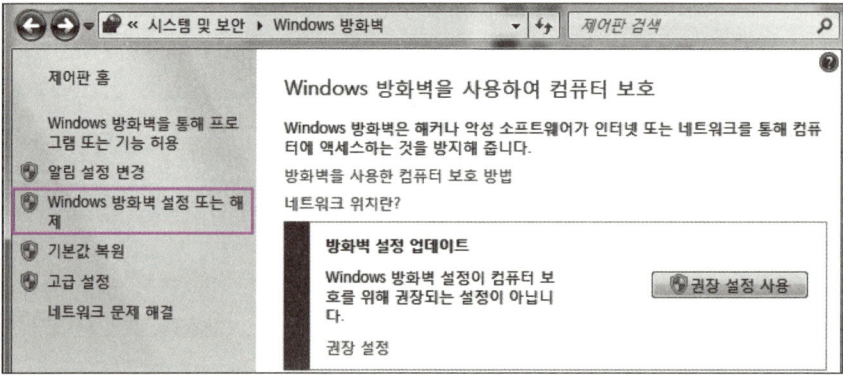

- 네트워크 유형별로 Windows 방화벽 사용을 선택한다.

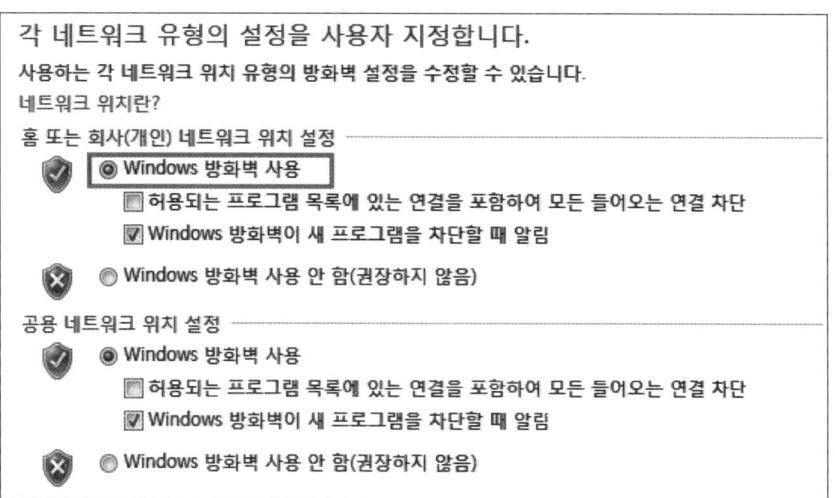

- 아래와 같이 방화벽 상태가 설정으로 바뀐 것을 확인할 수 있다.

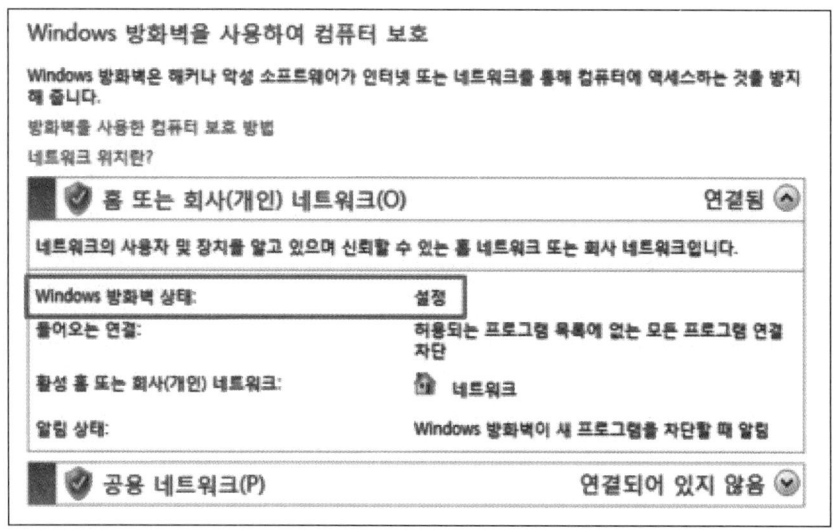

■ 위험한 서비스 비활성화
→ 서비스는 이벤트 로깅, 도움말 및 지원, 오류 보고 등과 같은 운영 체제의 핵심 기능을 제공한다.
→ 서비스를 사용하면 편리하기도 하지만, 서비스 자체의 취약점으로 인해 공격 침해를 받을 수 있으므로 환경에 따라 필요하지 않은 서비스는 사용하지 않는 것이 좋다.

→ 단, 일부 서비스를 사용하지 않게 되면 컴퓨터 사용에 문제가 되거나 보안 계정 관리자 등의 서비스를 중단하면 컴퓨터를 다시 시작할 수 없으므로 서비스 비활성화시에는 조심하여야 한다.
→ 서비스 비활성화 방법
- 제어판 → 시스템 및 보안 → 관리 도구 → 서비스를 선택한다.

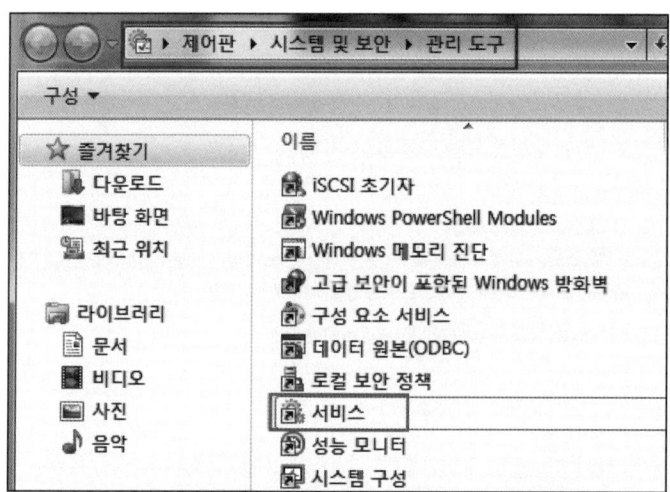

- 불필요한 서비스를 선택하여 중지한다.

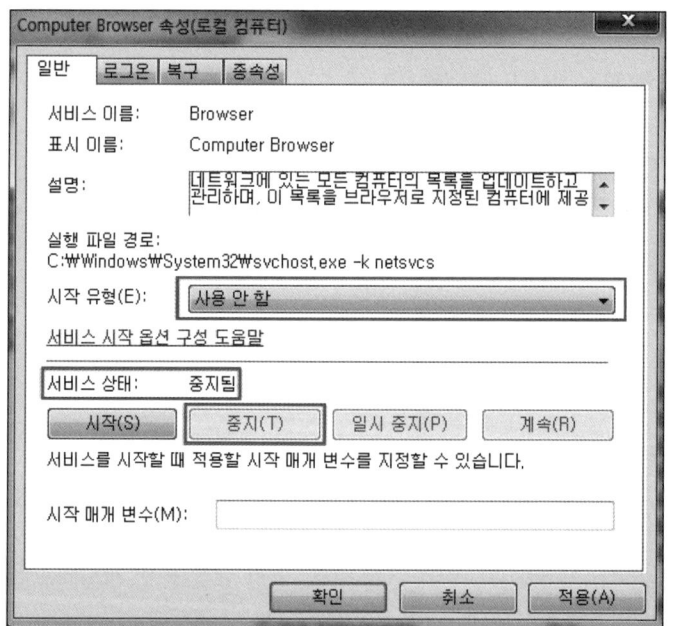

- 시작 유형

구 분	내 용
자 동 (지연된 시작)	부팅한 후 마지막 자동 설정 서비스를 시작 한 후 2분뒤후에 서비스가 시작된다.
자 동	부팅한 후 자동으로 시작된다.
수 동	부팅 시 시작되지 않는다. 단, 프로그램이나 사용자에 의해 서비스를 수동으로 시작시킬 수 있다.
사용 안함	모든 상황에서 서비스가 시작되지 않는다.

■ 원격접속 설정
→ 원격 데스크탑 연결은 3389포트 사용을 하는데 잘 알려진 포트(Well-Known Port) 사용으로 인해 외부에서 지속적으로 공격을 받을 수 있다.

> **포트란?**
>
> 인터넷 프로토콜 스위트에서 포트(port)는 운영 체제 통신의 종단점이다. 이 용어는 하드웨어 장치에도 사용되지만, 소프트웨어에서는 네트워크 서비스나 특정 프로세스를 식별하는 논리 단위이다.
>
> 주로 포트를 사용하는 프로토콜은 전송 계층 프로토콜이라 하며, 예를 들어 전송 제어 프로토콜(TCP)와 사용자 데이터그램 프로토콜(UDP)가 있다. 각 포트는 번호로 구별되며 이 번호를 포트 번호라고 한다. 포트 번호는 IP 주소와 함께 쓰여 해당하는 프로토콜에 의해 사용된다.
>
> 포트 번호는 크게 세 종류로 구분된다.
>
>   0번 ~ 1023번   : 잘 알려진 포트 (well-known port)
>   1024번 ~ 49151번   : 등록된 포트 (registered port)
>   49152번 ~ 65535번   : 동적 포트 (dynamic port)
>
> 잘 알려진 포트 번호의 대표적 예는 다음과 같다.
>
>   20   : FTP(data)
>   21   : FTP(제어)
>   22   : SSH
>   23   : 텔넷
>   53   : DNS
>   80   : 월드 와이드 웹 HTTP
>   119   : NNTP
>   443   : TLS/SSL 방식의 HTTP

→ 원격 데스크탑 연결 보안 설정 방법
- 일반사용자 계정으로 연결 : 관리자(administrator)로 원격 데스크탑을 접속할 경우 관리자 계정이 노출되면 컴퓨터의 모든 권한을 공격자가 획득할 수 있게 된다.
- 계정 잠금 정책 설정 : 원격 데스크탑 공격은 알려진 계정(administrator, user 등)의 비밀번호를 무작위 공격(Brute-force Attack)하는 경우가 있으므로 접속 시도 횟수 제한을 걸어야 한다. 일정 횟수 이상 로그인이 실패하는 경우 계정을 잠금으로써 공격을 예방할 수 있다.
  ☞ 제어판 → 시스템 및 보안 → 관리도구 → 로컬보안정책 → 계정정책 → 계정잠금정책

- 원격 데스크탑 접속 포트 변경 : 3389포트 변경을 통해 최소한의 서비스 포트 유출 위험을 줄일 수 있다.
  ☞ 시작 → 실행 → regedit
  ☞ KEY_LOCAL_MACHINE\SYSTEM\CurrentControlSet\Control\TerminalServer\WinStations\RDP-Tcp\PortNumber에서 포트 번호 변경

- 접속 가능한 IP주소 제한 : 윈도우 방화벽에서 원격 데스크탑을 통하여 접속할 수 있는 IP를 제한하여 인가되지 않은 IP에서의 접근을 차단한다.
  ☞ 제어판 → Windows 방화벽 → 예외탭 → 원격 데스크탑 편집 → 범위 변경 → 사용자 지정 목록 선택 후 허용 IP 설정

- 주기적인 접속 로그 확인 : 접속로그 확인을 통해 실패한 접속 시도나 계정 잠금 정보를 주기적으로 확인한다.
  ☞ 제어판 → 관리도구 → 로컬보안정책 → 로컬정책 → 감사정책 → 계정 로그온 이벤트 감사에서 성공, 실패 설정
  ☞ 제어판 → 관리도구 → 이벤트 뷰어 → 보안 항목에서 로그정보 확인

Chapter 4. 바이러스/웜 보안

■ P2P 프로그램 사용 제한
→ P2P(Peer-To-Peer) 프로그램은 컴퓨터 사용자끼리 자신이 보관하고 있는 자료를 다른 사용자들과 공유하기 위해 사용하는 프로그램이다.
→ P2P 프로그램은 매우 다양한 종류가 있으며, P2P를 통해 악성코드가 포함된 파일이 쉽게 전파되어 감염될 수 있다. 또한, P2P는 음악, 영화 등과 같은 저작권에도 문제가 있고, 부주의한 사용으로 중요한 자료가 외부로 유출될 수 있는 문제를 가지고 있다.
- 한국 최초의 P2P 프로그램으로는 소리바다가 있으며, 그 이전에도 미국에서 냅스터라는 프로그램, 일본에서 위니라는 프로그램이 존재했다. 토렌트(uTorrent), 이뮬, 프루나(Pruna), 당나귀(eDonkey)도 이 범주에 들어간다.

→ P2P 사용으로 인한 문제는 다음과 같다.
- 자료 유출 : 공유되어 있는 폴더의 모든 자료는 인터넷에 공개되는 것과 같다.
- 악성코드 유포 : P2P는 파일의 이름으로만 파일을 구별할 수 있어, 해당 파일에 웜, 바이러스를 포함시켜 유포하면, 이 파일을 다운로드하여 실행하게 되어 결국에는 웜, 바이러스에 감염된다.

→ P2P를 완전히 제한하는 기술적인 방법은 없으며, 개개인이 컴퓨터에 P2P 프로그램이 설치되어 있는지를 확인하여, 설치되어 있는 경우에는 삭제해야 한다.
- 설치 여부 확인 방법 : 컴퓨터에 설치되어 있는 프로그램 중에서 P2P 프로그램이 있는지를 확인한다.
- 프로그램 제거 : P2P 프로그램을 발견하게 되면 해당 프로그램을 제거한다.

■ 백신 프로그램 사용
→ 백신 프로그램은 컴퓨터 바이러스 프로그램을 찾아 기능을 정지시키거나 제거하는 프로그램을 의미한다.
→ 백신 프로그램을 미사용하는 경우 다음과 같은 문제가 발생한다.
- 파일이 외부로 유출될 수 있다.
- 다른 사용자의 컴퓨터로 확산될 수 있는 매개체가 될 수 있다.
- HDD에 저장되어 있는 파일이 삭제될 수 있다.
- 메모리나 파일 시스템을 파괴시켜 컴퓨터 사용이 불가능하게 될 수 있다.
- 다량의 트래픽을 유발시켜 네트워크 사용이 불가능하게 되거나, 컴퓨터 사용량(CPU, Memory) 등을 점유하여 컴퓨터가 느려질 수 있다.

→ 백신 프로그램을 설치하여 컴퓨터를 보호하여야 한다.
- 개인사용자가 사용할 수 있는 무료 백신 프로그램이 많이 공개되어 있으므로 설치하도록 한다.
    ☞ 이스트소프트 알약, 안랩 V3 Lite, 네이버 백신, AVAST 등

- 기업이나 공공기관, 학교 등에서는 구매하여 사용하여야 한다.

→ 최근에는 APT 공격 방어나 랜섬웨어 방어를 위한 다양한 프로그램도 출시되고 있으며, 백신 외에 추가적으로 설치하여 컴퓨터를 보호할 필요가 있다.
→ 백신 프로그램 이용 수칙 (방송통신위원회, 한국인터넷진흥원 '백신 프로그램 이용 안내서')
- 백신 프로그램의 선택 및 설치
    ① 백신 프로그램을 설치할 때에는 백신 프로그램의 공식 홈페이지에서 설치하여야 한다.
    ② 다른 소프트웨어에 끼워서 함께 설치되는 백신 프로그램 주의하기

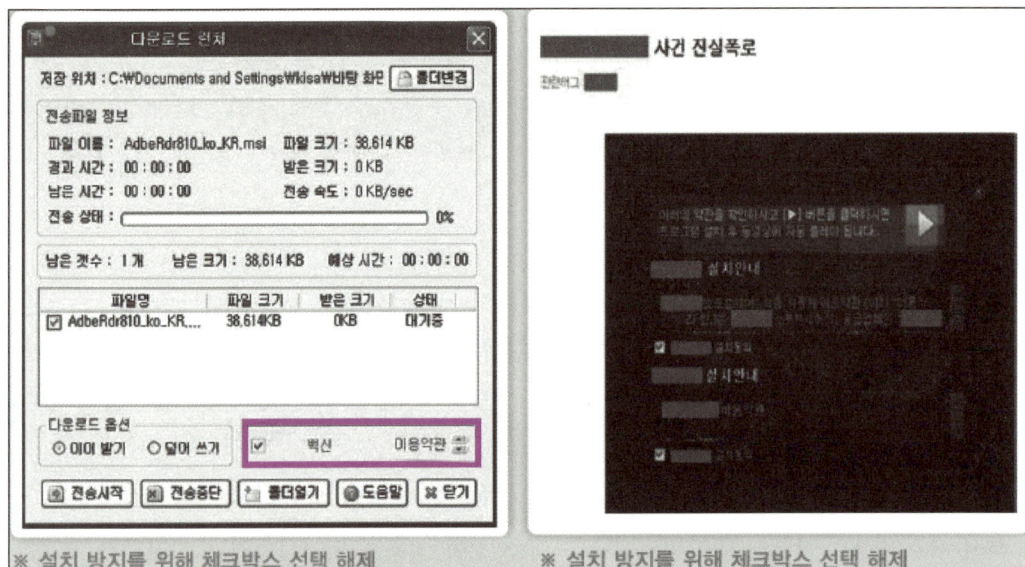

※ 설치 방지를 위해 체크박스 선택 해제 　　　　※ 설치 방지를 위해 체크박스 선택 해제

- ☞ 오탐, 치료성능 미달 등의 문제가 있는 백신 프로그램 대부분은 검색 툴바, 동영상 뷰어, 웹하드 사이트 프로그램, 무료 게임 등을 설치할 때 제휴 프로그램의 형태로 끼워서 설치 되는 경우가 많으므로 주의가 필요하다.

- 백신 프로그램 탐지/치료 기능의 올바른 활용
  ③ 백신을 항상 최신 버전으로 업데이트하고 주기적으로 검사하기
- ☞ 자동 업데이트 기능을 설정하더라도 업데이트를 방해하는 악성코드에 이미 감염될 수 있으므로, 백신 프로그램의 업데이트 일자와 백신 프로그램 홈페이지에 게재된 최신 업데이트 현황을 대조하여 최신 업데이트가 잘 이루어지는지 여부를 확인하는 것이 좋다.
  ④ 백신 프로그램의 실시간 탐지 기능 켜놓기
- ☞ 실시간 탐지 기능은 PC에 유입되는 악성코드를 실시간으로 감시하여 사전에 자동으로 차단하고 사용자에게 알려주는 기능이다.

- 유료 결제를 유도하는 불량 백신 프로그램 주의 요령
  ⑤ 사용하지 않던 백신 프로그램이 자동 진단 후 결제를 요구할 경우 삭제하기
- ☞ 대부분의 불량 프로그램은 설치와 동시에 자동으로 하드디스크 내의 임시 파일, 윈도우 사용 기록 등 악의적인 기능이 없는 파일들을 악성코드 의심파일로 검출하거나, 중대한 보안 위협 요소인 것처럼 과장된 진단 결과를 보여주고 결제를 유도한다.
- ☞ 시작 → 제어판 → 프로그램 추가/제거 메뉴로 이동하여, 해당 프로그램을 찾아 제거한다.
  ⑥ 유료 결제를 요구할 경우 자동연장결제 등 과금 관련 세부 약관 확인하기

☞ 본인 동의하에 설치한 백신 프로그램이더라도 유료 결제를 요구할 경우에는 이용약관을 재확인해야 한다. 홈페이지 이용약관과 설치/결제 시 고지하는 이용약관이 다른 경우가 있다.
　⑦ 매월 자동이체 고지서를 확인하여 사용하지 않는 백신 서비스 해지하기
☞ 자동연장결제(월정액제) 방식은 프로그램을 실제로 사용하는지 여부와 관계없이 매월 요금이 자동 청구되므로, 백신 프로그램을 삭제하더라도 자동연장결제 서비스에 가입되어 있는 상태라면 지속적으로 과금된다. 따라서 해당 프로그램을 사용하지 않는다면 반드시 서비스 가입 상태를 확인한 후 백신 프로그램 홈페이지나 고객센터를 통해 자동연장결제를 해지해야 한다.

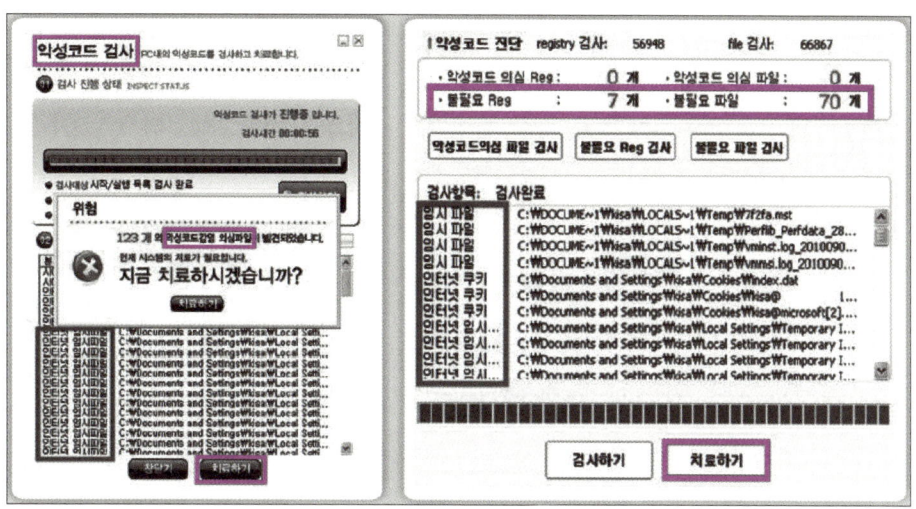

- 유관기관을 통한 불량 백신 프로그램 대처방법
　⑧ 백신 프로그램이 삭제되지 않을 경우 KISA 118 상담서비스 요청하기
☞ 한국인터넷진흥원(KISA) 118센터 또는 www.boho.or.kr에 원격점검을 신청하여 도움을 받을 수 있다.
☞ PC 원격점검 절차 : 원격점검 신청 → 전화(이메일) 연락 → 점검일시 협의 → 원격점검
　⑨ 백신 관련 피해가 발생하면 1372 소비자상담센터 및 휴대폰/ARS 결제중재센터를 통해 상담하기
☞ 민원 접수 및 피해구제 상담은 공정거래위원회 1372 소비자상담센터(1372), www.ccn.go.kr에서 담당한다.
☞ 유/무선 전화를 통한 소액결제 피해가 발생하거나 백신 프로그램 업체와 연락이 되지 않아 해지 신청이 어려울 경우에는 (사)한국전화결제산업협회의 휴대폰/ARS 결제중재센터(www.spayment.org)에서 온라인 중재를 신청하면 도움을 받을 수 있다.

■ 주기적 바이러스 검사
→ PC를 안전하게 운영 및 유지하기 위하여 백신 프로그램을 주기적으로 수행해 주어야 한다.
→ 예약 검사 설정 방법 (이스트소프트 알약)
- 알약을 실행하고 환경설정을 선택한다.

- 환경설정 → 예약 작업을 선택하고, 예약 작업을 On 상태로 바꾼 후에 추가를 눌러 설정하면 된다.

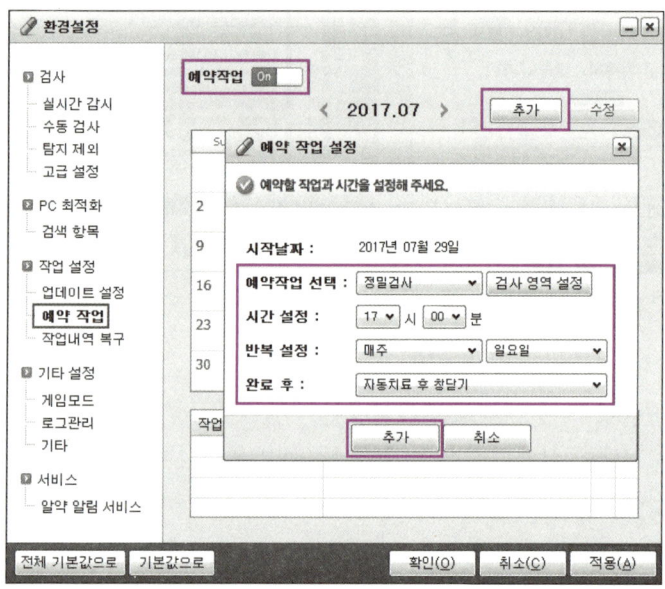

→ 예약 검사 설정 방법 (V3 Life)

- V3 Lite를 실행하고 오른쪽 상단의 환경설정을 선택한다.
- 환경 설정에서 PC 검사 설정, 예약 검사에서 설정할 수 있다.
- 대부분의 백신 프로그램에서는 예약 검사(예약 작업)을 제공하고 있으므로 실시간 감시뿐만 아니라 예약 검사 설정을 통해 주기적으로 점검할 수 있도록 하여야 한다.

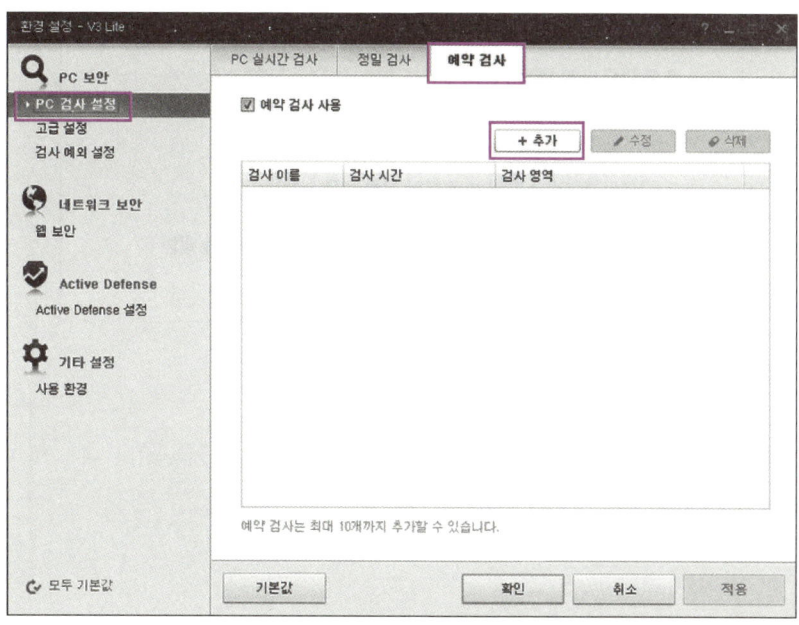

■ 최신 백신 엔진 업데이트
→ 웜·바이러스는 신종이나 변형이 매일 출현하기 때문에 항상 백신업체가 제공하는 최신 엔진을 항상 유지해야 한다.

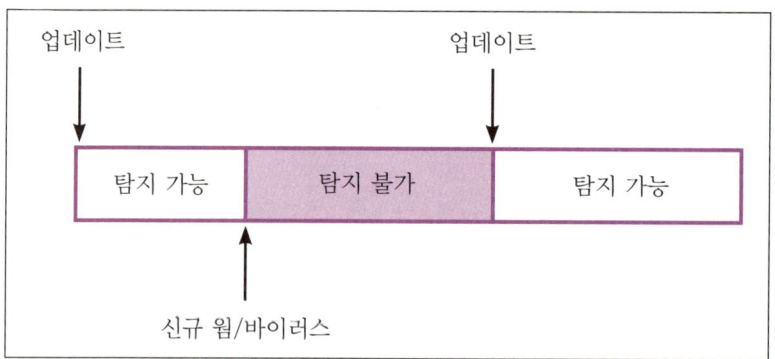

→ 대부분의 백신 프로그램은 인터넷을 통해 자동으로 엔진 업데이트를 수행한다.

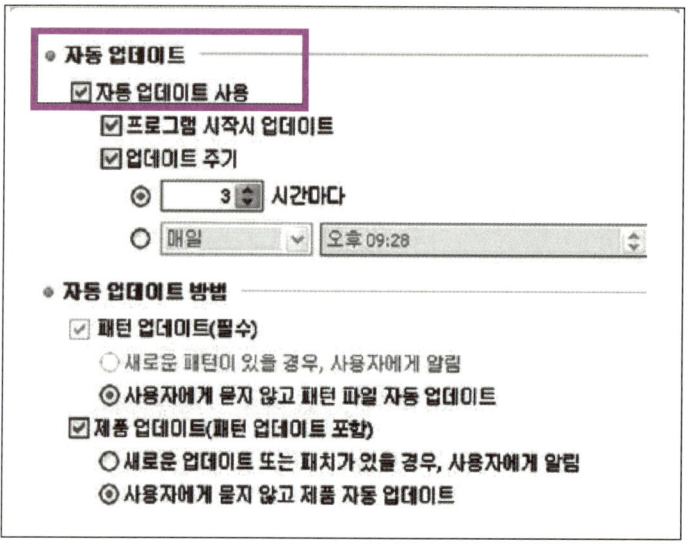

■ 백신 프로그램의 실시간 감시 수행
→ 실시간 감시 기능은 사용 중에 자동으로 감염파일을 치료하는 기능이다. 웜, 바이러스로 인한 피해 발생을 사전에 방지할 수 있는 핵심 기능이다.

1.2 | 핵심정리

■ 컴퓨터의 역사
→ 컴퓨터의 등장(1950년대~1960년대) : 기관 및 학교(메인프레임 형태)
- 해커(hacker) : MIT TMRC에서 '독창적인 방법으로 기발한 성과를 얻어내는 사람'을 일컫는 의미로 해커(Hacker)를 처음 사용
→ 개인용 컴퓨터의 등장(1970년대) : 애플에서 개인용 PC 판매 시작
→ 개인용 컴퓨터의 등장(1980년대~1990년대) : IBM에서 저가형 PC 판매를 시작으로 대중화 (TCP/IP 개발로 인터넷 활성화)
- ARPANET(Advanced Research Project Agency Network) : 미국 국방부의 각 지역 기관들을 연결하는 네트워크
→ 다양한 위협(2000년대) : 인터넷 기반 하 다양한 위협 발생
- 정보통신망 이용촉진 및 정보보호 등에 관한 법률(2001년), 개인정보 보호법(2011년), 정보보호 산업의 진행에 관한 법률(2015년)

■ 컴퓨터 보안관리의 필요성
→ 전세계적으로 인터넷 보급률 및 사용률이 증가하고 일상생활에서 여러 가지 활동들이 인터넷에 의존, 이에 따른 해킹 사고가 증가

■ 패스워드 설정
- CMOS : 컴퓨터의 기본 정보를 저장하고 있는 하드웨어
- BIOS : 컴퓨터의 동작을 가능하게 도와주는 프로그램으로 컴퓨터 동작 설정을 변경하는 소프트웨어
- 초기 설정화면 : 컴퓨터 전원을 킨 후 진입 Key를 누른다.
- BIOS 종류별 진입 key

구 분	피닉스(Phoenix) BIOS	어워드(Award) BIOS	아미(Ami) BIOS
Key	F2	DEL 또는 F1	DEL

- 제조사별 진입 Key (단, 일반적인 Key이며 기종에 따라 다를 수 있다)

구분	델	HP	레노버	아수스	에이서	삼성	LG
Key	F2	F10	F1	DEL(PC) DEL 또는 F2(노트북)	F2	F2	F2

- 피닉스(Phoenix) 암호 설정 : Security → Set Supervisor Password → 패스워드 설정 → Password on boot → Enable
- 어워드 BIOS : BIOS Feature Setup → Security Option → System
- 아미 BIOS : Security → Supervisor → Password 설정
  Setup → Advanced → Password Check → Always 선택

■ 윈도우 보안

윈도우 보안에서는 미설정시 보안에 대한 위협에 대한 이해와 더불어 설정방법을 숙지하여야 한다.

- 윈도우 로그온 패스워드 사용 : 제어판 → 사용자 계정 → 사용자 계정에 대한 암호 생성
- 로그온 패스워드 사용 기간 설정, 로그온 패스워드 복잡도 설정, 최근 로그온 패스워드 기억 : 제어판 → 관리도구 → 로컬 보안 정책→ 계정 정책 → 암호 정책

  * 암호는 복잡성을 만족해야 함 : 사용
    최근 암호 기억 : 사용자 선택(0~24)
    최대 암호 사용 기간 : 90일
    최소 암호 길이 : 8자리
    최소 암호 사용 기간 : 1일
    해독 가능한 암호화를 사용하여 암호 저장 : 사용 안 함

- Guest 계정 비활성화 : 제어판 → 사용자 계정 → 계정 관리 → Guest 계정 선택 → Guest 계정 끄기

  * 제어판 → 컴퓨터 관리 → 로컬 사용자 및 그룹 → 사용자 → Guest → 계정 사용 안 함

- 마지막 사용자 이름 표시 안 함 : 시작 → 실행 → SECPOL.MSC → 로컬정책 → 보안옵션
- 자동 로그온 비활성화 : 시작 → 실행 → control userpassword2 → '사용자 이름과 암호를 입력해야 이 컴퓨터를 사용할 수 있음' 체크

  * 시작 → 프로그램 및 파일 검색 → netplwiz(관리자 권한으로 실행)

- 익명 SID/이름 변경 허용 안 함 : 시작 → 실행 → SECPOL.MSC→ 로컬 정책 → 보안 옵션 → 사용 안 함

  * 단, 사용안함 설정 시 일부 환경에서 통신이 안 될 수 있음

- 화면보호기 사용 : 제어판 → 모양 및 개인 설정 → 화면보호기 변경 → 화면 보호기 설정 → 확인

  * 화면보호기 사용 여부 : 사용
    화면보호기 대기시간 : 10분 이하

암호 보호 사용 여부 : 다시 시작할 때 로그인 화면 표시 체크
- 보안 패치 설치 : 시작 → 모든 프로그램 → Windows Update → 업데이트 확인
  * 설정 변경 : 업데이트 자동 설치(권장)
    새 업데이트 설치 : 매일
    시간 : 적정한 시간으로 설정
  * 윈도우 외에 한컴 오피스, Adobe 등에 대해서도 주기적으로 업데이트 확인
- 이동식디스크 자동실행 해제 : 제어판 → 하드웨어 및 소리 → 자동 실행 → 모든 미디어 및 장치에 자동 실행 사용 체크 해제
  * 시작 → 실행 → regedit
    "HKEY_CURRENT_USER₩SOFTWARE₩Microsoft₩Windows₩CurrentVersion₩policies₩Explorer₩NoDriveTypeAutorun"에서 NoDriveTypeAutorun의 값을 16진수를 'FF'로 변경하여 모든 유형의 드라이브 비활성화

■ 네트워크 보안
　네트워크 보안에서는 미설정 시 보안에 대한 위협에 대한 이해와 더불어 설정방법을 숙지하여야 한다.
- 공유 폴더 사용 제한 : 제어판 → 시스템 및 보안 → 관리도구 → 컴퓨터관리 → 공유폴더 → 공유 → 불필요한 폴더 제거
  * ADMIN$, IPC$, C$ 등 기본 공유 설정 포함
  * 현재 공유 현황 확인 : 시작 → 실행 → cmd → net share
  * 현재 공유 폴더 제거 : 시작 → 실행 → cmd → net share 공유이름 /delete
  * 재부팅 시에도 공유폴더 비활성화 시키기 : 시작 → 실행 → regedit
    ₩HKEY_LOCAL_MACHINE₩SYSTEM₩ControlSet001₩services₩LanmanServer₩Parameters에서 DWORD(32비트) 값으로 새로 만들기

→ AutoShareWks, 값은 0으로 생성
  * 재부팅 시에도 공유폴더 비활성화 시키기(임의로 지정한 공유 폴더) :
    ₩HKEY_LOCAL_MACHINE₩SYSTEM₩ControlSet001₩services₩LanmanServer₩Shares에서 해당 키 값 제거

- Window 방화벽 사용 : 제어판 → 시스템 및 보안 → Windows 방화벽 → "권장 설정 사용" 선택

* Windows 방화벽 설정 또는 해제 메뉴를 통해 네트워크 유형별 설정도 가능

- 위험한 서비스 비활성화: 제어판 → 시스템 및 보안 → 관리도구 → 서비스
  * 시작 유형

구 분	내 용
자 동 (지연된 시작)	부팅한 후 마지막 자동 설정 서비스를 시작을 한 후 2분 후에 서비스가 시작된다.
자 동	부팅한 후 자동으로 시작된다.
수 동	부팅 시 시작되지 않는다. 난, 프로그램이나 사용자에 의해 서비스를 수동으로 시작 시킬 수 있다.
사용 안함	모든 상황에서 서비스가 시작되지 않는다.

- 원격접속 설정
  * 일반 사용자 계정으로 연결
  * 계정 잠금 정책 설정 : 제어판 → 시스템 및 보안 → 관리도구 → 로컬보안정책 → 계정 정책 → 계정잠금정책
  * 원격 데스크탑 접속 포트 변경 : 시작 → 실행 → regedit → HKEY_LOCAL_MACHINE₩SYSTEM₩CurrentControlSet₩Control₩TerminalServer₩WinStations₩RDP-Tcp₩PortNumber에서 포트 번호 변경
  * 접속 가능한 IP주소 제한 : 제어판 → Windows 방화벽 → 예외탭 → 원격 데스크탑 편집 → 범위 변경 → 사용자 지정 목록 선택후 허용 IP 설정
  * 주기적 접속 로그 확인 : 제어판 → 관리도구 → 로컬보안정책 → 로컬정책 → 감사정책 → 계정 로그온 이벤트 감사에서 성공, 실패 설정
    제어판 → 관리도구 → 이벤트 뷰어 → 보안 항목에서 로그정보 확인

■ 바이러스/웜 보안
  바이러스/웜 보안에서는 P2P 사용 제한 원칙과 백신 프로그램 사용을 이해하여야 한다.
- P2P 프로그램 사용 제한 : P2P 프로그램을 통해 악성코드가 쉽게 배포되어 감염될 수 있으므로 사용을 하지 말아야 한다.
  * 자료 유출 : 공유가 되어 있는 폴더에 있는 모든 자료는 인터넷에 공개

* 악성코드 유포 : P2P는 파일의 이름으로만 파일을 구별할 수 있어, 해당 파일에 웜, 바이러스를 포함시켜 유포하게 하면, 이 파일을 다운로드하여 실행하게 되어 결국에는 웜, 바이러스에 감염

- 백신 프로그램 사용 : 개인은 무료 백신 프로그램 사용, 기업/기관 등은 유료 백신 프로그램 사용
- 백신 프로그램 이용 수칙
- 백신 프로그램의 선택 및 설치
    ① 백신 프로그램을 설치할 때에는 백신 프로그램의 공식 홈페이지에서 설치한다.
    ② 다른 소프트웨어에 끼워서 함께 설치되는 백신 프로그램 주의하기

- 백신 프로그램 탐지/치료 기능의 올바른 활용
    ③ 백신을 항상 최신 버전으로 업데이트하고 주기적으로 검사하기
    ④ 백신 프로그램의 실시간 탐지 기능 켜놓기

- 유료 결제를 유도하는 불량 백신 프로그램 주의 요령
    ⑤ 사용하지 않던 백신 프로그램이 자동 진단 후 결제를 요구할 경우 삭제하기
    ⑥ 유료 결제를 요구할 경우 자동연장결제 등 과금 관련 세부 약관 확인하기
    ⑦ 매월 자동이체 고지서를 확인하여 사용하지 않는 백신 서비스 해지하기

- 유관기관을 통한 불량 백신 프로그램 대처방법
    ⑧ 백신 프로그램이 삭제되지 않을 경우 KISA 118 상담서비스 요청하기
    ⑨ 백신 관련 피해가 발생하면 1372 소비자상담센터 및 휴대폰/ARS 결제중재센터를 통해 상담하기
- 주기적 바이러스 검사 : 백신 프로그램의 기능을 활용하여 주기적으로 실행하여 한다.
  (예약 검사, 스케줄 검사 등 백신 프로그램에서 제공하는 기능 활용)
- 최신 백신 엔진 업데이트 : 항시 백신 프로그램은 최신 업데이트 실행
- 실시간 감시 수행 : 실시간 감시 기능은 항상 실행

제2장
시스템 및 네트워크 정보보호

학습 및 평가 목표

시스템 및 네트워크 기술을 습득하고 각각의 보안 관리 방안에 대하여 학습한다.

운영체제 개념 및 구성

Chapter 1. 컴퓨터와 정보보호 역사

■ 운영체제 개념
→ 하드웨어와 응용프로그램 간의 인터페이스 역할을 하면서 중앙처리장치, 주기억장치, 입출력 장치 등의 컴퓨터 자원을 관리한다.

운영체제는 인간과 컴퓨터간의 상호작용을 제공함과 동시에 컴퓨터의 동작을 구동(Booting)하고 작업의 순서를 정하며 입출력 연산을 제어한다. 또 프로그램의 오류나 부적절한 사용을 방지하기 위해 실행을 제어하며 데이터를 파일에 저장하는 등 장치를 관리하는 기능을 한다. 운영체제의 기능은 크게 메모리 관리, 프로세스 관리, 장치 및 파일 관리의 세 가지로 볼 수 있다.

운영체제는 유형별로 OS 상에서 동시에 구동되는 프로그램의 수에 따라 싱글/멀티태스킹 OS, 동시에 사용하는 사용자의 수에 따라 싱글/멀티 사용자 OS로 구분할 수 있다.
네트워크로 연결된 개별 컴퓨터를 하나의 컴퓨터로 관리하게 해주는 분산 OS, 임베디드 시스템 상에서 구동되는 임베디드 OS, 데이터나 이벤트를 정해진 짧은 시간 내에 처리하도록 보장하는 실시간 OS 등으로 구분할 수 있다.
최초의 운영체제는 IBM-701 대형 컴퓨터(Mainframe)의 사용을 위하여 제너럴 모터스(General Motors; GM) 연구소에서 1950년 초반 처음 개발되었다. 그 후 1955년에는 IBM-704의 운영체제가 NAA(North American Aviation)와 GM의 합작으로 개발되었다.

1964년 IBM 사는 시스템/360을 발표하고, 1966년에는 OS/360 최초의 판이 사용 가능하였다. OS/360은 시스템/360 계열 전체에 이용하려 한 일괄처리용 운영체제로서 운영체제 개념의 명확화와 기능의 체계화가 이루어졌다.

그 이후 세그먼트 기법, 페이징에 의한 가상기억방식의 도입, 계층적 디렉토리를 갖는 파일링 시스템 등의 개념이 도입되면서 운영체제 개발이 급속히 진전되었다.

이러한 대형 시스템용 OS는 시스템이 작업을 처리 방식에 따라 일괄처리(batch), 멀티프로그래밍(multiprogramming) 그리고 시분할시스템 형태로 발전하였다.

→ 1960년대 말 초기 유닉스 운영체제들이 AT&T 벨 연구소에서 개발되었는데 높은 이식성으로 인해 미니컴퓨터 및 워크스테이션에 채택되어 사용되었다. 유닉스 계열 운영체제는 유닉스로부터 파생된 운영체제들로 시스템 V, BSD, GNU/Linux 등이 있다.

1970년대 가정용 마이크로컴퓨터가 처음 등장한 이후 1980년대에는 개인용 컴퓨터의 보급이 보편화되면서 개인용 컴퓨터 운영체제로 MS-DOS, Microsoft 윈도우 등이 개발되었다.

1970년대 말에는 제록스의 알토 컴퓨터 시스템에서 GUI(Graphical User Interface)가 개발되면서 VMS나 OS/2, OS X 등의 GUI 기반 운영체제가 출현하였다.

2000년대 이후 스마트폰의 사용이 일반화되면서 모바일 장치나 정보기기를 제어하는 운영체제로 노키아의 심비안, 구글의 안드로이드, 애플의 iOS, RIM의 블랙베리, 삼성의 타이젠 등의 모바일 운영체제가 개발 및 사용되고 있다.

→ 운영체제 내에는 메모리에 상주하며 운영체제의 다른 부분이나 응용 프로그램을 수행하기 위해 환경을 설정하는 핵심 소프트웨어인 커널(Kernel)이 존재한다.

운영체제는 수정 및 변경이 용이하도록 설계되어야 하며 각 구성 요소가 커널과 상호 작용하는 유형에 따라 단순 구조, 계층 구조, 마이크로 커널 운영체제로 구분된다.

단순 구조 운영체제는 작고 간단하며 MS-DOS와 같이 커널과 시스템 프로그램으로 구성된 운영체제를 말한다. 계층 구조는 유닉스와 같이 유사한 기능을 수행하는 그룹을 하나의 계층으로 모듈화 하여 인접 계층에서 제공하는 기능과 서비스만 사용하는 구조이다.

마이크로 커널 운영체제는 커널을 최소한으로 경량화한 OS로 새로운 구조로 OS를 이식(Porting)하기 쉽도록 구조화되어 있다.

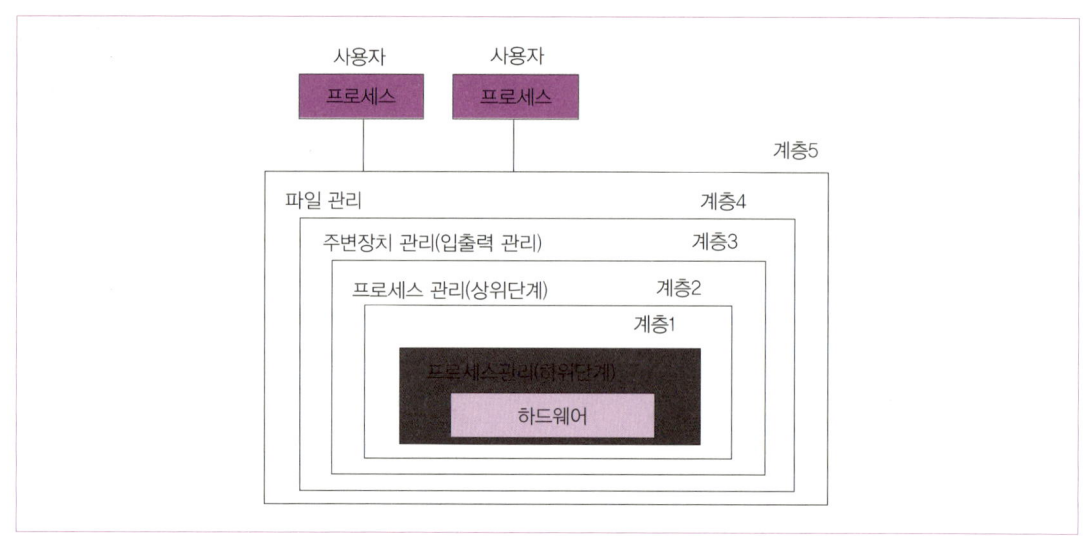

[그림 2-4] 운영체제의 다섯 가지 기능 구조도

■ 운영체제의 목적

운영체제의 목적은 컴퓨터 시스템의 자원(하드웨어 자원, 정보)을 최대한 효율적으로 관리, 운영함으로써 사용자들에게 편의성을 제공하고자 하드웨어와 사용자 프로그램 사이에 존재하는 시스템 프로그램으로 사용자 인터페이스 제공, 성능 향상 등 한정된 자원을 효율적으로 사용하는 데 있다.

신뢰도의 향상, 처리량의 향상, 응답 시간의 단축, 단순한 계산 능력만을 제공하는 하드웨어를 유저가 쉽게 접근할 수 있도록 제공, 제한된 시스템 소스를 효율적으로 통제하고 운영함으로써 보다 높은 성능을 발휘할 수 있도록 지원하는 것이다.

→ 처리 능력 향상 : 단위 시간 내에 최대한 많은 양의 일을 처리할 수 있게 하는 것

→ 응답 시간 단축 : 사용자가 어떤 일의 처리를 컴퓨터 시스템에 의뢰하고 나서 그 결과를 얻을 때까지 소요되는 시간으로, 짧을수록 좋음

→ 신뢰도 향상 : 시스템이 주어진 문제를 어느 정도로 정확하게 해결하는가를 의미

→ 사용 가능도 향상 : 컴퓨터 시스템을 각 사용자가 요구할 때 어느 정도로 신속하게 시스템 자원을 지원해 줄 수 있는가를 나타내는 것

■ 운영체제의 구조
→ 커널과 유틸리티

■ 커널은 하드웨어 특성으로부터 프로그램들을 격리시키고, 하드웨어와 직접적으로 상호 작동함으로써, 프로그램들에게 일관된 서비스를 제공한다. 커널의 기본개념은 프로세스와 파일의 관리이다. 그밖에 입출력장치 관리, 메모리 관리 및 시스템호출 인터페이스 등이다. shell이나 유틸리티 또는 응용 프로그램들은 정의된 시스템호출을 통해서 커널과 통신한다. UNIX 계열의 시스템이 부팅될 때 가장 먼저 읽혀지는 운영체제의 핵심 부분으로 주기억 장치에 상주하게 되며 프로세스 스케줄링, 기억 장치 관리, 파일 시스템 관리, 운영체제의 고유 기능을 제공한다.

■ 운영체제의 구조는 컴퓨터 시스템 자원관리 계층에 따라 분류하면 일반적으로 다섯 가지 기능을 수행하는 것으로 볼 수 있다.
- 프로세서 관리(계층1) : 동기화 및 프로세서 스케줄링 담당
- 메모리 관리(계층2) : 메모리의 할당 및 회수 기능을 담당
- 프로세스 관리(계층3) : 프로세스 생성, 제거, 메시지 전달, 시작과 정지 등의 작업
- 주변장치 관리(계층4) : 주변장치의 상태파악과 입출력 장치의 스케줄링
- 파일(정보) 관리(계층5) : 파일 생성과 소멸, 파일 열기와 닫기, 파일 유지 및 관리 담당

■ 시스템 호출(System call)
- 이중 모드에서 사용자 모드는 특권 명령어를 사용할 수 없으며 이런 경우에 사용자 프로세스는 운영체제에 도움을 요청하게 되는데 이를 시스템 호출이라 한다. 즉, 시스템 호출은 실행 중인 프로그램과 운영체제 사이에 인터페이스를 제공하는 것이다.
→ 이중 모드(dual mode) 구조

■ 다중 프로그래밍 환경에서는 실행 중인 하나의 프로그램의 오류가 실행 중인 다른 프로그램에게 영향을 줄 수 있으므로 적절한 보호가 필요하다. 이중 모드는 이런 보호 메커니즘 중 하나로서, 두 가지 동작 모드를 제공하여 문제를 일으킬 소지가 있는 명령들을 함부로 실행할 수 없도록 제어한다.
- 사용자 모드 : 사용자 모드의 소프트웨어는 특권이 부여되지 않은 상태로 동작하며 시스템 리소스에 제한적으로만 액세스할 수 있다. 보호 받는 하위 시스템들은 각자가 소유하고 있는 보호 받는 공간에서 실행되며 서로 간섭하지 않는다. 즉, 사용자 모드에서는 제한적인 명령의 사용만 가능하다.

- 모니터 모드 : 커널 모드, 슈퍼바이저 모드라 하며 문제를 일으킬 소지가 있는 명령들은 특권 명령으로 분류하고, 이런 명령들은 모니터 모드에서만 수행되도록 제한한다. 이 모드에서는 모든 명령어 사용이 가능하다.

■ 프로세스 관리 : 하드웨어에 의존된 가장 하위 단계 수준으로 프로세스 스케줄링을 통해 실행 가능한 프로세스 추적 관리

■ 주기억장치 관리 : 주기억장치의 접근을 관리, 제어하는 처리 장치의 부분으로 주소 변환, 기억 보호, 버퍼 기억 등의 기능을 수행

■ 보조기억장치 관리 : 하드디스크나 디스켓 등의 기억장치에 대한 접근 관리, 제어 등을 수행하는 기능

■ 컴퓨터의 입출력장치(Input/Output device : I/O장치) 관리 : 중앙 시스템과 외부와의 효율적인 통신방법을 제공한다. 입출력장치는 일명 주변장치라고도 하는데, 가장 기본적인 것으로 키보드, 디스플레이장치, 프린터와 보조저장장치인 자기테이프나 자기 디스크 등이 있다.

■ 장치 구동기 : 운영체제와 응용프로그램 및 하드웨어간의 인터페이스를 담당하는 프로그램으로 하드웨어와 운영체제 응용프로그램의 연결 고리가 되는 프로그램으로 하드웨어 구성 요소가 운영체제 아래서 제대로 작동하는데 꼭 필요한 프로그램이며, 장치제어기 또는 드라이버라고 말하기도 한다. 장치 제어기는 명령어를 장치 제어기에 입력하기 위해 하나 이상의 장치 레지스터를 갖고 있는데 장치 구동기는 이들 명령어를 발생시키고 적절하게 수행되는지를 점검하는 기능을 수행한다. 디스크 구동기는 디스크 제어기가 가지고 있는 많은 레지스터의 사용량, 용도를 관리하게 되며 섹터, 트랙, 실린더, 헤드, 암의 움직임, 디스크 인터리브 계수, 모터 구동기, 헤드 설정 시간 등 디스크가 적절하게 작업할 수 있는 모든 기계적인 정보들을 알고 있다.

■ 인터럽트와 DMA : 컴퓨터 시스템에서 사용하는 데이터의 입출력 방식에는 프로그램에 의한 입출력, 인터럽트에 의한 입출력, DMA에 의한 입출력 등이 있다.
- 프로그램에 의한 입출력은 데이터의 입출력 동작이 CPU가 수행하는 프로그램의 I/O 명령에 의해 수행된다. 따라서, 프로그램 제어하에서 데이터전송을 수행하려면, 입출력을 수행할 준비가 되어있는가를 알기 위해 CPU가 주변장치의 상태를 계속 감시하고 있어야 한다.

- 인터럽트에 의한 입출력은 프로그램에 의한 입출력의 단점을 개선하기 위한 방식이다. 즉 CPU가 계속해서 입출력 상태를 검사하고 있는 것이 아니라 입출력 장치가 데이터를 전송할 준비가 되면 CPU에 인터럽트를 발생시킨다. 따라서 CPU가 다른 프로그램을 수행하고 있는 동안에, 인터페이스가 외부소자를 모니터한다. CPU가 인터럽트 신호를 받으면 프로그램 카운터에 있는 복귀주소를 메모리 스택에 저장한 다음, 입출력 전송을 위한 서비스 루틴으로 제어를 이동한다.
- DMA(Direct Memory Access)는 CPU를 거치지 않고 주변장치와 메모리 사이에 직접 데이터를 전달하도록 제어하는 인터페이스 방식으로서, 고속 주변장치(M/T, DISK 등)와 컴퓨터 간의 데이터 전송에 많이 사용한다.

윈도우즈 보안

Chapter 1. 운영체제 보안

■ 윈도우 보안
→ 윈도우 운영체제 활용

■ 제어판 활용
- 관리도구-로컬보안정책 : 계정정책, 로컬정책 등을 설정 가능
  - ☞ 암호정책 : 암호의 사용기간, 길이, 복잡도 등을 설정하여 시스템에 등록되는 암호정책을 일괄적으로 적용 가능
  - ☞ 계정잠금정책 : 로그온 시도에서 다수 입력 값이 잘못 입력되면 계정을 잠글 수 있으며, 계정 크랙도구로부터 시스템을 보호할 수 있다.
- 관리도구-서비스
  - ☞ 윈도우의 서비스를 관리하며 불필요한 서비스를 제거하여 시스템 효율성 및 보안을 강화할 수 있다.
- 관리도구-이벤트뷰어
- 관리도구-컴퓨터관리
  - ☞ 장치관리, 로컬사용자 및 그룹 관리, 디스크 관리 기능
- 네트워크
  - ☞ TCP/IP 등록정보 이해
  - ☞ 윈도우에서 제공하는 네트워크 프로토콜 이해
- 프로그램 추가/삭제

☞ 대부분의 프로그램은 프로그램을 설치하면 프로그램 추가/삭제 메뉴에 등록이 되고 삭제도 가능하다.
☞ 프로그램을 설치할 때 프로그램 추가/삭제에 등록되지 않는 프로그램 종류

■ 공유자료 관리
→ 파일 시스템 이해 : NTFS

■ 파일 시스템 : 파일 시스템이란 운영제제가 파일을 시스템의 디스크상에 구성하는 방식을 말한다. 운영체제는 시스템의 디스크 파티션상에 파일들을 연속적이고 일정한 규칙을 가지고 저장하는데 파일 시스템은 이러한 규칙들의 방식을 제시하는 역할을 한다. 또한 파일 시스템은 시스템 디스크나 파티션 그리고 파일 시스템의 형식을 말할 경우에도 쓰일 수 있다. 윈도우 운영체제 지원 파일시스템은 FAT, NTFS 파일시스템이 있다.

■ NTFS 파일 시스템 : NTFS는 윈도우 NT에서 지원하는 것으로 NTFS의 클러스터 크기는 512바이트, 1킬로, 2킬로, 4킬로바이트까지 사용자 지정이 가능하다. 파일크기 및 볼륨은 이론상으로 최대 16EB(ExaByte=10의 18승 바이트)이나 실질적으로는 2테라바이트까지 지원한다. 또한, 이 파일시스템은 안정성, 자세한 사용자 제한, 보안성 등이 FAT32보다 향상된 기능을 가지고 있다.
- NTFS 보안은 NTFS 파일 시스템으로 포맷된 볼륨이나 파티션에 적용된다. 로컬 파일 시스템 보안을 제공하며, 네트워크를 통해 액세스하는 사용자에게도 적용 된다.
- NTFS 볼륨의 기본 NTFS 보안은 공유보안과 같이 Everyone 그룹에 대해서 모든 권한이 '허용'이다. NTFS 볼륨이나 파티션의 기본 NTFS 보안을 변경하면 사용자마다 서로 다른 NTFS 보안을 적용시킬 수 있다.로컬 파일 시스템보안 공유 보안에서는 파일 단위까지 보안을 적용시킬 수 없었지만 NTFS 보안에서는 가능하다. 더욱이 파일에 설정한 NTFS 보안이 폴더에 설정한 NTFS 보안보다 우선순위가 높기 때문에 더욱 강력한 보안을 설정할 수 있는 것이다.
- NTFS 시스템에 특정 사용자가 생성한 폴더나 파일에 대해서는 생성한 사용자에게 소유권한이 있다. 이것은 소유권을 가진 폴더나 파일에 대해서 NTFS 보안을 설정할 수 있다는 의미이다. 그러나 윈도우 2000 서버의 시스템 폴더에 대해서는 일반 사용자가 설정할 수 없다. 이것을 설정할 수 있는 사용자는 Administrators 그룹과 Power Users 그룹의 구성원만이 가능하다.
- NTFS 폴더 사용 권한 종류는 폴더 또는 파일에 대한 해당 폴더의 [등록정보]의 [보안] 탭에서 확인 가능하다.
- NTFS 주요 기능
☞ 파일과 폴더 차원의 보안 : NTFS는 파일과 폴더에 대한 접근 제어 가능

- ☞ 디스크압축 : NTFS 압축 파일로 더 많은 저장공간 사용 가능
- ☞ 디스크 할당 : NTFS는 사용자별 디스크 사용공간을 제어 가능
- ☞ 파일 암호화 : NTFS는 파일에 대한 암호화 지원

→ 네트워크 드라이브의 이해

■ 네트워크 드라이브는 대상 컴퓨터의 드라이브를 내 컴퓨터에서 네트워크 드라이브로 설정하여 내 컴퓨터의 드라이브처럼 사용할 수 있는 기능이다.

■ 설정방법 : 바탕화면의 내 컴퓨터에서 마우스 오른쪽 버튼을 클릭하여 네트워크 드라이브 설정을 클릭하면 기능을 이용할 수 있다.
- 명령프롬프트에서 'net use 드라이브명 : ₩₩ip₩설정대상드라이브$'를 실행하고 계정 및 패스워드를 입력하면 설정 가능

→ 공유폴더 보안

■ 윈도우 NT 이상에서는 "관리목적을 위한 기본공유"라는 것이 기본적으로 존재한다. 즉, 명령프롬프트에서 net share를 실행하면 기본적으로 ADMIN$, IPC$, C$ 등이 공유가 된다(컴퓨터의 드라이브가 C 드라이브 1개로 설정되어 있는 경우).
- 공유해제 방법
  - ☞ HKLM₩SYSTEM₩CurrentControlSet₩Services₩lanmanserver ₩parameters 디렉토리에 DWORD 값을 추가하고 값을 0으로 설정한다.

■ 공유폴더 사용권한 설정 : 폴더를 공유할 경우에는 공유되는 폴더의 등록정보에서 공유-사용권한에서 사용자 및 읽기, 변경, 모든 권한을 선택하여 설정할 수 있다.
윈도우탐색기의 도구-폴더옵션에서 보기 탭을 선택하면 '숨김파일 및 폴더 표시안함'을 선택하여 숨겨진 파일의 공유설정을 방지할 수 있으며, 오프라인 파일 탭을 이용하여 오프라인에서 네트워크 공유 파일을 이용할 수 있는 기능을 해제한다.
레지스트리 활용

→ 윈도우 레지스트리의 기본 개념과 활용

■ 윈도우 95, 윈도 98, 윈도 NT 시스템에서 사용하는 시스템 구성 정보를 저장한 데이터베이스이며, 윈도우 환경과 프로그램에 관련된 사항 등이 저장된 system.dat, user.dat 파일이 바로 레지스트리이다.
- 윈도우와 프로그램에 관련된 사항은 레지스트리 외에도 win.ini, system.ini 파일을 비롯한 각종 INI 파일에도 저장되어 있으며 16비트 프로그램을 위한 여러 개의 INI 파일이 존재하기

하지만 윈도우의 표준을 지키는 32비트 프로그램에 관련된 설정값은 모두 WINDOWS 디렉토리에 있는 레지스트리 파일에 저장된다.
- 레지스트리는 텍스트가 아닌 16진수로 되어 있어 INI 파일보다 속도가 빠를 뿐 아니라 전용 프로그램(레지스트리 편집기, regedit.exe)을 이용하지 않으면 고칠 수 없다. 그리고 모든 프로그램 설정이 하나의 레지스트리에 저장되기 때문에 관리가 용이하다.
- 윈도우 레지스트리는 총 6개로 구성되어 있다. [시작]-[실행]을 누른 뒤 빈칸에 'regedit'라고 입력하고 엔터를 누르면, 윈도의 레지스트리 내용을 보거나 편집할 수 있는 화면이 나온다.
- 이 화면이 바로 윈도의 [레지스트리 편집기]이다. 마치 윈도 탐색기를 실행한 것과 같은 화면이므로 쉽게 이해할 수 있을 것이다.
- 각각의 루트 키의 이름은 HKEY_로 시작된다.
- 이것은 'Key Handle'의 약자로 고유한 식별표지라고 생각하면 된다.
- 레지스트리 키 설명
    - ☞ HKEY_CLASS_ROOT : 파일의 각 확장자에 대한 정보와 파일과 프로그램 간의 연결에 대한 정보가 들어 있다.
    - ☞ HKEY_CURRENT_USER : 윈도우가 설치된 컴퓨터 환경설정에 대한 정보가 들어 있다.
    - ☞ HKEY_LOCAL_MACHINE : 설치된 하드웨어와 소프트웨어 설치드라이버 설정에 대한 정보가 들어 있다.
    - ☞ HKEY_USERS : 데스크탑 설정과 네트워크 환경에 대한 정보가 들어 있다.
    - ☞ HKEY_CURRENT_CONFIG : 디스플레이와 프린터에 관한 정보가 들어 있다.

■ 레지스트리 백업 및 복구
- 백업 : 레지스트리 백업은 regedit.exe를 실행하여 활성화된 레지스트리 편집기에서 메뉴에서 백업을 실행하여 백업이 가능
- 복원 : 레지스트리 복원은 regedit.exe를 실행하여 활성화된 레지스트리 편집기에서 메뉴에서 복원을 실행하고 백업된 레지스트리 백업 파일을 선택한다.

■ 관련파일
- 윈도우에서 레지스트리 정보는 ₩windows or ₩winnt 폴더에 USER.DAT, SYSTEM.DAT 라는 파일로 저장된다.
- 윈도우의 모든 시스템 정보를 백업 및 복구하기 위해서는 USER.DAT, SYSTEM.DAT, SYSTEM.INI, WIN.INI가 있어야 한다..

2.3 시스템 및 네트워크 정보보호

TCP/IP 일반 및 OSI 7 레이어

Chapter 1. TCP/IP 일반 및 OSI 7 레이어

■ TCP/IP 일반

→ TCP/IP는 인터넷 네트워크의 핵심 프로토콜이다. 인터넷에서 전송되는 정보나 파일들이 일정한 크기의 패킷들로 나뉘어 네트워크상 수많은 노드들의 조합으로 생성되는 경로들을 거쳐 분산적으로 전송되고, 수신지에 도착한 패킷들이 원래의 정보나 파일로 재조립되도록 하는 게 바로 TCP/IP의 기능이다.

> **TIP 프로토콜의 정의**
>
> 프로토콜(Protocol)은 규약이다. 일종의 약속이라는 뜻이다. 커뮤니케이션 하는 컴퓨터들 간에 오류를 최소화함으로써 정보를 원활하게 교환하기 위해 만들어진 규칙의 집합이 바로 통신 프로토콜인 것이다. 통신 프로토콜은 컴퓨터 간 상호 접속이나 전달 방식, 통신 방식, 주고받을 자료의 형식, 오류 검출 방식, 코드 변환 방식, 전송 속도 등을 정하는 것을 말한다. 기종이 다른 컴퓨터는 대개 서로 다른 통신 규약을 사용하기 때문에, 이(異)기종 컴퓨터들끼리 통신을 하려면 표준 프로토콜을 설정하고, 커뮤니케이션을 하는 모든 컴퓨터가 이를 채택토록 하는 것을 전제로 통신망을 구축해야 한다. 이러한 통신 프로토콜 가운데 인터넷에서 사용하는 대표적인 표준 프로토콜이 바로 TCP/IP(Transfer Control Protocol/Internet Protocol)이다.

→ TCP/IP 프로토콜은 Application layer, Transport layer, Internet layer, Network interface layer의 총 4개 계층으로 구성되어 있다. 이에 비해 OSI 7레이어는 7계층으로 되어

있으며, 각각의 특징에 대해 자세히 알아보도록 하자. 먼저 TCP/IP의 4계층에 대한 내용이다.

→ Application layer : 이용자의 데이터를 처리해 transport layer로 넘겨준다. 사용되는 프로토콜로는 FTP, DNS, Telnet이 있다(괄호는 사용되는 포트 넘버이다).
- FTP(21) : 인터넷을 통해 파일을 송수신하기 위한 프로토콜이다.
- DNS(53) : 도메인 이름들의 위치를 알아내기 위한 IP주소로 바꾸어주는 시스템이다.
- Telnet(23) : 원격접속 서비스로서 특정 사용자가 네트워크를 통해 다른 컴퓨터에 연결하면 그 컴퓨터에서 제공하는 서비스를 받을 수 있게 하는 것이다.
- SMTP(25) : 전자우편을 보내고 받는 데 사용되는 프로토콜. 주로 SMTP는 메일을 보내는 데 사용하며, POP3나 IMAP 프로토콜은 자신의 서버에 수신되어 있는 메시지를 받아보는 데 사용한다.
- TFTP(69) : 이더넷을 이용해 파일을 다운받는 프로토콜. UDP 방식을 사용하고, FTP와 같은 파일 전송프로토콜이지만 작은 크기의 프로그램에서 수행가능하다.
- SNMP(161) : 네트워크 장비들로부터 필요한 정보를 가져와서 장비상태를 모니터하거나 특수한 경우 장비 관련 값을 변경하는 등의 작업을 하며 네트워크 장비를 관리할 수 있는 프로토콜이다.
- RIP (520) : Dynamic Routing 프로토콜 중 가장 쉬운 라우팅 프로토콜이다(Transport layer는 Data를 쪼개어 Segment로 만들고 IP layer로 넘겨준다). 사용되는 프로토콜로는 TCP, UDP가 있다.
- TCP : IP네트워크에서 신뢰성 높은 데이터 전송을 실현하기 위해 연결지향형 서비스와 재전송 기능을 지원해주는 프로토콜이다.
- UDP : TCP/IP의 기반이 되는 대표적인 프로토콜로, 연결을 설정하는 시간을 줄여서 훨씬 적은 오버헤드를 갖는다. 또한 신뢰성을 보장하지 않는다(Internet layer는 IP header를 추가해 Network Layer로 넘겨준다). 사용되는 프로토콜로는 IP, ICMP, ARP, RARP가 있다.
- IP : OSI 세 번째 계층인 Internet 계층의 기능을 수행하는 프로토콜이다. 신뢰성은 보장하지 않고, 송·수신 측으로 데이터를 보내는 기능만 한다.
- ICMP : IP와 조합해 발생하는 오류의 처리와 전송 경로의 변경을 위한 제어 메시지를 다루는 프로토콜이다.
- ARP : 목적지 IP주소 정보로 MAC Address를 가져오는 프로토콜이다.
- RARP : 목적지 MAC Address를 이용해 IP주소를 가져오는 프로토콜이다(Network Interface Layer : Packet을 Frame으로 만들어 목적지까지 전달한다). 사용되는 프로토콜로는 FDDI, Ethernet이 있다.
- FDDI : 광섬유 케이블을 사용해 간선 LAN을 구성하거나 컴퓨터를 직접 연결하는 고속 통신망 구조. 단일, 다중 모드의 광섬유 케이블 모드를 지원한다.
- Ethernet : 가장 대표적인 버스 구조 방식의 근거리 통신망이다. CSMA/CD 방식을 사용해 데이터를 전송한다. 현재 LAN 구성 시에 가장 많이 사용되는 인터페이스이다.

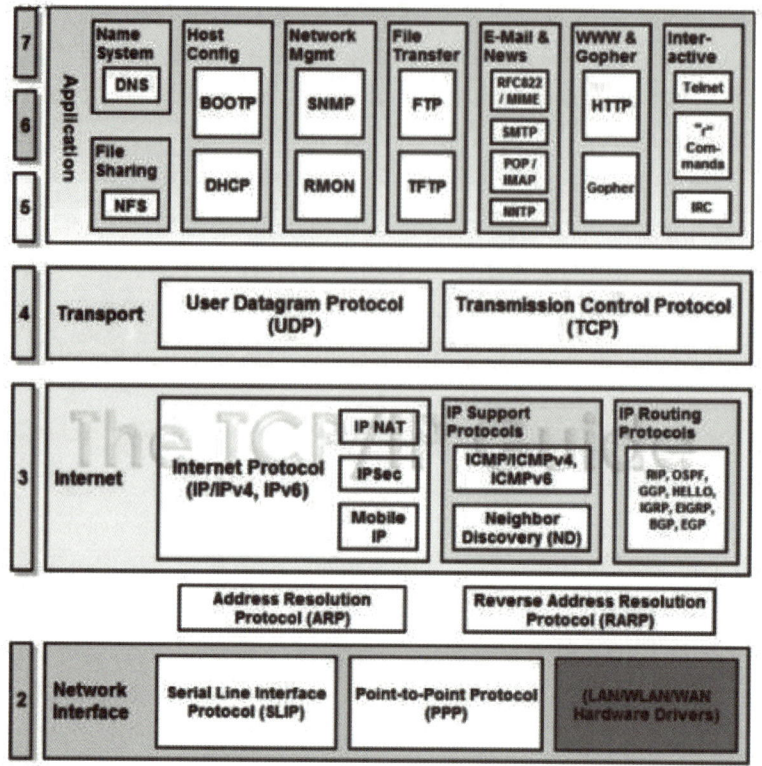

[그림 2-5] TCP_IP 프로토콜과 OSI 7 레이어의 상세비교

■ OSI 7 레이어의 상세 이해
- 근거리 통신망(LAN)의 구성을 위한 국제 표준으로 국제 표준화 기구(ISO, International Standards Organization)와 국제 전자 기술자 협회(IEEE, Institute of Electrical and Electronic Engineers)가 만들었다. 컴퓨터 네트워크의 구조와 자료의 흐름을 구현하기 위해 고안된 7개의 층으로 이루어진 구조이다.
멀티벤더 네트워크의 인터페이스를 정의할 수 있도록 하고 있으며 이용자에게 이러한 네트워크를 건설하는 데 있어서 개념적인 가이드를 제공한다.

계층	기능
Physical Layer 물리 계층 (1계층)	물리적 통신 매체를 통해 전달되는 구조화되지 않은 비트 스트림(bit stream)의 전송을 책임지며, 통신 매체를 접근하는 데 필요한 기계적이고 전기적인 기능과 절차 등을 규정한다.

계층	설명
Datalink Layer 데이터 링크 계층 (2계층)	데이터 전송을 위한 기능적이고 절차적인 수단을 제공하고 물리 계층에서 발생할 수 있는 오류 검출 및 수정을 담당한다.
Network Layer 네트워크 계층 (3계층)	통신 시스템 간의 경로를 선택하는 경로 선택(Routing) 기능, 통신 트래픽(Traffic)의 흐름을 제어하는 흐름 제어(Flow Control) 기능, 데이터 통신 중에 패킷의 분실로 재전송 요청을 할 수 있는 오류 제어(Error Control) 기능 등을 수행한다.
Transport Layer 전송 계층 (4계층)	상위 계층과 하위 계층을 연결하는 교량 역할을 수행하는 것으로, 정보 통신 단말 간의 투명한 데이터 전송을 담당하고 신뢰성이 있으며 저가의 통신 서비스를 제공한다.
Session Layer 세션 계층 (5계층)	다양한 응용 시스템 구축 시 상위 계층에서 필요로 하는 공통의 전송 제어 기능을 제공하는 것으로, 상위 계층의 개체 간 대화(Dialogue)를 맞추고 데이터 교환을 관리하는 논리적 연결(Logical Connection)을 확립하고 관리한다. 이와 같은 기능을 제공하기 위해 세션 계층은 상위 계층에서 세션 연결(Session Connection)을 설정하기 위한 서비스를 제공한다.
Presentation Layer 표현 계층 (6계층)	응용 계층 간에 교환되는 데이터 표현의 독립성을 부여하는 것이 주요 목적이다. 이와 같은 목적을 실현하기 위해 표현 계층에서 지원하는 대표적인 기능은 송신측 컴퓨터 내부에서 사용하는 형식으로 구성된 데이터를 전송하기에 적합한 형태로 인코딩(Encoding)한 후 수신측 컴퓨터에서 인식할 수 있는 형태로 디코딩(Decoding)하는 것이며, 이외에도 암호화(Data Encryption), 데이터 압축(Data Compression), 네트워크의 안정성 보장 등의 기능을 제공한다. 정보를 교환하는 시스템이 표준화된 방법으로 데이터를 인식할 수 있도록 해주는 역할을 한다.
Application layer 응용 계층 (7계층)	사용자가 직접 접하게 되는 계층이며 사용자는 하위 계층에 대한 자세한 지식 없이도 서비스를 사용할 수 있어야 한다. 응용 계층은 응용 서비스를 제공하는 계층으로 다른 계층과는 달리 수많은 서비스가 존재한다.

→ OSI 7 Layer 데이터 캡슐화
■ Data encapsulation & de-encapsulation

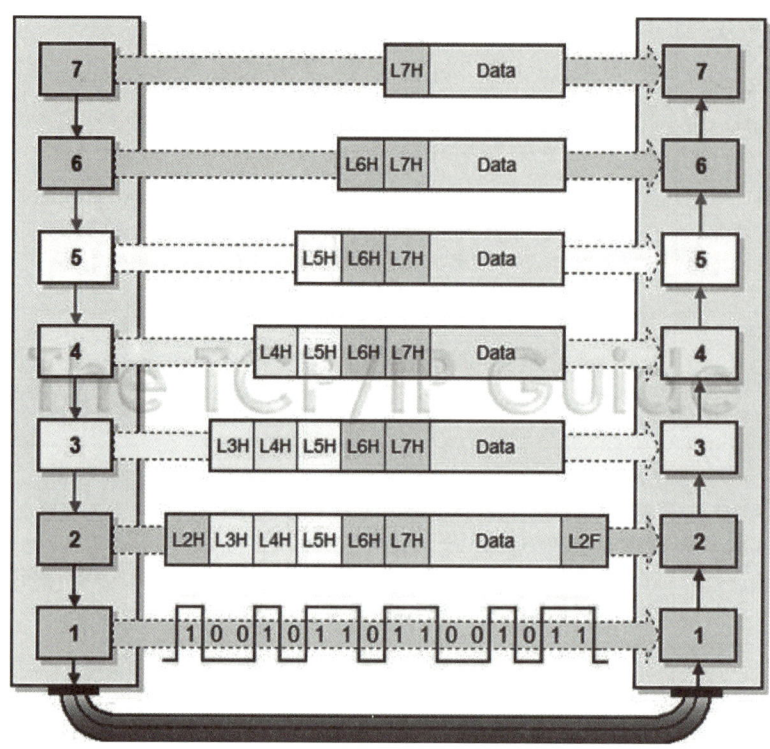

[그림 2-6] OSI 7 Layer 데이터 캡슐화

- 밑 계층으로 내려 보낼 때 필요한 정보를 붙임(Header)
- 캡슐화 : Header를 계속 붙이는 것
- 역캡슐화 : Header를 확인한 후 원하는 데이터인 경우 벗김
- 데이터 링크 계층에는 끝에 하나 더 붙음 (Footer/Trailer) : 데이터 크기를 계산해 오류 검출, 받은 데이터 값과 Footer 값을 비교해 일치 시 데이터 수용, 불일치 시 불완전 데이터로 판단하고 데이터를 버림

→ OSI 7 Layer별 상세 특징

계층	전송데이터 단위	프로토콜 및 통신방식	사용 장비 및 특징
Physical Layer 물리 계층(1계층)	비트(bit)	RS-232C, X.24, V.35, IEE 802.3	허브, 리피터, DSU, CSU (전기적 신호 전송장비)

Datalink Layer 데이터 링크 계층(2계층)	프레임(Frame)	SLIP, PPP, LLC, PPTP(MS사 개발), L2F(시스코사 개발), HDLC, LAP-B, Frame Relay, ATM, CSMA/CD (이더넷으로 알려진 방식은 공유 버스 구조를 지원한다. 데이터를 전송하기 전에 공유 버스의 신호를 감지해 충돌을 예방하고, 전송 과정에서 발생할 수 있는 충돌에 대처한다.) * L2TP(계층 2 터널링 통신 규약): 점 대 점 터널링 통신 규약(PPTP)과 L2F의 양 표준 통신 규약을 혼합해 만듦	스위치, 브리지 (MAC와 같이 물리적 주소 관리) * 이 계층을 두가지 Sublayer로 나눈다. LLC(Logical Link Control), MAC(Media Access Control)로 나눈다. LLC 계층은 Network Layer과 관련이 있으며 MAC 계층은 Physical Layer와 관련이 있다. MAC 계층은 NIC(Network Interface Card)와 직접적인 관련이 있다. Network Layer에서 받은 데이터를 프레임이라는 단위로 변환해 최하위 Physical Layer으로 보낸다.
Network Layer 네트워크 계층 (3계층)	패킷(Packet)	IP, ARP, IPSec, OSPF, ICMP, IGMP, RIP, IPX, X.25,Q930(ISDN 관련)	라우터, L3스위치 (패킷의 전달경로를 설정)
Transport Layer 전송 계층(4계층)	세그먼트 (Segment)	TCP, UDP, SSL, TLS	게이트웨이, L4 스위치
Session Layer 세션 계층(5계층)	데이터그램 (Datagram) =메시지	SQL, RPC, NFS, NetBIOS	두 프로세스 사이의 가상경로 확립이나 해제를 수행, 통신세션을 구성하며 포트번호를 기반으로 연결한다.
Presentation Layer 표현 계층(6계층)	데이터그램 (datagram) =메시지	DOC, JPEG, MP3 AVI, SMB, HTML, ASCII	데이터 디코딩/인코딩, 암/복호화
Application Layer 응용 계층(7계층)	데이터그램 (Datagram) =메시지	FTP, SMTP, HTTP, POP, P2P, EMAIL, DNS, SNMP	여러 어플리케이션 업무에서 필요로 하는 통신서비스를 제공, 일반적인 응용서비스를 수행

■ TCP와 UDP 비교
→ TCP에서는 세션(접속)을 설정한 후에 통신을 개시하지만, UDP에서는 세션을 설정하지 않고 데이터를 상대의 주소로 송출한다.
→ UDP의 특징은 프로토콜 처리가 고속이라는 점이다. 그러나 TCP와 같이 오류 정정이나 재송신 기능은 없다. 신뢰성보다도 고속성이 요구되는 멀티미디어 응용 등에서 일부 사용된다.

구분	TCP	UDP
신뢰성	· Reliable(신뢰성 있는) · 신뢰성을 위해 Ack, Checksum 등 사용	· Unreliable(신뢰성이 없다)
연결성	· Connection-oriented(연결지향성) · Connection을 맺고 통신	· Connectionless(비연결성)
재전송	· 재전송 요청함(오류 및 패킷 손실 검출 시)	· 재전송 없음
특징	· Flow Control을 위해 Windowing 사용 · 속도는 다소 느려도 신뢰성을 제공	· 신뢰성은 보장하지 않지만, 고속데이터 전송 · 실시간 전송에 적합
용도	· 신뢰성이 필요한 통신	· 총 패킷 수가 적은 통신 · 동영상 및 음성 등 멀티미디어 통신

→ TCP session을 맺는 과정과 그 동작 원리
■ TCP는 장치들 사이에 논리적인 접속을 성립하기 위해 Three-way handshake를 사용한다.

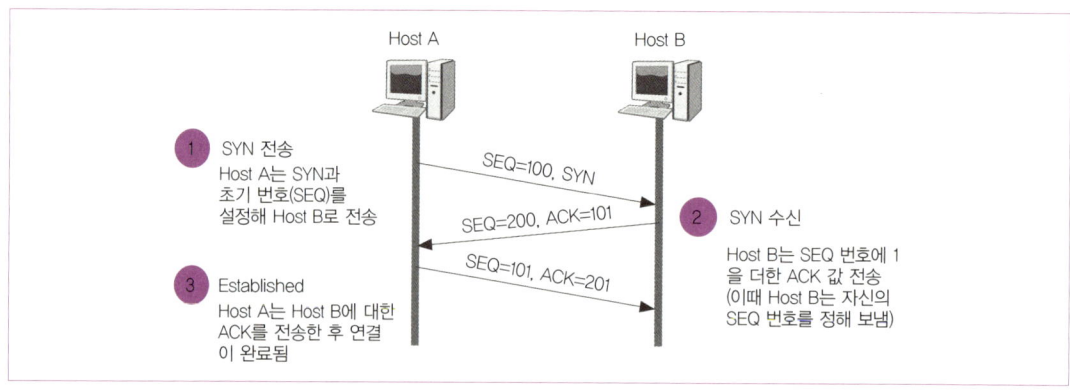

[그림 2-7] Three-way Handshake 원리

■ 서브넷팅의 이해
→ 서브넷팅을 이해하고 네트워크의 기본 개념이 있어야 보안관제를 수행하는 데 이점이 많이 있다. 아래 사항은 서브넷팅을 하는 방법을 쉽게 설명한 것이다.

■ C Class의 Default Subnet Mask인 255.255.255.0에서 호스트 부분인 마지막 0부분(8bit)을 아래와 같이 네트워크 부분과 호스트 부분을 다시 나누어 주면 된다.

■ 기본 요구사항에 대해 충족되는지 알아보기 위해선 한 옥텟당 8비트로 이루어져 있으니, 호스트 부분 같은 경우는 2의 필요한 수만큼의 비트 제곱 양에 −2를 하면 실질적인 사용량을 파악할 수 있다(호스트 부분 같은 경우 전체가 0인 부분은 네트워크 자체를 나타내고, 전체가 1인 경우는 브로드캐스팅 대역이기 때문에 제외하게 되어, 2개를 빼는 것이다).

■ 아래는 IP address 203.252.100.0일 때, SubnetMask 255.255.255.224를 이용한 서브넷팅의 예이다.

■ 서브넷팅 224는 2진수 8비트로 표현하면 '11100000'으로 십진수 224가 된다. 즉 앞자리 '111' 3자리가 네트워크 부분의 IP주소가 되고, 뒷자리 5개의 숫자가 호스트의 IP주소가 되는 것이다.

− Subnet: 8 / host :32

  NNN   HHHHH
1) 000   00000 ~ 11111   (2진수를 십진수로 바꾸면 2의 0승은 1, 00001은 십진수 2, 00010은 십진수로 3이다. 이런 식으로 경우의 수를 조합하면 0~31까지가 나온다.)
2) 001   00000 ~ 11111   (맨 처음 2의 5승은 32이다. 조합하면 32~63까지 나온다.)
3) 010   00000 ~ 11111   (여기서부터 아래 부분도 위처럼 계산하면 아래와 같이 ip 주소가 나열된다.)
4) 011   00000 ~ 11111
5) 100   00000 ~ 11111
6) 101   00000 ~ 11111
7) 110   00000 ~ 11111
8) 111   00000 ~ 11111

− 뒷자리 2진수 5개를 조합하면 서브넷 네트워크주소와 호스트 주소로 나누어진다.

Subnet Address	Host From	Host To	Broadcast Address
1) 203.252.100.0	203.252.100.1	203.252.100.30	203.252.100.31
2) 203.252.100.32	203.252.100.33	203.252.100.62	203.252.100.63
3) 203.252.100.64	203.252.100.65	203.252.100.94	203.252.100.95
4) 203.252.100.96	203.252.100.97	203.252.100.126	203.252.100.127
5) 203.252.100.128	203.252.100.129	203.252.100.158	203.252.100.159
6) 203.252.100.160	203.252.100.161	203.252.100.190	203.252.100.191
7) 203.252.100.192	203.252.100.193	203.252.100.222	203.252.100.223
8) 203.252.100.224	203.252.100.225	203.252.100.254	203.252.100.255

− 서브넷팅을 하는 이유는 IP자원을 효율적으로 사용하기 위해서이다. 아래 사항은 서브넷 마스크에 따라 서브넷 수와 호스트 수를 알 수 있다. 호스트를 간단히 구하는 방법은 기본적으로

호스트 부분이 '11111111' 이진수는 2의 8승 개이므로 총 256개 ip 주소가 나온다.
- 아래와 같이 나타나는 방법을 쉽게 설명하면 예를 들어 224로 서브넷 마스크를 사용하면 호스트 개수는 몇 개일까? 답은 256-224 = 32가 나온다. 여기서 0인 네트워크와 브로드캐스팅 부분의 ip를 제외한 2개를 빼면 30개가 된다. 서브넷 개수는 256/32 하면 8개가 나온다.

SUBNET MASK	SUBNET 수	HOST수	사용HOST수	BIT
255.255.255.254	128	2	0	/31
255.255.255.252	68	4	2	/30
255.255.255.248	32	8	6	/29
255.255.255.240	16	16	14	/28
255.255.255.224	8	32	30	/27
255.255.255.192	4	64	62	/26
255.255.255.128	2	128	126	/25
255.255.255.0	1	256	254	/24

2장 시스템 및 네트워크 정보보호 | 핵심정리

■ 운영체제 개념
→ 하드웨어와 응용프로그램 간의 인터페이스 역할을 하면서 중앙처리장치, 주기억장치, 입출력 장치 등의 컴퓨터 자원을 관리한다.

■ 운영체제의 계층 별 기능
- 프로세서 관리(계층1) : 동기화 및 프로세서 스케줄링 담당
- 메모리 관리(계층2) : 메모리의 할당 및 회수 기능을 담당
- 프로세스 관리(계층3) : 프로세스 생성, 제거, 메시지 전달, 시작과 정지 등의 작업
- 주변장치 관리(계층4) : 주변장치의 상태파악과 입출력 장치의 스케줄링
- 파일(정보) 관리(계층5) : 파일 생성과 소멸, 파일 열기와 닫기, 파일 유지 및 관리 담당

■ 윈도우즈 보안
- 제어판 활용
- 파일 시스템 보안
- 공유폴더 보안
- 레지스트리 보안

■ TCP/IP
- Application layer, Transport layer, Internet layer, Network interface layer의 총 4개 계층으로 구성되어 있다.

■ OSI 7 Layer
- 계층 1: 물리 계층(Physical layer)
- 계층 2: 데이터 링크 계층(Data link layer)
- 계층 3: 네트워크 계층(Network layer)
- 계층 4: 전송 계층(Transport layer)
- 계층 5: 세션 계층(Session layer)
- 계층 6: 표현 계층(Presentation layer)
- 계층 7: 응용 계층(Application layer)

■ TCP와 UDP 비교
- TCP에서는 세션(접속)을 설정한 후에 통신을 개시하지만, UDP에서는 세션을 설정하지 않고 데이터를 상대의 주소로 송출한다.
- UDP의 특징은 프로토콜 처리가 고속이라는 점이다. 그러나 TCP와 같이 오류 정정이나 재송신 기능은 없다. 신뢰성보다도 고속성이 요구되는 멀티미디어 응용 등에서 일부 사용된다.

제3장

응용프로그램 정보보호

학습 및 평가 목표

우리가 매일 접속하는 인터넷 메일, 포털 등은 웹 응용프로그램의 일종이다. 웹, 모바일 앱 등에서 사용되는 응용프로그램에 대한 기능과 취약점 진단의 역할 및 필요성을 이해한다.

응용프로그램 정보보호

Chapter 1. 웹 및 앱의 정보보호

■ 웹 시스템의 기능 및 역할
→ 웹 시스템은 클라이언트와 서버간의 정보를 교환한다. 아래 그림에서와 같이 클라이언트가 요청을 보내고 서버는 이에 대한 응답 값을 보낸다.

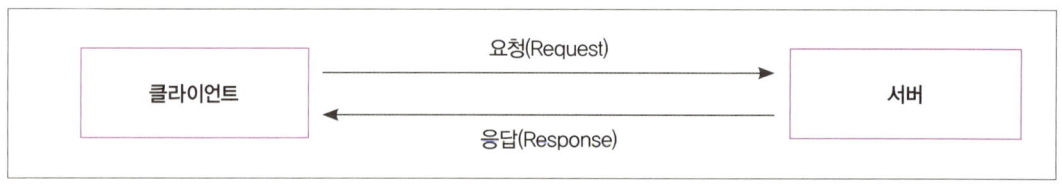

[그림 출처] http://conol.tistory.com

[그림 2-8] 클라이언트와 서버간의 정보교환

→ 클라이언트란 우리가 웹을 들어갔을 때 보는 페이지로 즉 'VIEW PAGE'라 불리게 되며, 이는 다른 말로 '프론트-엔드(Front-End)'라 명명할 수 있다. 서버란 웹에 대한 요청을 받아들이는 곳으로 요청에 대한 로직 및 데이터베이스와의 연동을 하는 역할을 하고 '백-엔드(Back-End)'라고 한다.

→ 클라이언트와 서버와의 관계 구성도이다.

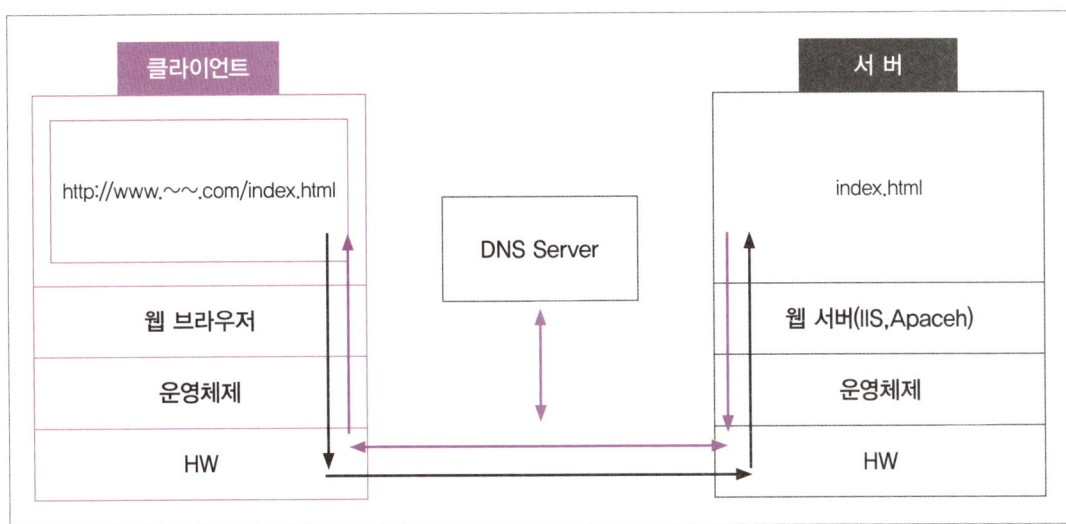

[그림 2-9] 클라이언트와 서버와의 관계 구성도

- 웹 브라우저에서 도메인을 입력하면 브라우저는 운영체제와 하드웨어를 거쳐 서버에 전달되게 되며, 서버는 요청을 받아 역으로 하드웨어와 운영체제를 거쳐 웹 서버로 전달하며, 도메인에 대한 index.html 페이지를 찾아서 클라이언트에게 전달한다.

■ 모바일 앱 시스템 정의 및 종류
→ 모바일 앱 시스템 정의
- 모바일 앱(Mobile App, Mobile Application)은 스마트폰, 태블릿 PC 등 모바일 장치에서 실행되는 응용 소프트웨어이다. 즉, Mobile Application이란 스마트폰을 사용하면서 누구나가 다운로드하여 프로그램을 설치하고 해당 하는 종류의 서비스를 즐기도록 만든 응용프로그램이다.

→ 모바일 앱 시스템 종류
- 스마트폰의 OS 종류가 현재에는 IOS (아이폰)과 안드로이드(삼성, LG 등의 안드로이드폰)로 구분이 되며 해당하는 OS에 맞도록 프로그램 개발을 하게 되어져 있다.

■ 모바일 앱과 웹의 차이
→ 모바일 앱은 모바일 상에서 작동하는 프로그램이며, 모바일 웹은 모바일 상에서 볼 수 있는 홈페이지(웹 페이지)를 의미한다.의

	모바일 앱(APP/Application)	모바일 웹(WEB/Webpage)
개발 환경	- 안드로이드, iOS 등의 각 플랫폼에 맞는 언어	- HTML, HTML5, Javascript, CSS 등

업데이트	- 수정하여 서버에 적용되는 시간까지의 시간 소요, 늦은 반영	- 서버 접속을 통한 웹 페이지 수정이 가능해 빠른 수정 가능, 즉시 반영
실행 속도	- 빠름	- 보통(인터넷 환경에 따라 영향이 큼)
사용자 접근성	- 높음(플레이스토어, 앱스토어를 통한 배포)	- 낮음(검색, URL 접근 등)
구현	- 높음(다양한 형태가 구현 가능함, 화려한 인터페이스)	- 낮음(웹의 한계를 극복하기 힘듦)
비용	- 고비용(운영체제별로 제작)	- 상대적으로 저렴
기타	- 메모리저장공간 소모 - 설치 시 아이콘 자동 생성	- 인터넷 환경에서만 이용 가능 - 'One Source Multi Use'가 가능(하나의 소스를 다양하게 사용) - 아이콘을 생성하려면 '바탕화면에 추가'를 따로 설정

3.2 응용프로그램 정보보호 대응방안

Chapter 1. 응용프로그램 취약점 진단

■ 웹 취약점 진단
→ 웹 취약점의 종류를 이해하고 주기적으로 취약점을 점검하여함을 인식하여야 한다. 상세한 취약점 진단기술을 이해하고 학습하는 것은 보안진단원들이 갖추어야 할 지식이므로 정보보호 활용능력에서는 생략한다. 아래와 같이 점검항목정도만 참고 할 수 있겠다.

연번	코드	점검 항목	공격 피해
1	OC	운영체제 명령 실행	시스템 장악
2	SI	SQL 인젝션	DB정보 유출
3	XI	XPath 인젝션	사용자 인증우회
4	DI	디렉토리 인덱싱	시스템파일 누출
5	IL	정보누출	서버 정보 누출
6	CS	악성콘텐츠 삽입	악성코드 감염
7	XS	크로스사이트스크립트(XSS)	세션하이재킹 및 악성코드 전파
8	BF	약한 문자열 강도(브루트포스)	사용자 계정 탈취
9	IN	불충분한 인증 및 인가	관리자 권한 탈취
10	PR	취약한 패스워드 복구	사용자 계정 탈취
11	SM	불충분한 세션 관리	사용자 권한 탈취

연번	코드	점검 항목	공격 피해
12	CF	크로스사이트 요청 변조 (CSRF)	사용자 권한 탈취
13	AU	자동화공격	시스템 과부하
14	FU	파일업로드	시스템 장악
15	FD	경로추적 및 파일다운로드	웹 서버 정보누출
16	AE	관리자페이지 누출	웹사이트 정보 누출
17	PL	위치공개	웹사이트 정보 누출
18	SN	데이터 평문전송	중요정보 누출
19	CC	쿠키 변조	사용자 권한 탈취
20	MS	웹 서비스 메소드 설정 공격	시스템 장악
21	UP	URL/파라미터변조	사용자 권한 탈취
22	BO	버퍼오버플로우	정보 누출 및 비인가 접근
23	FS	포맷 스트링	시스템 관리자 권한 탈취
24	ETC	기타(검증되지 않은 리다이렉트와 포워드) 취약점	악성코드 감염 및 전파

■ 모바일 앱 취약점 진단
→ 일반적으로 모바일 서비스는 모바일 웹, 앱 또는 하이브리드 앱 형태로 개발되는데, 모바일 웹은 일반 홈페이지와 유사하여 보안취약점 진단 방법도 동일하다. 따라서 본 장에서는 모바일 웹에 대한 진단 방법은 설명하지 않고, 모바일 앱을 중심으로 보안취약점 진단 방법을 설명한다. 다만, 하이브리드 앱은 모바일 앱과 웹이 결합된 형태로 볼 수 있다.

■ 모바일 앱 취약점 진단 항목
→ 모바일 앱 취약점 진단 방법에는 두 가지 형태가 있다. 먼저 설치 및 삭제 등의 안전성과 같은 기능적인 부분의 보안취약점을 진단하는 방법이 있고, 두 번째로는 웹 소스코드 취약점 진단과 같이 앱에 대한 소스코드의 보안약점을 진단하는 방법이 있다. 모바일 앱 취약점 진단 항목 중 기능보안 취약점만 참고하도록 한다.(참조, 모바일 대민서비스 보안취약점 점검 가이드, 2015.12)
→ 기능 보안취약점 진단 항목

점검항목	설명	비고
반복 설치 시 오류발생	프로그램 작성 시 프로그래머의 사소한 실수 등에 의해 주요 설정 파일이 변경되거나, 앱 설치 파일의 일부가 삭제되지 않고 잔존하는 등의 문제가 발생 할 경우 해당 앱을 삭제하고 재설치 하는 과정에서 문제가 발생할 수 있다.	설치
앱 설치 전후 비정상적인 파일 및 디렉토리 설치	앱 설치 전후로 비정상적인 파일 및 디렉토리가 생성되지 않아야 한다.	설치
불필요하거나 과도한 권한 설정	앱 개발 시 필요한 권한 및 기능 이외에 개발상의 편의를 위해 불필요하거나 과도한 권한을 부여하는 경우가 있다.	설치
앱 삭제후 안전성	앱 삭제 시 관련 디렉토리 및 파일이 완전히 삭제되어야 한다.	삭제
기능의 정상동작	앱의 모든 기능들을 수동으로 실행하였을 때, 앱의 각 메뉴는 설계서에 제시한대로 정확하게 동작하여야 한다.	동작
임의 기능 등 악성행위 기능 존재	모바일 앱에는 명시적으로 제공하는 기능 외에 백그라운드(Background)에서 구동되는 악성 기능이 존재할 수 있다.	동작
정보 외부 유출	허가된 주소(IP, URL 등) 이외의 주소로 정보 전송이 가능하면 안된다.	동작
자원 고갈	정상기능 오동작 또는 취약점을 통해 과도한 트래픽을 유발시키거나 배터리를 고갈 시키지 않아야 한다.	동작
루팅 및 탈옥 기기에서의 정상 동작	루팅(Android 기반 플랫폼), 탈옥(iOS 기반 플랫폼) 된 기기에서 앱 설치, 실행 및 정상 동작이 이루어져서는 안된다.	플랫폼
ID 값의 변경(안드로이드)	Android 시스템 상에서 앱이 설치될 때 해당 앱은 app_### 과 같은 일반 권한의 UID(User ID), GID(Group ID)를 가지게 되는데 이러한 ID가 변경되어서는 안 된다.	플랫폼
동일키로 서명된 서로 다른 앱 간의 UID 공유(안드로이드)	Android 시스템은 동일한 제작자가 제작한 앱의 경우 같은 키로 서명된(Key Sign) 앱들 간 UID를 공유할 수 있는데 이를 위한 SharedUserID가 설정되지 않아야 한다.	플랫폼
인텐트 권한의 올바른 설정(안드로이드)	AndroidManifest.xml 파일 내에 intent-filter라는 항목에 과도한 권한을 부여해서는 안 된다.	플랫폼
인증정보 생성 강도 적절성	사용자 비밀번호 등의 인증정보는 추측하기 어렵도록 생성되어야 한다.	식별 및 인증
중요정보의 평문 저장 및 전송	중요정보(사용자 인증정보, 사용자 개인정보, 사용자 위치정보)가 모바일 기기에 평문으로 저장되거나 평문으로 전송되어 외부에 유출되지 않아야 한다.	암호
중요정보 저장 및 전송 시 취약한 알고리즘 적용	중요정보 저장 및 전송 시 충분한 키 길이(보안강도 128비트 이상)를 가지는 검증된 암호화 방법을 사용하여야 한다. ※ "국가정보원 국가사이버안전센터"의 검증 암호 알고리즘 참조	암호

점검항목	설명	비고
파일 다운로드 시 외부주소 변조 및 파일 무결성 우회	설정 파일 또는 업데이트 다운로드 시 외부주소 변조 및 파일 무결성 우회 등이 가능하면 안 된다.	암호
개인정보 및 개인위치정보 수집 및 활용에 대한 동의	사용자의 동의 없이 임의로 개인정보 및 개인위치정보를 수집하고 활용하여 발생할 수 있는 법적문제 사항이다.	수집/활용

3장 응용프로그램 정보보호 | 핵심정리

■ 웹 시스템의 이해
→ 웹 시스템은 클라이언트와 서버간의 정보를 교환한다. 클라이언트가 요청을 보내고 서버는 이에 대한 응답값을 보내게 되고 상호간에 통신이 이루어진다.

■ 모바일 앱(Mobile App, Mobile Application)은 스마트폰, 태블릿 PC 등 모바일 장치에서 실행되는 응용 소프트웨어이다.
→ 모바일 앱의 장점은 사용자 접근성이 높고, 실행속도가 매우 빠른 장점이 있다.

■ 웹 시스템 및 모바일 앱은 취약점이 존재할 경우에 악의적인 공격 및 해킹이 가능하므로 주기적으로 취약점에 대한 패치 및 취약점 진단을 수행하여야 한다.

■ 웹 및 앱에서는 중요정보가 평문으로 저장되어 있거나 중요정보 전송구간이 암호화 조치가 안 되어 있을 경우에 매우 취약하다. 웹과 앱의 취약점 진단 항목을 이해하고 주기적인 진단이 필요하다.

제4장

모바일 기기 정보보호

학습 및 평가 목표

모바일 기기(스마트폰)에 대한 위협 요소를 파악하고 안전한 사용을 위한 보안설정 방안을 학습한다.

모바일 기기 정보보호의 개념

Chapter 1. 모바일 현황

■ 2017년 5월, 무선 통신서비스 현황을 보면, 이동전화 가입자가 6,200만 명을 넘어서고 있다.
→ 무선 통신서비스 회선 현황(과학기술정보통신부, 2017.05월)

구 분	이동통신		주파수 공용 통신	무선호출	무선데이터 통신	위성 휴대통신
	이동전화	Wibro				
가입자 수 (명)	62,481,973	489,926	274,359	34,829	44,670	15,049

→ 2016년 7월 모바일 시장조사업체 와이즈앱이 국내 안드로이드 스마트폰 사용자를 대상으로 스마트폰 사용 실태를 조사한 결과, 하루 평균 스마트폰 이용 시간은 3시간, 한 달 평균 사용 앱이 45개로 나타나는 등 일상생활에서 모바일 기기 사용 시간이 매우 높은 수준이다.

→ 카스퍼스키에서 2016년 5월 발표한 IT Threat Evolution에 따르면, 모바일 위협도 점점 증가하고 있어, 모바일 기기에 대한 보안 관리가 중요한 상황이며, 모바일 뱅킹에 대한 악성코드도 2016년 1분기에만 4,146개가 탐지되었다.

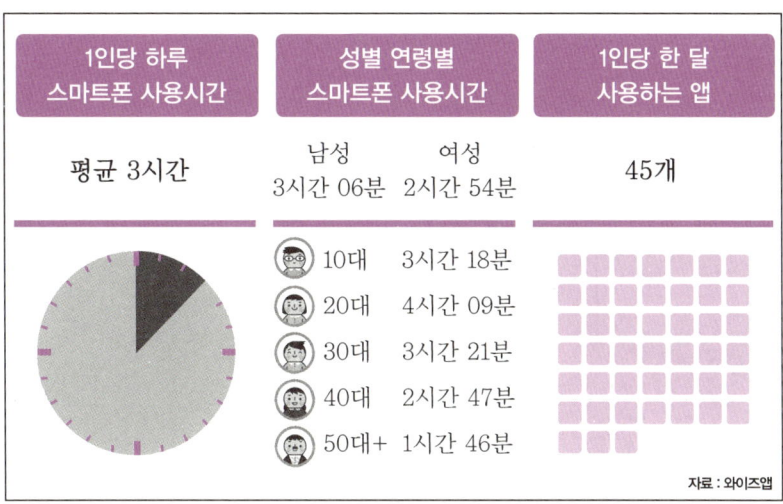

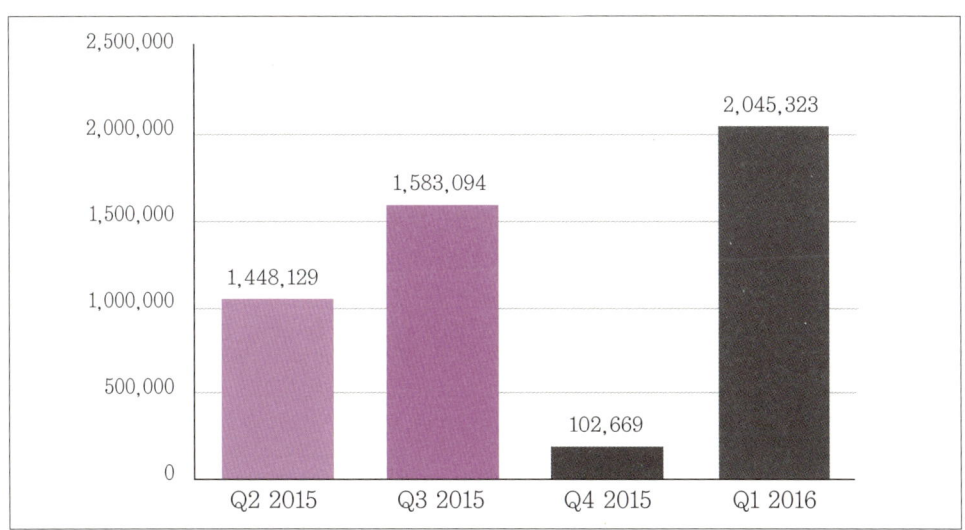

[그림 2-10] IT Thread Evolution 모바일 뱅크 악성코드 수

→ 또한, 노키아의 모바일 위협 인텔리전스 보고서(Mobile Threat Intelligence Report)에 따르면, 2016년 상반기 스마트폰 감염률이 무료 96%에 달했으며, 하반기에는 83%로 다소 줄었으나 여전히 높은 것으로 나타났다.

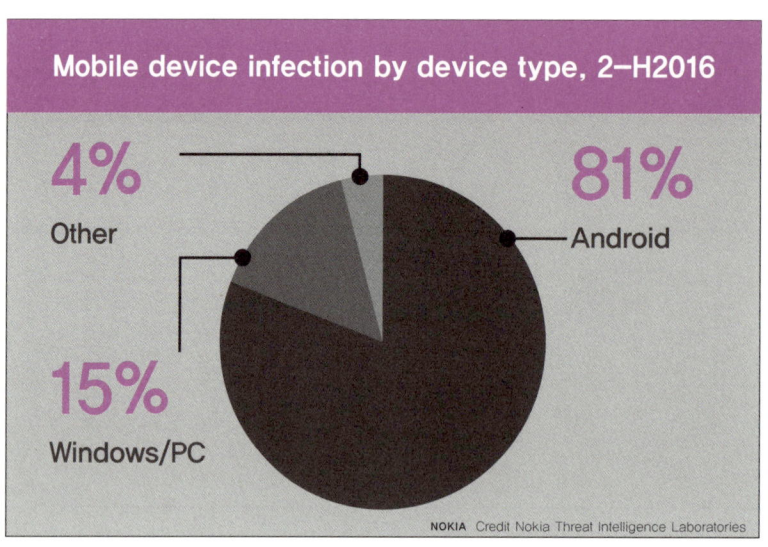

→ 모바일 기기 악성코드는 컴퓨터에서와 마찬가지로 모바일 기기에 악영향을 끼칠 수 있는 모든 소프트웨어를 말한다.

[표] 스마트폰 악성코드 감염경로

감염 경로	세부 내용
사회 공학적 기법	무료 지하철 프로그램, 동영상 플레이어, 인터넷 뱅킹 프로그램 등 유용한 소프트웨어로 위장하여 온라인 마켓(구글 마켓, 애플 앱스토어 등) 또는 이메일 (및 문자서비스)이 첨부 파일 형태로 감염
이동 저장 장치	감염된 메모리카드 또는 컴퓨터와 스마트폰 직접 연결될 때 악성코드가 스마트폰을 감염
무선 침투	무선랜, 이동통신망을 통한 인터넷 접속뿐만 아니라 블루투스를 통한 통신 기능을 이용한 감염
취약점	스마트폰 운영체제 및 웹브라우저(IE, Safari 등)의 취약점을 공격하여 악성코드 감염을 시도 또는 네트워크 취약점(블루투스, 무선랜, 이동통신망)을 통한 특수하게 조작한 패킷을 전송함으로써 스마트폰 감염

출처 : 한국인터넷진흥원, 스마트폰 백신 이용 안내서

[표] 스마트폰 악성코드 주요 악성행위

주요 악성행위	악성코드 악성행위 상세 예시
개인정보유출	통화내역, 수신메시지, 전화번호부, 일정, 메모, 위치정보 등 개인신상정보 뱅킹, 소액결제 등의 금융결제정보 업무용 파일 등
과금 유발	SMS, MMS 등 스팸문자 발송, 휴대전화 소액결제, 무선인터넷 이용, 유료 전화서비스 악용, 국제전화 발신 등
단말기 이용 제한	단말기 UI 변경, 단말기 파손(오류 발생), 배터리 소모, 정보(파일, 일정, 전화번호부 등) 및 프로그램 삭제 등

출처 : 한국인터넷진흥원, 스마트폰 백신 이용 안내서

Chapter 2. 모바일 정보보호 기본 수칙

■ 스마트폰 정보보호 민간 합동 대응반(KISA, 방송통신위원회, ETRI, 이동통신사, 백신 및 보안업체, 모바일 앱 개발사 등으로 구성)에서 제시하는 10가지 안전 수칙

① 의심스러운 어플은 다운로드 하지 않는다.
- 어플을 설치할 때는 꼭 필요하다고 판단되거나 인증된 것만 설치하고 의심스러운 것은 다운로드 하지 않도록 한다. 특히, 애플과 안드로이드 단말기 제조사의 공식적인 앱 스토어 이외에 웹을 통해서 제공되는 어플리케이션을 이용할 경우 각별한 주의가 필요하다.
- 안드로이드폰은 설정 → 잠금 화면 및 보안 → 출처를 알수 없는 앱 기능에서 어플 설치 시 출처를 알 수 없는 앱의 설치 여부 기능을 체크할 수 있다.

② 신뢰할 수 없는 사이트 방문을 하지 않는다.
- 인터넷을 하다가 자신도 모르는 사이에 악성코드가 설치될 수 있다.
- 아이폰의 경우 '설정' → 'safari' 메뉴에서 '위조경고' 항목을 활성화하고, 안드로이드폰은 '인터넷' → '메뉴' 버튼을 누르고 '설정'을 실행한 후 '개인정보 보호 및 보안' → '보안 경고 보기' 항목을 활성화하면 사이트 보안 문제가 발생 시 경고가 표시되도록 할 수 있다.

③ 발신인 불명확 또는 의심스러운 메시지/파일은 바로 삭제
- 광고성 또는 음란성 내용을 담고 있는 메일 등을 받았을 때 바로 삭제하는 것이 좋다. 메일을 열거나 링크를 클릭하는 경우 악성코드가 담겨 있는 경우라면 자동 설치될 가능성이 높다.

④ 비밀번호 설정 기능을 이용하고 정기적으로 변경한다.
- 스마트폰에 비밀번호(패턴, PIN, 지문, 홍채 등) 설정을 하는 것이 좋다.

- 또한 프로그램별로 암호를 지정하고, 정기적인 변경을 하는 것이 좋다.

⑤ 블루투스 기능 등 무선 인터페이스는 사용 시에만 킨다.
- 불명확한 와이파이나 블루투스의 접속은 외부의 침입자가 접근하기에 좋은 경로가 된다.
- 특히 암호가 지정되지 않은 무료 와이파이는 가급적 접속을 하지 않도록 한다.

⑥ 이상 증상 계속시 감염 여부를 확인한다.
- 악성코드에 감염되었을 때 치료하는 것도 중요하고, 감염 유무를 수시로 체크하는 생활 습관을 가지는 것이 좋다.
- 모바일 기기가 갑자기 느려지거나, 오동작 발생이 증가 등이 생긴다면 재부팅, 악성코드 치료 백신 프로그램을 통해 문제 해결을 하는 것이 바람직하다.

⑦ 다운로드한 파일도 바이러스 유무를 확인하고 사용한다.
- 다운로드한 파일에 대해 바이러스 유무 검사를 하고 난 후 사용하는 것은 악성코드 침입을 사전에 예방할 수 있는 좋은 방법이며, 백신 프로그램의 실시간 검사를 활성화시켜두는 것이 좋다.

⑧ 정기적인 바이러스 검사와 PC 백신 프로그램도 설치
- 모바일 보안은 스마트기기에 한정되어 있는 것이 아니라 PC와 연동되는 사용으로 인해 감염이 되기 쉬우므로 바이러스 감염 유무를 수시로 검사하고 최신 백신프로그램을 설치해야 한다.

⑨ 스마트폰 플랫폼의 구조를 임의로 변경하지 않는다(아이폰 탈옥, 안드로이드 루팅 금지).
- 스마트폰의 운영체제는 보안을 위해 여러 가지 기능이 제한되어 있다.
- 하지만 사용자들의 자유로운 사용을 위해 제한을 푸는 경우가 있는데 제한을 푸는 순간 스마트폰의 보안은 취약한 상태가 된다.

⑩ 운영체제 및 백신프로그램을 항상 최신 버전으로 업데이트한다.
- 악성코드는 새롭게 변형되거나 새로운 종류가 개발되기 때문에 이를 대비하여 운영체제와 백신 프로그램은 항상 최신 버전으로 업데이트 하여야 한다.

■ 모바일 백신 설치
→ 안랩 V3 Mobile, 네이버 백신, 알약 안드로이드 등의 백신 프로그램을 설치해서 이용할 수 있다. 검사는 백신 프로그램을 실행한 후 응용 프로그램만 검사하는 '**빠른 검사**', 모든 데이터를 검사하는 '정밀 검사' 중 선택해서 검사할 수 있고, 실시간 검사를 활성화하면 다운로드를 통해 스마트폰으로 저장되는 데이터를 실시간으로 검사할 수 있다.

      [안랩 V3 Mobile]   [네이버 백신]

[그림 2-11]

■ SNS 이용할 때는 유의하여야 한다.
→ 모르는 사람으로부터 오는 쪽지, 메모, DM(Direct Message) 등은 열지 말고 삭제한다.
→ 모르는 사람, 또는 유명하지 않은 '단축 URL' 클릭에 주의한다.
→ 해당 SNS 외의 다른 웹사이트 등으로 유도하는 경우 방문하지 않는다.
→ 유명인 사칭(Profile-Squatting)에 주의한다.
→ SNS 이용 시 Open API로 접근 허용할 때 접근 허용 정보에 유의한다.
→ 한국인터넷진흥원(KISA)에서 발간한 페이스북 이용자를 위한 개인정보보호 안내서('12.11)를 참조할 수 있다.

백신에 대한 이해

"몸의 병균을 죽이는 백신" = "컴퓨터 바이러스를 잡는 백신"

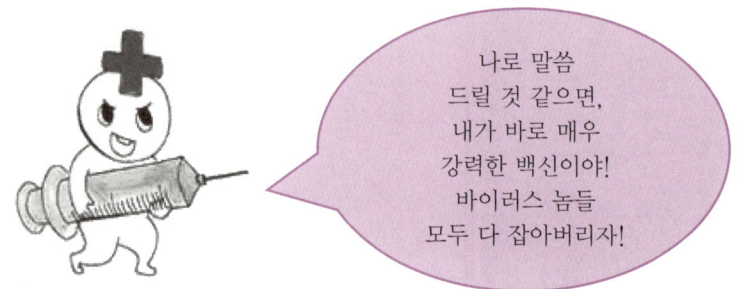

사람이 바이러스(병균)에 의한 질병에 걸렸을 경우 백신을 투여하듯이 컴퓨터도 바이러스에 걸렸을 경우 백신으로 치료를 하게 된다. 바이러스가 프로그램이듯 백신 또한 프로그램이다.

출처 : 그림으로 배우는 어린이 사이버보안

백신이 모든 컴퓨터 바이러스를 찾아내거나 삭제하지는 못한다. 우리 사람의 몸에 있는 병균을 백신(주사)으로 완벽히 모두 죽이지 못하는 것과 동일하다고 볼 수 있다.
새로운 컴퓨터 바이러스가 생겨나면, 백신프로그램에서 바이러스를 잡을 수 있도록 해야 한다.

4장 모바일 기기 정보보호 | 핵심정리

■ 모바일 기기 정보보호의 개념
- 스마트폰 악성코드 감염 경로

감염 경로	세부 내용
사회 공학적 기법	무료 지하철 프로그램, 동영상 플레이어, 인터넷 뱅킹 프로그램 등 유용한 소프트웨어로 위장하여 온라인 마켓(구글 마켓, 애플 앱스토어 등) 또는 이메일(및 문자서비스)이 첨부 파일 형태로 감염
이동 저장 장치	감염된 메모리카드 또는 컴퓨터와 스마트폰 직접 연결될 때 악성코드가 스마트폰을 감염
무선 침투	무선랜, 이동통신망을 통한 인터넷 접속뿐만 아니라 블루투스를 통한 통신 기능을 이용한 감염
취약점	스마트폰 운영체제 및 웹브라우저(IE, Safari 등)의 취약점을 공격하여 악성코드 감염을 시도 또는 네트워크 취약점(블루투스, 무선랜, 이동통신망)을 통한 특수하게 조작한 패킷을 전송함으로써 스마트폰 감염

- 스마트폰 악성코드 주요 악성 행위

주요 악성행위	악성코드 악성행위 상세 예시
개인정보유출	통화내역, 수신메시지, 전화번호부, 일정, 메모, 위치정보 등 개인신상정보 뱅킹, 소액결제 등의 금융결제정보 업무용 파일 등
과금 유발	SMS, MMS 등 스팸문자 발송, 휴대전화 소액결제, 무선인터넷 이용, 유료 전화 서비스 악용, 국제전화 발신 등
단말기 이용 제한	단말기 UI 변경, 단말기 파손(오류 발생), 배터리 소모, 정보(파일, 일정, 전화번호부 등) 및 프로그램 삭제 등

■ 모바일 정보보호 기본 수칙
- 모바일 정보보호 10가지 안전 수칙
  ① 의심스러운 어플은 다운로드 하지 않는다.
  ② 신뢰할 수 없는 사이트 방문을 하지 않는다.
  ③ 발신인 불명확 또는 의심스러운 메시지/파일은 바로 삭제한다.
  ④ 비밀번호 설정 기능을 이용하고 정기적으로 변경한다.
  ⑤ 블루투스 기능 등 무선 인터페이스는 사용 시에만 켠다.
  ⑥ 이상 증상 계속 시 감염 여부를 확인한다.
  ⑦ 다운로드한 파일도 바이러스 유무 확인하고 사용한다.
  ⑧ 정기적인 바이러스 검사와 PC 백신 프로그램도 설치한다.
  ⑨ 스마트폰 플랫폼의 구조를 임의로 변경하지 않는다.(아이폰 탈옥, 안드로이드 루팅 금지)
  ⑩ 운영체제 및 백신프로그램을 항상 최신 버전으로 업데이트한다.

제5장

무선랜 정보보호

학습 및 평가 목표

무선랜의 기본 개념을 이해하고, 무선공유기의 보안을 강화하기 위한 설정 방법을 습득한다.

5.1 무선랜 정보보호의 개념

Chapter 1. 무선랜의 개념

■ 무선랜은 선 연결 없이 인터넷을 이용할 수 있게 해주는 무선인터넷 이용환경을 의미하며, 흔히 와이파이(Wi-Fi)라고도 한다.
→ 와이브로, 3G, LTE, WLAN(Wireless LAN) 등이 있으며, 무선랜은 WLAN 기술을 이용한 서비스를 지칭한다.

■ 무선 네트워크 유형은 데이터 전송의 범위에 따라 3가지 무선 네트워크로 유형을 분류할 수 있다.
→ WPAN(Wireless Personal Area Network) : 10m 이내의 거리에서 무선 서비스를 제공하기 위한 무선 개인 통신망으로 UWB, ZigBee, 블루투스 기술 등이 활용되며, 단거리 Ad Hoc 방식 또는 Peer to Peer 방식이다.
WLAN(Wireless Local Area Network) : 유선랜의 확장개념 또는 유선랜의 설치가 어려운 지역으로의 네트워크 제공하는 방식이다. 무선 네트워크를 하이파이 오디오처럼 편리하게 쓰게 한다는 뜻에서 와이파이(Wi-Fi)라는 별칭으로도 불린다.
→ WMAN : 대도시와 같은 넓은 지역을 대상으로 높은 전송속도를 제공하는 것을 말하며, IEEE 802.16 표준을 통해 정의되어 있으며, 일반적으로 WiMAX라고 한다.

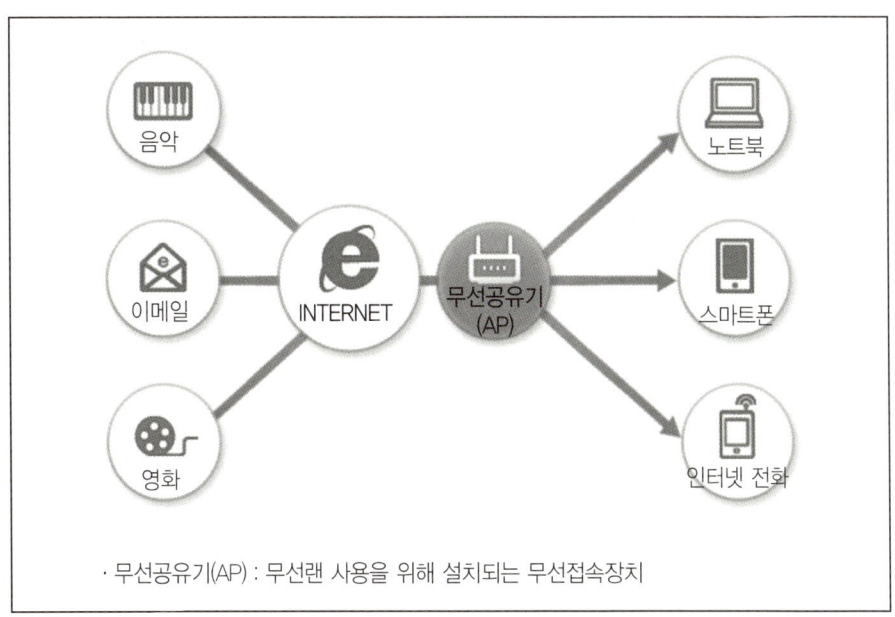

[그림 2-12] 무선랜 환경

■ 무선랜 주요 표준은 802.11x 표준으로 제정되어 발전되어 왔다(출처 : boho.or.kr).

무선랜 표준	표준 제정시기	주파수 대역	데이터속도(최대)	서비스 범위
802.11	1997	2.4 GHz	2 Mbps	20~100M
802.11a	1999	5 GHz	54 Mbps	35~120M
802.11b	1999	2.4 GHz	11 Mbps	38~140M
802.11g	2003	2.4 GHz	54 Mbps	38~140M
802.11i	2004	2.4 GHz	11 Mbps	38~140M
802.11n	2009	2.4 ~ 5 GHz	600 Mbps	70~250M
802.11ac	2014	2.4 ~ 5 GHz	1.3 Gbps	20~100M

■ 무선랜 보안기술은 다음과 같으며 안전한 이용을 위해 WPA2 설정을 하여야 한다(출처 : boho. or.kr).

구분	WEP (Wired Equivalent Privacy)	WPA (Wi-Fi Protected Access)	WPA2 (Wi-Fi Protected Access2)
인증	사전 공유된 비밀키 사용 (64bit, 128bit)	사전에 공유된 비밀키를 사용하거나 별도의 인증서버를 이용	사전에 공유된 비밀키를 사용하거나 별도의 인증서버를 이용
암호화	고정 암호키 사용 (인증키와 동일) RC4 알고리즘 사용	암호키 동적 변경(TKIP) RC4 알고리즘 사용	암호키 동적 변경 AES 등 강력한 블록 암호 알고리즘 사용
보안성	64비트 WEP 키는 수 분 내 노출 취약하여 널리 쓰이지 않음	WEP 방식보다 안전하나 불완전한 RC4 알고리즘 사용	가장 강력한 보안기능 제공

5.2 무선랜 정보보호

무선랜 공격 대응방법

Chapter 1. 무선랜 안전 이용 수칙

■ 무선공유기 사용 시 보안기능 설정하기
→ 무선공유기 사용 시 암호화/인증 등 보안기능을 설정하여 외부인이 무단으로 무선랜을 사용할 수 없게 한다.
→ 무선공유기마다 설정은 다르지만 '인증 및 암호화'를 설정할 수 있는 메뉴가 있다.

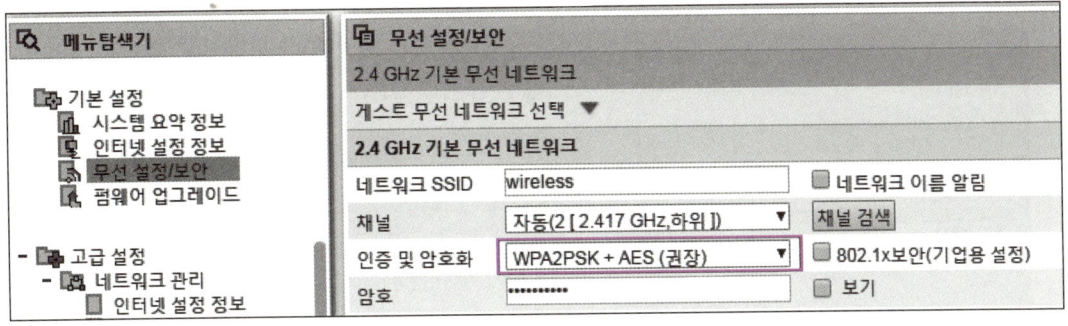

■ 무선공유기 패스워드 안전하게 관리하기
→ 무선공유기에 설치된 초기 패스워드는 공개되어 있어 반드시 변경 후 사용해야 한다.
→ 설정한 패스워드는 주기적으로 변경하고 2자리 조합 10자리 이상, 3자리 조합 8자리 이상으로 설정하여야 한다.
– 안전한 패스워드 생성방법은 '패스워드 선택 및 이용 안내서(한국인터넷진흥원)'을 참조

→ 무선공유기의 패스워드는 주기적으로 변경한다.

■ 사용하지 않는 무선공유기는 꺼놓기
→ 사용하지 않는 무선공유기를 켜 놓을 경우 외부인이 불법 다운로드, 해킹 등에 악용할 수 있고 전력이 낭비될 수 있으므로 사용하지 않는 무선공유기는 꺼놓아야 한다.

■ 제공자가 불분명한 무선랜 이용하지 않기
→ 외부에서 무선랜 이용이 필요할 경우 본인이 잘 알고 있거나, 무선랜 이용 장소에서 제공자가 확인된 무선랜 만을 이용해야 한다.

■ 보안설정이 없는 무선랜으로 민감한 서비스 이용하지 않기
→ 무선랜 사용 시 보안설정(패스워드)이 없는 공개된 무선랜에서는 금융거래, 기업업무, 로그인이 필요한 서비스, 개인정보를 입력하는 서비스 등은 가급적 사용하지 않아야 한다.

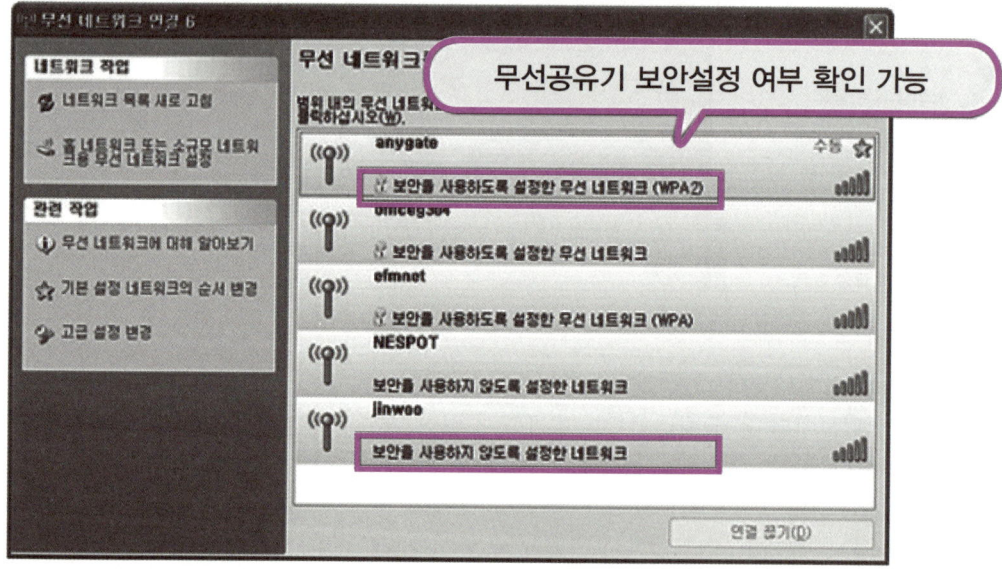

→ 특히, 보안설정이 없고 제공자가 불분명한 AP의 경우에는 로그AP일 가능성이 높으며, 로그 AP를 사용하는 경우 SSL과 같은 서버와 단말간 보안접속을 하더라도 중간자(MITM) 공격으로 인해 메시지를 가로채 민감한 개인정보가 누출될 가능성이 높다.

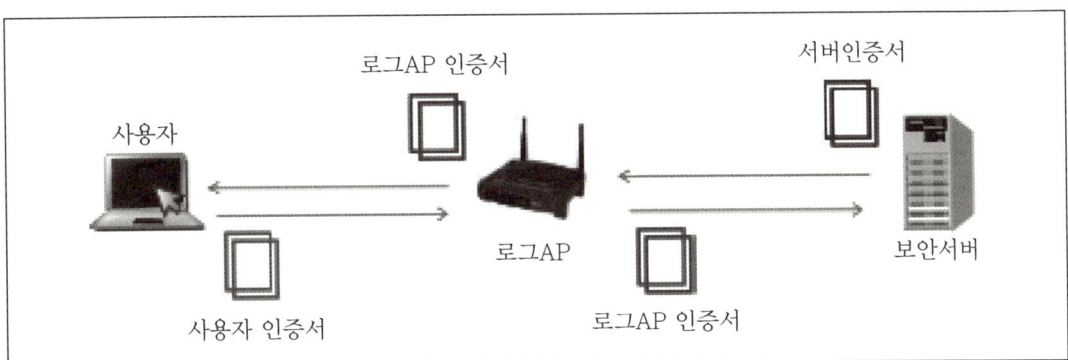

■ 무선랜에 자동 접속 기능 사용하지 않기
→ 무선단말기에는 한번 접속한 무선랜에 자동으로 접속하는 기능이 있다. 무선랜 이름은 관리자가 임의로 변경가능하기 때문에, 해커가 무선랜을 가장하여 자동접속 기능을 통해 이용자의 접속을 유도할 경우 개인정보 유출 등의 위험에 노출될 수 있다.
→ 시작 → 제어판 → 네트워크 및 인터넷 → 네트워크 및 공유센터 → 무선 네트워크 관리 → 해당 무선랜 우클릭 → 속성 → 자동연결 체크 해제

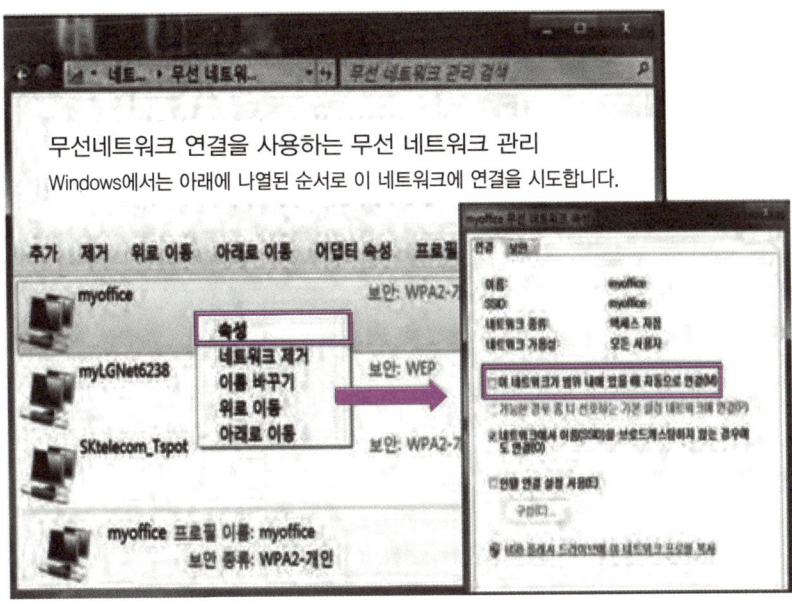

■ 무선공유기의 SSID를 변경하고 숨김 기능 설정하기
→ SSID(Service Set IDentification) : 무선랜을 통해 전송되는 패킷 헤더에 붙는 고유 식별자로, 무선랜 이름에 해당한다.
- 숨김 기능은 외부인이 해당 무선랜이 존재하는지 알 수 없게 한다.
- 무선공유기마다 설정은 다르지만 SSID를 숨길 수 있는 옵션이 존재한다.

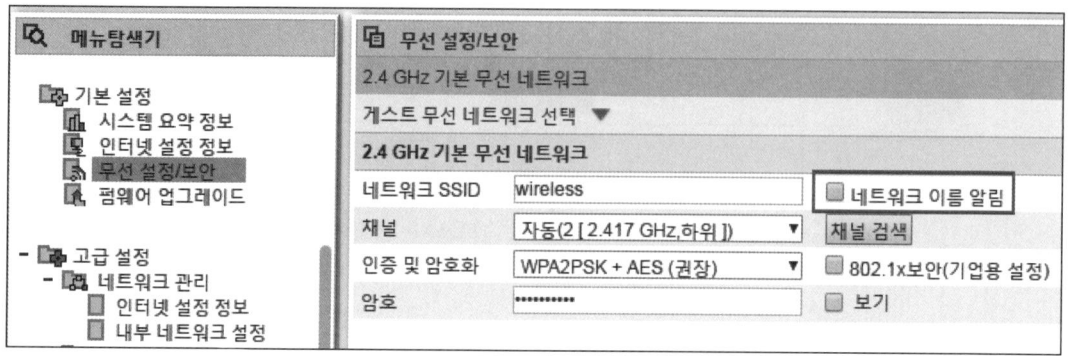

■ 무선공유기 접속방법
→ 우리 가정의 인터넷 유무선 공유기 암호 설정으로 절대 남들이 우리 집 공유기를 못 쓰게 하자.
- 카페나 PC방 등 공공장소 또는 여러분의 가정에 인터넷을 사용하기 위한 유무선 공유기가 있다.
- 유무선 공유기에 공장에서 만들어준 암호를 사용하고 있을까? 가령 암호가 1234567890, abcdefg, 12345678 등 아주 쉬운 것으로 설정되어 있는데도 그냥 사용하고 있는지 확인해야 한다. 간혹 집에서 스마트폰 와이파이를 켜면 옆집, 앞집, 주변에서 사용하는 와이파이 신호가 잡힌다. 무심결에 접속해 봤더니 암호설정이 있어서 1234567890을 입력했더니 연결되는 경우가 있을 수 있다.
- 공유기 암호를 걸려고 해도 어떻게 암호 변경하는지 그 부분을 모를 수 있다.
- 가장 먼저 우리 집 공유기 IP를 확인해야 공유기로 접속이 가능하다.
- 다음은 우리 집 공유기 IP확인하는 방법이다. 다음과 같이 도스창에서 "ipconfig /all"을 치면 다음과 같이 표시된다.

- '기본 게이트웨이'라고 적힌 것이 보인다. 우리집 인터넷의 관문이라고 생각하면 된다. IP 주소가 192.168.219.1 이다.
- 두 번째로 공유기 IP를 알았으니 공유기로 접속해 보자. 공유기 무선 와이파이로 접속한 스마트폰이나 컴퓨터에서 웹브라우저(익스플로러, 크롬 등) 주소창에 아래와 같이 IP를 입력하고 엔터를 입력한다.
- 아래와 같이 사용자 암호란이 나온다. 거기에다가 지금 알고 있는 암호를 입력하고 로그인하면 된다. 로그인되면 암호변경 및 암호 알고리즘 방식 설정 등 다양한 화면이 있을 것이다.

![U+ Wi-Fi 공유기 로그인 페이지]

```
http://192.168.219.1/login.html
```

U+ Wi-Fi

초기상태의 사용자 암호는 메뉴얼에 있습니다.

| 사용자 암호 | | 로그인 |

뒷면의 리셋 버튼을 5초간 누르면 공장 출고 상태로 사용 가능합니다.

외부 IP 주소	122.32.2.14
DNS 서버	1.214.68.2 61.41.153.2
연결 모드	유동 IP 사용
연결 상태	연결됨
네트워크 이름(SSID)	U+NetB4FB
채널	자동 채널 9(2452MHz)+13
무선 보안 설정	사용함
소프트웨어 버전	CAPL-6000 1.6.10 2016-04-04 09:55:40

5장 무선랜 정보보호 | 핵심정리

■ 무선랜 정보보호의 개념
- 무선랜 : 선 연결 없이 인터넷을 이용할 수 있게 해주는 무선인터넷 이용환경을 의미하며, 흔히 와이파이(Wi-Fi)라고 한다.
  * 와이브로, 3G, LTE, WLAN(Wireless LAN) 등이 있으며, 무선랜은 WLAN 기술을 용한 서비스를 지칭

- WPAN(Wireless Personal Area Network) : 짧은 거리(10m 이내)에서 무선 서비스를 제공하기 위한 무선 개인 통신망
  * UWB, ZigBee, 블루투스 기술 등이 활용
  * 단거리 Ad Hoc 방식 또는 Peer to Peer 방식

- WLAN(Wireless Local Area Network) : 유선랜의 확장개념 또는 유선랜의 설치가 어려운 지역으로의 네트워크 제공하는 방식
  * 와이파이(Wi-Fi) : 하이파이 오디오처럼 편리하게 쓰게 한다는 뜻에서 라는 별칭

- WMAN : 대도시와 같은 넓은 지역을 대상으로 높은 전송속도를 제공하는 것
  * IEEE 802.16 표준을 통해 정의되어 있으며, 일반적으로 WiMAX라고 한다.

– 무선랜 주요 표준

무선랜 표준	표준 제정시기	주파수 대역	데이터속도 (최대)	서비스 범위
802.11	1997	2.4 GHz	2 Mbps	20~100M
802.11a	1999	5 GHz	54 Mbps	35~120M
802.11b	1999	2.4 GHz	11 Mbps	38~140M
802.11g	2003	2.4 GHz	54 Mbps	38~140M
802.11i	2004	2.4 GHz	11 Mbps	38~140M
802.11n	2009	2.4 ~ 5 GHz	600 Mbps	70~250M
802.11ac	2014	2.4 ~ 5 GHz	1.3 Gbps	20~100M

- 무선랜 보안 기술

구분	WEP (Wired Equivalent Privacy)	WPA (Wi-Fi Protected Access)	WPA2 (Wi-Fi Protected Access2)
인증	사전 공유된 비밀키 사용 (64bit, 128bit)	사전에 공유된 비밀키를 사용하거나 별도의 인증서버를 이용	사전에 공유된 비밀키를 사용하거나 별도의 인증서버를 이용
암호화	고정 암호키 사용 (인증키와 동일) - RC4 알고리즘 사용	암호키 동적 변경(TKIP) RC4 알고리즘 사용	암호키 동적 변경 AES 등 강력한 블록 암호알고리즘 사용
보안성	64비트 WEP 키는 수분내 노출 취약하여 널리 쓰이지 않음	WEP방식보다 안전하나 불완전한 RC4 알고리즘 사용	가장 강력한 보안기능 제공

■ 무선랜 공격 대응 방법
 무선랜 공격 대응 방법에서는 무선랜을 안전하게 이용하기 위한 무선공유기 설정 방법을 숙지하여야 한다.
- 보안기능 설정 : 무선공유기마다 설정은 다르지만 '인증 및 암호화'를 설정할수 있으며 설정시 WPA2, AES 암호화를 사용한다.
- 패스워드 설정 : 초기 패스워드는 공개되어 있으므로 반드시 변경 후 사용한다. 2가지 조합 10자리 이상, 3가지 조합 8자리 이상으로 설정한다. 주기적으로 변경한다.
- 미사용시 전원 OFF
- 제공자가 불분명한 공개된 무선랜 이용 금지
- 보안설정이 없는 무선랜으로 민감한 서비스 이용하지 않기
- 자동 접속 기능 사용하지 않기
  * 시작 → 제어판 → 네트워크 및 인터넷 → 네트워크 및 공유센터 → 무선네트워크 관리 → 해당 무선랜 우클릭 → 속성 → 자동연결 체크 해제
- 무선공유기의 SSID를 변경하고 숨김 기능 설정
  * 무선공유기마다 설정은 다르지만, SSID(네트워크 이름)을 숨길 수 있는 옵션을 제공
- 무선공유기 접속 방법
  * 시작 → 실행 → cmd → ipconfig/all
  * 기본 게이트웨이 정보 확인 : (예) 192.168.219.1
  * 웹브라우저(익스플로러, 크롬 등)을 이용하여 접속 (http://192.168.219.1)
  단 제조사마다 별도 포트를 사용하는 경우도 있으므로, 무선공유기 구매시 제공되는 매뉴얼 등을 확인하도록 한다. (예: 8000번 포트 사용 : http://192.168.219.1:8000)

제6장

IoT, 클라우드, 빅데이터, AI 등 정보보호

학습 및 평가 목표

제 4차 산업 혁명 시대의 핵심 기술인 IoT, 클라우드, 빅데이터, AI 등에 대한 기술을 이해하고 각 기술에 대한 보안 위협 요소 및 정보보호 기술을 학습한다.

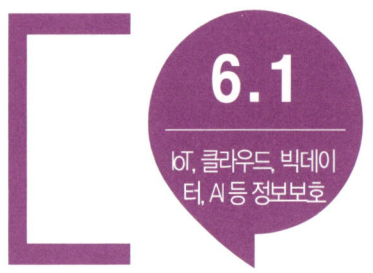

IoT 정보보호의 개념

Chapter 1. IoT의 정의

■ IoT(Internet of Things, 사물인터넷)
→ 연결된 모든 사물(센서가 매입된 기계·물건·토지·사람 등)에서 컴퓨터가 데이터를 받아 상태·성능을 모니터링하고, 서비스를 창출해 경제·사회·생활 전반에 무한대의 영향을 미치는 포괄적 개념이다.
- IoT는 센서가 부착된 사물을 유·무선 통신망으로 연결, 이를 통해 발생하는 실시간 데이터를 사람의 개입 없이 인터넷으로 주고받는 기술이나 환경을 말한다.

> 맥킨지 : IoT란 사물이 유무선 네트워크로 연결되어 인터넷 전반에서 추적·조정·통제될 수 있도록 하는 센서·구동기·데이터 통신 기술을 사용하는 것을 의미한다.
> 미 백악관 보고서 : IoT란 유무선 통신을 통해 연결된 임베디드 센서를 사용, 디바이스 간에 서로 데이터 통신을 하는 기능을 말한다.
> 위키피디아 : IoT란 각종 사물에 센서·통신 기능을 내장해 인터넷에 연결하는 기술로 여기서 사물이란 가전, 모바일장비, 웨어러블, 설비 등 다양한 임베디드 시스템이 해당된다.

Consumer & Home
Smart Infrastructure
Security & Surveillance
Healthcare
Network
Transporation
Retail
Industrial
Others

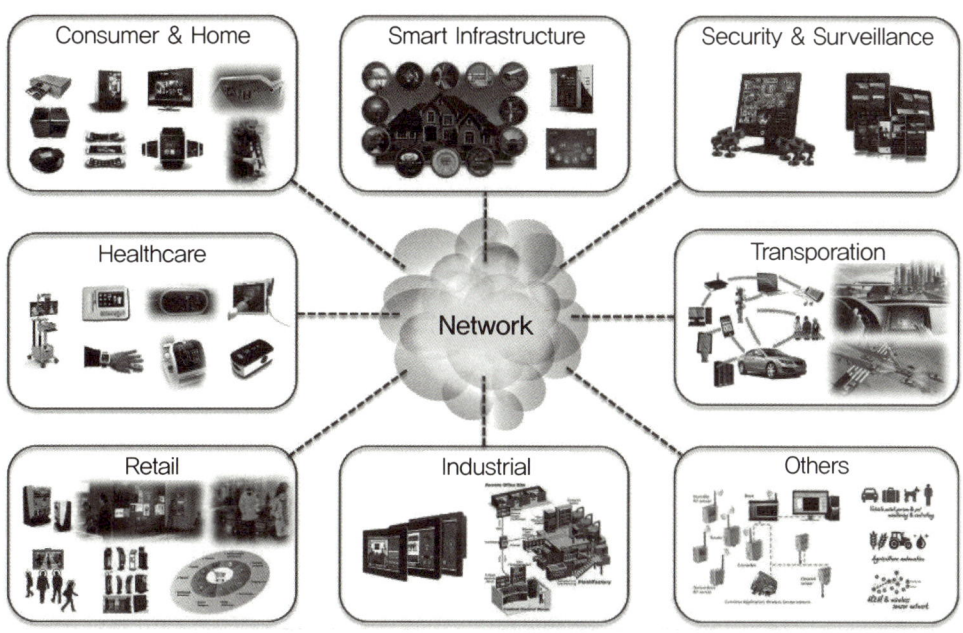

[그림 2-13] IoT의 개념

개념의 유사성 : IoT(Intermet of Things)의 개념은 인터넷 혁명 초기부터 존재, 유비쿼터스, M2M 등의 개념과 거의 같음. IoT를 적용하는 공장자동화도 이미 산업용 로봇이 도입되고 생산, 물류, 설계 분야의 IT화가 진행되어 왔음.
인공지능, 빅데이터 분석
· 자동학습
· 프로그램 자동화
· 가설설정
정보 입력
클라우드
정보 출력
센서
〈현실세계〉
단말기, 로봇
IoT 단계의 의미 : 센서 기술의 고도화로 현실 세계의 다양한 정보를 가상 세계에서 분석 가능, 인공지능이 학습 능력을 확보, 자동으로 프로그램할 수 있게 되어 각종 기기의 컴퓨팅 환경 고도화 가능, 인공지능이 빅데이터 분석 통해 가설설정 가능(데이터 사이언티스트 일부 대체), 클라우드 컴퓨팅 환경의 속도, 코스트 한계 극복이 과제

[그림 2-14] IT 혁명의 새로운 단계로서의 IoT

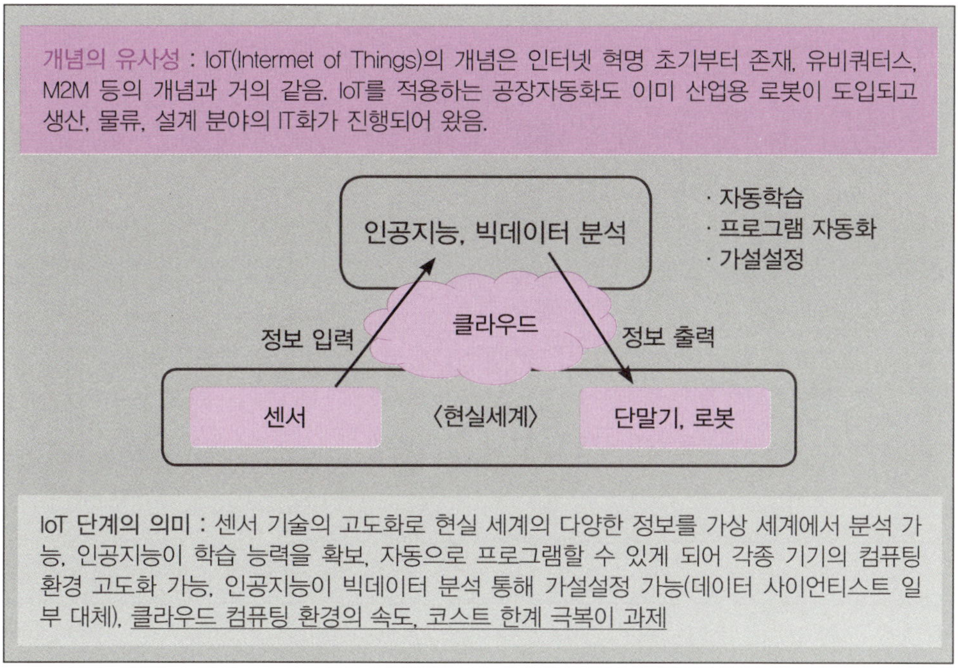

- IoT는 1999년 미국 매사추세츠공대(MIT) 케빈 애시튼 교수가 처음 사용하였다.
- IoT는 기술이나 응용 서비스 측면에서 다양하게 정의되거나 해석되고 있지만, 결국 모든 것이 연결돼 편리·효율적인 서비스를 구현하는 것이다.
- IoT는 모든 것이 연결되는 스마트 초연결 사회에서 호모 모빌리언스는 다양한 플랫폼 기반에서 집, 차량, 여행, 취미뿐만 아니라 기억과 경험, 추억도 공유할 수 있게 된다.
- IoT는 수많은 IoT 단말이 개인의 사적 활동 정보를 모두 태깅, 기록함에 따라 부도덕, 부정부패 등을 숨길 수 없게 되며 부정부패한 사람은 설자리가 없어지는 도덕적으로 깨끗한 사회, 한편으론 프라이버시가 걱정이 없는 사회가 구현될 것이다.
- IoT 단말 등을 통한 생체 정보 등 개인 식별 기술과 홀로그램 등 디스플레이 기술 발전으로 사용자 맞춤형 디지털 사이니지 홍수시대가 도래하게 된다. 이에 따라 개인의 활동 정보를 노출시키지 않게 하고, 사이버 세상에서 개인의 사적 활동 정보를 삭제해주는 정보보호 산업이 급성장할 전망이다.
- IoT 산업의 성장과 더불어 IoT 기술 기반의 다양한 제품, 서비스들에 발생하는 보안위협에 대한 우려 역시 커지고 있다.

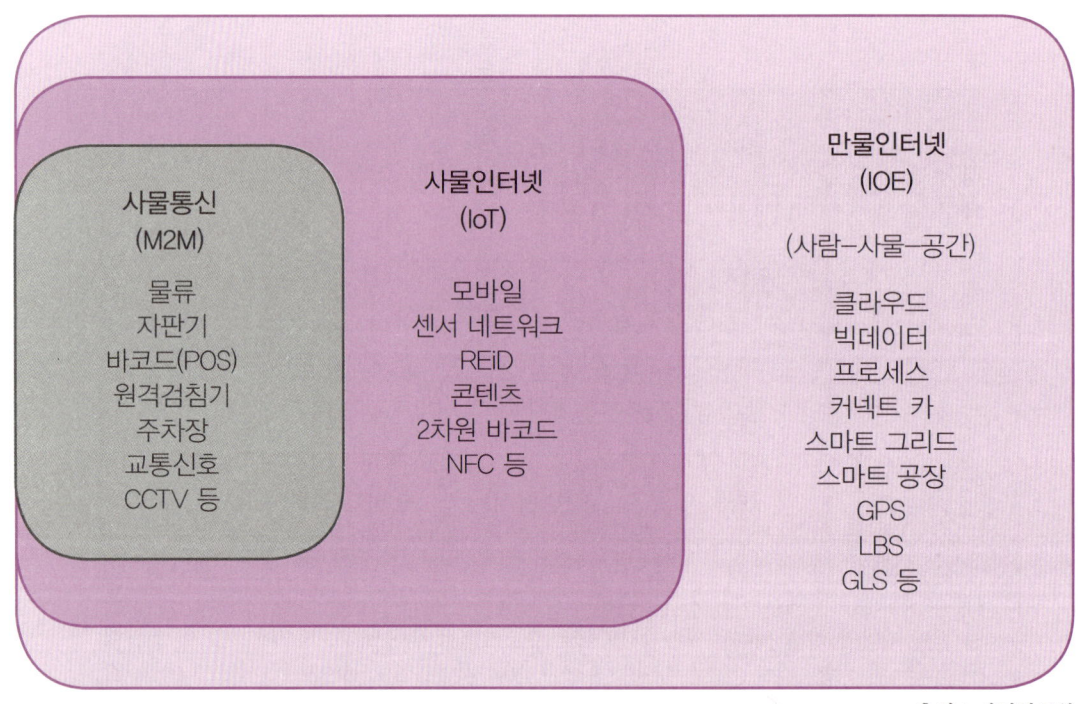

출처 : 산업연구원

[그림 2-15] 초연결시대 사물인터넷의 창조적 융합 활성화 방안

■ IoT의 시장 전망

전망 기관	전망 내용
CISCO (2013.12)	– 2020년 370억 개의 IoT 기기 전망 – 향후 10년 동안 공공 4조6천억 달러, 민간 14조4천만 달러 가치 창출
Gartner (2013.12)	– 2020년 인구 77억 명, 스마트 기기 73억 개, IoT기기 260억 개 전망 – 2020년 IoT 시장 규모 3,090억 달러 전망
IDC (2013.12)	– 2020년 272억 개의 IoT 기기 전망 – 2014년 93억 개 IoT 기기 존재
IBM	– 2020년 네트워크에 연결되는 IoT기기가 약 500억 개로 전망

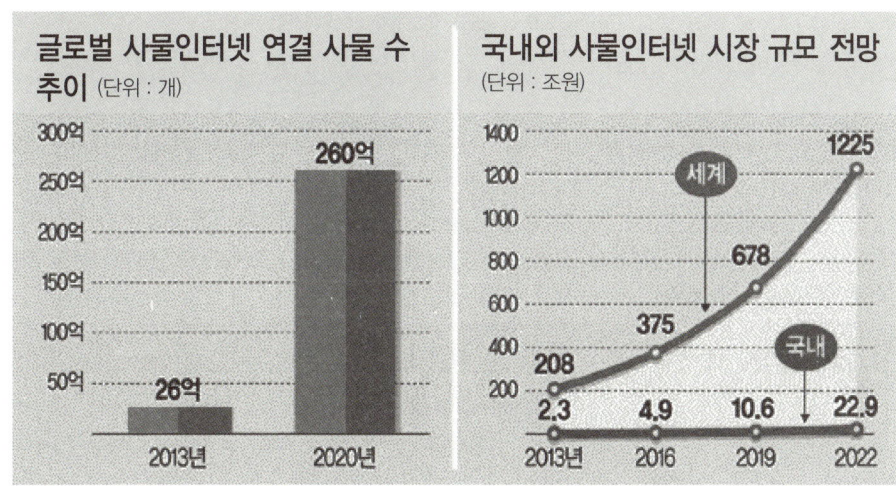

[그림 2-16] IoT 연결 수량 및 향후 시장 전망

■ IoT 특징 및 기술
→ IoT는 엠비언트 인텔리전스(공간과 사물이 양방향으로 상호 작용), 유연한 구조(사물간 네트워크 형태를 자유롭게 변경), 확장성(네트워크에 연결된 사물들의 개수 확장), 이벤트 구동형(발생한 이벤트에 따른 제어), 시맨틱 쉐어링(컴퓨터가 이해할 수 있는 시맨틱 형태의 정보를 공유)과 같은 특징을 갖는다.
→ IoT는 센서, 임베디드 단말, 네트워크, 보안, 미들웨어, 데이터 처리 및 분석, 클라우드 컴퓨팅과 같은 기술 요소를 갖는다.

- 숙련자에 의존했던 475개 항목에 달하는 제품별 사양을 파악하고 작업 위치를 세팅하는 로봇. 도포하는 로봇이 서로 협업해서 작업수행

- 위생도자기에 부착된 바코드를 통해 빅데이터 관리해 정보를 공유하고 각 로봇이 정확한 작업, 위치 설정을 하게 됨.

- 1대의 로봇이 위생 도자기의 동체 부분에 접착제를 부착하고 또 한대의 로봇이 접착 면에 덮개를 붙임.

- 원래 이 공정은 모든 각도에서 2명의 근로자가 위치를 맞추면서 고려해서 신중하게 부착하는 공정이었음.

- 로봇이 센서의 위치를 순식간에 정확하게 파악하면서 부착할 수 있도록 프로그램 되어 있음.

위생도자기의 TOTO는 시가공장에서 23년 만에 대형 투자를 하고 네트워크로 연결된 첨단 로봇을 활용하는 생산시스템을 구축

자료 : TOTO사

[그림 2-17] IoT 활용 사례

■ IoT 환경에서의 정보보호 패러다임 변화
→ 기존과 달리 IoT 환경에서는 보호대상, 주체, 방법 등에서 정보보호 패러다임의 근본적 변화를 필요로 한다.

■ IoT 3대 주요기술
→ 센싱 기술
- 전통적인 온도/습도/열/가스/초음파 센서 등에서부터 원격 감지, SAR, 레이더, 위치, 모션, 영상 센서 등 유형 사물과 주위 환경으로부터 정보를 얻을 수 있는 물리적 센서를 포함한다.
- 물리적 센서는 응용 특성을 좋게 하기 위해 표준화된 인터페이스와 정보 처리 능력을 내재한 스마트 센서로 발전하고 있으며, 이미 센싱한 데이터로부터 특정 정보를 추출하는 가상 센싱 기능도 포함되며 가상 센싱 기술은 실제 IoT 서비스 인터페이스에 구현된다.

[표] IoT에 따른 정보보호 패러다임 변화

구분	AS-IS	TO-BE
보호대상	PC, 모바일 기기 중심	가전, 자동차, 의료기기 등 (우리 주변의 모든 사물)
대상의 특징	고성능, 고가용성 운영환경	고성능, 고가용성 + 초경량/저전력
보안주체	ISP, 보안전문업체, 이용자	ISP, 보안전문업체, 이용자 + 제조사, 서비스 제공자
보호방법	별도의 보안장비, SW구현 및 연동	별도의 보안장비, SW구현 및 연동 + 설계부터 보안 내재화

→ 유·무선 통신 및 네트워크 인프라 기술
- IoT의 유무선 통신 및 네트워크 장치로는 기존의 WPAN, WIFI, 3G/4G/LTE, Bluetooth, Ethernet, BcN, 위성통신, Mircoware, 시리얼통신 등 인간과 사물, 서비스를 연결시킬 수 있는 모든 유무선 네트워크를 의미한다.

→ IoT 서비스 인터페이스 기술
- IoT 서비스 인터페이스는 IoT의 주요 3대 구성요소(인간·사물·서비스)를 특정 기능을 수행하는 응용서비스와 연동하는 역할을 한다.
- IoT 서비스 인터페이스는 네트워크 인터페이스의 개념이 아니라 정보를 센싱, 가공/수출/처리, 저장, 판단, 상황 인식, 인지, 보안/프라이버시 보호, 인증/인가, 디스커버리, 객체 정형화, 온톨로지 기반의 시맨틱, 오픈 센서 API, 가상화, 위치확인, 프로세스 관리, 오픈 플랫폼 기술, 미들웨어 기술, 데이터 마이닝 기술, 웹 서비스 기술, 소셜네트워크 등, 서비스 제공을 위해 인터페이스(저장, 처리, 변환 등) 역할을 수행한다.

Chapter 2. IoT 보안위협

■ IoT 보안위협 및 필요성
→ IoT 기술의 활성화 및 신규 서비스 창출을 위해 보안은 반드시 제공해야 하는 핵심기술이다. 인터넷에 연결된 장치 수의 증가는 공격할 수 있는 대상의 증가와 위협 요소의 확장을 의미한다.
→ 특히 의료 서비스나 산업 시설 제어 서비스에 적용되는 사물 인터넷 장치와 통신 기술에서 보안 기술은 필수적이다. 이러한 서비스가 침해되었을 경우 단순한 경제적 피해를 넘어서 인명 피해가 유발될 수도 있기 때문이다.
→ 또한 주변의 일상 사물들이 연결된다는 것은 개인 정보 유출이나 프라이버시 침해가 우려되는

범위의 증가를 의미하고 그 침해 정도도 현재와 비교할 수 없을 정도로 증폭될 것이다.

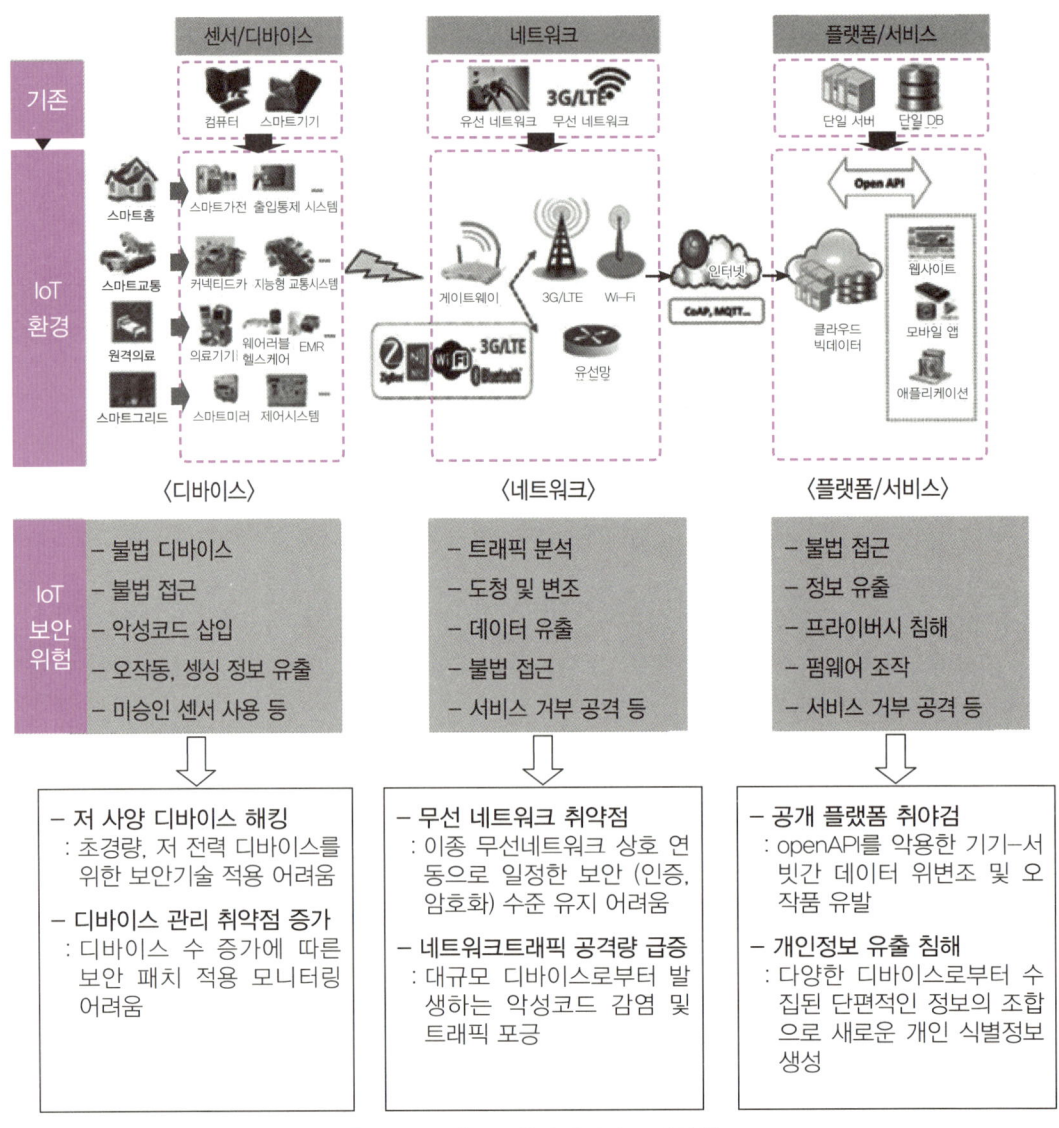

[그림 2-18] IoT 환경에서의 보안위협

→ IoT 기술의 활성화 및 신규 서비스 창출을 위해 보안은 반드시 제공해야 하는 핵심기술이다. 인터넷에 연결된 장치 수의 증가는 공격할 수 있는 대상의 증가와 위협 요소의 확장을 의미한다.
- IoT는 이종 장치들과 유·무선 네트워크 기술, 지능화 플랫폼을 기반으로 개발되고, 따라서 IoT 서비스를 구성하고 있는 IoT 장치의 설계부터 폐기까지 전주기에서 보안 위협과 취약성을 점검한다.
- IoT 서비스 역시 설계에서 운영까지, 모든 단계 별 보안 요구사항을 점검하여 보안을 내재화해야 한다.

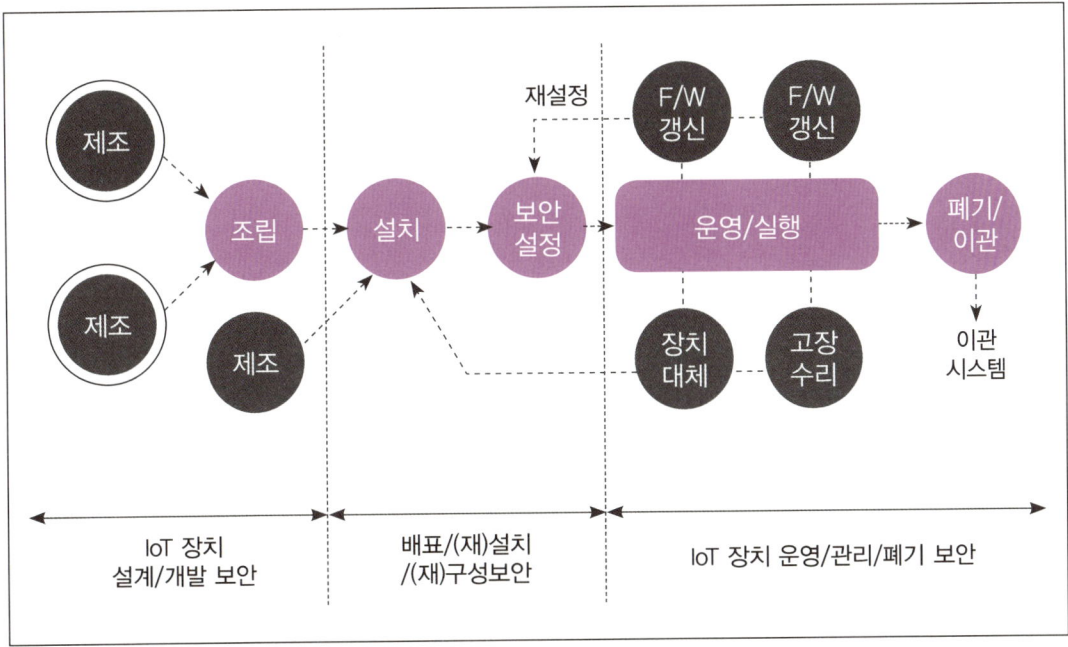

[그림 2-19] IoT 장치의 전주기 단계별 보안 고려사항

■ IoT 공격의 피해액과 추정치

→ 아래 표는 국내 융합보안 피해액은 GDP의 1% 규모로 추정했을 경우 IoT 공격의 피해액을 정리한 것이다.

구분	2015년	2020년(추정)	2030년(추정)
피해액	13조4000억 원	17조7000억 원	26조7000억 원
비고	− 스마트카에서 보안사고가 발생해 국산 자동차의 최종수요 10% 감소 시 　: 연간 24조원 이상의 경제적 손실 발생 가능성 − 스마트폰 피해 약 16조원 발생 − 인터넷망의 1%가 작동 불가 시 　: 전 산업계 약 1조4000억원 피해 발생		

출처 : 사물인터넷시대의 안전망, 융합보안산업, 산업연구원, 2014. 4. 21

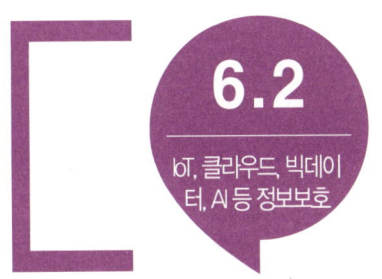

IoT 보안

Chapter 1. IoT 공통 보안 7대 원칙

■ IoT 보안 7대 원칙
→ IoT 공통 보안 7대 원칙은 IoT 장치 및 서비스의 제공자(개발자)와 사용자가 IoT 장치의 전주기 세부 단계에서 고려해야 하는 공통의 보안 요구 사항이다.

Chapter 2. IoT 공통 보안 7대 원칙 세부 설명

■ IoT 장치의 설계·개발 단계의 보안 요구 사항
→ 정보보호를 위한 설계(Security by Design)
- IoT 장치 특성인 저전력/저성능을 고려하여 기밀성, 무결성, 가용성, 인증 등 정보 및 기기의 오용을 최소화하면서 경량화할 수 있는 방안을 고려한다.
- IoT 서비스에서는 IoT 장치 및 정보에 대하여 서비스 운용환경에 맞는 장치의 접근권한관리, 종단간 통신보안, 무결성, 인증 등의 방안을 제공한다.
- 소프트웨어 보안 기술과 하드웨어 보안 기술의 적용을 적극 검토하고, 안전성이 검증된 표준 보안 기술을 활용한다.

→ 프라이버시 보호를 위한 설계(Privacy by Design)
- 프라이버시 강화는 IoT 서비스 제공에 필요한 최소한의 정보만을 취득하고, 사용자가 동의한 기간과 서비스 범위 내에서만 정보를 사용하여 개인의 민감한 정보를 보호하는 방안이다.
- IoT 장치가 수집하는 프라이버시 정보에 대하여 암호화 전송, 익명 저장 및 무결성, 인증 방안

등을 포함한다.
- IoT 서비스는 수집된 프라이버시 정보에 대한 비식별화, 접근관리, 인증, 기밀성, 안전한 저장 등에 대한 방안을 포함한다.
- IoT 서비스 제공자는 사용자에게 프라이버시 정보의 사용 범위 및 기간 등을 포함한 운영 정책을 가시화하여 투명성을 최대한 보장한다.

No	보안 요구사항	보안 요구사항 상세
1	IoT 장치의 설계·개발 단계의 보안 요구 사항	정보보호와 프라이버시 강화를 고려한 IoT 제품·서비스 설계 - Seucurity by Design - Privacy by Design 기본 원칙 준수
2		안전한 소프트웨어 및 하드웨어 개발 기술 적용 및 검증 - 시큐어코딩, 소프트웨어, 어플리케이션 보안성 검증 및 시큐어 하드웨어 장치 활용
3	IoT 장치 배포·설치 (재설치)·구성 (재구성) 단계의 보안 요구 사항	안전한 초기 보안 설정 방안 제공 - Secure by Default 기본 원칙 준수
4		보안 프로토콜 준수 및 안전한 파라미터 설정 - 통신 및 플랫폼에서 검증된 보안 프로토콜 사용 (암호/인증/인가 기술)
5	IoT 장치 및 서비스 운영 관리 폐기 단계의 보안 요구 사항	IoT 제품·서비스의 취약점 보안패치 및 업데이트 지속 이행 - S/W와 H/W의 보안 취약점에 대해 모니터링하고 업데이트 지속 수행
6		안전한 운영·관리를 위한 정보보호 및 프라이버시 관리체계 마련 - 사용자 정보 취득—사용—폐기의 전주기 정보의 보호 및 프라이버시 관리
7		IoT 침해사고 대응체계 및 책임추적성 확보 방안 마련 - 보안사고에 대비한 침입탐지와 사고 시 분석 및 책임추적성 확보

■ 안전한 소프트웨어 및 하드웨어 개발 기술 적용 및 검증
→ 시큐어 코딩 적용
- IoT 서비스 환경(IoT 장치, 플랫폼 등)은 다양한 운영체제와 애플리케이션으로 구성되어 있다. 보안지식이 없는 개발자가 구현한 프로그램에는 다양한 보안 취약점들이 발생할 수 있으며, 이는 IoT 기기와 서비스에 심각한 오동작, 결함을 야기할 수 있고 잠재되어있는 위험 요소는 공격자의 주요 대상이 된다. 보안 취약점은 소프트웨어 개발 생명 주기의 어느 단계에서나 나타날 수 있다.

→ 소프트웨어 보안성 검증

- IoT 제품 및 서비스 개발 시, 제품 및 서비스의 생산성을 높이고 품질을 향상시키기 위해 다양한 소프트웨어를 활용할 경우, 현재까지 알려진 보안 취약점에 대한 보안성 검증을 수행하고 보안패치를 반드시 적용해야 한다. 알려진 보안 취약점에 대한 보안성을 검증하기 위해 의존 S/W 열거, 취약점 검색, 취약점/대응방법 열거, 대응방법 반영 등과 같은 조치를 해야 한다.

→ 시큐어 하드웨어 장치 활용
- IoT 장치는 응용 서비스 종류에 따라 다양한 수준의 보안 강도를 필요로 한다. IoT 장치는 공격자에게 쉽게 노출될 수 있는 환경에 주로 설치되기 때문에 부채널 공격이나 펌웨어 코드 추출, 키 값 추출 등 다양한 하드웨어 보안 취약성을 갖는다.
- 이런 이유로 하드웨어 보안성을 강화하기 위해 펌웨어/코드 암호화, 실행코드 영역제어, 역공학 방지 기법 등 다양한 하드웨어 보안 기법이 존재하며 이를 IoT 장치의 응용 환경에 따라 적절히 적용할 필요가 있다.

→ 소프트웨어 보안 기술과 하드웨어 보안 기술 융합
- 소프트웨어 보안 기술과 하드웨어 보안 기술이 융합되는 경우 소프트웨어 보안 기술과 하드웨어 보안 기술 간에 반드시 신뢰하는 접근 방법(단방향 및 양방향 인증) 기반의 안전한 보안 채널을 구성하여 전송 데이터에 대한 기밀성과 무결성 기능을 제공해야 한다.

■ 안전한 초기 보안 설정 방안 제공
→ Secure by Default 기본 원칙 준수
- IoT 장치 설치자나 서비스 관리자는 초기 설치 단계와 고장 수리 후 재설치 단계에서 보안 프로토콜등에 기본으로 설정되는 파라미터 값이 가장 안전한 설정이 될 수 있도록 Secure by Default 기본 원칙을 준수해야 한다.
- 제조사와 설치자가 IoT 장치의 초기 설정을 수행할 때, 보안 모듈과 파라미터는 안전하게 설정되어야 한다(예를 들어 국내외를 사업 대상으로 하는 장치나 서비스의 경우 국제표준 권고 기준인 AES-128 이상의 보안 강도 준수).
- 서비스에서 강력한 암호화 무결성을 요구하는 경우 옵션 중 강한 암호를 기본적으로 설정한다.
- 제조 시 기본적으로 설정된 계정 이름과 패스워드를 설치 시 변경한다.
- 응용 프로그램이 특정 기간이 지나면 암호 키와 인증 패스워드의 만료를 권고할 수 있는 옵션을 활성화하여 설정한다.
- 장치 간 장치와 인터넷 간에 암호화 통신을 사용하도록 기본 설정한다.
- 다중 요소 인증이 옵션으로 제공될 경우 필요시 활성화하여 설정한다.

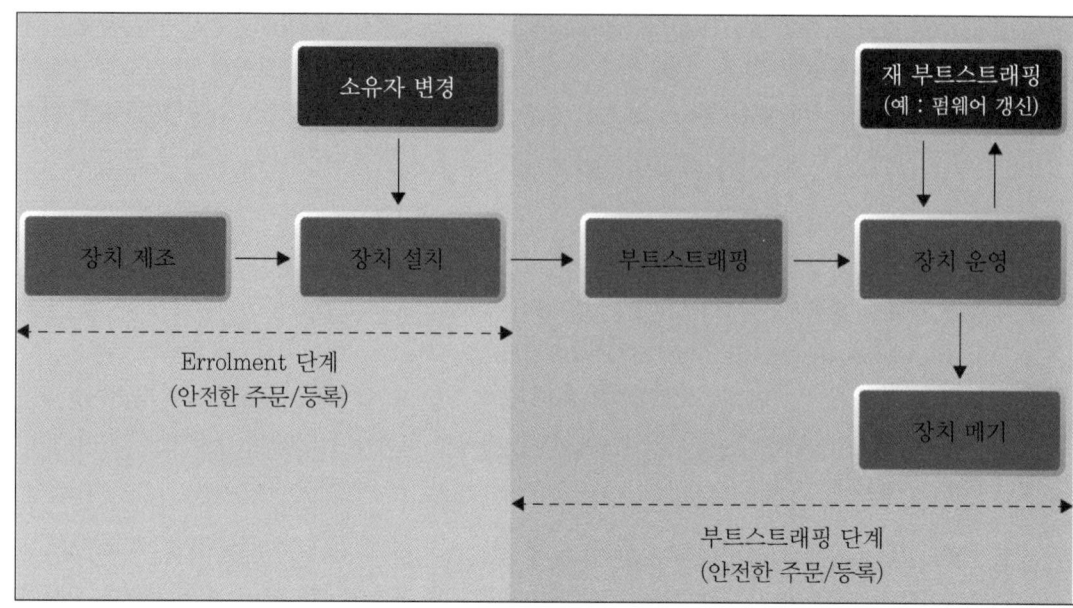

[그림 2-20] 안전한 초기 설정을 위한 단계

■ 보안 프로토콜 준수 및 안전한 파라미터 설정
→ 통신 및 플랫폼에서 검증된 보안 프로토콜 사용(암호/인증/인가 기술)
- IoT가 주목받으면서 다양한 국내외 표준 기구 및 사설 표준 기구에서 보안 기술들이 논의되고 있다.
- IoT 제품 개발자와 서비스 제공자는 데이터 통신 및 개방형 플랫폼에 안전성을 보장하는 보안 프로토콜을 적용해야 하고, 보안 서비스(암호/인증/인가) 제공 시 안전한 파라미터들이 설정될 수 있도록 해야 한다.

■ IoT 제품·서비스의 취약점 보안패치 및 업데이트 지속 이행
→ IoT 제품 제조사와 서비스 제공자는 IoT 제품·서비스에서 보안 취약점이 발견되면 이에 대한 분석을 수행하고, 보안 요구사항을 반영한 보안패치를 신속히 배포할 수 있도록 사후 조치 방안을 마련해야 한다.
→ 보안 취약점 및 보안패치는 홈페이지, SNS 등을 통해 사용자에게 공개하며, 패치 파일의 위·변조를 막기 위해 무결성 검증 기술을 적용해야 한다.
→ 통신 채널을 활용한 보안패치 시 다음의 사항이 제공되어야 한다.
- 주체간 상호 인증 : 업데이트 서버와 IoT 장치 사이에 상호 인증 기능을 제공하여 위장 서버나

중간자 공격 등의 취약점에 대응할 수 있도록 해야 한다.
- 기밀성 : 저장 데이터(업데이트 설정 정보 파일 : 예, conf, xml, ini 등)와 처리 데이터(주요 파라미터 관련 정보의 임시폴더나 설치 공간) 및 전송 데이터(업데이트 전송 정보)에 대하여 해커의 공격에 대비하여 암호화하여 저장/처리/전송해야 한다. IoT 제품·서비스의 보안 패치에 대한 코드 서명(Code Signing) 기법의 적용을 고려해야 한다.
- 무결성 : 저장 데이터(업데이트 정보 파일), 처리 데이터(실행 파일) 및 전송 데이터(업데이트 전송 정보)에 대해 무결성 검사를 수행해야 한다.

■ 안전한 운영·관리를 위한 정보보호 및 프라이버시 관리체계 마련
→ 사용자 정보 취득 – 사용 – 폐기의 전주기 정보의 보호 및 프라이버시 관리
- IoT 장치를 통해 다량의 개인정보가 수집·저장·전송될 수 있으며, 개인정보가 유출될 경우 심각한 프라이버시 침해 문제가 발생될 수 있다. 따라서 최소한의 개인정보만 수집·활용될 수 있도록 개인정보보호 정책을 수립해야 한다. 개인정보보호 정책 수립 시에는 빅데이터 분석과정에서 특정 개인을 식별할 수 있는 새로운 개인정보가 생성·유통될 수 있기 때문에 이를 적절히 통제할 수 있는 기술적·관리적 보호조치도 포함되어야 한다.
- 정보보호 관리체계는 IoT 서비스를 위한 유·무형 자산과 이에 대한 위험 식별, IoT 장치의 비인가 접근 및 도난·분실을 방지하기 위한 물리적 접근통제, 침해사고 발생 시 서비스 연속성이 유지될 수 있도록 백업 및 복구 절차 수립 등을 포함하고 있어야 한다. 아울러 설치·배포된 IoT 장치의 주기적인 보안 업데이트, 패치 적용, 폐기 절차 등 사후관리 방안 등이 포함되어야 한다.

■ IoT 침해사고 대응체계 및 책임추적성 확보 방안 마련
→ 보안 사고에 대비한 침입탐지와 사고 시 분석 및 책임추적성 확보
- IoT 사이버상의 해킹 기법은 점점 지능적이고 복합적인 기술로 발전하고 있어 대응체계를 수립하고 사고의 원인과 책임을 분석하는 것이 어려워지고 있다. 주변의 여러 사물들이 인터넷에 접속되고 사용자의 관여가 최소화되면서 기존에는 없었던 다양한 서비스가 제공되는 IoT 환경에서는 해킹 기법의 복잡도 또한 더욱 커질 것으로 예측된다.
- IoT 서비스는 다양한 유형의 IoT 장치, 유·무선 네트워크 장비, 플랫폼 등으로 구성되며, 각 영역에서 발생 가능한 보안 침해사고에 대비하여 침입탐지 및 모니터링이 수행되어야 한다.
- 침해사고 발생 이후 원인 분석 및 책임추적성 확보를 위해 로그기록을 주기적으로 안전하게 저장·관리해야 한다. 단, 저전력·경량형 하드웨어 사양 및 운영체제가 탑재된 IoT 장치의 경우, 그 특성상 로그기록의 생성·보관이 어려울 수 있으므로, 이런 경우에는 서비스 운영·관리시스템에서 IoT 장치의 상태정보를 주기적으로 안전하게 기록·저장할 수 있어야 한다.

6.3 클라우드의 개념

Chapter 1. 클라우드 컴퓨팅의 정의

■ 클라우드는 서버, 스토리지, SW 등 IT 자원들을 구매하여 소유하지 않고, 필요 시 인터넷을 통하여 On-Demand서비스 형태로 이용하는 방식이다.

[표] 클라우드 컴퓨팅의 정의

기 관	정 의
가트너(Gartner)	인터넷 기술을 이용하여 확장성과 유연성을 갖는 IT 기반 기능을 서비스 형태로 제공하는 컴퓨팅 유형.
포레스트 리서치 (Forrest Research)	인터넷 기술을 이용하여 표준화된 IT기능(서비스, 소프트웨어 또는 인프라스트럭처)을 셀프서비스 형태로 제공하고 사용한 만큼 비용을 지불하는 컴퓨팅 유형.
미국표준기술연구소 (NIST)	언제, 어디서나 편리하게 공유된 컴퓨팅 자원(네트워크, 서버, 스토리지, 어플리케이션 및 서비스 등)을 네트워크를 통해 원하는 만큼 사용하는 컴퓨팅 모델로 서비스 제공자의 최소한의 작업이나 관리만으로 이러한 자원을 신속하게 제공하고 배포할 수 있는 모델.
클라우드컴퓨팅 법	집적·공유된 정보통신기기, 정보통신설비, 소프트웨어 등 정보통신자원(이하 "정보통신자원"이라 한다)을 이용자의 요구나 수요 변화에 따라 정보통신망을 통하여 신축적으로 이용할 수 있도록 하는 정보처리체계.

- 인터넷 기술을 활용하여 다수의 고객들에게 높은 수준의 확장성을 가진 IT자원들을 '서비스'로 제공하는 컴퓨팅이다.

- 클라우드는 IT자원 + XaaS + Utility Computing(Pay Per Use) + on Demand로 구성되어 있다.

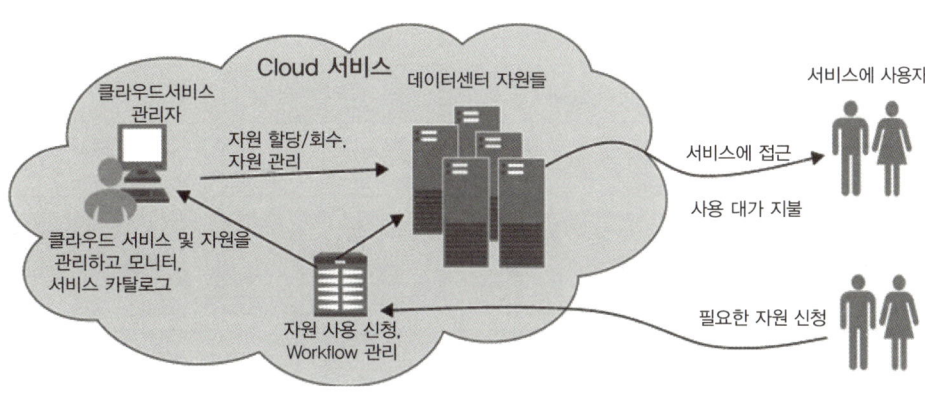

[그림 2-21] 클라우드 컴퓨팅의 개념도

- 클라우드 컴퓨팅은 그리드 컴퓨팅을 시작으로 유틸리티 컴퓨팅 및 SaaS로 진화하여 완성되었다.

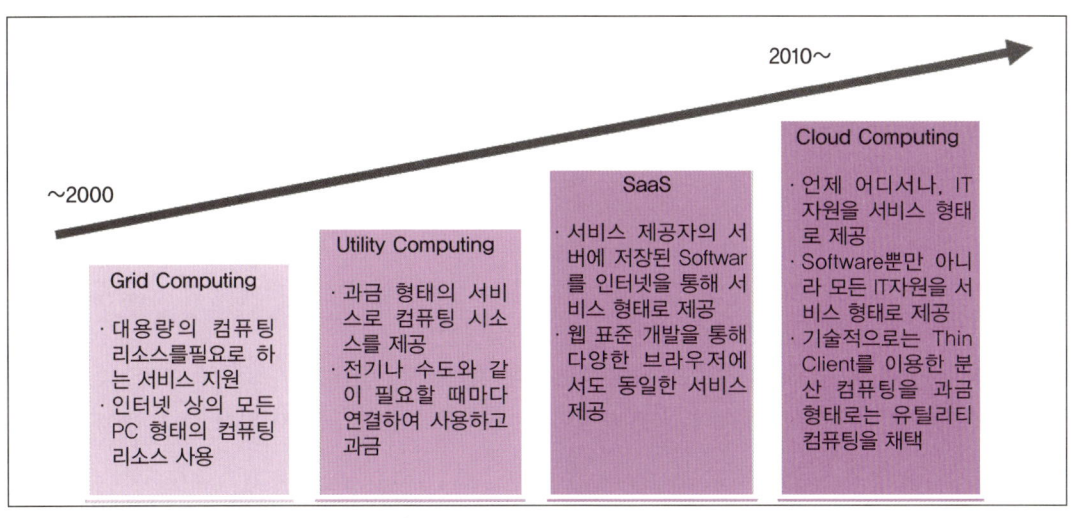

[그림 2-22] 클라우드 컴퓨팅 발전 단계

■ 클라우드 컴퓨팅의 구성요소는 물리적 시스템 Layer, 가상화 Layer, 프로비저닝 Layer 및 서비스 관리체계 Layer로 구성된다.

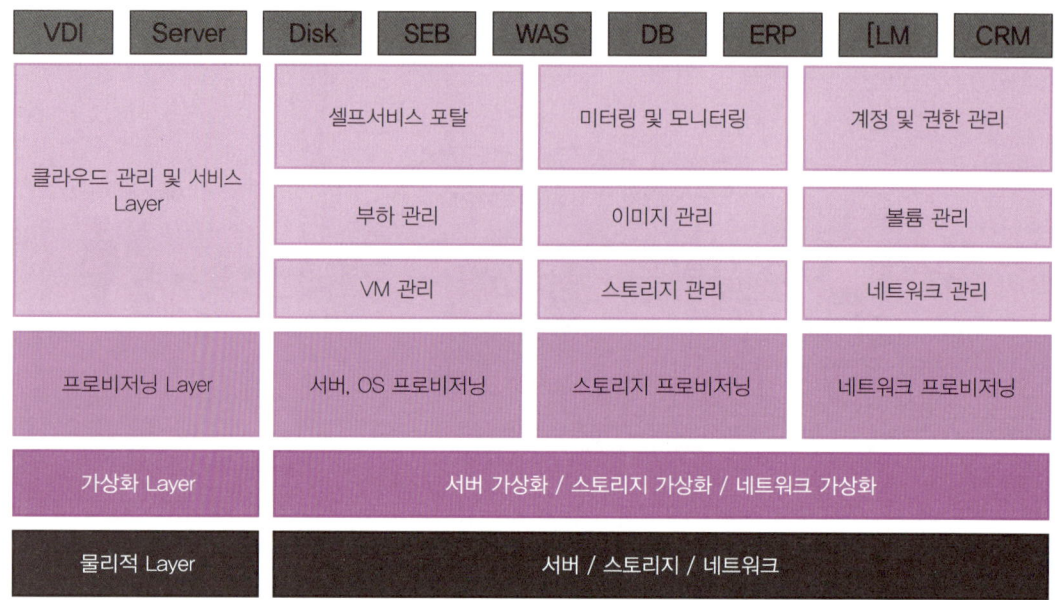

[그림 2-23] 클라우드 컴퓨팅 구성요소 및 아키텍쳐

Chapter 2. 클라우드 컴퓨팅의 특징

■ 기존 IT환경은 기관(회사)별 개별 장비에 소프트웨어를 탑재하고 운영되어 기관(회사)별로 중복 투자 등 관리 운영상 한계를 갖고 있다.

■ 클라우드 컴퓨팅은 다음과 같은 특징을 갖는다.
→ 하드웨어(HW), 소프트웨어(SW) 등 각종 IT자원을 대규모 데이터 센터에 통합·집중시키고 통신망(인터넷)을 통해 장소에 제약 없이 서비스를 제공한다.
→ 통합된 장비와 SW를 여러 기관(회사)의 수요량에 따라 공동 활용이 가능하다.
→ 서비스 수요자가 상세한 기술적 구현 방법이나 내부 구조를 알 필요가 없다.

[표] 클라우드 컴퓨팅의 주요 특성

특징	내용
표준화된 IT기반 기능	- 컴퓨팅, 저장장치, 네트워크, 소프트웨어 등을 포함한 전반적인 IT자원 - 제공된 서비스 이외에 별도의 개발(Customization)이 없고 서비스 제공자에 의해 제공되는 표준을 따른다.
IP망을 통한 접근	- IP망과 Http, Rest, Soap 등 웹 기반 컴퓨팅 프로토콜을 활용하며 UI를 위해 OS에 중립적인 표준 웹브라우저와 웹 표준을 지원한다.
Always-on과 수요에 따른 확장성 지원	- 서비스 제공자는 24시간 접근성과 고객 수요의 변화에 따라 이에 대응하는 컴퓨팅 자원을 가변성 있게 지원한다.
사용량 또는 광고기반 과금	- 사용량 기반 과금(Pay per use) 체계를 갖는다.
Web 및 프로그램 기반 제어 Interface	- 고객 데이터 원격호스트, 인터페이스(Facebook, MS Virtual Earth 3D 등)를 제공한다. - 서버기반 인터페이스로 XML과 REST 스타일 소프트웨어를 사용한다.

■ 클라우드 컴퓨팅의 장점
→ 정보 자원 통합으로 효율성이 제고된다.
- 실제 사용량에 따라 자원을 배치하여 활용률을 제고하고 유휴자원을 최소화한다.
- 자원 할당/회수, 사용량 측정, 장애 탐지, 백업/복구 등을 자동(Auto Scaling)으로 처리한다.
- 효율성 안정성 제고, 최신 가상화 기술로 기관(회사)별 독립성을 보장한다.
- 자원 할당 기간을 수 시간 내로 단축한다(기존 수주 ~ 수개월 소요).
- 이중화 구성, 사용량 증가 시 추가 용량 제공 등을 통해 운영 안정성을 제공한다.

→ SW 및 서비스가 통합된다.
- 공통으로 사용하는 시스템의 서비스를 통합하여 유지관리 효율성을 제공한다.
- 기관(회사)별 독립성을 보장하면서도 통합 관리가 가능한 멀티 테넌시(Multi-tenancy) 구현이 가능하다.(멀티 테넌시 : 단일 소프트웨어를 여러 사용자가 고유한 권한을 가지고 함께 사용하는 것)
- 프로젝트 종료 시 타 업무로의 자원용도 변경이 쉽다.

→ 플랫폼 표준화가 이루어진다.
- 신속하고 편리하게 업무시스템을 개발할 수 있는 표준 개발 플랫폼을 제공한다.
- 개발기간 단축 및 개발 환경에 대한 중복투자를 방지한다.

Chapter 3. 클라우드 컴퓨팅의 분류

■ 미국표준기술연구소(NIST)는 클라우드 컴퓨팅을 구축 모델에 따라 Private, Community, Public, Hybrid 클라우드로 분류하고 있다.

[표] 클라우드 컴퓨팅의 분류

구분	내용
사설 클라우드 (Private Cloud)	- 다수의 사용자가 속해 있는 단일한 기관(회사)의 독점적인 사용을 위해 제공되는 클라우드
커뮤니티 클라우드 (Community Cloud)	- 관심사(미션, 보안 요구사항, 정책, 컴플라이언스 등)를 공유하는 기관(회사)들에 속한 특정 사용자 커뮤니티의 독점적 사용을 위한 클라우드
공용 클라우드 (Public Cloud)	- 일반 대중을 대상으로 개방적으로 사용가능 한 클라우드(예 : Amazon AWS, SKT T Cloud, KT uCloud 등)
하이브리드 클라우드 (Hybrid Cloud)	- 둘 이상의 개별 클라우드(사설, 커뮤니터, 공용)가 결합된 클라우드 - 개별 클라우드의 고유한 특성은 유지되나 데이터와 어플리케이션 호환성을 위해 표준화된 고유 기술로 개별 클라우드가 결합된 형태 (예 : Cisco, Oracle, Intel 등)

■ 클라우드 컴퓨팅은 서비스 모델에 따라 인프라 제공 서비스(IaaS), 플랫폼 제공 서비스(PaaS), 소프트웨어 제공 서비스(SaaS)로 분류하고 있다.

[표] 클라우드 컴퓨팅의 서비스별 분류

구분	내용
SaaS (Software as a Service)	클라우드에서 제공하는 어플리케이션을 서비스하는 형태의 클라우드 (예; Salesforce.com, Google Apps, MS Office 365 등)
PaaS (Platform as a Service)	클라우드에서 제공하는 프로그래밍 언어, 라이브러리, 서비스, 개발 툴 등을 이용하여 어플리케이션을 개발하거나 이용할 수 있는 서비스를 제공하는 클라우드 (예: Microsoft Azure, IBM Bluemix 등)
IaaS (Infrastructure as a Service)	서버, 스토리지, 네트워크 등 컴퓨팅 자원을 사용자에게 서비스 형태로 제공하는 클라우드 (예; Amazon EC2/S3, Microsoft Azure 등)

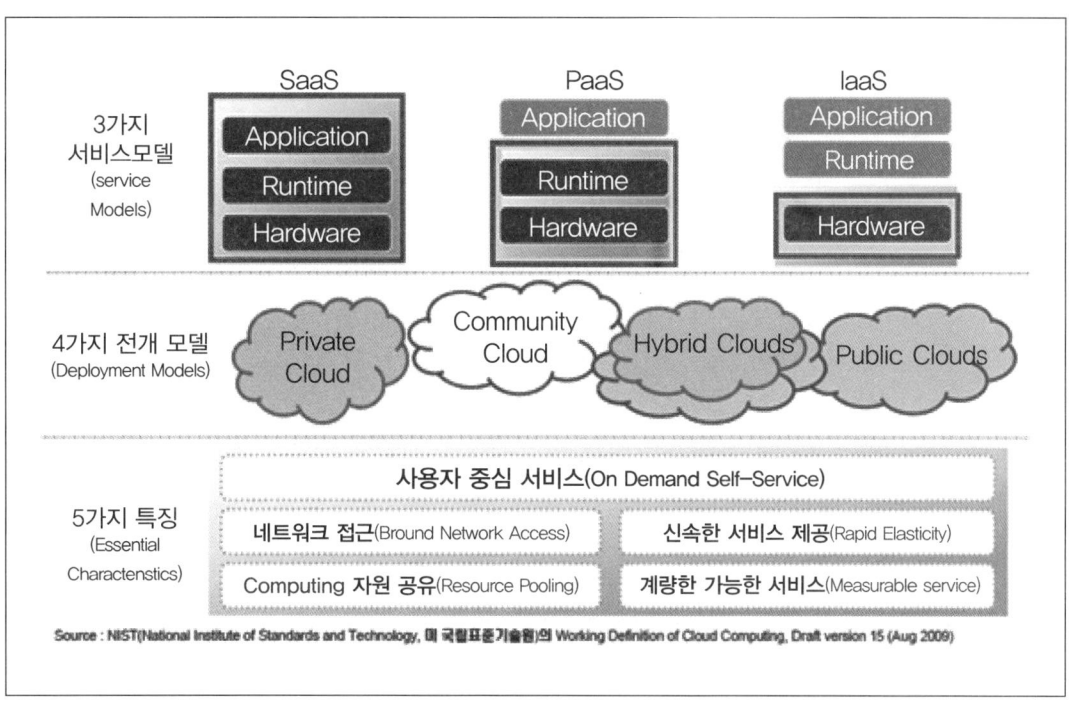

[그림 2-24] 클라우드 컴퓨팅의 분류 및 서비스별 구분

6.4 클라우드의 보안 및 관련 법률

Chapter 1. 클라우드 컴퓨팅의 보안 이슈

■ 클라우드 컴퓨팅의 보안 사고 사례

연도	회사	유형	원인	내용
2008	아마존	서비스 장애	시스템 오류	인증 요청 쇄도로 인한 인증서버 다운
2008	미디어맥스	데이터 손실	관리 부주의	폐업으로 인한 2만명 고객 데이터 손실
2009	구글	서비스 장애	관리 부주의	구글 앱스 관리 오류로 24시간 중단
2010	MS	데이터 유출	관리 부주의	BPOS 서비스 환경 설정 오류로 인한 기업정보 유출
2011	구글	데이터 손실	시스템 오류	50만명 이용자 메일 내용 및 주소록 삭제
2011	후지쯔	서비스 장애	해킹	DDoS 공격으로 인한 장애
2012	First Server	데이터 손실	관리 부주의	시스템 업그레이드 중 오류로 인한 5,698개 고객사 데이터 손실
2012	애플	데이터 손실	해킹	나의 맥북 찾기 서비스 취약점 해킹을 통한 개인정보 삭제
2012	드롭박스	데이터 유출	해킹	사용자 ID/PW로 Dropbox 침입 후 직원 계정에 있던 사용자 이메일 명단 유출
2013	에버노트	데이터 유출	해킹	사용자 명, 이메일 및 암호화된 패스워드 유출 5,000만명 사용자 암호 강제 초기화 시행

■ 클라우드 컴퓨팅의 7대 보안 위협

구분	내용
클라우드 서비스 오남용 (Abuse and Nefarious Use of Cloud Computing)	악의적인 의도를 가진 사람들이 클라우드를 사용하게 되면, 모든 정보가 클라우드에 저장되어 기존의 봇넷보다 더 찾아내기 힘들고 위험한 존재가 될 수 있어 클라우드는 해커들에게도 유용한 자원을 제공함
안전하지 않은 어플리케이션 프로그래밍 인터페이스 (Insecure Application Programming Interfaces)	안전하지 않은 API의 취약점을 통해서 사용자의 인증을 우회한다거나 정상적인 경로로는 접근할 수 없는 데이터에 대해서 접근 애플리케이션 구축을 위해 기존의 코드를 재사용하거나 합성해서 사용하면 보안에 취약
악의적인 내부 관계자 (Malicious Insiders)	퇴사한 직원의 계정이 즉시 삭제되지 않았거나, 직무의 조정으로 인해 접근할 수 없어야 하는 권한이 아직 유효한 것을 악용
공유기술의 취약점 (Shared Technology Vulnerabilities)	클라우드는 다양한 기술의 조합으로 구현됨. 가상 머신을 적절히 관리하지 못하면, 하나의 보안취약점이 클라우드 전체로 확산될 수 있음
데이터 유실 및 유출 (Data Loss and Leakage)	클라우드는 네트워크를 통해 다양한 공격 경로가 열려 있으며, 데이터의 중앙집중화로 사고 발생 시 데이터 유실 우려가 존재 기존 데이터 보호 기술은 새로운 클라우드 환경에서 적합하지 않을 수 있음. 감시가 어려움
계정, 서비스 하이제킹 (Account, Service &Traffic Hijacking)	클라우드 사용자 계정 탈취 및 각종 악성 사이트로 유도(redirected) 하는데 사용된 많은 하이재킹 기법에 취약할 수 있음
알려지지 않은 위험 프로파일 (Unknown Risk Profile)	클라우드 환경에 대한 이해 부족은 전체 클라우드에 대한 신뢰성을 저하시킴. 서비스 제공업체의 투명성이 떨어져 고객사가 시스템의 구성이나 소프트웨어 패치 지연

출처 : Cloud Security Alliance

■ 클라우드 컴퓨팅 서비스 모델에 따른 보안 위협

SaaS	PaaS	IaaS
정보 훼손 및 유출	Buffer Overflow	가상화 취약점
웹 공격	표준화 부재	서버 관리 문제
버전 통제 문제	인증 문제, 플랫폼 종속	데이터 손실 문제

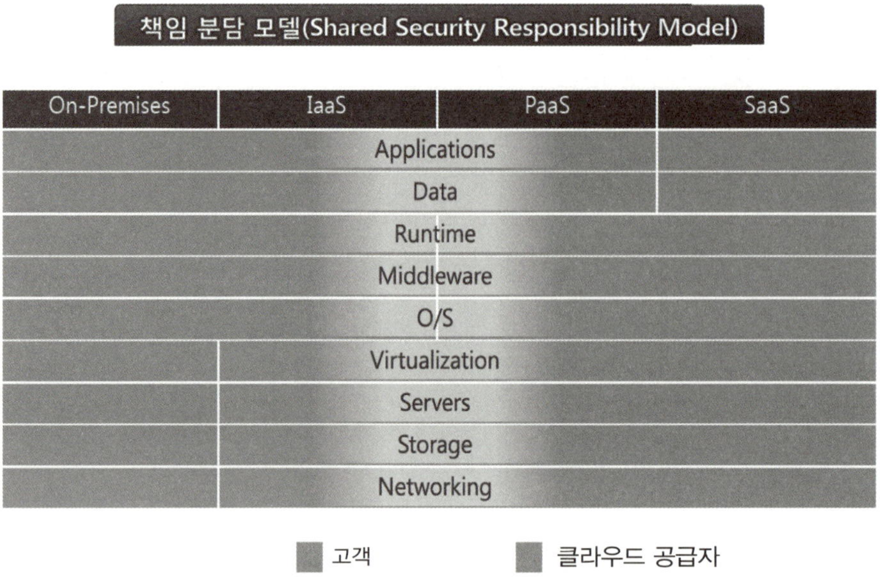

책임 분담 모델(Shared Security Responsibility Model)

On-Premises	IaaS	PaaS	SaaS
Applications			
Data			
Runtime			
Middleware			
O/S			
Virtualization			
Servers			
Storage			
Networking			

■ 고객   ■ 클라우드 공급자

[그림 2-25] 클라우드 컴퓨팅 서비스 형태 및 모델 구분

[표] 클라우드컴퓨팅서비스 정보보호에 관한 기준 주요 내용

구분	내용	
관리적 보호조치	· 정보보호 정책 수립 · 자산관리 · 침해사고 관리 등	· 인적보안 · 서비스 공급방 관리
물리적 보호조치	· 보안구역 지정 · 장비 반출입 등 정보처리 시설 및 장비보호	· 물리적 접근제어
기술적 보호조치	· 가상화 보안 · 네트워크 보안	· 접근통제 · 데이터보안/암호화 등
공공기관용 추가 보조조치	· 도입 전산장비 안정성 · 검증필 암호화 기술 제공 등	· 물리적 위치 및 분리

6.5 IoT, 클라우드, 빅데이터, AI 등 정보보호

빅데이터의 개념

Chapter 1. 빅데이터의 정의

■ 빅데이터의 정의
→ 기존의 관리 방법이나 분석 체계로는 처리하기 어려운 막대한 양의 정형 또는 비정형 데이터 집합. 스마트폰과 같은 스마트 기기의 빠른 확산, 소셜 네트워킹 서비스(SNS)의 활성화, 사물인터넷(IoT)의 확대로 데이터 폭발이 더욱 가속화되고 있다. 기업, 정부, 포털 등에서 빅데이터를 효과적으로 분석·처리하여 미래를 예측해 최적의 대응 방안을 찾고, 이를 수익으로 연결하여 새로운 가치를 창출할 수 있다.

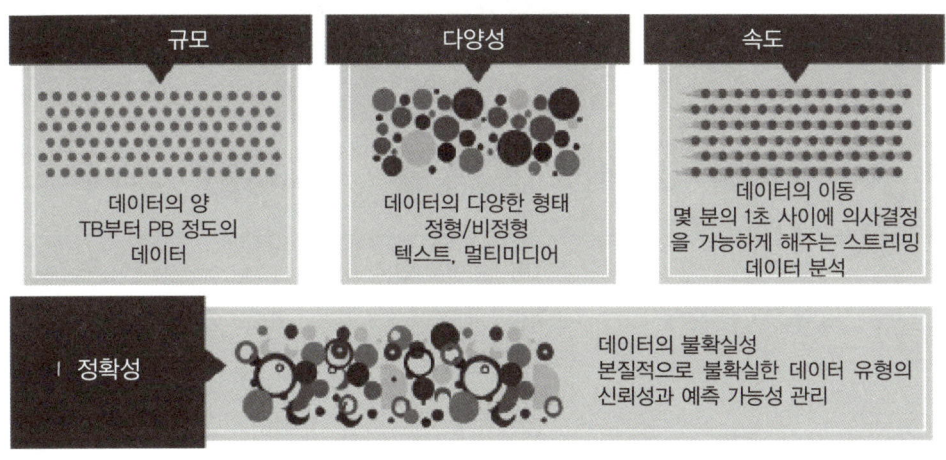

[그림 2-26] 빅데이터의 4가지 차원

→ 기존 데이터와 빅데이터의 비교

구 분	기존 데이터	빅데이터
크기(Volume)	MB, GB	TB, PB
다양성(Variety)	정형데이터 위주 (DB에 저장 가능한 형태의 데이터)	비정형 데이터 (동영상, SNS, 음악, 사진 등)
속도	수시간 ~ 수주	수초, 수분(실시간 분석요구)

→ 일반적으로 빅데이터는 수집단계, 저장단계, 분석단계, 가시화단계, 폐기단계를 거쳐 활용된다.

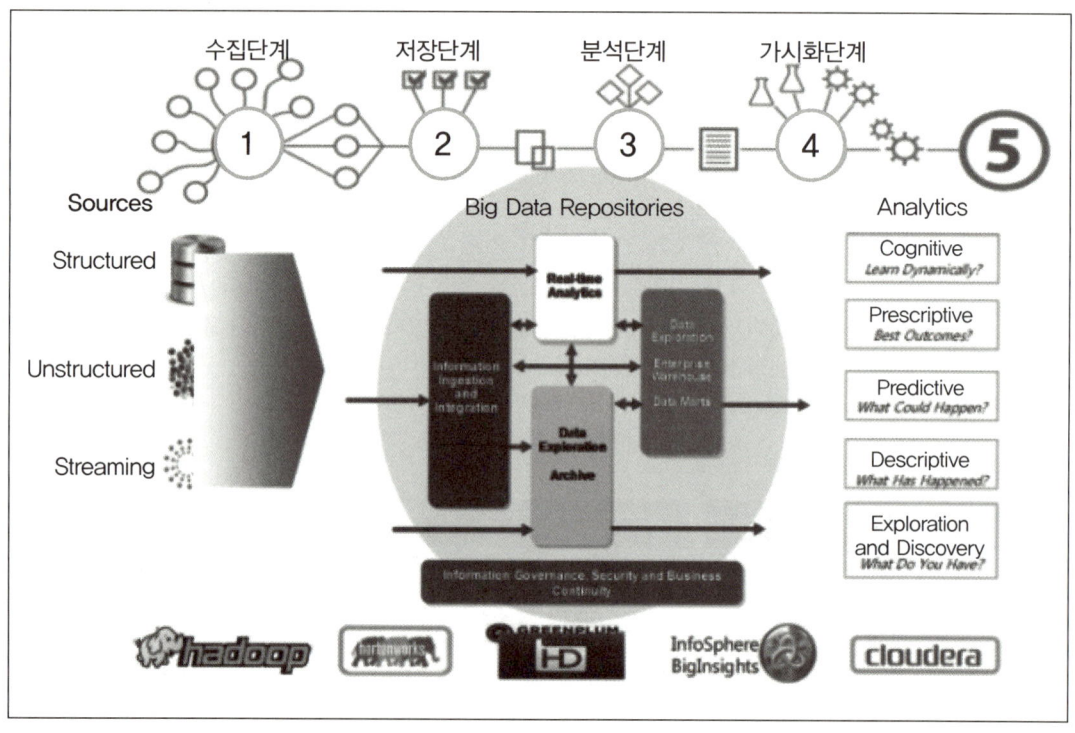

[그림 2-27] 빅데이터의 정보 흐름도

Chapter 2. 빅데이터의 활용

■ 다양한 종류의 대규모 데이터에 대한 생성, 수집, 분석, 표현을 그 특징으로 하는 빅데이터 기술의 발전은 다변화된 현대 사회를 더욱 정확하게 예측하여 효율적으로 작동케 하고 개인화된 현대 사회 구성원 마다 맞춤형 정보를 제공, 관리, 분석 가능케 하며 과거에는 불가능했던 기술을 실현시키기도 한다.
→ 한국정보화진흥원(NIA)에서 운영하고 있는 K-ICT 빅데이터 센터에서 소개하고 있는 사례 몇 가지를 살펴본다.
- ING 생명 : 생명보험 빅데이터 전략모델 개발 및 확산
- 사업 추진 목적
    ☞ 사업 추진 목적보험업 가치 사슬을 기준으로 빅데이터 분석을 내재화 하는 전략모델 개발
    ☞ 오픈소스 기술을 적용한 빅데이터 분석환경 구축 및 비정형 텍스트 분석을 위한 STT/TA1) 환경구축
    ☞ 중견보험사 업무 및 데이터 관리 현황에 맞는 빅데이터 분석 전략모델 공유
- 주요활용 데이터

구 분	분 류	주요변수	설 명	보유기관
내부 데이터	고객정보	고객 ID, 연령 등	고객 인구통계학 정보	ING 생명
	FC정보	계약건수 CMP 등	FC 관련 정보	
	계약정보	보험료, 계약일수 등	계약관련 정보	
	상품정보	담보 등	상품정보	
	콜 상담 음성	상담내용 녹취	콜센터 상담 음성정보	
	콜센터 상담원 상담메모	상담원 메모 정보	상담원이 작성한 정보	
	Claims 메모	Claims 메모 정보	Claims 메모	
	VOC 메모	VOC 작성자, 내용 등	VOC 메모	
	홈페이지 로그	홈페이지 메뉴별 로그	홈페이지 로그 정보	
외부 데이터	보험가입통계	성별, 현재연령, 직종, 지역 (구단위), 상품, 가입금액	보험 가입 현황 통계성 정보	보험 개발원
	보험금지급통계	성별, 현재연령, 직종, 지역(구단위), 급부, 가입금액	보험금 지급 현황 통계성 정보	

- KT : 로밍 빅데이터를 활용한 해외유입 감염병 차단 서비스
- 사업 추진 목적
  - ☞ 경유 귀국 여부와 관련 없이 오염국가를 방문한 국민을 파악하고, 해당 국민에게 잠복기가 종료될 때 까지 적절한 검역서비스를 제공

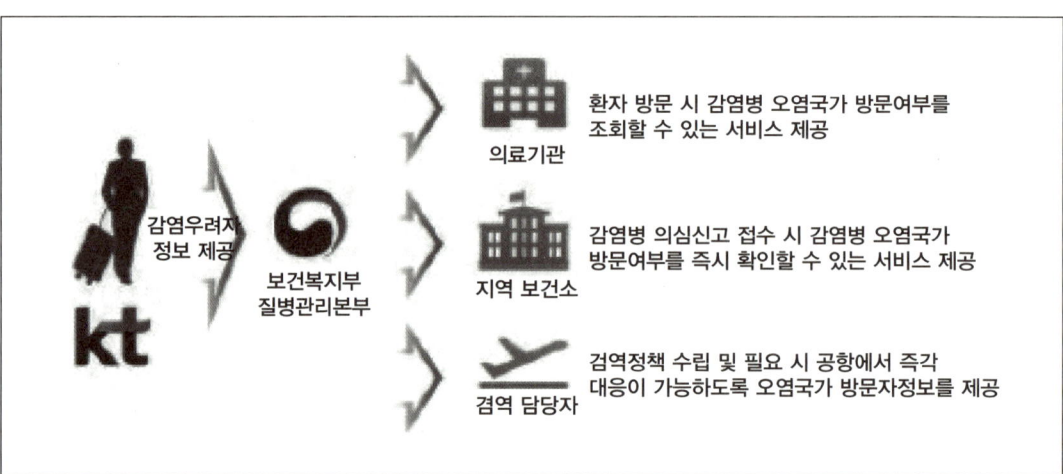

- 주요활용 데이터

구분	분류	주요변수	설명	보유기관
로밍 데이터	로밍 등록 신호	로밍 휴대전화번호	일 50,000건 내외	(주)케이티
		로밍국가코드		
		로밍사업자코드		
	로밍 취소 신호	휴대전화번호		
		귀국여부		
감염병 발생국가 데이터	감염병 오염국가 리스트	감염병명	메르스/지카바이러스 오염국가 전체	질병관리본부
		국가명		
		사용여부		

→ 이와 같이 빅데이터는 정치, 사회, 경제, 문화, 과학 기술 등 전 영역에 걸쳐서 사회와 인류에게 가치 있는 정보를 제공할 수 있는 가능성을 제시하며 그 중요성이 부각되고 있다.

6.6 IoT, 클라우드, 빅데이터, AI 등 정보보호

빅데이터의 보안

Chapter 1. 빅데이터 보안 고려사항

■ 빅데이터의 문제점은 바로 사생활 침해와 보안 측면에 자리하고 있다. 빅데이터는 수많은 개인들의 수많은 정보의 집합이다. 그렇기에 빅데이터를 수집, 분석할 때에 개인들의 사적인 정보까지 수집하여 관리하는 빅브라더의 모습이 될 수도 있는 것이다. 그리고 수집된 데이터가 보안 문제로 유출된다면, 개개인의 사적인 개인정보가 유출되는 것이기에 큰 문제가 될 수 있다.

→ 빅데이터의 활용 단계 별 보안요소를 살펴보면 다음과 같다.

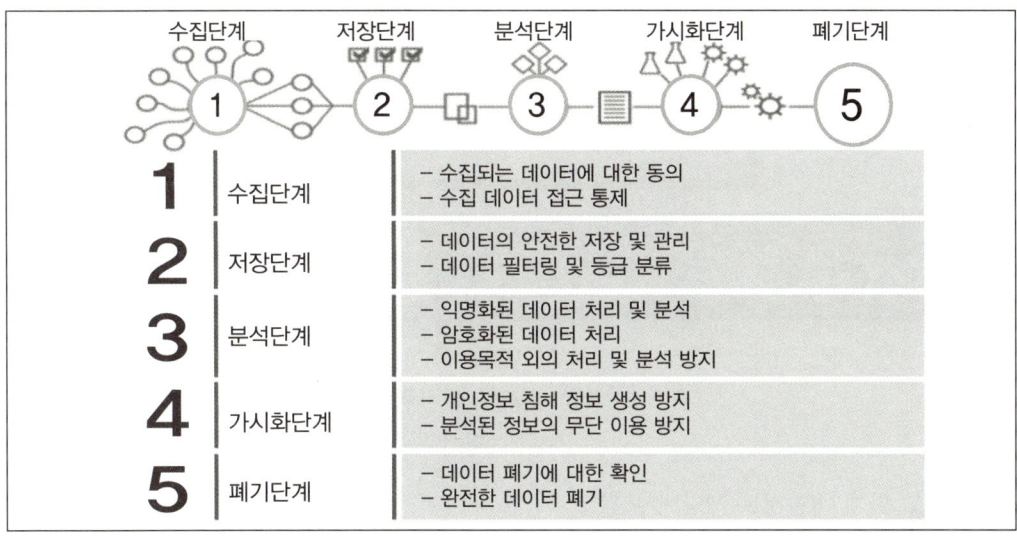

[그림 2-28] 빅데이터 활용 단계별 보안 고려사항

Chapter 2. 빅데이터 활용을 위한 개인정보 비식별

■ 개인정보가 포함된 정보에 대한 빅데이터 활용을 위해서는 개인정보 비식별 조치가 반드시 필요하다. 이를 위하여 국무조정실, 행정자치부, 방송통신위원회, 금융위원회, 과학기술정보통신부(구 : 과학기술정보통신부), 보건복지부 등 관계부처가 합동으로 현행 개인정보 보호 법령의 틀 내에서 빅데이터가 안전하게 활용될 수 있도록 하는데 필요한 개인정보의 비식별 조치 기준과 비식별 정보의 활용 범위를 위한 가이드를 제공하고 있다.

→ 빅데이터의 활용 단계 별 조치사항을 살펴보면 다음과 같다.
- 사전 검토 : 개인정보에 해당하는지 여부를 검토 후, 개인정보가 아닌 것이 명백한 경우 법적 규제 없이 자유롭게 활용
- 비식별 조치 : 정보 집합물(데이터 셋)에서 개인을 식별할 수 있는 요소를 전부 또는 일부 삭제하거나 대체하는 등의 방법을 활용, 개인을 알아볼 수 없도록 하는 조치
- 적정성 평가 : 다른 정보와 쉽게 결합하여 개인을 식별할 수 있는지를 「비식별 조치 적정성 평가단」을 통해 평가
- 사후관리 : 비식별 정보 안전조치, 재식별 가능성 모니터링 등 비식별 정보 활용 과정에서 재식별 방지를 위해 필요한 조치 수행

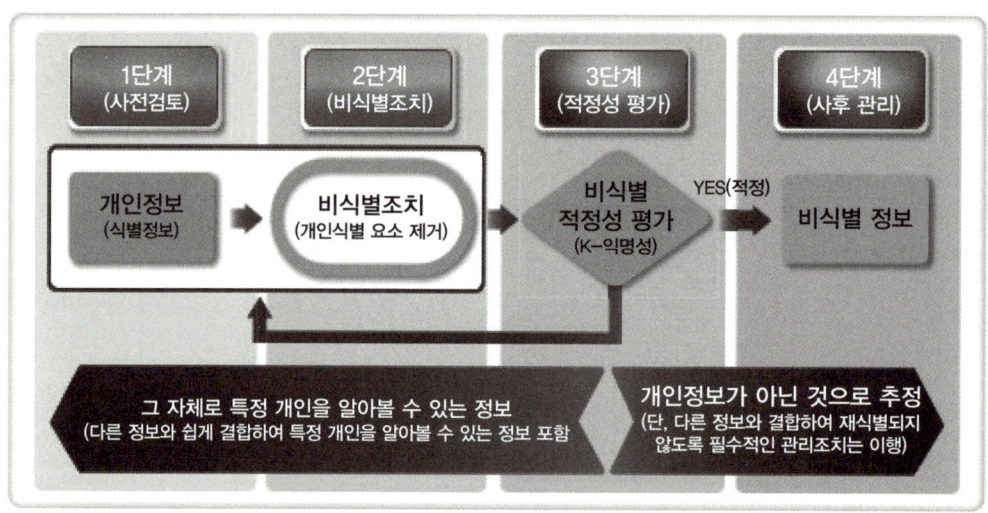

[그림 2-29] 비식별 조치 및 사후관리 절차

→ 사전 검토 단계 개인정보 해당여부 검토
- 빅데이터 분석 등을 위해 정보를 처리하려는 사업자 등은 해당 정보가 개인정보인지 여부에

대해 판단
- 해당 정보가 개인정보에 해당하지 않는 것이 명백한 경우에는 별도 조치 없이 빅데이터 분석 등에 활용 가능

→ 비식별 조치 단계 : 비식별 조치기법 적용
- 비식별 조치 방법
- 가명처리, 총계처리, 데이터 삭제, 데이터 범주화, 데이터 마스킹 등 여러 가지 기법을 단독 또는 복합적으로 활용
- 각각의 기법에는 이를 구현할 수 있는 다양한 세부기술이 있으며, 데이터 이용 목적과 기법별 장·단점 등을 고려하여 적절한 기법·세부기술을 선택·활용

[표 2-9] 비식별 조치방법

처리기법	예 시	세부기술
가명처리 (Pseudonymization)	• 홍길동, 35세, 서울 거주, 한국대 재학 → 임꺽정, 30대, 서울 거주, 국제대 재학	① 휴리스틱 가명화 ② 암호화 ③ 교환 방법
총계처리 (Aggregation)	• 임꺽정 180cm, 홍길동 170cm, 이콩쥐 160cm, 김팥쥐 150cm → 물리학과 학생 키 합 : 660cm, 평균키 165cm	④ 총계처리 ⑤ 부분총계 ⑥ 라운딩 ⑦ 재배열
데이터 삭제 (Data Reduction)	• 주민등록번호 901206-1234567 → 90년대 생, 남자 • 개인과 관련된 날짜정보 (합격일 등)는 연단위로 처리	⑧ 식별자 삭제 ⑨ 식별자 부분삭제 ⑩ 레코드 삭제 ⑪ 식별요소 전부삭제
데이터 범주화 (Data Suppression)	• 홍길동, 35세 → 홍씨, 30~40세	⑫ 감추기 ⑬ 랜덤 라운딩 ⑭ 범위 방법 ⑮ 제어 라운딩
데이터 마스킹 (Data Masking)	• 홍길동, 35세, 서울 거주, 한국대 재학 → 홍○○, 35세, 서울 거주, ○○대학 재학	⑯ 임의 잡음 추가 ⑰ 공백과 대체

→ 적정성 평가 단계 : 적정성 평가 시 프라이버시 보호 모델 중 k-익명성을 활용
- 적정성 평가 절차
    ① 기초자료 작성 : 개인정보처리자는 적정성 평가에 필요한 데이터 명세, 비식별 조치현황, 이용기관의 관리 수준 등 기초자료 작성
    ② 평가단 구성 : 개인정보 보호책임자가 3명 이상으로 평가단을 구성(외부전문가는 과반수 이상)
    ③ 평가 수행 : 평가단은 개인정보처리자가 작성한 기초자료와 k-익명성 모델을 활용하여 비식별 조치 수준의 적정성을 평가
    ④ 추가 비식별 조치 : 개인정보처리자는 평가결과가 '부적정'인 경우 평가단의 의견을 반영하여 추가적인 비식별 조치 수행
    ⑤ 데이터 활용 : 비식별 조치가 적정하다고 평가받은 경우에는 빅데이터 분석 등에 이용 또는 제공 허용

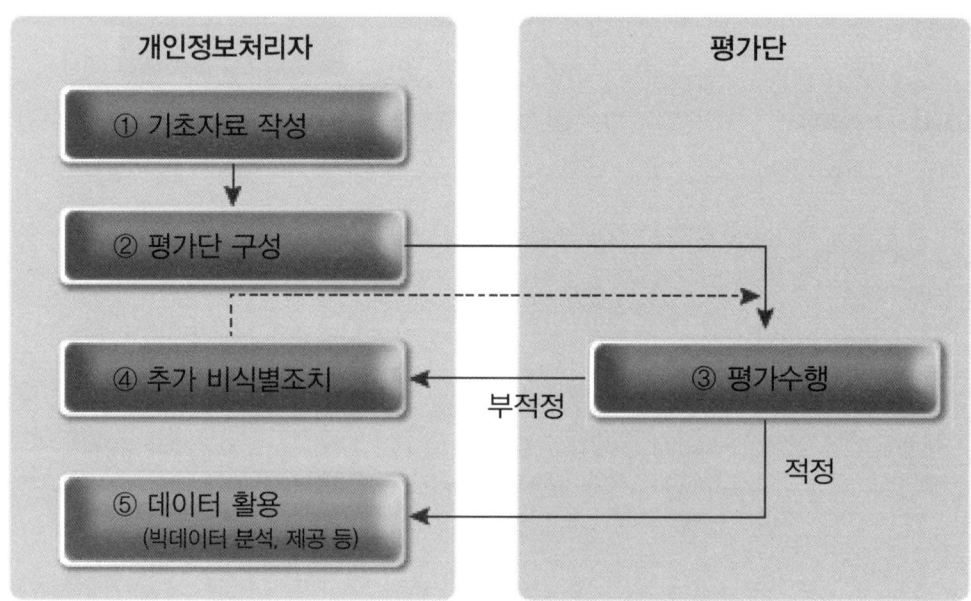

[그림 2-30] 비식별 조치에 대한 적정성 평가 절차

→ 사후관리 단계
- 비식별 정보 안전 조치
- 비식별 조치된 정보가 유출되는 경우 다른 정보와 결합하여 식별될 우려가 있으므로 필수적인 보호조치 이행

- ☞ 관리적 보호조치 : 비식별 정보파일에 대한 관리 담당자 지정, 비식별 조치 관련 정보공유 금지, 이용 목적 달성시 파기 등의 조치가 필요함
- ☞ 기술적 보호조치 : 비식별 정보파일에 대한 접근통제, 접속기록 관리, 보안 프로그램 설치 · 운영 등의 조치 필요

- 비식별 정보 유출 시 보호조치
    - ☞ 유출 원인 분석 및 추가 유출 방지를 위한 관리적 · 기술적 보호조치
    - ☞ 유출된 비식별 정보의 회수 · 파기

- 재식별 가능성 모니터링
    - ☞ 비식별 정보를 이용하거나 제3자에게 제공하려는 사업자 등은 해당 정보의 재식별 가능성을 정기적으로 모니터링을 해야 함
    - ☞ 비식별 정보를 제공 · 위탁한 자가 재식별 가능성을 발견한 경우에는 이를 즉시 그 정보를 처리하고 있는 자에게 통지하고 처리 중단 요구 및 해당 정보를 회수 · 파기하는 등 필요한 조치를 하여야 함

- 비식별 정보 제공 및 위탁계약 시 준수사항
    - ☞ 비식별된 정보를 제3의 기관에 제공하거나, 처리 위탁하는 경우 재식별 위험관리에 관한 내용을 계약서에 포함

- 재식별 시 조치요령
    - ☞ 비식별 정보가 재식별된 경우에는 신속하게 그 정보의 처리를 중단하고 해당 개인정보가 유출되지 않도록 필요한 조치를 하여야 함
    - ☞ 재식별된 정보는 즉시 파기 조치하되, 해당 정보를 다시 활용하려면 비식별 조치 절차를 다시 거쳐야 함

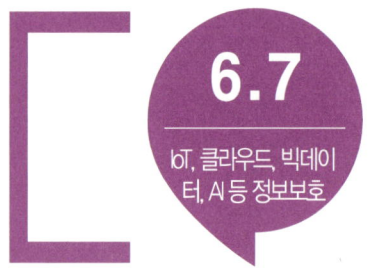

6.7 인공지능의 개념

Chapter 1. 인공지능의 정의

■ 인공지능(Artificial Intelligence, AI)은 인간의 두뇌와 같이 컴퓨터 스스로 추론, 학습, 판단하면서 전문적인 작업을 하거나 인간 고유의 지식 활동을 하는 시스템이다. 기존의 컴퓨터와 같이 프로그래밍된 순서 안에서만 작업하는 시스템과는 달리 좀 더 유연한 문제 해결을 지원하는 데 도움이 된다. 요소 기술로는 추론, 학습, 지각 및 이해 기능과 인공 지능(AI)에서 데이터베이스가 되는 지식 베이스가 있다. AI의 개발 언어로는 리스프(LISP), 프롤로그(PROLOG) 등이 있다.

→ 인공지능과 컴퓨터 시스템과의 비교

인공지능 시스템	컴퓨터 시스템
부족한 입력정보로 결과 생성, 출력 가능	입력정보가 부족하면 결과 생성, 출력불가
휴리스틱 탐색(경험적)	알고리즘적 탐색
추론기능 있음(A=B, B=C, A=C(O))	추론기능 없음(A=B, B=C, A=C(X))
설명 기능 있음	설명기능 없음
지식을 주로 사용	자료나 정보를 사용

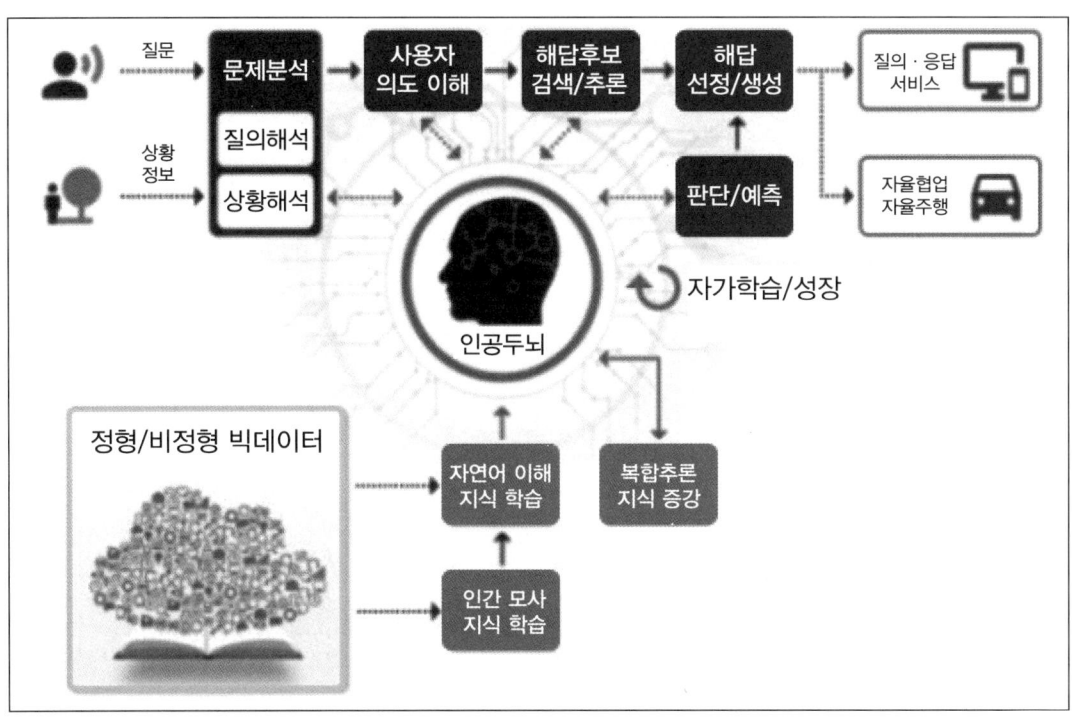

[그림 2-31] 솔투룩스 인공두뇌 '아담(ADAM)' 개념도

■ 강 인공지능과 약 인공지능

→ 강 인공지능(Strong AI)
- 강 인공지능은 어떤 문제를 실제로 사고하고 해결할 수 있는 컴퓨터 기반의 인공적인 지능을 만들어 내는 것에 관한 연구다. 즉, 인공지능의 강한 형태는, 지각력이 있고, 스스로를 인식하는 것이라고 말할 수 있다. 이론적으로 강한 인공지능에는 두 가지 형태가 있다.
  ☞ 인간의 사고와 같이 컴퓨터 프로그램이 행동하고 사고하는 인간형 인공지능.
  ☞ 인간과 다른 형태의 지각과 사고 추론을 발전시키는 컴퓨터 프로그램인 비인간형 인공지능.

→ 약 인공지능(Weak AI)
- 어떤 문제를 실제로 사고하거나 해결할 수는 없는 컴퓨터 기반의 인공적인 지능을 만들어 내는 것에 관한 연구다. 그와 같은 시스템은 진짜 지능이나 지성을 갖추고 있지는 못하지만, 어떤 면에서 보면 지능적인 행동을 보일 것이다. 오늘날 이 분야의 연구는 주로 미리 정의된 규칙의 모음을 이용해서 지능을 흉내내는 컴퓨터 프로그램을 개발하는 것에 맞추어져 있다. 강한 인공지능 분야의 발전은 무척이나 미약했지만, 목표를 무엇에 두느냐에 따라 약한 인공지능 분야에서는 꽤 많은 발전이 이루어졌다고 볼 수 있다.

■ 인공지능의 이슈 배경
→ 인공지능 기술의 진화
- 인공지능에 대한 연구는 수십 년 전부터 이루어져 왔으나 딥러닝의 기술적 진화로 인해 최근 다시 기대감이 높아지는 중이다.
- 소셜 네트워크에서 발생되는 수많은 데이터를 분석하기 위해 이슈화되었던 빅데이터 개념은 사물데이터 영역으로 빠르게 확장되었고 방대한 데이터를 처리하기 위한 클라우드 컴퓨팅 기술도 발전하였다.
- 인공지능 기술은 그동안 기술적 한계로 인해 제대로 된 인공지능 구현에 어려움이 있었으나, 인공신경망 알고리즘을 개선한 딥러닝을 통해 인공지능 기술의 한계를 극복할 수 있게 되었다. 딥러닝은 여러 층으로 구성된 레이어 구조를 가지고 있어서 심층 인공 신경망(Deep neural network)이라고도 부른다.
- 딥러닝은 데이터 기반의 인공지능 학습 알고리즘이며 양질의 데이터를 많이 학습할수록 좋은 성능을 발휘할 수 있다. 레이어의 개수가 증가할수록 많은 양을 처리해야 되어서 고성능 프로세서가 필요하다.
- GPU라는 그래픽 프로세서를 활용하여 고속 데이터 처리를 함으로써 방대한 데이터 학습을 해야 되는 인공지능의 구현이 용이해졌다.

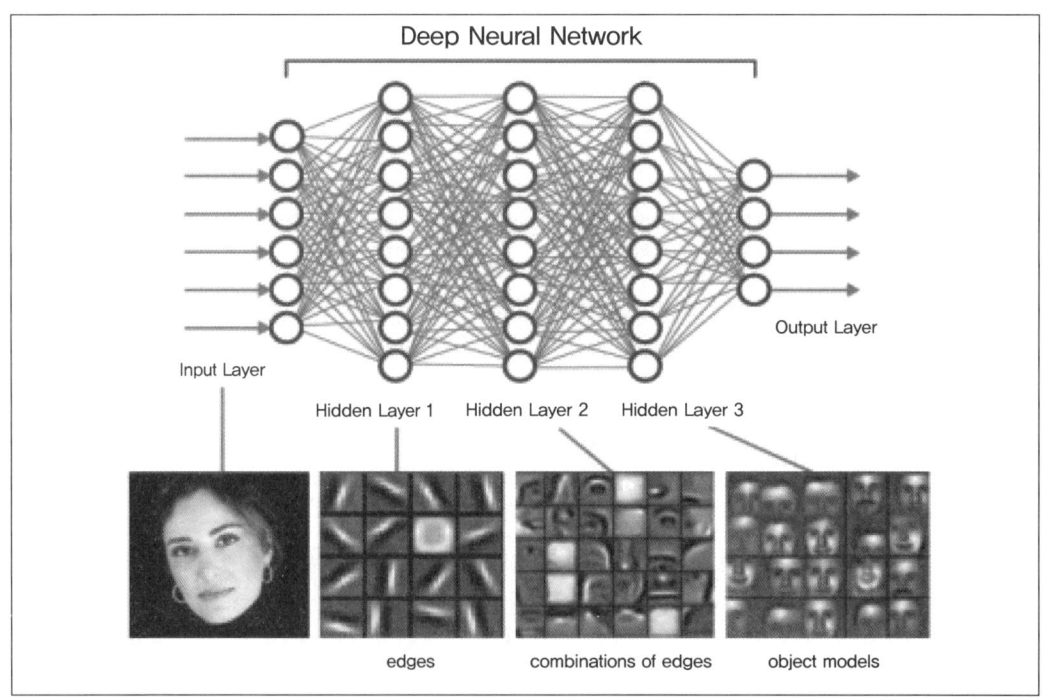

[그림 2-32] 딥러닝의 개념

→ 인공지능에 대한 다양한 활용 니즈의 증대
- 인공지능 기술의 성능 진화로 여러 분야에 인공지능이 도입되는 중이다.
- 딥러닝이라는 인공 신경망 기반의 인공지능 알고리즘을 통해 인공지능 성능이 한층 진화가 되었고, 일부 분야를 중심으로 인공지능을 활용한 서비스를 우선적으로 도입하고 있다.
- 인공지능은 공공, 기업형 서비스 및 일상생활에서도 활용도가 높다.
- 스마트 디바이스 제품의 보편화로 사용자와의 물리적 접점이 확대되며, 스마트 제품은 네트워크로 클라우드와 연동이 되어 다양한 인공지능 서비스를 제공할 수 있다.
- 인공지능을 도입하려는 활용적 배경으로는 인건비 및 생산 원가를 절약하여 이윤을 극대화하려는 자본주의적인 접근, 생활의 편의를 향상시키려는 24시간/365일형 서비스의 확대, 서비스 차별화를 통한 새로운 비즈니스 창출에 대한 니즈 때문이다. 특히 4차산업혁명이라는 패러다임이 등장할 정도로 인공지능에 의한 산업 및 경제적 변화가 크게 발생할 것으로 보인다.
- 인공지능 서비스의 도입으로 인해 의료, 법률, 금융, 통·번역, 교육, 교통, 유통, 여행, 행정, 세무 등의 다양한 전문 분야에서 일자리 창출 및 서비스 품질 변화가 이루어질 것이다.
- 인공지능은 삶의 다양한 문제들을 해결하는 방향으로 진화될 것이다.
- 저출산, 고령화의 사회/인구적 요인과 기후변화, 환경오염과 같은 자연/환경적 요인에 의해서도 인공지능을 도입하려는 노력이 더욱 가속화될 것이다.

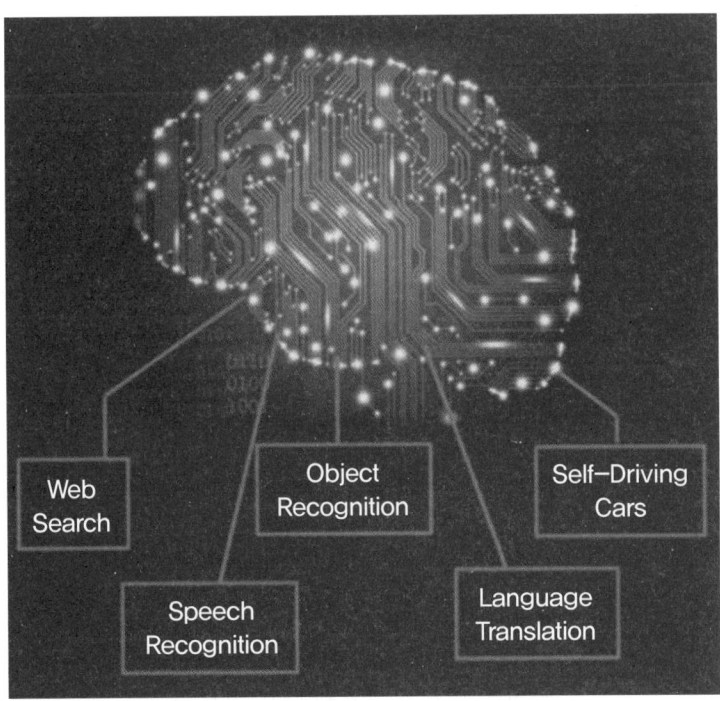

[그림 2-33] 인공지능의 활용 기술 분야

Chapter 2. 인공지능 구현기술

■ AI 구현 기술은 어떤 것으로 정의된 부분이 있지 않고 주어진 문제를 해결할 수 있다면 기법과 기술을 가리지 않고 사용된다. 이론적 개연성이 전혀 없는 기술도 적용하여 결과물의 품질이 우수하다면 인정된다. 아래는 많이 사용되는 기술, 기법들의 일부이다.

→ 전문가 시스템(Expert System)
- 전문가 시스템은 방대한 지식 체계를 규칙으로 표현하여, 데이터를 입력하면 컴퓨터가 정해진 규칙에 따라 판단을 내리도록 한다. 간단히 말해서 무지막지하게 많은 IF THEN ELSE로 구성되어 있는 시스템이다. 어떻게 보면 무식한 방법이지만 룰의 종류가 많으면 많을수록 정확도는 높아지게 된다. 특성상 제한된 상황에서 제한된 특정 물건을 인식하거나 행동할 때는 문제가 되지 않지만 규칙에 없는 상황이나 물체에 대한 유연한 대응이 불가능하다.

→ 퍼지 이론(Fuzzy Theory)
- 자연 상의 모호한 상태, 예를 들어 자연 언어에서의 애매모호함을 정량적으로 표현하거나, 그 반대로 정량적인 값을 자연의 애매모호한 값으로 바꾸기 위해 도입된 개념. 예를 들어 인간이 "시원하다." 라고 느낄 때 그 온도가 얼마인지를 정해 사용하는 것이다.

→ 기계학습(Machine Learning)
- 이름에서 알 수 있듯이 기계학습은 기계, 즉 컴퓨터를 인간처럼 학습시켜 스스로 규칙을 형성할 수 있지 않을까 하는 시도에서 비롯되었다. 주로 통계적인 접근 방법을 사용하는데, 위의 독감의 예와 반대로 "독감이 걸린 사람은 대부분 열이 많이 나고 오한이 있고 구토 증상이 있었다." 라는 통계에 기반하여 독감을 진단하는 것이다.

→ 인공신경망(Artificial Neuron Network)
- 기계학습 분야에서 연구되고 있는 학습 알고리즘들 중 하나이다. 주로 패턴인식에 쓰이는 기술로, 인간의 뇌의 뉴런과 시냅스의 연결을 프로그램으로 재현하는 것이다. 간단하게 설명하자면 '가상의 뉴런'을 '시뮬레이션'한다고 볼 수 있는 것으로서(물론 실제 뉴런의 동작구조와 같은 것은 아니다.), 일반적으로 신경망 구조를 만든 다음 '학습'을 시키는 방법으로 적절한 기능을 부여한다. 현재까지 밝혀진 지성을 가진 시스템 중 인간의 뇌가 가장 훌륭한 성능을 가지고 있기 때문에 뇌를 모방하는 인공신경망은 상당히 궁극적인 목표를 가지고 발달된 학문이라 볼 수 있다.

→ 유전 알고리즘(Genetic Algorithm)
- 자연의 진화 과정, 즉 어떤 세대를 구성하는 개체군의 교배(CrossOver)와 돌연변이(Mutation)과정을 통해 세대를 반복시켜 특정한 문제의 적절한 답을 찾는 것. 대부분의 알고리즘이 문제를

수식으로 표현하여 미분을 통해 극대/극소를 찾는 것이 반해, 유전자 알고리즘은 미분하기 어려운 문제에 대해 정확한 답이 아닌 최대한 적합한 답을 찾는 것이 목적이다.

→ BDI 아키텍처(BDI Architecture)
- 인간이 생각하고 행동하는 과정을 Belief(믿음), Desire(목표), Intention(의도)의 세가지 영역으로 나누어 이를 모방하는 소프트웨어 시스템의 구성방법을 말한다. 사람은 자신이 알고 있는 진실을 바탕으로 자신이 이루고자 하는 다양한 목표를 달성하기 위하여 현재 수행할 수 있는 여러가지 행동들 중에서 가장 적합한 것을 골라 현재의 수행하는 행위의 의도를 결정하는 방법으로 구성된다.

→ 인공생명(Artificial Life)
- 말 그대로 프로그램에 단순한 인공지능이 아닌 실제 살아있는 유기체처럼 스스로 움직이고 생활하기 위한 능력을 부여하는 것. 실제 생명체를 갖고 실험하기에는 너무 시간이 오래 걸리기 때문에 가상의 시스템(환경)을 통해 생명체에 대한 연구하기 위한 목적이다.

Chapter 3. 인공지능의 활용

■ 인공지능 생활 시나리오 방향
→ 사용자 관점의 인공지능 시나리오
- 기술보다는 인공지능의 활용 및 니즈 관점에서 고민 필요
- 인공지능 기술의 수준은 구글 알파고나 IBM 왓슨을 통해 충분히 가능성을 보여주었다. 이제는 기술의 구현성보다는 사용자 니즈 및 가치 측면에서 고민이 필요하다. 즉 인공지능 기술 개발, 정책 및 비즈니스 등을 고민해야 하며 중요한 가치가 있는 영역은 기술적 구현이 어렵더라도 집중적으로 기술 개발에 투자할 의미가 있기 때문이다.
- 어떤 분야에서는 인공지능이 가까운 미래에서 현실화될 수 있고, 어떤 분야는 먼 미래에나 구현이 가능한 분야일 수 있다. 중요한 것은 인공지능이 사람들에게 어떤 가치를 주고 생활 속에서 얼마나 잘 사용될 수 있을 것인지 이다.
- 현재의 인공지능 기술 수준으로만 미래의 가능성을 판단할 필요는 없다. 향후 인공지능 기술의 발전으로 인해 가능해질 미래 변화를 예측하는 게 필요하다. 미래에는 인공지능에 의해 인공지능 기술이 진화하고 더욱 강력한 인공지능 성능을 발휘할 수 있을 것으로 예상된다.
- 복잡하고 다양한 사회문제를 해결하기 위해 시민들이 인공지능 기술을 활용하여 참여하는 경우가 많아질 것이다.

→ 편리한 일상생활
- 미래는 사물인터넷과 인공지능의 결합을 기반으로 더욱 편리한 일상생활이 가능해질 것이다.

- 인공지능은 물리적으로 자율주행자동차 및 로봇, 인터랙션은 증강현실/가상현실, 데이터 수집은 사물인터넷과 결합됨으로써 생활 속의 다양한 서비스를 구현할 수 있게 된다.

→ 업무의 효율화
- 인공지능은 사람이 하던 많은 일을 대신할 수 있고, 심지어 사람이 하지 못했던 일도 거뜬히 대체할 것이다.
- 인공지능은 특정 지식이 있어야만 가능했던 전문가 서비스영역에서도 중요한 역할을 하게 될 것이다. 자격증이 필요한 변호사, 변리사, 회계사, 의사 등을 대체하거나 이들을 보조해줄 수 있는 서비스가 가능해진다.
- 간단한 일에 대해서는 전문가를 대체하여 인공지능이 알아서 처리가 가능해진다. 오랜 경험이 축적된 노하우 분야에서도 인공지능은 전문가의 노하우를 학습하여 그 어떤 경력자보다 일을 더 잘 처리할 수 있다.
- 인공지능은 사람의 일자리를 한꺼번에 대체하기 보다는 사람의 보조역할로서 점점 진화하게 될 것이다.
- 인공지능에 대한 신뢰나 심리적인 요인, 노동자들의 반발 등 여러 요인들에 의해 초기에는 단순히 사람을 보조해주는 역할을 하다가 단계적으로 사람의 역할을 대체하는 형태로 발전할 것이다. 예를 들어 어떤 회사에 100명의 직원이 있다면 절반은 사람, 절반은 인공지능을 도입하는 형태로 인공 지능을 활용하게 될 것이다.
- 사람은 감정을 지니고 있기 때문에 인공지능이 사람의 감정 영역까지 완벽히 대체하기에는 한계가 있다. 당분간 인공지능은 감정보다는 지식과 경험을 기반으로 하는 분야에서의 많은 역할을 할 수 있을 것이다.
- 인공지능은 제조, 서비스, 인프라 등의 분야에 도입이 되며 자동차, 제조, 금융, 의료, 유통 물류, 문화관광, 농업, 도시 교통, 공공, 에너지 등의 분야에서 큰 변화가 예상된다.
- 제조 분야에서는 자율주행차, 실내 온/습도 환경 조절, 도난/화재 방지, 에너지 효율화, 스마트 공장 등이 가능해질 것이다.
- 서비스 분야에서는 고객 상담, 문서 작성, 신용평가, 주식 투자, 자가 건강관리, 전염병 예측, 수술 로봇, 화물 배송, 드론, 창고 관리, 통/번역, 관광 등에서 다양한 서비스, 로봇, 사물인터넷 제품이 등장할 것이다.

■ 인공지능 기술은 독립된 제품보다는 다른 응용기술이나 사업에 접목되어 제품 경쟁력을 제고시키고 다양한 신산업을 창출하고 있다. 산업적 관점에서 보았을 때 인공지능은 인지, 학습, 추론 등 인간의 사고능력을 모방하는 인공지능 관련 기술을 접목해 제품 및 서비스 경쟁력을 제고시키는 산업을 포괄한다. 거의 모든 분야에서 직면하는 다양한 문제를 해결하기 위해 인공지능 기술이 이용되고 있어서 현시점에서 인공지능의 산업적 영역을 명확히 규정하는 것은 불가능하다고 볼 수 있다.

[그림 2-34] AI 응용 주요 산업 분야

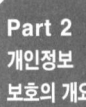

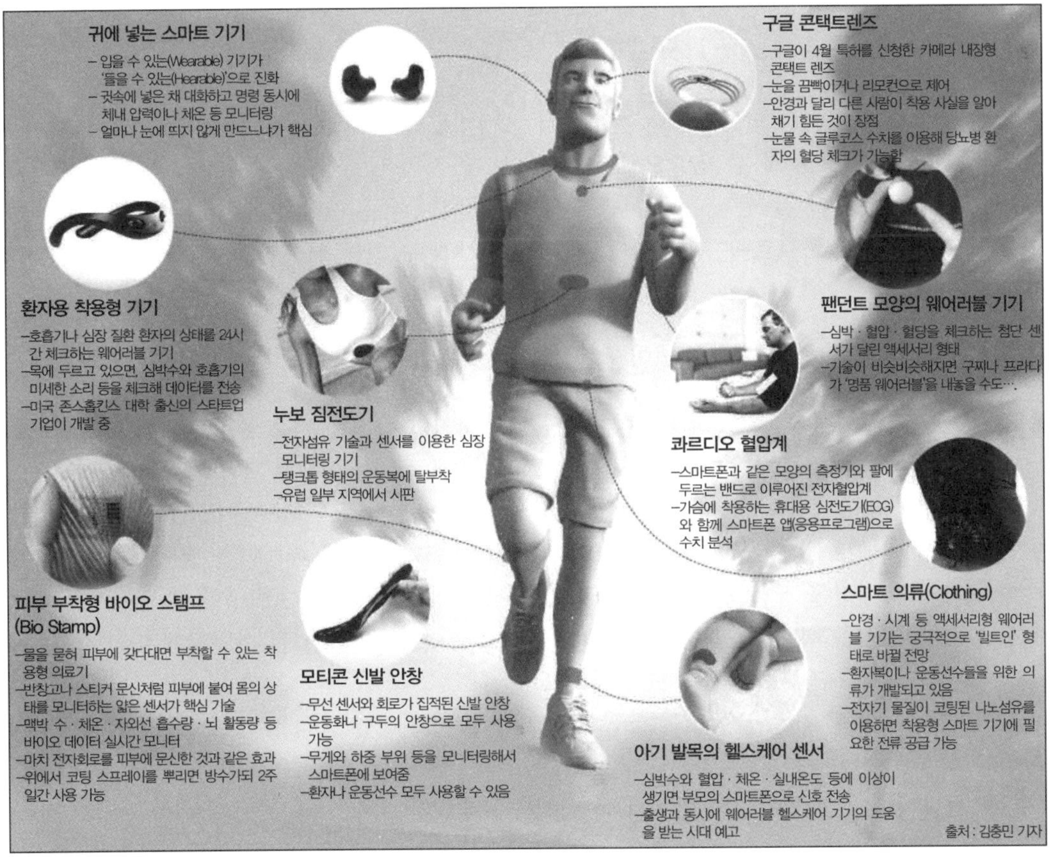

[그림 2-35] '헬스케어'로 달려가는 웨어러블 기기

인공지능의 보안

Chapter 1. 인공지능 환경에서의 보안

■ AI 환경에서의 보안은 약인공지능 환경에서는 정의된 알고리즘을 이용해서 지능을 흉내내는 컴퓨터 프로그램으로 볼 수 있으므로 올바른 알고리즘 선택, 기존 컴퓨터 시스템에 대한 보안 적용 정도면 보안이 될 것이다. 하지만 인공지능 환경에서는 지각력이 있고, 스스로를 인식하는 것으로 목표로 하므로 인공지능이 윤리의식을 가질 수 있도록 구현하는 것이 필요하다.

Chapter 2. 인공지능을 활용한 보안

■ AI를 이용한 보안은 AI 기술의 활용 분야 중 하나이지만 아직은 기초적인 단계에 머무르고 있다. 날이 갈수록 다양하고 지능화되고 있는 공격에 대응하기 위하여 AI의 기술의 적용이 필수적이다. 다양한 보안 위협과 외부 침해 징후를 예방·탐지하기 위해서는 IDS, IPS 등 보안 장비의 탐지 이벤트 별로 사고 패턴을 정의해서 인식하고, 수집된 데이터를 통합적으로 연계하여 침해사고 패턴을 실시간으로 탐지하고 분석하는 것이 필요하다. 발생한 보안 이벤트에 대한 분석에도 AI를 이용하기 위한 연구가 진행되고 있다. 앞으로 AI가 발달함에 따라 활용분야는 더 다양해지고 정확도는 성숙될 것이다.

→ APT, 랜섬웨어 등 새로운 공격들이 발생함에 따라 이에 대한 공격 대응에 어려움이 발생하고 있다.

- 많은 보안이벤트 발생에 대한 대응이 어렵고 다수의 오탐 발생
  - ☞ 하루에 발생하는 보안 이벤트는 회사당 평균 20만개이며, 오탐을 처리하는 비용은 1년에 약 13억임(IBM : Cybersecurity Intelligence Index 2015, Ponemon : Cost of Malware

Containment 2015).

- 보안 위협을 분석하기 위한 물리적 시간 부족
  - ☞ 보안팀의 80%는 보안사고 시 만약 위협 인텔리전스 플랫폼을 가지고 있었다면 공격을 예방하거나 피해를 최소화 했을 것이라고 믿고 있음(Ponemon : Cost of a Data Breach Report 2015)
- 전세계적인 보안 전문가의 부족
  - ☞ 대기업의 83% 가 적절한 스킬 레벨을 가진 인력을 찾는데 어려움을 겪고 있으며, 2020년까지 150만명의 보안인력이 부족할 것으로 예측됨(Ponemon : Cyber Threat Intelligence Report 2015)

영화 아이로봇에서 나오는 로봇공학의 3원칙

- 제 0원칙 : 로봇은 인류에게 해를 가할만한 명령을 받거나 행동을 하지 않음으로써 '인류'에게 해가 가해지는 것을 방치해서도 안 된다.
- 제 1원칙 : 로봇은 인간에게 해를 입혀서는 안 된다. 그리고 위험에 처한 인간을 모른 척 해서도 안 된다.
- 제 2원칙 : 제1원칙에 위배되지 않는 한, 로봇은 인간의 명령에 복종해야 한다.
- 제 3원칙 : 제1원칙과 제2원칙에 위배되지 않는 한, 로봇은 로봇 자신을 지켜야 한다.

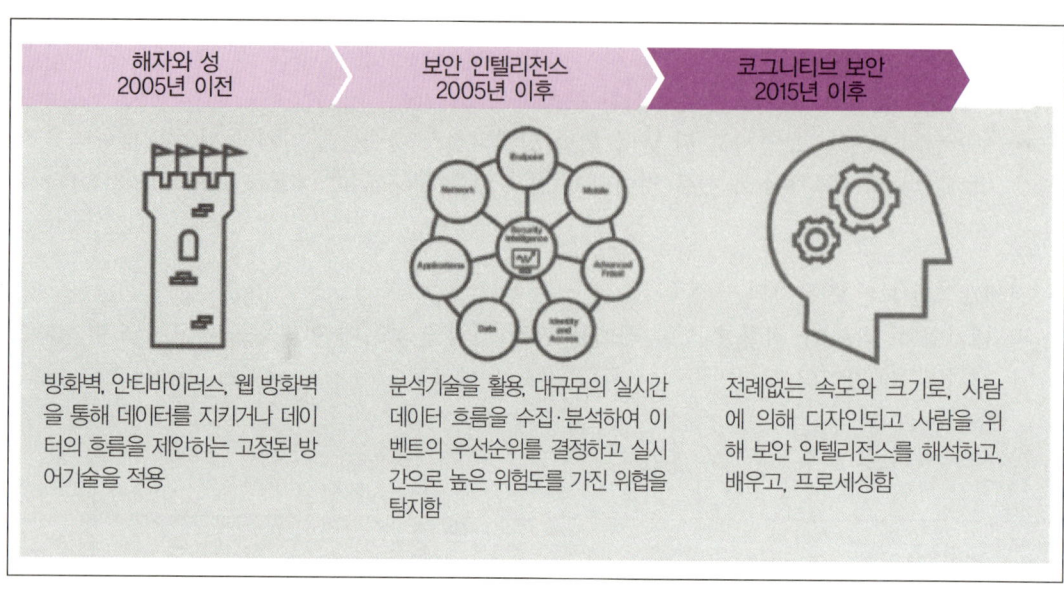

[그림 2-36] 보안 솔루션 발전 단계(IBM)

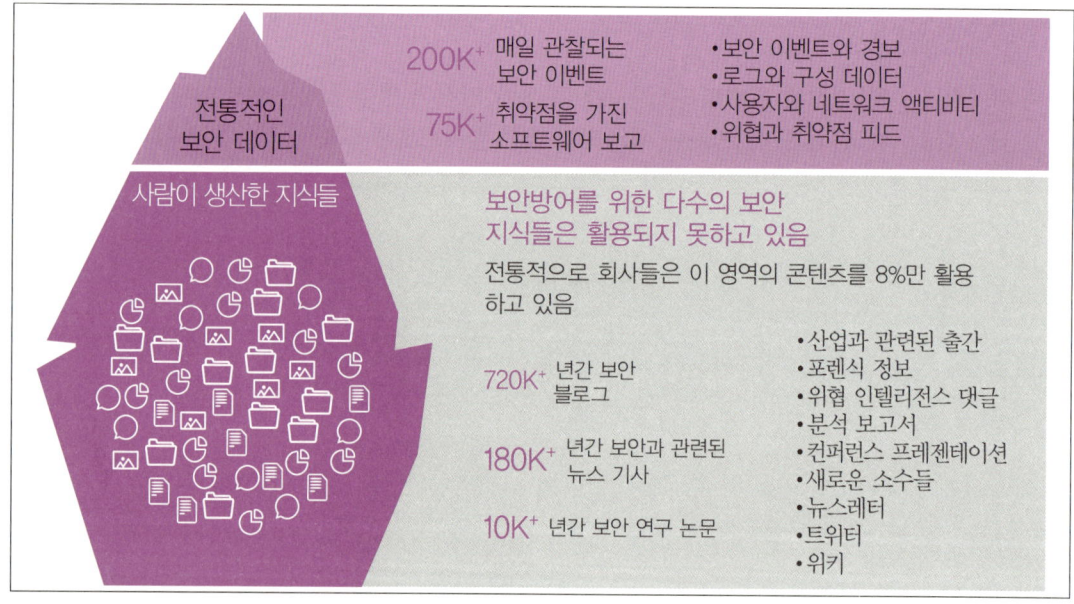

[그림 2-37] 보안데이터에 대한 활용현황

→ AI를 이용한 보안 활용 단계
- 수집 : 보안 위협 문서, 온라인 보안 문서, 보안 전문가

- 학습 : 위협 요소, 지시어, 보안 SME, 머신 러닝

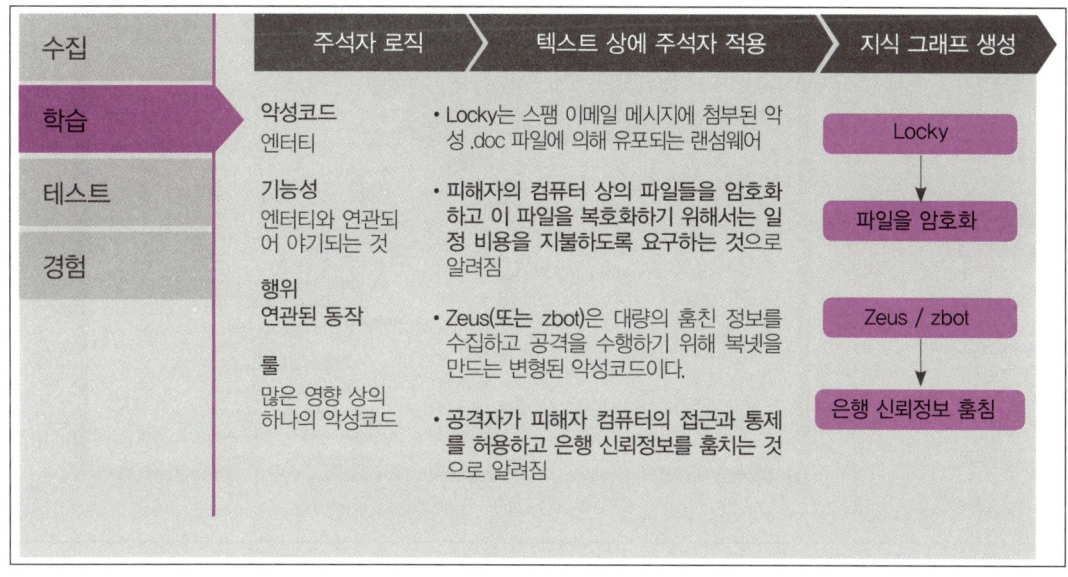

- 테스트 : Q/A 테스트, 점수화, UI 통한 답변 제시

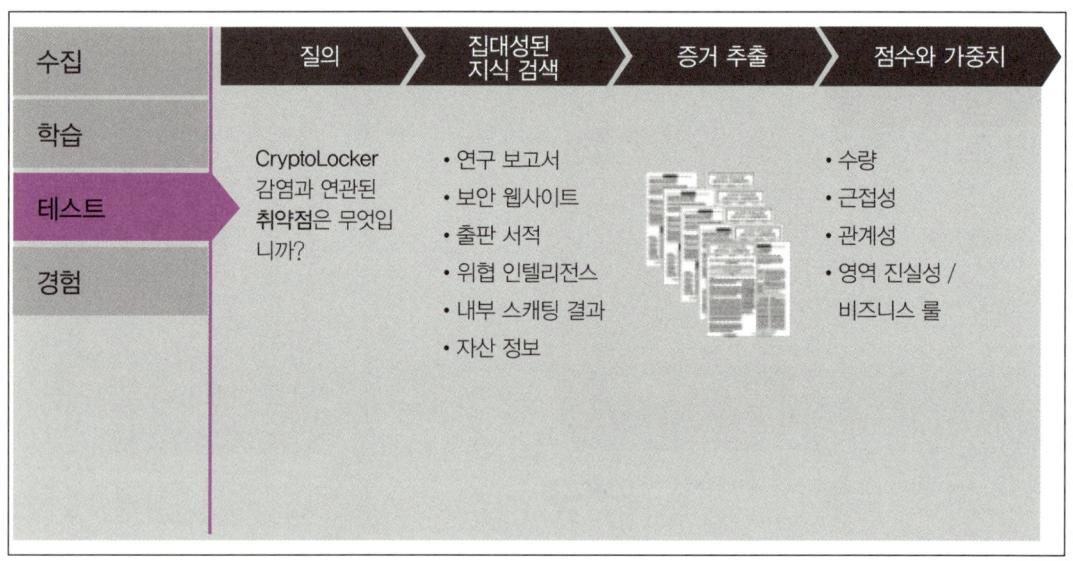

- 경험 : 지속적 학습, 새로운 보안 지식 적용

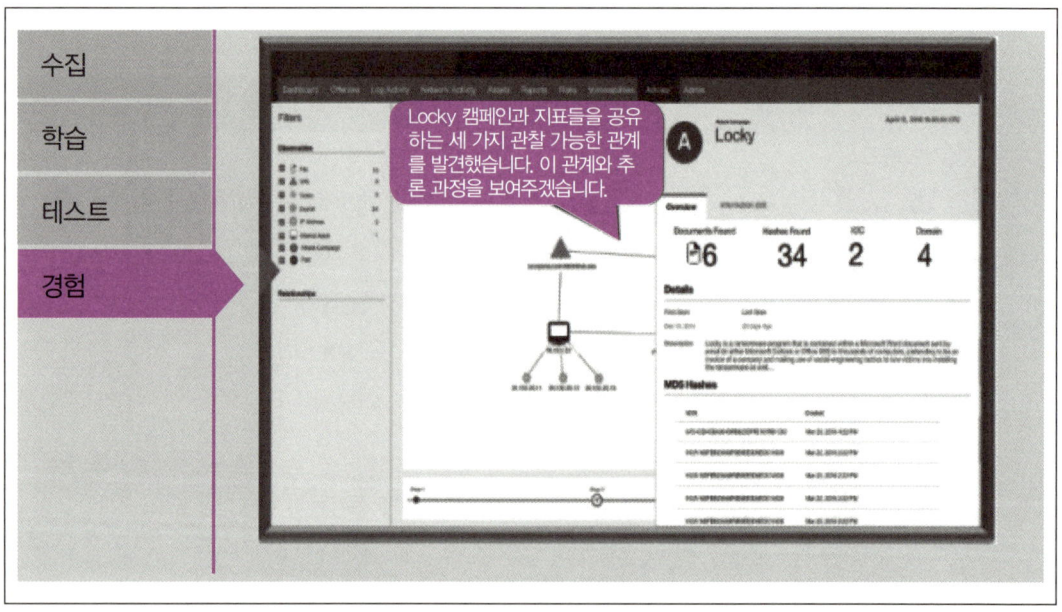

6장 IoT, 클라우드, 빅데이터, AI 등 정보보호 | 핵심정리

→ IoT는 사물이 유무선 네트워크로 연결되어 인터넷 전반에서 추적·조정·통제될 수 있도록 하는 센서·구동기·데이터 통신 기술을 사용하는 것을 의미한다.

→ IoT의 3대 주요 기술로는 센싱(Sensing) 기술, 유·무선 통신 및 네트워크 인프라 기술, IoT 서비스 인터페이스 기술이다.

→ IoT의 주요 보안 취약점은 저사양 디바이스 해킹, 디바이스 관리 취약점, 무선 네트워크 취약점, 공개 플랫폼 취약점, 개인정보 유출 침해와 같은 것이다.

→ IoT의 공통 보안 7대 원칙
  ① IoT 장치의 설계·개발 단계의 보안 요구 사항
  ② 안전한 소프트웨어 및 하드웨어 개발 기술 적용 및 검증
  ③ 안전한 초기 보안 설정 방안 제공
  ④ 보안 프로토콜 준수 및 안전한 파라미터 설정
  ⑤ IoT 제품·서비스의 취약점 보안패치 및 업데이트 지속 이행
  ⑥ 안전한 운영·관리를 위한 정보보호 및 프라이버시 관리체계 마련
  ⑦ IoT 침해사고 대응체계 및 책임추적성 확보 방안 마련

→ 클라우드 컴퓨팅 7대 보안 위협으로는 클라우드 서비스 오남용, 안전하지 않은 어플리케이션 프로그래밍 인터페이스, 악의적인 내부 관계자, 공유기술의 취약점, 데이터 유실 및 유출, 계정/서비스 하이제킹, 알려지지 않은 위협 프로파일 등이다.

→ 클라우드 컴퓨팅 관련 법률에는 「클라우드컴퓨팅 발전 및 이용자 보호에 관한 법률」, 「클라우드컴퓨팅서비스 정보보호에 관한 기준」 등이 있으며 이외 「개인정보 보호법」, 「정보통신망 이용촉진 및 정보보호 등에 관한 법률」 등도 연관이 된다.

→ 빅데이터는 동영상, SNS, 음악, 사진 등 비정형 데이터를 포함한 데이터를 이야기한다. 스마트폰과 같은 스마트 기기의 빠른 확산, 소셜 네트워킹 서비스(SNS)의 활성화, 사물 인터넷(IoT)의 확대로 데이터 폭발이 더욱 가속화되고 있다.

→ 빅데이터는 정치, 사회, 경제, 문화, 과학 기술 등 전 영역에 걸쳐서 사회와 인류에게 가치 있는 정보를 제공할 수 있는 가능성을 제시하며 그 중요성이 부각되고 있다.

→ 빅데이터는 수많은 개인들의 수많은 정보를 토함하고 있어 데이터를 수집할 때에 개인들의 사적인 정보까지 수집이 될 수 있어 개인정보 보호에 대한 이슈가 발생한다.

→ 빅데이터의 활용을 위한 수집, 저장, 분석, 가시화, 폐기 단계 별 보안 조치를 이용하여 빅데이터에 대한 정보보호 활동을 하여야 한다.

- → 빅데이터 내의 개인정보를 보호하기 위한 조치로 개인정보 비식별 조치가 필요하다. 개인정보 비식별 조치는 정보 집합물(데이터 셋)에서 개인을 식별할 수 있는 요소를 전부 또는 일부 삭제하거나 대체하는 등의 방법을 활용, 개인을 알아볼 수 없도록 하는 조치를 말한다.
- → 인공지능(Artificial Intelligence, AI)은 인간의 두뇌와 같이 컴퓨터 스스로 추론, 학습, 판단하면서 전문적인 작업을 하거나 인간 고유의 지식 활동을 하는 시스템으로 약 인공지능과 강 인공지능으로 구분할 수 있다.
- → 인공지능 기술은 어떤 것으로 정의된 부분이 있지 않고 주어진 문제를 해결할 수 있다면 기법과 기술을 가리지 않고 사용된다. 이론적 개연성이 전혀 없는 기술도 적용하여 결과물의 품질이 우수하다면 인정된다.
- → 인공지능 기술은 독립된 제품보다는 다른 응용기술이나 사업에 접목되어 제품 경쟁력을 제고시키고 다양한 신산업을 창출하고 있다. 대표적인 예로 구글의 알파고, IBM의 왓슨 등이 있다.
- → 인공지능이 발달함에 따라 변화되는 사회변화에 대한 대응이 필요하다. 대표적인 예로 일자리 변화 및 신규 서비스의 등장, 소득 양극화 및 사회 제도 변화, 사회 인프라의 변화가 일어날 것으로 예측되고 있다.
- → 인공지능 환경에서는 지각력이 있고, 스스로를 인식하는 것으로 목표로 함으로 인공지능이 윤리의식을 가질 수 있도록 구현하는 것이 필요하다.
- → 인공지능을 이용한 보안기술은 갈수록 다양하고 지능화되고 있는 공격에 대응하기 위하여 침입 탐지 기술, 보안 이벤트 분석 기술 등이 나날이 발전하고 있다.

제7장

보안 시스템 운영

학습 및 평가 목표

정보보안을 위한 솔루션의 종류를 알아보고 각 솔루션에 대한 역할 및 사용 방법을 학습한다.

방화벽 기능 및 작동원리

Chapter1. 방화벽 기능 및 작동원리

■ 방화벽의 기본 개념 및 운영

→ 기업이나 조직의 모든 정보가 컴퓨터에 저장되면서, 컴퓨터의 정보 보안을 위해 외부에서 내부, 내부에서 외부의 정보통신망에 불법으로 접근하는 것을 차단하는 시스템이다.

→ 기업이나 조직 내부의 네트워크와 인터넷 간에 전송되는 정보를 선별해 수용, 거부, 수정하는 능력을 가진 보안 시스템을 말한다. 외부 인터넷과 조직 내부의 전용통신망 경계에 건물의 방화벽과 같은 기능을 가진 시스템, 즉 라우터나 응용 게이트웨이 등을 설치해 모든 정보의 흐름이 이들을 통해서만 이루어진다.

→ 전용통신망에 불법 사용자들이 접근해 컴퓨터 자원을 사용 또는 교란하거나 중요한 정보들을 불법으로 외부에 유출하는 행위를 방지하는 것이 목적이다. 모든 정보가 컴퓨터에 저장되고 컴퓨팅 환경 또한 다양하고 복잡해지면서 정보를 보호하는 일이 급선무로 떠오르자 이에 대한 대책으로 개발했다.

→ 원리는 허가된 사용자 외에는 접근 자체를 차단하는 것으로, 현재까지 정보통신망의 불법 접근을 차단할 수 있는 가장 기본적인 대책이다. 그것은 다양한 컴퓨터 시스템들이 각기 다른 운영체제에서 움직이며, 각 시스템이 안고 있는 보안의 문제점도 서로 다르기 때문에 호스트 컴퓨터마다 일정한 수준의 보안 능력을 부여하기는 어렵기 때문이다.

→ 방화벽의 등장은 인트라넷과 긴밀히 관련되어 있다. 방화벽과 인트라넷의 관계를 흔히 공생관계라고 한다. 즉 방화벽이 없는 인트라넷이란 대문 없는 집과 같고, 인트라넷이 구현되지 않는 네트워크에서 방화벽의 존재 또한 의미가 없기 때문이다. 따라서 인트라넷의 열풍은 방화벽 시장을 활성화시키는 촉매제 역할을 하고 있다.

→ 방화벽은 아래와 같이 기본적으로 내부 사설 아이피와 외부의 공인 아이피를 연결한다.

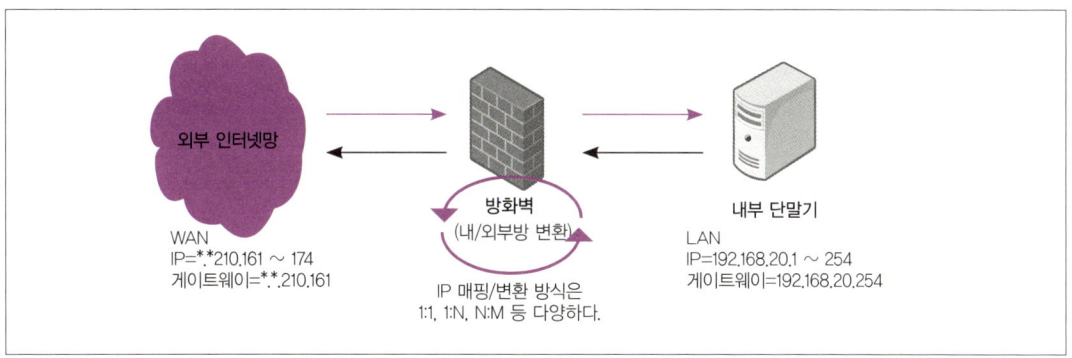

[그림 2-38] 방화벽 기본 개념도

→ 방화벽은 신뢰도가 다른 두 개의 네트워크 사이에 위치하며 내부 네트워크를 보호하기 위해 각 서비스(ftp, telnet 등)별로 IP주소, Port 번호를 이용해 외부의 접속을 차단하거나 허용하며 다양한 공격을 차단할 수 있다. 또 상호 접속된 내부, 외부 네트워크 트래픽을 감시하고 기록한다. 그 외에도 방화벽은 네트워크 주소 변환, 패킷 필터링, 상태 패킷 조사, 어플리케이션 게이트웨이, 서킷 게이트웨이 등이 있다.
→ 방화벽 방어방법은 크게 두 종류가 있다. 패킷 필터링과 어플리케이션 게이트웨이다.

■ 패킷 필터링은 소스 및 대상 IP주소, 포트번호 등 통신 데이터의 통과 여부를 판단해 무단 접근을 방지한다. 어플리케이션 게이트웨이는 통신을 중계하는 프록시 서버를 이용해 사내 네트워크와 인터넷 사이에 직접 통신할 수 없도록 한다.

■ 방화벽 제조사가 매우 많아 정책을 운영하는 환경은 다양하나 기본적인 운영은 큰 차이는 없다. 아래 방화벽 화면을 예시로 그 개념과 운영에 대해 알아보도록 한다.
- 다음 그림의 26번 정책을 보면 '차단IP_영구' 객체는 출발지이며 'ANY'는 목적지, 그 다음 'ANY'는 서비스를 말한다.

| 26 | 차단IP_____영구 | ANY | ANY | |
| 25 | ANY | 차단IP_____영구 | ANY | |

- 26번 정책의 '차단IP_영구' 객체에 속하는 IP를 내부 전체 네트워크로 들어오지 못하게 차단하도록 설정되어 있다. 25번 정책의 내부 전체 네트워크에서 '차단IP_영구' 객체에 속한 IP로 나가는 통신을 전부 차단하도록 설정되어 있다.
- 정책의 마지막에는 ANY-ANY-DENY 정책을 기본으로 한다.

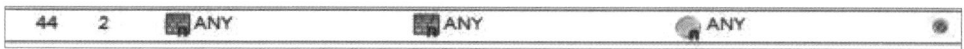

- 26번 정책의 '차단IP_영구'의 객체를 보면 객체 안에 차단 등록된 IP 목록을 볼 수 있다.

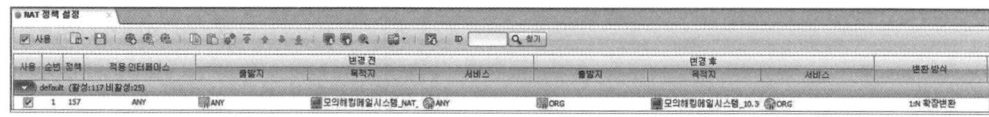

- 객체 안의 차단된 IP 목록이다. 방화벽은 차단 등록할 IP를 묶어서 한 객체로 만들 수 있다.

■ 방화벽은 NAT 기능을 제공해 사설 IP(10.3*.0.0)에서 외부로 통신할 때 공인 IP로 변경해 통신하도록 한다.

■ IP 차단 후 차단이 되었는지 가상으로 패킷을 보내어 외부로 통신이 잘 이루어지는지 검사를 하는 기능도 있다. 아래 그림은 내부에서 210.120.128.162의 목적지로 패킷이 잘 나가는지 테스트하는 예이다.

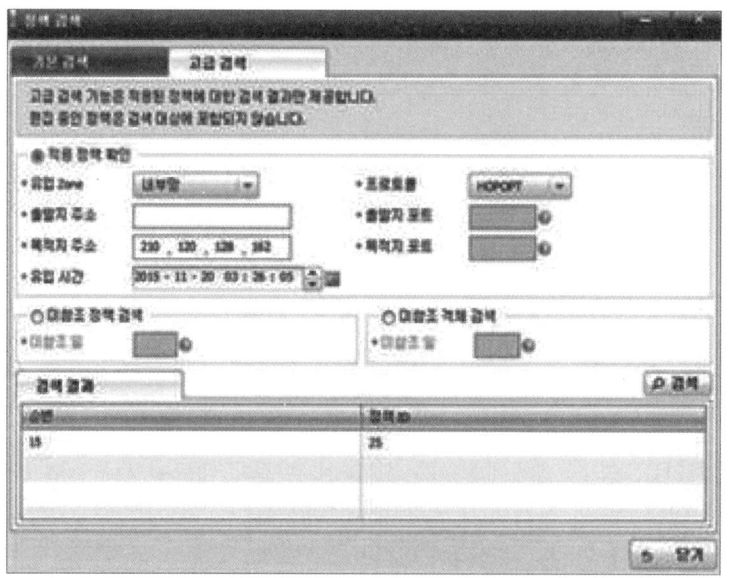

■ 내부 출발지에서 목적지 210.120.128.162(유해 IP)로 가상 패킷을 보낸 결과, 정책번호 25번의 정책에서 차단 되고 있음을 알 수 있다. 이를 확인해 통신이 잘 이루어지지 않는다면 방화벽 룰을 점검해야 한다.

■ 방화벽의 구성과 작동원리
→ 많은 방화벽은 네트워크 주소 변환(NAT) 기능을 가진다. 내부 네트워크에서 사용하는 IP 주소와 외부에 드러나는 주소를 다르게 유지할 수 있기 때문에 내부 네트워크에 대한 어느 정도의 보안 기능을 한다. 또한 동일한 IP를 사용할 수 있기 때문에 인터넷 통신을 위해서 사용하는 모든 컴퓨터 수만큼 IP주소를 구매할 필요가 없어 경제적이다. 동시에 IPv4 주소를 더 효율적으로 이용해 IPv4 주소의 완전 고갈을 늦춘다.

■ 내부 IP주소 개수보다 더 적은 외부 IP주소를 사용하므로 하나의 외부 IP주소 당 여러 내부 IP 주소가 짝지어져야 한다. 이때 내부에서는 서로 다른 세션이 외부에서는 하나의 세션으로 보일 수 있다. 이처럼 세션 충돌이 생겼을 경우 출발지 포트를 변경해 충돌을 피하는데 이를 포트 주소 변환(PAT) 이라고 부르기도 한다.

■ 네트워크 주소 변환을 위해서도 방화벽 정책과 같은 정책을 수립해야 한다. 일반적으로 RFC1918에 정한 사설 IP 네트워크 대역인 10.0.0.0/8, 172.16.0.0/12, 192.168.0.0/24 대역을 내부 네트워크의 주소(사설 IP)로 하고 이 네트워크 전체가 적은 수의 외부 IP 주소로 변환되도록 정책이 만들어져야 한다.

■ 1:1 변환(기본 방식) : 방화벽이 외부인터넷과 내부망을 연계할 때 아이피 주소를 매핑하는 방식은 여러 가지가 있다. 가장 기본적인 방식 중의 하나가 1:1 변환방식이다. 공인 아이피 1개와 내부 아이피 1개가 1:1로 매칭된다.
→ Static NAT 기능을 하며, 변경 전 주소와 변경 후 주소가 1:1로 지정되는 방식이다.

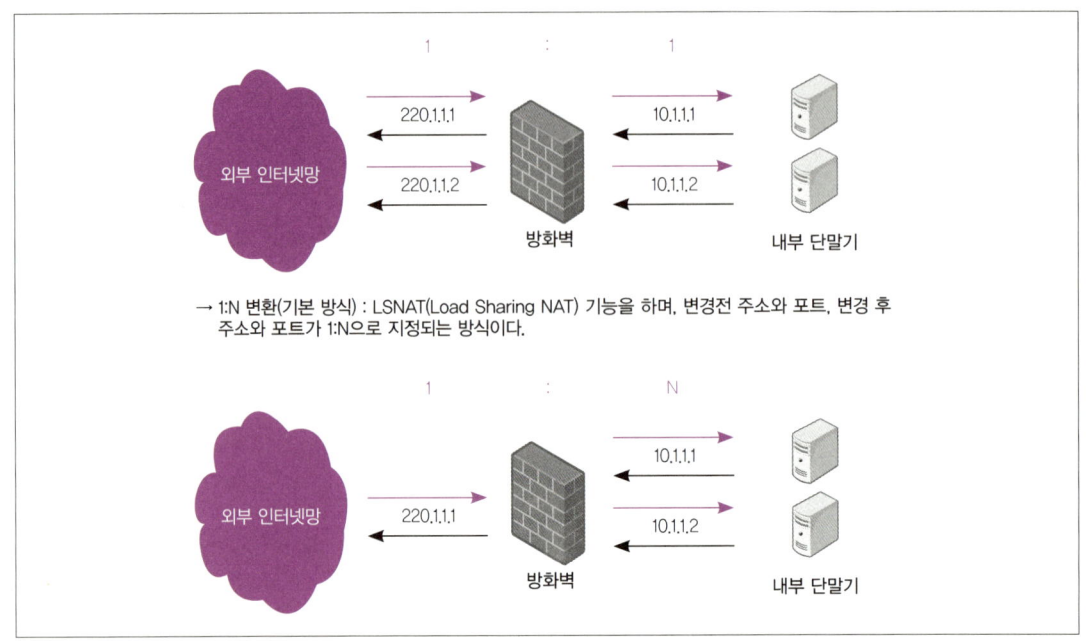

[그림 2-39] 방화벽의 작동 원리

7.2 IPS/TMS 기능 및 작동원리
보안 시스템 운영

Chapter 1. IPS(IDS)/TMS 기능 및 작동원리

■ IPS(침입방지 시스템)
→ 공격 패턴을 기반으로 패턴과 일치하는 패킷에 대해서는 차단하는 보안 시스템이다. 주기적인 패턴 업데이트가 필요하며 정상 트래픽도 패턴과 일치할 경우 차단하므로 오탐 가능성이 있다.
→ 웹해킹 및 악성코드에 대한 차단이 가능하고 패턴이 없다면 잘 알려진 공격도 차단이 불가능하다.
→ 임계치 기반으로 트래픽을 탐지해 차단할 수 있다.
→ IDS와는 다르게 네트워크상 in-line 구조로 설치된다. in-line 구조란 직접적으로 통신패킷이 통신라인을 통해서 송/수신되는 형태이다. IDS는 포트 미러링을 해 모든 패킷들을 탐지하는 방식을 사용한다.

■ 침입탐지 시스템(IDS, Intrusion Detection System)
→ 컴퓨터 시스템의 비정상적인 사용, 오용, 남용 등을 실시간으로 탐지하는 시스템. 침입 차단 시스템만으로 내부 사용자의 불법적인 행동(기밀 유출 등)과 외부 해킹에 대처할 수 없으므로 모든 내·외부 정보의 흐름을 실시간으로 차단하기 위해 해커 침입 패턴에 대한 추적과 유해 정보 감시가 필요하다.
→ IDS가 발전된 형태가 IPS이다. 가장 큰 차이점은 IDS는 침입을 탐지만 하고 방어기능이 없지만, IPS는 방어 기능까지 수행한다는 것이다.

■ 위협관리 시스템(TMS, Threat Management System)
→ IDS와 기능 및 작동원리는 동일하다. 단지 시스템 이름과 제품을 만든 제조사가 다를 뿐이다. TMS에는 일반적으로 IDS와 마찬가지로 차단기능이 잘 사용되지 않는다. 물론 TMS 또한 IPS와 동일하게 차단기능을 가진 제품도 있다. TMS 간단 기능 요약은 아래와 같다.
→ 실시간 경보 : 침입 탐지 화면은 TMS 센서에서 네트워크 패킷 분석 결과 발생되는 침입 탐지 이벤트를 화면에 실시간으로 표시해 주는 기능을 제공한다. 아래 화면은 TMS 실시간 침입 탐지 화면이다.

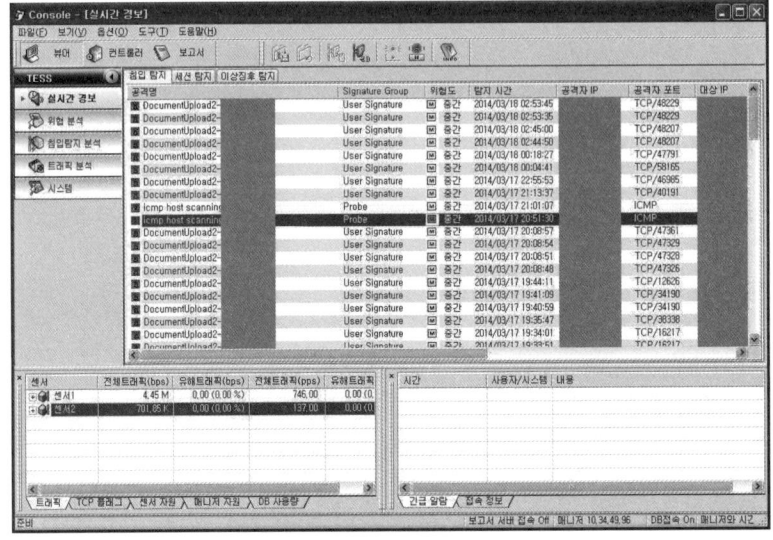

[그림 2-40] TMS 탐지화면

→ 탐지된 이벤트에 대한 상세한 정보를 조회할 수 있다. 조회할 이벤트를 더블클릭하면, 상세정보 및 해당 로그에 대한 정보, 분석된 패킷 정보를 제공하는 실시간 경보창이 나타난다.

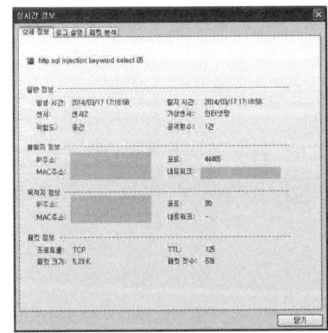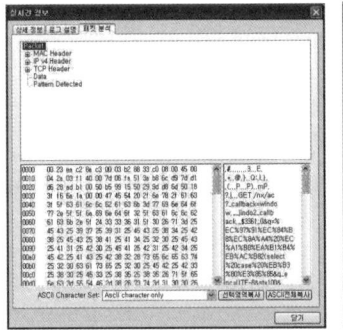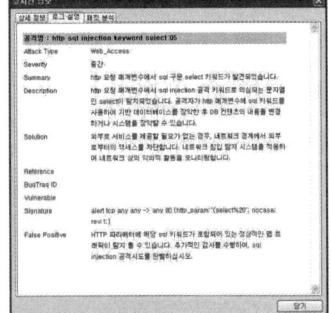

[그림 2-41] TMS 기능별 화면

■ [상세정보] 탭은 탐지된 로그에 대한 상세 정보를 제공한다.

■ [로그설명] 탭은 탐지된 이벤트의 시그니처 정보를 제공한다. 위의 화면과 같이 구성되어 있다.

■ [패킷분석] 탭은 해당 탐지 이벤트 패킷을 상세하게 볼 수 있는 기능을 제공한다.

Chapter 2. IPS(IDS)/TMS 탐지 로그 분석

■ 탐지로그 분석
→ 실시간 보안관제 중 주요 위협이나 공격성 이벤트가 발생했을 때, 탐지로그를 분석해 정확한 공격인지 확인하고 신속히 차단 및 대응하는 절차를 수행해야 한다. 탐지로그 분석에 대한 노하우가 절대적으로 필요하다.

■ 정탐은 올바른 공격으로 탐지했다는 뜻이다. 공격 이벤트를 살펴보니 웹 서버에 대한 SQL 인젝션이 발생했고, IP를 확인한 결과 관리자나 관련담당자가 아닌 곳에서 SQL 인젝션이 성공한 공격을 분석할 수 있다.

■ 오탐은 위와 같이 다량의 DDoS 공격이벤트를 살펴보니 사용자가 접속한 정상적인 웹 접속으로 판명되는 경우이다. 예를 들어 DDoS 공격이 발생했는데 출발지 및 목적지의 통신로그를 살펴보니 DDoS 형태의 통신로그를 분석한 결과 정상적인 웹 접속 등 다량의 세션을 맺어서 생겨난 탐지이벤트로 오탐이라고 볼 수 있다.

■ False Negative와 False Positive 둘 다 잘못된 탐지로 판정된 것을 뜻한다. False Negative는 실제로는 참(True)인 것이 거짓(False)으로 잘못 판정되는 검사 결과의 오류이다. 예를 들어 스팸 검사에서 스팸 이메일을 정상 이메일로 잘못 식별하는 것이 이에 해당하며, 이 경우 스팸 필터를 조정하면 부정 오류율(False Negative Rate)을 상당 수준 낮출 수 있다. 또 스팸 엔진에 의해 걸러지지 않은 스팸 메일들은 블랙리스트에 등록 관리함으로써 부정 오류가 발생하지 않도록 할 수 있다(출처 : 네이버 지식백과, IT용어사전, 한국정보 통신기술협회).

■ False Positive는 정상적인 통신으로 공격적인 탐지가 아닌데 공격으로 오판하는 경우 이다. 스팸 검사에서 정상 이메일을 스팸으로 잘못 식별하는 것을 예로 들 수 있다. 스팸 검사를 피하는 방법이 더욱 정교해질수록 스팸 필터도 정교해지고 있으나 간혹 정상 이메일이 스팸으로 잘못 식별해 차단하는 경우가 있다(출처 : 네이버 지식백과, IT용어사전, 한국정보통신기술협회). 위 두 경우에서 더 위험한 것은 False Negative이다. 공격을 공격이 아니라고 하면 큰 위험이 닥

칠지도 모른다.

■ 탐지로그 분석
→ 위협관리 시스템 (TMS)을 이용한 탐지로그(이벤트) 및 패킷 분석

■ 이벤트 확인

공격명	Signature Group	위험도	탐지 시간	공격자 IP	공격자 포트	대상 IP
suspiciousUA_S	User Signature	중간	2015/06/04 20:42:11		TCP/64621	222.

대상 포트	공격횟수	탐지문자	In/Out	네트워크	가상센서
TCP/80	1	v	Egress	-	인터넷망

■ TMS에서 의심스러운 User Agent를 탐지하는 이벤트가 발생했다.

■ User Agent는 서버에게 요청하는 브라우저 타입을 명시하고 있다.

■ 일반적인 Mozila 외에 다른 User Agent를 탐지하기 위해 만들어진 정책이다.

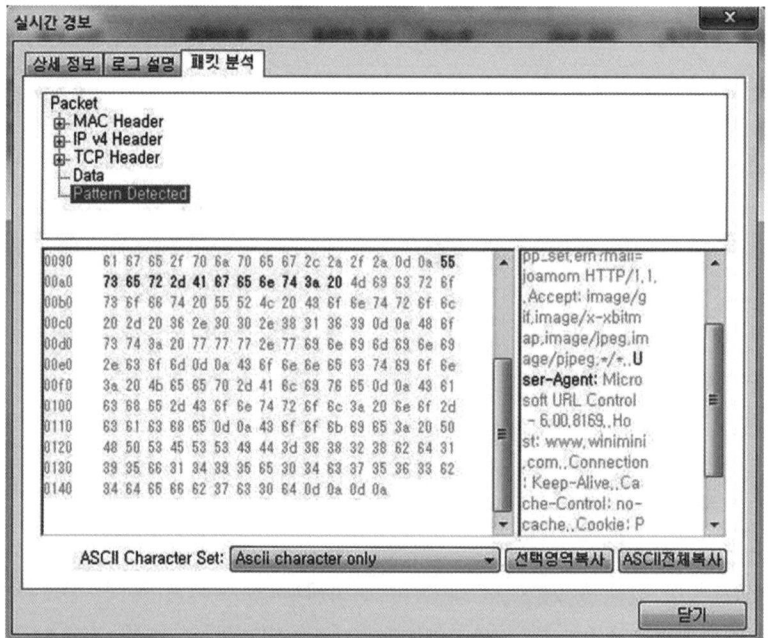

[그림 2-42] TMS 탐지패킷 확인 화면

7.3 DDoS 장비 기능 및 작동원리

Chapter 1. DDoS 장비 기능 및 작동원리

■ DDoS 공격의 개념
→ DDoS 공격은 공격자가 여러 대의 서버를 이용해 대상서버에 집중적으로 트래픽을 유발 해 대상서버가 정상적인 서비스를 할 수 없도록 하는 공격이다.
→ 사물인터넷(IoT) 기기들까지 이용한 디도스 공격은 앞으로도 계속 증가할 것으로 예상된 다. DDoS 공격에서 공격 종류 및 공격 대응 방안 등을 설명했으니 참고한다. 여기에서는 DDoS 공격 대응장비의 기능과 구성, 작동원리 등에 대해서 살펴보도록 하자.

■ DDoS 장비 기능
→ 최근에 DDoS 공격 또한 일반적인 악성코드 기법과 유사하게 매우 지능화되고 다양화되어 신종 공격이 나타나고 있으며, 이에 좀 더 기술적이고 효과적인 대응 방안이 필요하게 되었다.
→ DDoS 공격 방어유형(출처 : https://www.hansolnexg.com)

DDoS 공격 유형	상세 공격내용
TCP 공격	TCP SYN Flooding TCP SYN-ACK Flooding TCP RST Flooding TCP FIN Flooding TCP ACK Flooding TCP Push-ACK Flooding TCP Invalid Flag Attack TCP Fragmentation

DDoS 공격 유형	상세 공격내용
UDP 공격	UDP Flooding UDP Fragmentation
ICMP 공격	ICMP Flooding ICMP Type/Code Flood ICMP Fragmentation
HTTP 공격	HTTP Get Flood HTTP Slow loris Attack HTTP CC Attack Slow Read Attack Rudy
DNS 공격	DNS Flooding
기타 공격	시그니쳐 기반 방어 임계치 자동 학습 기능 각 트래픽 유형별 임계치 정책 오탐 방지(서비스 장애 방지) 기능 Whitelist & Blacklist 지원

■ DDoS 장비의 작동 원리
→ DDoS 장비는 트래픽의 양과 동일한 공격이 집중적으로 들어올 때 대응하기에 전문적인 장비이다. 일반적으로 DDoS 공격이라는 패턴매칭에 따른 방식은 IDS 및 IPS, TMS 등과 같이 동일한 차단 방식이지만, 대용량의 트래픽 공격을 효율적으로 대응/처리하기 위해서 장비의 성능을 극대화하고 트래픽을 차단하기 위한 특화된 장비이다. 최근에는 10기가~수백 기가의 트래픽을 응하는 성능 높은 DDoS 대응장비가 출시되고 있다.
→ 다양하고 복합적으로 발생되는 지능화된 DDoS 공격을 행동기반과 시그니처 기반의 탐지 · 방어 기법으로 차단한다.
→ 네트워크 행동기반 탐지기법을 적용해 DDoS 공격 유형별 방어자동 학습에 의한 시그니처 생성 · 자동 패킷 캡처 및 패턴 추출 후 공격을 방어한다.
→ 정밀하게 설계된 다단계 방어 엔진을 탑재해 네트워크 환경에 최적화된 DDoS 방어 전략을 제시하고, 트래픽의 정상유무를 확인해 임계치보다 높게 발생한 비정상트래픽을 제어함으로써 사용자 망의 가용성을 확보한다.

■ 일반적인 DDoS 장비의 다양한 기능 소개
→ DDoS 대응장비는 외산 및 국산 제품이 매우 다양하게 출시되고, 운영되고 있다. 아래 사항은 일반적인 DDoS 대응 장비의 기능이므로, 꼭 시험과 관련성이 크진 않지만 실무에서 도움이 될 만한 사항이다.

■ 트래픽 관제 상황판은 관리자에게 서비스 망에 이상이 발생했을 경우 직관적으로 위협을 감지할 수 있도록 하기 위해 네트워크 트래픽 및 시스템 현황 데이터, 네트워크 객체별 CPS 그래프를 제공하며, 하단의 상태바를 통해 공격 탐지 현황을 제공

■ 실시간 모니터는 TCP/IP상의 각종 Application Service별 트래픽을 24시간 실시간으로 모니터링 할 수 있도록 설계되어 있으며, 서비스별, 호스트별, 서버, 사용자, 사용량, 사용시간 등 다양한 관리정보를 제공한다.

■ 탐지/방어/경보는 DDoS, DDoS 패턴추출, 서비스 거부, 정보수집, 프로토콜 취약점, 서비스 공격, Web CGI 공격, 백도어, 사용자 정의, 프로토콜 통계분석, 서비스 통계분석, IP 통계분석, 패턴블럭과 같은 다양한 형태의 탐지정책을 통해 각 형태별 공격을 탐지, 방어해 관리자에게 위협이 발생했음을 경보한다.

■ 실시간 차단목록은 탐지정책에 의해 탐지된 공격 중 방어 정책이 설정되어 있는 공격에 대해서 실시간 차단목록을 생성해 관리함으로써, 동일 공격자에 의한 침입시도를 근원적으로 차단하고 실시간으로 정보를 제공한다. 실시간 차단목록은 탐지정책의 Timer에 의해 Dynamic하게 관리

■ 종합보고서는 DB에 저장된 탐지/방어/경보, 실시간 차단목록, 방화벽 정책에 의해 발생하는 이벤트 데이터에 대한 로그 및 통계 데이터를 다양한 형태의 보고서로 확인하고 출력한다.

■ 보안감사는 DDoS 시스템 사용 모드에 대한 설정 및 사용에 대한 총 내역을 관리하는 기능으로 시스템에 대한 전반적인 관리자료를 확인할 수 있다. 보안감사내역을 조회할 수 있으며 보안감사 모드를 설정하거나 조회한다. DDoS 시스템 실행내역, 접속내역 관리(접속내역조회), 접속실패관리를 조회한다.
DDoS 시스템의 상태확인을 위해 주요 파일에 대한 무결성 확인, 시스템의 상태정보를 확인. 또 저장매체관리, DB 백업, DB 복구, DB 백업예약, 시간 동기화 기능을 제공한다.

■ 환경설정은 DDoS 시스템 관리기능으로써 전반적인 시스템 통제기능인 네트워크 관리 기능 제공한다. 관리자관리에서 사용권한에 따라 관리자를 추가/변경/삭제할 수 있으며, 관제센터를 통해 ESM(통합보안관리 시스템), 관제 등의 다양한 보안 제품과의 연동을 할 수 있는 기능을 제공, 또한 라이브 업데이트(엔진/GUI 업데이트, 패턴 업데이트)를 통해 새로운 해킹에 대해 신속하게 대응할 수 있다.

■ 탐지정책설정은 공격에 대한 탐지/방어 등에 대한 설정이다.
- 룰에 대한 설정은 탐지/방어/경보에서 발생되는 이벤트와 연관이 있으므로 관리자는 탐지정책설정에 설정되어 있는 정책과 공격정보(도움말)에 기술되어 있는 해당 공격에 대한 설명, 영향, 해결책 등을 잘 이해하고 정책 설정
- 탐지정책설정 메뉴에서는 DDoS, DDoS 패턴추출, 서비스 거부, 정보수집, 프로토콜 취약점, 서비스 공격, WebCGI공격, 백도어, 사용자정의, 네트워크 통계분석, 서비스 통계분석, IP통계분석, 패턴블럭 등 여러 가지 공격유형에 대한 탐지, 방어, 위험도, 경보기능 등을 설정할 수 있음

■ 방화벽 설정은 방화벽 정책에 필요한 객체 및 서비스를 설정할 수 있으며, 정책 등록/수정/삭제를 적용하고 새 정책 및 기존 정책에 대한 복원, 정책 백업 등을 수행한다.

■ 객체 설정은 객체와 그룹, 영역으로 구분해 등록하고 서비스를 등록해 차단 및 허용정책을 설정

> **TIP** DDoS 장비의 소개
>
> 일반적으로 DDoS 장비는 대용량의 공격 트래픽을 차단해야 하므로 어플라이언스(하드웨어와 소프트웨어의 일체형) 장비의 형태이다. 다음은 DDoS 장비의 실물의 예이다.
>
>

> **TIP** DDoS 공격에 대한 다양한 대응 방안
>
> DDoS 공격은 DDoS 공격대응장비 없이 어떻게 대응할 수 있을까?
> 한 가지 짚어볼 부분은 DDoS 공격이라고 해서 다른 보안장비에서 탐지/차단하지 못하는 것은 아니다. DDoS 공격이 시작되면 출발지 IP로 방화벽에서 차단 가능하며 탐지패턴으로 대응하는 장비인 IPS 및 웹방 화벽에서도 탐지/차단이 가능한 사실을 인지하면 좋겠다. 그러나 공격이 가중되면 DDoS 공격대응 장비를 이용해 효율적으로 방어가 필요하며, 이러한 방어는 HW 시스템의 성능이 매우 중요한 역할을 한다. 왜냐하면 DDoS 대응장비가 성능이 낮다면 장비 자체가 다운되거나, 행이 걸리는 장애를 일으키기 때문이다.

■ 장비의 특성은 다르지만 DDoS 공격을 차단하는 방법
- DDoS 공격 차단장비

장비명	Anti-DDoS	FW	IPS	WAF
특징	IPS 기능에 고성능 HW장착	IP, Port로만 접근제어	패턴기반 패킷차단 임계치 기반 패킷 차단	패턴기반 세션차단

7.4 보안 지원 시스템 운영
백신, NAC, 매체제어, WIPS 등 기타 솔루션 이해

Chapter 1. 백신 시스템 기능 및 작동원리

■ 백신의 개념
→ 백신이란 정확히 안티바이러스를 의미한다. 해외에서는 영어로 Anti Virus라고 지칭한다. 바이러스를 퇴치, 치료한다는 사전적인 의미이다. 그런데 국내에서는 컴퓨터 백신이라는 용어를 쉽게 사용하고 있는데, 백신을 네이버의 사전적인 의미를 보면 아래와 같이 설명하고 있다. 원래 백신은 의학적인 의미인데 국내에서 컴퓨터의 바이러스를 잡아내는 의미로 사용된 것이다.

> **TIP** 백신의 사전적인 의미
>
> 1. 〈의학〉전염병에 대해 인공적으로 면역을 주기 위해 생체에 투여하는 항원의 하나. 생균에 조작을 가해 독소를 약화시키거나 균을 죽게 해 만든 주사약으로 자가 백신, 다가 백신 따위가 있다.
> 2. 〈컴퓨터〉컴퓨터 바이러스를 찾아내고 손상된 디스크를 복구하는 프로그램.

■ 백신의 기능
→ PC 보안 : 실시간 진단, 빠른 검사, 정밀 검사의 기능을 수행한다. 바이러스, 스파이웨어, 웜, 트로이목마 등 악성코드를 빠르고 정확하게 진단하고 치료한다. 행위 기반, 평판 기반 진단을 통한 잠재적인 위협 대응까지 다차원 분석 플랫폼 기반의 새로워진 행위 기반 및 평판 기반

진단으로 검증되지 않은 프로그램이 실행되는 것을 사전에 차단함으로써 잠재적인 위협에 대한 사전방역을 지원한다. 최근에는 클라우드 진단을 통한 신·변종 악성코드 대응기능도 확대되고 있다. 클라우드 기반으로 파일의 정상 또는 악성 여부를 실시간으로 확인함으로써 새로운, 또는 변종 악성코드를 신속하게 탐지 및 대응한다. PC 메모리를 점유하는 불필요한 프로그램(PUP, Potentially Unwanted Program)을 진단해 PC 활용도는 극대화하고, 잠재적인 보안 위협을 최소화한다.

PC의 부팅 속도 또는 인터넷 연결 속도가 느려질 때, 또는 프로그램 실행이 원활하지않을 때 PC 최적화 기능을 이용해 PC 상태를 개선할 수 있는 PC 최적화 기능을 지원한다. 프로그램 관리, ActiveX 관리, 툴바 관리를 통해 PC에 설치된 프로그램, ActiveX, 툴바의 목록을 통해 불필요한 프로그램을 손쉽게 제거할 수 있어 사용자의 편의성 및 PC 성능을 향상시킨다.

→ 네트워크 보안 : 의심/유해 사이트 차단기능을 지원한다. 악성코드를 유포하는 웹사이트를 차단하는 기능으로, 사용자가 악성 웹사이트를 방문할 경우 접속을 차단해 피싱 등에 의한 피해를 예방한다. 네트워크 행위 기반으로 침입을 차단한다. 알려지지 않은 프로토콜 드라이버 차단, 이상 트래픽 차단, IP 스푸핑, MAC 스푸핑, ARP 스푸핑 탐지 등을 통해 알려지지 않은 네트워크를 이용한 위협의 침입을 방지한다. 새로 생성된 파일에 대한 필터링, 악성으로 진단되지는 않았지만 PC 내에서 실행 중인 프로세스에 대한 다른 사용자들의 평판 정보, 프로그램의 의심 행위 정보 등을 제공해 잠재적인 위협, 의심스러운 부분에 대해보다 능동적인 대응(Active Defense)이 가능하다.

→ 루트킷 차단기능 : 시스템 내 숨겨진 루트킷(Rootkit)에 의한 파일 및 레지스트리 위·변조, 프로세스 종료, DLL Injection 등 솔루션을 무력화시키려는 행위를 즉시 탐지해 컴퓨터를 안전하게 보호하는 강력한 안티루트킷(Anti-Rootkit)을 제공한다. 또한 해킹 차단에 대한 로그 정보를 제공해 악의적인 공격 주체에 대한 추적이 가능하다.

→ 데이터 유출 방지(데이터 영구삭제) : 설정된 데이터 삭제등급에 따라 데이터 복구가 불가능하도록 완전히 삭제하며 삭제 등급을 높게 설정할수록 삭제 강도는 강력하다(예 : 기업의 기밀자료, 개인의 사생활 정보 등. 출처 : 안랩 V3, 하우리 바이로봇).

7.5 보안 지원 시스템 운영 — NAC 시스템 기능 및 작동원리

Chapter 1. NAC 시스템 기능 및 작동원리

■ NAC의 개념
→ NAC은 네트워크 진입 시 단말과 사용자를 인증하고, 네트워크를 사용 중인 단말에 대한 지속적인 보안 취약점 점검과 통제를 통해 내부 시스템을 보호하는 '네트워크 접근제어(NAC, Network Access Control) 솔루션'이다.

■ NAC의 기능
→ 유·무선 통합 네트워크 접근제어 : 다양한 유·무선 단말에 대한 사용자 및 단말 통합 보안 인증으로 비인가 단말의 네트워크 접근을 통제한다.
→ 강화된 엔드포인트 보안 관리 : 네트워크 접속 시 사용자 및 단말 인증과 필수·차단 SW 검사, 보안 업데이트 검사 등을 진행하고, 네트워크 사용 중에는 지속적으로 단말의 보안 취약점 검사를 실시해 엔드포인트 보안을 강화한다.
→ 엔드포인트 보안을 더 강화하는 PMS : Microsoft의 Windows 운영체제 및 SW 제품에 대한 보안 업데이트와 HWP, Java, Acrobat 등 관리자가 지정한 SW의 배포 및 패치를 다양한 방식(자동/수동/백그라운드 등)으로 운영할 수 있어 엔드포인트 보안을 더 강화한다.
→ IPv4, IPv6, 유·무선 네트워크 가시성 확보 : IPv4, IPv6, 유·무선 등 다양한 네트워크 환경에서 모든 네트워크 장비 및 단말의 IP 사용 현황을 모니터링하고, IP/MAC 정책에 의해 IP 충돌 보호 및 IP 사용을 통제한다.

→ 편의성과 보안이 강화된 Advanced DHCP : DHCP IP 범위 설정, DHCP IP 고정 할당, DHCP IP 예약, DHCP IP 할당 현황 관리 등 IP 관리 편의 기능을 제공하고 DHCP IP Pool 영역에서의 Static IP 설정 단말을 차단해 보안을 강화한다.
→ 사용자 인증 : 유무선 통합 클라이언트를 이용한 사용자 인증과 웹 기반의 클라이언트리스 사용자 인증 동시지원, 특별한 인증 체계가 없는 유선 환경에서의 사용자 인증, 무선보안 암호화 인증 클라이언트 제공 등을 지원한다.
→ 소프트웨어 설치 통제 : 필수 소프트웨어 미설치 단말에 경고창 팝업 또는 특정 네트워크 접속을 제한한다. 특정 프로세스(test.exe 등)를 차단할 수 있다.

■ NAC 시스템 구성의 예

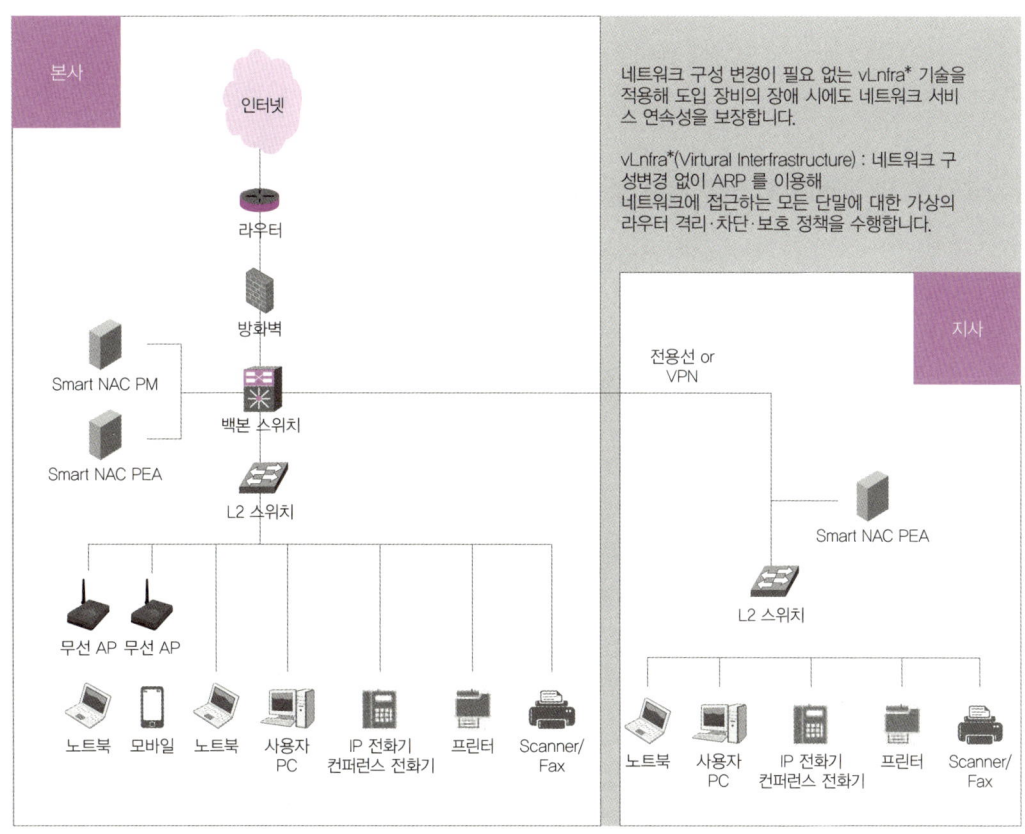

[그림 2-43] NAC 시스템 구성도

매체제어 시스템 기능 및 작동원리

Chapter 1. 매체제어 시스템 기능 및 작동원리

■ 매체제어 시스템 개념
→ 앞서 살펴본 NAC은 단말기 네트워크 접근 통제 시스템인데 비해, 매체제어 시스템은 이동형 저장매체(USB), CD/DVD, FDD, 적외선 장치, 블루투스 장치, 휴대폰 장치, 무선랜 장치, 와이브로 장치, 모뎀장치 등 다양한 매체에 대해 컴퓨터에 연결을 통제하는 솔루션이다.

■ 매체제어 시스템 기능
→ 사용자 인증/디바이스 식별 : 인가된 사용자의 패스워드들 통한 USB 장치 접근, 디바이스 시리얼 번호로 인증
→ 보조기억장치 관리 시스템 : 보조기억장치 통제 및 등록 관리 기능
→ 자동 암·복호화 : USB의 저장된 파일을 인증되지 않은 사용자가 복제 불가능. 국내 제품은 국정원 암호 검증 모듈 탑재
→ 장치 잠김 : USB 인증 횟수 시도에 실패한 경우 기능 제공, 일정 시간 사용자 인증 미제공 기능
→ 원격 삭제·잠금 기능 : 네트워크 통신을 통한 원격 관리 기능, USB 장치의 분실 시 보호 기능 제공
→ 매체제어 시스템 활용

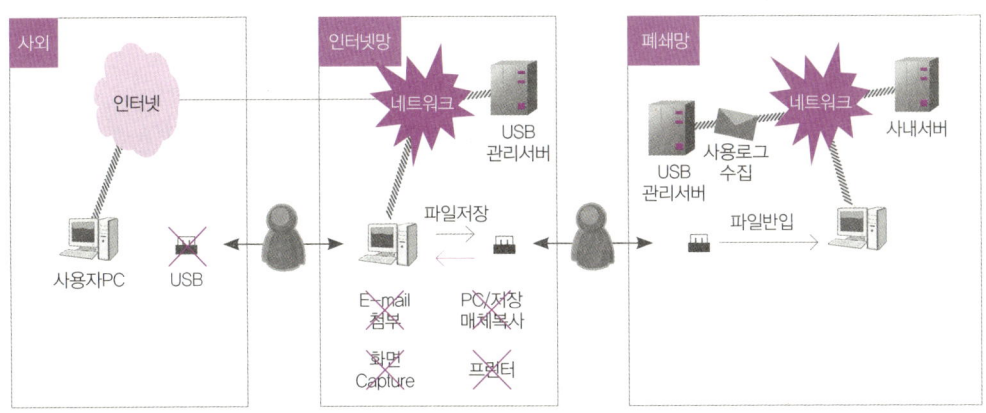

[그림 2-44] 매체제어 시스템 구성사례

→ 망분리 환경을 위한 데이터 교환 솔루션이 USB를 인터넷이 되는 PC에서 사용하면 인터넷 망에 설치된 USB 관리 서버의 정책에 따라 USB에 저장된 파일은 PC로 복사되지 않는다.

→ USB에 저장된 파일들은 폐쇄망의 PC에서 저장된 중요한 파일이기 때문에 USB 관리 서버에서 유출방지 기능이 동작하도록 설정한다.

→ 인터넷 PC에서 사용한 USB 사용 로그는 인터넷망에 있는 USB 관리 서버로 전송되기 때문에 인터넷 PC나 폐쇄망 PC에서 사용하는 USB 사용로그는 빠짐없이 모두 수집된다.

> **TIP** 국제공통평가기준(Common Criteria), CC인증이란?
>
> CC(Common Criteria)평가는 평가대상(TOE, Target of Evaluation)가 보안기능요구사항을 만족해 위협에 대응하기 충분하며 보증요구사항을 만족해 보안기능의 품질을 신뢰할 수 있음을 입증하는 것이다. TOE가 만족시키고자 하는 보안기능 요구사항과 보증요구사항을 정의한 문서를 CC에서는 보호프로파일(PP, Protection Profile)과 보안목표명세서(ST, Security Target)이라 한다.
>
> 공통평가기준(Common Criteria)의 보증등급(EAL, Evaluation Assurance Levels)은 7단계로, 최저 1등급부터 최고 7등급까지 계층적으로 순서화해 등급화된다. 등급화를 결정하는 요인은 범위, 상세도, 엄격화 등 평가에 드는 노력이며 보증 컴포넌트 조합으로 표현된다.

WIPS 장비 기능 및 작동원리

Chapter 1. WIPS 장비 기능 및 작동원리

■ 무선침입방지 시스템(WIPS, Wireless Intrusion Prevention System) 개념
→ 불법으로 설치되어 동작되는 모든 종류의 AP 및 단말. 내부망의 침입 통로가 되는 경우가 많으므로 기업 또는 공공기관의 내부망 보호를 위해 무선랜 보안 위협을 탐지하고 방어하며 이들을 통합적으로 관리하기 위한 WIPS(Wireless Intrusion Prevention System) 등의 보안 장비를 두는 것이 일반적이다.

■ WIPS 특징
→ 무선 환경에 특화된 WIPS
- 무선 환경을 분석하는 WIPS
- App을 통한 무선망 정보의 수집
- 최신 스마트폰 정보의 수집 및 업데이트
- 신규 취약점에 대한 정보 및 분석 업데이트
- WIPS 최초 해킹 디바이스 자동 탐지
→ 잠재적 위협 사전탐지 기능
- WIPS 최초 해킹 디바이스 자동 탐지
- Sniffing(엿듣기)을 시도하는 해킹 디바이스 사전탐지
- 해킹 디바이스에 대한 위치 추적
- 해킹 디바이스로 만들어진 AP를 자동 탐지 및 차단

→ 스마트폰 탐지 및 자동분류
- 스마트폰 탐지 및 자동분류(제조사/모델명)
- 국내 출시되는 모든 스마트폰 제품 분류가능
- 노트북과 스마트폰을 구분해 사용자 정책수립 가능
- 스마트폰 정책 설정
- 분류된 스마트폰에 따라 정책 구분 설정
- 스마트폰 스테이션, 스마트폰 AP에 따른 정책 구분 설정
→ 다양한 무선 위협 탐지 및 차단
- 내부 Rogue AP, 외부 AP로의 접근 자동 탐지/차단
- 특허기술을 활용한 불법 AP의 신속한 탐지/차단
- 실시간 차단
- 발생한 위협에 대한 지속적 차단 유지
- 보안 정책에 따른 선택적 차단 구현
- 내부의 AP와 외부AP간의 통신을 통해 내부 네트워크 접속 탐지 및 차단
- AP 없이 기기 간 연결 : 1:1(기본), 1:n(옵션)을 지원하는 WiFi Direct 탐지 및 차단
- WIPS의 구축 구성도

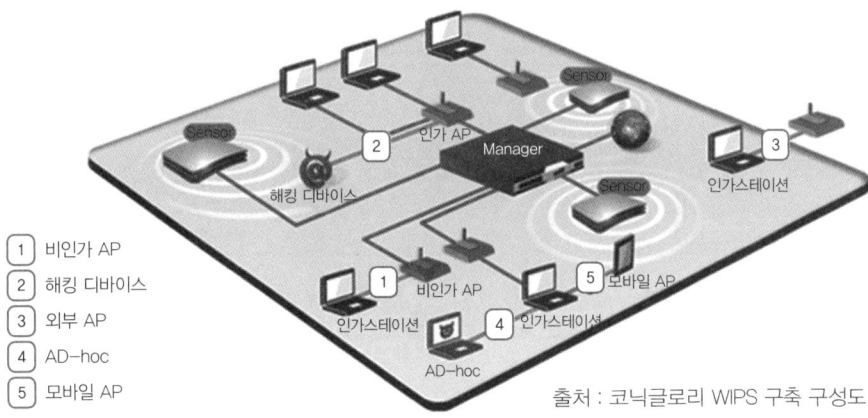

[그림 2-45] **WIPS 구축 구성도**

■ 무선 보안취약점 보완 및 대응방법
→ SSID 브로드캐스트 발생되지 않도록 설정 변경조치 : 무선 AP는 사용자의 접속을 편리하게 하기 위해 SSID의 브로드캐스트가 기본적으로 설정되어 있다.

- 이 기능을 사용하게 되면 수신영역 안에 존재하는 모든 무선 단말기는 해당 무선 네트워크를 확인할 수 있다.
- 허가되지 않은 비인가자 및 불특정 다수가 네트워크에 접속을 시도해 무선 AP의 자원을 소모하게 되거나 무선 AP가 안전하지 않은 인증 및 암호화 설정을 사용하는 경우 보안 위협에 노출될 수 있다.
- SSID 브로드캐스트가 발생되지 않도록 설정을 변경해야 한다.

→ 장비의 출고 시 초기 관리자의 ID/Password는 설정되어 있지 않거나 쉽게 설정되어 있으며 이는 암호화 설정을 하지 않은 보안수준으로써, 반드시 통용되는 수준의 암호설정(숫자, 영문자, 특수문자 등 조합 강도 높게 설정)을 통해 무선 AP를 관리·운영하도록 한다.

→ SSID를 숨김모드로 설정해 허가되지 않은 사용자들의 접근을 제한하고 SSID를 장비명, 회사명 등으로 설정하지 않도록 해 공격 목표가 되지 않도록 설정한다.

→ MAC 필터링 : 각각의 무선단말장치에 부여되는 고유한 번호(MAC)를 통해 사용자 인증을 하는 방식이다.
- 접속을 허용하는 사용자의 단말기 MAC을 사전에 등록하고 등록된 장비 접속을 허용한다.
- 무선랜에 대한 도청을 통해 인가된 무선단말장치의 번호를 수집 후 비인가된 장치의 MAC을 변조해 접속을 시도하게 되는 위협이 존재하므로 추가적인 보안대책이 필요하다.

→ 무선 AP를 통해 공격자가 접속 시에 DHCP 서비스가 활성화되어 있다면 비인가자 단말기는 자동으로 내부의 IP를 할당받아 내부 네트워크에 접속하게 된다.
- 이를 방지하기 위해 무선 AP에서 DHCP 서비스를 사용하지 않고 고정IP를 사용해 접속하도록 강화한다.

기타 보안 시스템

Chapter 1. 기타 시스템을 이용한 보안

■ 홈페이지 APT 웹셸공격 탐지 및 차단 시스템
→ 최근에 웹셸에 의한 홈페이지 공격이 많이 발생되고 있다. 홈페이지 취약점을 이용하거나 내부 사용자 컴퓨터를 해킹해 내부 네트워크의 취약점을 이용해서 웹서버에 웹셸을 업로드할 수도 있다. 아래는 홈페이지서버에 업로드 된 b374k-2.8.php 웹셸 파일을 탐지한 화면이다. 탐지 패턴은 create_function으로 이러한 웹셸은 원격에서 웹서버를 컨트롤할 수 있는 기능이 있다.

*출처 : 유엠브이 기술(웹셸 모니터링 시스템)

[그림 2-46] 웹셸 탐지 화면

■ 서버 접근통제 및 보안감사 시스템
→ 서버로의 접근은 반드시 서버접근통제 시스템을 통해 접속하는 방식으로 권한에 따라 각각의 서버에 접근을 금지·허용 등 통제할 수 있으며, 모든 접근 로그는 책임 추적성을 확인할 수 있도록 변조되지 않은 완전무결한 상태로 보존된다.

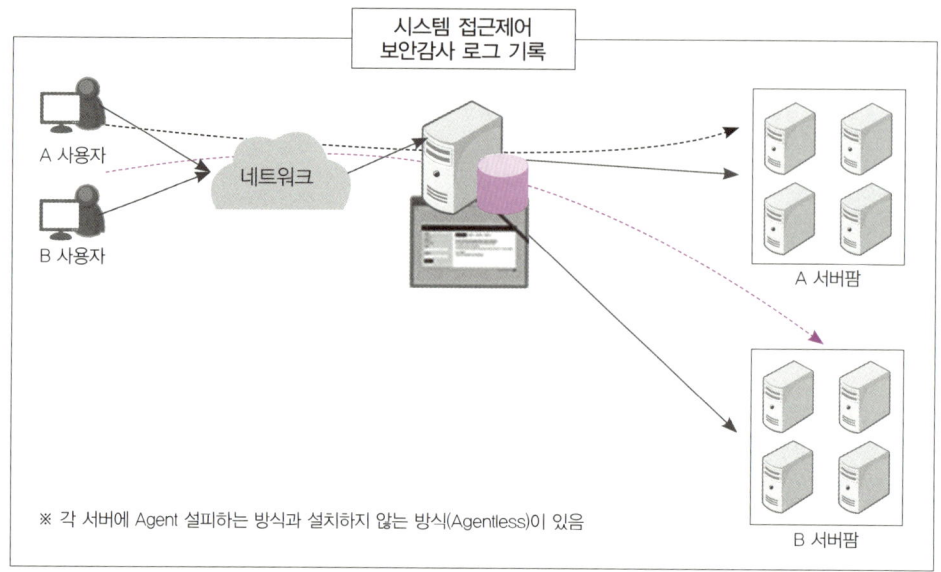

[그림 2-47] 시스템 접근제어 및 보안감사 솔루션 구성도

■ DRM(Digital Rights Management)
→ 디지털 저작권 관리를 의미한다. 콘텐츠 제공자의 권리와 이익을 안전하게 보호하며 불법복제를 막고 사용료 부과와 결제대행 등 콘텐츠의 생성에서 유통·관리까지를 일괄적으로 지원하는 기술이다.
→ 파일을 암호화하는 방식으로, 사내에서 파일을 만들어도 외부로의 유출은 얼마든지 가능하지만 유출되더라도 암호를 알지 못하면 열어볼 수 없다.

■ DLP(Data Loss Prevention, Data Leakage Prevention)
→ 데이터를 내보낼 때 쓰이는 모든 경로를 차단, USB 등의 매체 지원을 막아서 문서나 파일의 외부 유출 자체를 막는 방식이다.
→ USB 등으로 외부유출을 하고자 할 경우, 해당 USB를 상위에 보고하고, 승인받고, 등록해야만 사용할 수 있는 시스템이라고 생각하면 된다.

■ 웹 방화벽(WAF, Web Application Firewall)
→ 웹 방화벽은, 일반적인 네트워크 방화벽(Firewall)과는 달리 웹 애플리케이션 보안에 특화되어 개발된 솔루션이다.
→ 웹 방화벽의 기본 역할은 그 이름에서도 알 수 있듯, SQL Injection, Cross-Site Scripting(XSS) 등과 같은 웹 공격을 탐지하고 차단하는 것이다.
→ 웹 방화벽은 직접적인 웹 공격 대응 외에도, 정보 유출 방지 솔루션, 부정 로그인 방지 솔루션, 웹사이트 위변조 방지 솔루션 등으로 활용이 가능하다.
→ 정보유출방지 솔루션으로 웹 방화벽을 이용할 경우, 개인정보가 웹 게시판에 게시되거나 개인정보가 포함된 파일 등이 웹을 통해 업로드 및 다운로드되는 경우에 대해서 탐지하고 이에 대응하는 것이 가능하다.
→ 부정 로그인 방지 솔루션으로서는, 추정 가능한 모든 경우의 수를 대입해 웹사이트에 로그인을 시도하는 경우와 같은 비정상적인 접근에 대한 접근을 제어한다.
→ 주로 해커가 해킹한 후에 과시하는 것이 목적인 웹사이트 위변조가 발생했을 경우, 이에 대해 탐지하고 대응하는 웹사이트 위변조 방지 솔루션의 역할을 한다.
→ 웹 방화벽은 위에서 기술한 네 가지 웹 보안 기능을 제공하면서, 웹 애플리케이션이라는 [집]을 미처 예상하지 못했던 외부의 공격으로부터 지켜내고, 사전에 발견하지 못했던 내부의 위험 요소로부터 지켜내는 [울타리] 역할을 수행하는 존재라고 할 수 있다.
→ 웹 방화벽의 진화 : 웹 방화벽은 사용자의 필요와 요청에 의해 꾸준히 진화해왔다. 웹 방화벽의 동작 방식은 점점 발전, 또 진화해왔고, 그 동작 방식의 세분화를 통해 세대(Generation)를 구분할 수 있다.

■ 1세대 웹 방화벽 : 1세대 웹 방화벽은 블랙리스트 방식과 더불어 안전한 접근에 대한 허용 리스트인 화이트리스트(White List)를 병행하는 방식을 사용했다.
- 자동으로 온라인 업데이트 서비스를 제공하는 블랙리스트와는 달리 화이트리스트는 고객 환경에 따라 다르게 적용이 되기 때문에 관리자가 직접 생성 및 관리를 할 수 밖에 없었고, 블랙리스트 역시 결국 최종 적용을 위한 검토는 관리자의 몫이었기 때문에 이는 관리자에게 매우 큰 관리 부담으로 다가왔다. 또한 공격 유형이 다양해짐에 따라 등록된 시그니처의 수가 늘어날수록 성능이 저하되는 문제마저 발생했다.

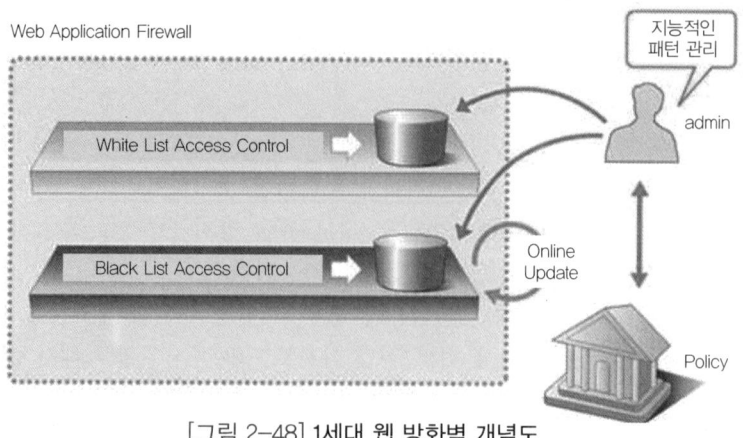

[그림 2-48] 1세대 웹 방화벽 개념도

■ 2세대 웹 방화벽 : 2세대 웹 방화벽은 보호 대상 웹 애플리케이션을 몇 주간의 모니터링을 통해 분석해, 화이트리스트 생성을 자동으로 처리해주는 것이 특징이다.
- 빠르게 변화하는 웹 환경에 적합하지 않았다. 또 생성된 화이트리스트 또한 적용을 위한 최종 검토 및 관리가 필요했기 때문에 관리자의 부담은 여전히 존재했으며, 웹 보안 환경에 존재하는 다양한 웹 공격 유형을 파악하지 못했기 때문에, 많은 성능 저하 및 오탐 이슈를 불러 일으켰다.

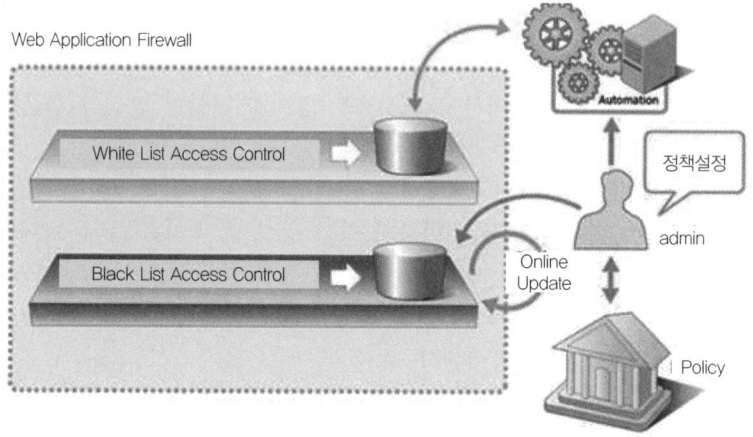

[그림 2-49] 2세대 웹 방화벽 개념도

■ 3세대 웹 방화벽 : 3세대 웹 방화벽은 웹 공격 유형 별로 블랙리스트 탐지, 화이트리스트 탐지 및 웹 트래픽 컨텐츠 분석 등의 기법들을 로지컬하게 결합해 공격을 탐지하는 방식을 사용했기 때문에, 1,2세대 웹 방화벽 대비 오탐을 대폭 줄일 수 있었다.
- 특정 공격 유형의 새로운 변종 공격이 발생할 경우, 로직 기반으로 판단하는 3세대 웹 방화벽은 최소한의 시그니처의 추가만으로 바로 변종 공격의 방어가 가능해졌다.
- 1,2세대의 지속적인 시그니처 등록으로 인한 성능 저하 문제를 해결할 수 있었다.
- 관리자가 리스트 관리보다는 공격 유형별 정책 관리에 집중할 수 있어, 훨씬 효율적인 관리가 가능해졌다.

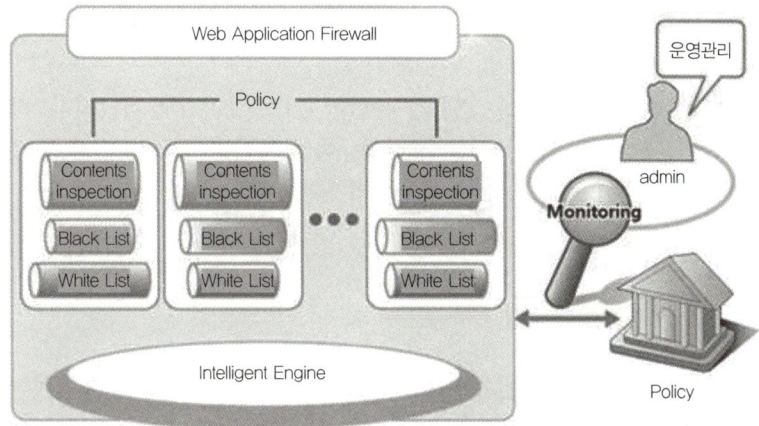

[그림 2-50] 3세대 웹 방화벽 개념도

> **TIP** 다양한 보안장비의 활용 방안 검토
>
> 지금까지 앞서 살펴본 다양한 보안장비와 시스템, 솔루션을 각 기관이나 기업에 맞게 어떻게 활용하는가가 우리 보안전문가들의 몫이다. 수험생 여러분이 갖가지 장비에 대한 운영법을 지금 알 수도 없을 뿐 더러 당장은 알 필요도 없을 것이다.
> 다만, 접해보지 못한 솔루션의 기능과 특징을 이해하는 것만은 반드시 알아야 한다. 실무에서는 제품의 특징과 기능을 명확히 알고 있는 것 자체가 매우 중요하고 사이버위협을 효과적으로 대응하는데 많은 도움이 되기 때문이다. 이 책에서 언급하지 못한 보안장비, 시스템, 솔루션이 있으니 필요하다면 항상 신규 솔루션을 확인하고 어떻게 조직에 활용할지 고심하고 검토하는 것이 좋다.

■ 정보보호 시스템을 다양하고 다중적으로 구축할 필요성
→ 정보보호에 대해 자주 문의하는 질문이 있다. 하나로 통합된 장비는 없는가?
- "왜 이렇게 불편하게 여러 개의 IPS, TMS, DDOS 방화벽, 방화벽 등의 각기 다른 장비를 써야 하는가?" 사이버공격을 방어하는 데 이렇게 많은 장비가 과연 필요한지에 대한 질문은 자주 등장하는 사항이다.
- 가장 쉽게 설명될 수 있는 비교사례로 사이버전도 결국 전쟁이라고 생각해 본다면, 전쟁에서 승리하기 위해서는 전차도 있어야 하고 전투기도 있어야 하고, 전투함도 있어야 하고, 항공모함도 있으면 좋겠고, 개인 소병기도 필요할 것이다.
- 이렇듯 사이버공격을 막아내기 위해서는 여러 개의 각기 다른 장비의 기능이 필요하고, 침입에 대한 범주에 따라 분야별 전문적인 성능을 보유한 시스템이 필요하게 되었다.
→ 최근에는 방화벽, IPS, TMS 등 모든 기능을 통합한 UTM 장비가 생겨났지만, 작은 기업이나 그룹에만 사용될 뿐 규모가 큰 조직에서는 장비성능이 부족하고 결국 정밀하게 탐지하거나, 우수한 성능으로 네트워크 서비스에 부하 없이 사이버공격을 차단하기에는 부적합한 실정이다.

7장 보안 시스템 운영 | 핵심정리

■ 방화벽
→ 기업이나 조직의 모든 정보가 컴퓨터에 저장되면서, 컴퓨터의 정보 보안을 위해 외부에서 내부, 내부에서 외부의 정보통신망에 불법으로 접근하는 것을 차단하는 시스템이다.

■ IPS(침입방지 시스템)
→ 공격 패턴을 기반으로 패턴과 일치하는 패킷에 대해서는 차단하는 보안 시스템이다. 주기적인 패턴 업데이트가 필요하며 정상 트래픽도 패턴과 일치할 경우 차단하므로 오탐 가능성이 있다.

■ DDoS 장비
→ DDoS 공격을 방어하기 위한 전용장비로 네트워크 최상단에 위치하여 지능화된 DDoS 공격을 방어한다.

■ 백신 프로그램
→ 백신이란 컴퓨터 바이러스를 찾아내고 손상된 디스크를 복구하는 프로그램으로 Anti Virus 프로그램이다.

■ NAC 시스템
→ NAC은 네트워크 진입 시 단말과 사용자를 인증하고, 네트워크를 사용 중인 단말에 대한 지속적인 보안 취약점 점검과 통제를 통해 내부 시스템을 보호하는 '네트워크 접근제어(NAC, Network Access Control) 솔루션'이다.

■ 매체제어 시스템
→ 매체제어 시스템은 이동형 저장매체(USB), CD/DVD, FDD, 적외선 장치, 블루투스 장치, 휴대폰 장치, 무선랜 장치, 와이브로 장치, 모뎀장치 등 다양한 매체에 대해 컴퓨터에 연결을 통제하는 솔루션이다.

■ 무선침입방지 시스템(WIPS, Wireless Intrusion Prevention System)
→ 불법으로 설치되어 동작되는 모든 종류의 AP 및 단말에 대한 무선랜 보안 위협을 탐지하고 방어하며 이들을 통합적으로 관리하기 위한 시스템이다.

Part 3
정보보호 기술

제1장 물리적, 관리적, 기술적 보호조치
제2장 암호
제3장 악성코드
제4장 사이버공격 대응

Part 3. 정보보호 기술

학습 목표

물리적, 관리적, 기술적 보호조치를 명확히 이해하고, 각각의 보호조치 세부사항에 대한 학습을 통하여 정보보안 강화 방안을 이해한다.

암호의 개념, 정의를 이해하고, 암호의 방식과 암호를 정보보안에 적용한 사례를 이해한다.

악성코드 개념 및 정의, 다양한 악성코드의 종류를 이해한다.

사이버 공격의 개념, 사이버위기 경보 및 사이버안전센터의 기능과 역할을 이해하고, 다양한

사이버 공격의 유형에 따른 일상생활에서의 사이버 공격 대응방법을 이해한다.

평가의 목표

물리적, 관리적, 기술적 보호조치를 이해하는지 평가한다.

암호의 개념, 정의 및 암호화 방식을 이해하는지 평가한다.

악성코드 개념 및 정의, 다양한 악성코드의 종류를 이해하는지 평가한다.

사이버 공격의 개념, 사이버위기 경보 및 사이버안전센터의 기능과 역할을 이해하고, 일상생활에서의 사이버 공격 대응방안을 이해하는지 평가한다.

제1장

물리적, 관리적, 기술적 보호조치

학습 및 평가 목표

물리적, 관리적, 기술적 보호조치를 명확히 이해하고, 각각의 보호조치 세부사항에 대한 학습을 통하여 정보보안 강화 방안을 이해하는지 평가한다.

물리적 보호조치의 개념

Chapter 1. 물리적 보호조치의 정의

■ 물리적 보호조치
→ 보안에서 가장 기본적인 조치사항이 물리적 보호조치이다. 쉽게 설명하면 침입자가 함부로 넘어오지 못하도록 담을 쌓아 놓거나, CCTV로 감시 및 철조망으로 울타리를 만들어 놓은 것이 물리적 보호조치의 가장 쉬운 예라 볼 수 있다.

[그림 3-1] 출입자 물품 반출 · 입 감시

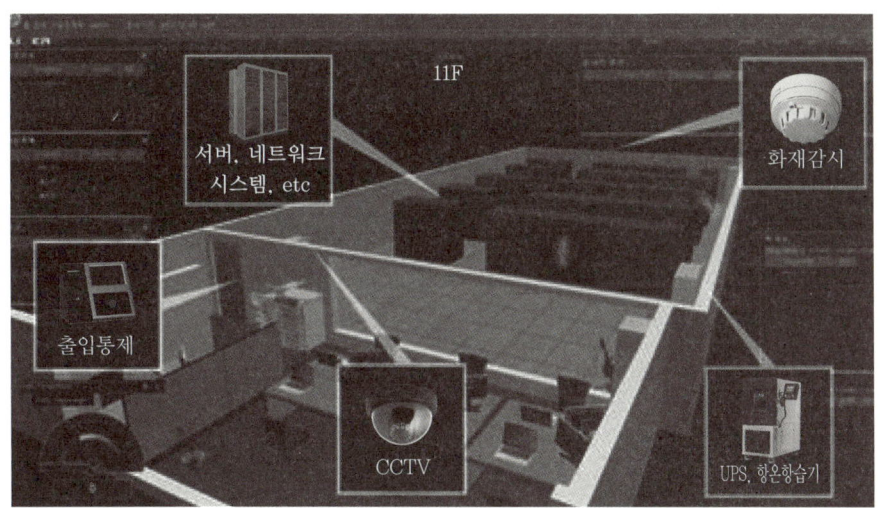

출처 : 이글루시큐리티

[그림 3-2] 시스템을 이용한 물리적 감시시스템

Chapter 2. 물리적 보호조치의 세부사항

■ 물리적 보호조치의 세부사항
→ 중요 정보 및 정보처리시스템을 보호하기 위한 물리적 보안구역을 지정한다. 각 보안구역에 대한 보안 대책을 마련한다. 예를 들면 전산실은 통제구역으로 사무실은 제한구역으로 지정하여 일반인들이 함부로 출입하지 않도록 조치하는 방안 등이 있다.
→ 물리적 보안구역에 인가된 자만이 접근할 수 있도록 출입을 통제하는 시설을 갖추어야 한다. 출입문에 지문인식 또는 출입증 태그 인증 등의 다양한 형태로 출입을 통제할 수 있다. 또한 출입 및 접근 이력을 주기적으로 검토하여 한다.

[그림 3-3] 통제구역의 사례

→ 유지보수 등 주요 정보처리 설비 및 시스템이 위치한 보호구역내에서 작업 절차를 수립하고 작업에 대한 기록을 주기적으로 검토하여야 한다.

→ 노트북 등 모바일 기기를 함부로 사무실 등의 공간에 반입/반출하지 못하도록 통제하여야 한다. 중요정보 유출, 내부망 악성코드 감염 등의 보안사고 예방을 위하여 보호구역내 임직원 및 외부인력 모바일 기기 반출·입 통제절차를 수립하고 기록/관리하여야 한다. 전산실에서 사용하던 컴퓨터나 서버 등의 시스템 또한 함부로 반출 시에는 시스템에 저장된 중요정보가 유출될 우려가 있으므로 각별히 주의하여야 한다. 반출 시에는 데이터 완전삭제(포맷) 등의 조치가 필요하다. 데이터를 완전삭제하지 않으면 디지털 포렌식 기술로 복구가 가능하기 때문이다.

포렌식과 디지털 포렌식이란?

컴퓨터의 하드디스크의 내용을 복구하거나, 절대 복구되지 않도록 포맷하는 기술을 일컬어 디지털 포렌식이라고 한다. 아래에서 좀 더 자세히 알아보자.

포렌식은? 법과학(法科學, Forensic Science)에서는 과학적 범죄 수사 방법을 말한다. 포렌식, 포렌식 수사라고도 한다.

포렌식의 어원

포렌식(Forensic)은 "포럼(Forum)의 또는 포럼에 의한"이란 뜻이다. 로마시대 당시 형사재판에서는 오늘날 미국의 대배심과 같은, 포룸(로마 제국 시대의 도시 중심에 위치했던 공공 복합장소를 뜻함)의 토론을 통해 범죄에 대한 기소를 하였다. 오늘날에는 포렌식을 "법적인(Legal)" 또는 "법정과 관련한"이라는 뜻으로 사용된다.

디지털 포렌식이란?

컴퓨터에서 침해사고를 분석하는 포렌식은 그냥 포렌식이 아니라 '디지털 포렌식'이라고 부르며, PC나 노트북, 휴대폰 등 각종 저장매체 또는 인터넷 상에 남아 있는 각종 디지털 정보를 분석해 범죄 단서를 찾는 수사기법이다.

빠른 포맷과 일반 포맷의 차이

- 빠른 포맷 : 파일 시스템만 새로 구축. 디스크엔 실제 데이터가 그대로 남아 있음
- 일반 포맷 : 파일 시스템을 새로 구축하고 파티션의 모든 공간을 0으로 재기록. 파티션(할당된 디스크, C 또는 D 드라이브 등)의 모든 데이터가 사라짐

이렇듯 컴퓨터는 0과 1의 디지털 숫자로 데이터를 남기는데, 보통 범죄자들은 본인들이 사용한 흔적을 말끔히 삭제하지 못하므로 범죄 흔적이 발각된다.
하드디스크를 복제하거나, 하드디스크내의 범죄흔적의 데이터를 살려내는 등의 유명한 디지털 포렌식 프로그램으로는 인케이스와 FTK 등이 있다.

ENCASE FORENSIC 7.0
[디지털증거조사 분석 SW]

FTK Imager
[디지털증거조사 분석 SW]

아래는 실제 '유령'이라는 사이버범죄 수사 관련 드라마에서 컴퓨터 하드디스크를 복제하는 용도로 사용했던 SuperImager(슈퍼이미저) 장비이다. 예를 들면 하드디스크를 왼쪽에 꽂고, 오른쪽에 빈 하드디스크를 꽂으면 완전 동일하게 복제된다.

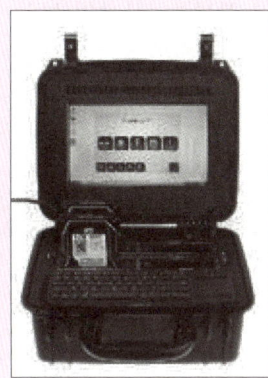

[그림 3-4] SuperImager(슈퍼이미저) 장비

관리적 보호조치의 개념

Chapter 1. 관리적 보호조치의 정의

■ 관리적 보호조치
→ 보안관리 조직을 운영하는데 필요한 조직 체계 및 정보보안 지침과 절차 수립이 관리적 보호조치의 가장 기본이 되는 것이다.
보안사고 대응책 마련, 자산 파악 및 자산에 대한 보안등급 분류, 인사상의 보안관리 및 주기적인 보안교육 등과 같이 조직 내의 다양한 정보보안 수준을 관리하는 조치사항이 관리적 보호조치에 속한다.

Chapter 2. 관리적 보호조치의 세부사항

■ 관리적 보호조치의 세부사항
아래의 사항들이 관리적 보호조치의 대표적인 사항이라 볼 수 있다.
→ 가장 먼저 관리 분야에서는 기업이나 조직에서 필요한 정보보호 정책 수립이다. 정보보호 정책을 문서로 만들고, 정보보호최고책임자의 승인 후 정책에 관련된 모든 임직원 및 외부 용역업체와 같은 업무 관련자에게도 제공하여야 한다.
→ 정보보호 정책문서 관리 및 정보보호 조직을 구성하여야 한다. 정보보호 정책 및 세부 절차를 수립하고 정보보호최고책임자를 임명하여야 한다. 또한 정보보호 정책에 관련된 여러 가지 업무를 수행할 인원을 전담조직으로 구성하고 각자의 역할과 책임을 명확하게 정의하여야 한다.
→ 용역업체 및 내부 조직원에 대한 비밀유지 서약서를 받아야 하며, 퇴직 및 용역업체의 사업 종료 시에도 중요정보를 누설하지 않겠다는 보안서약서를 받아야 한다.

→ 모든 임직원 및 외부 업무 관련자를 대상으로 주기적으로 정보보호 교육을 시행하여야 한다. 정보보호 정책 및 절차의 중대한 변경, 보안사고 발생, 관련 법규 등의 사유가 발생하면 추가 교육을 실시하여야 한다.
→ 기업이나 조직 내에 어떤 시스템이 운영되고 있고 수량은 얼마나 되는지 등의 파악과 철저한 자산 식별을 수행하여야 한다.
→ 관리적, 기술적, 물리적, 법적 분야 등 정보보호 전 영역에 대한 위험식별 및 평가가 가능하도록 위험관리 방법과 계획을 사전에 수립하여야 한다.
 또한 위험분석 및 평가를 연 1회 이상 수행하고 관리하여야 한다.

기술적 보호조치의 개념

Chapter 1. 기술적 보호조치의 정의

■ 기술적 보호조치
→ 정보보호를 위한 기술적 보호조치는 보안시스템 운영 및 중요서버 접근통제, 데이터 암호화 등 기술적인 요소를 이용한 것이다.
→ 보안시스템으로는 가상사설망(VPN), 침입탐지 및 차단시스템(IPS, IDS, F/W), PC 보안 및 문서보안, 데이터 보안, 인증(OTP, PKI, SSO) 및 데이터베이스 보안, 정보유출 탐지 시스템, 서버보안 및 어플리케이션 개발보안, 운영보안, 악성코드 탐지 시스템 등 다양한 보안기술과 시스템이 있다.

Chapter 2. 기술적 보호조치의 세부사항

■ 기술적 보호조치의 세부사항
　물리적, 관리적 사항과 더불어 정보보안에서는 기술적 보호조치가 매우 중요하다고 볼 수 있겠다. 기술적인 보호조치가 미흡할 경우에는 외부 악의적인 공격자로부터 쉽게 시스템을 해킹당할 수 있다.
→ 악성코드(바이러스, 웜, 트로이 목마 등)로부터 이용자의 단말기(PC 등)를 보호하기 위해서 악성코드 탐지, 차단 등의 보안기술을 지원하여야 한다.
→ 중요서버 및 보안시스템에는 비인가자가 접근할 수 없도록 접근통제 규칙 및 방법 등을 포함하여 접근통제 정책을 수립하여야 한다.
→ 패스워드 생성 시에 패스워드 복잡도 기준, 초기 패스워드 변경, 변경주기 등 사용자 패스워

드 관리 절차를 수립하고 패스워드 관리 책임이 사용자에게 있음을 주지시켜야 한다. 특히 관리자 패스워드는 매우 중요하므로 관리자 패스워드를 사용하는 인원에 대한 별도관리 등의 별도 보호대책을 수립하여 관리하여야 한다.
→ 네트워크 보안을 위해서 내/외부 네트워크를 보호하기 위해서 정보보호시스템(방화벽, IPS, IDS, VPN, TMS 등)을 운영하여야 한다.
→ 네트워크 구간에 중요정보를 전송 시에는 안전한 암호화 통신채널(TLS/SSL 등)을 사용하여야 한다.

SSL이란?

SSL(Secure Sockets Layer)은 보안 소켓 계층을 이르는 말로, 인터넷에서 데이터를 안전하게 전송하기 위한 인터넷 통신 규약 프로토콜이다.

인터넷 프로토콜(Internet protocol)이 보안 면에서 기밀성을 유지하지 못한다는 문제를 극복하기 위해 개발되었다. 현재 전 세계에서 사용되는 인터넷 상거래시 요구되는 개인 정보와 크레디트카드 정보의 보안 유지에 가장 많이 사용되고 있는 프로토콜이다. 최종 사용자와 가맹점간의 지불 정보 보안에 관한 프로토콜이라고 할 수 있다.

→ 데이터를 보호하기 위해서는 데이터에 대한 안전한 암호화를 적용하여야 한다. 패스워드는 안전한 일방향 암호화 알고리즘을 적용하여야 하며, MD5 및 SHA1과 같은 취약한 알고리즘은 사용하면 안 된다. 양방향 암호화 알고리즘 및 일방향 암호화 알고리즘은 모두 128비트 이상의 알고리즘을 적용하여야 안전하다.
→ 중요정보를 담고 있는 하드디스크, 스토리지 등의 저장매체 폐기 및 재사용 절차를 수립하고 매체에 기록된 중요정보는 복구 불가능하도록 완전히 삭제하여야 한다.
→ 소프트웨어 개발 및 웹 소스 코딩 시에는 안전한 '시큐어 코딩'을 적용하여야 한다.

시큐어 코딩이란?

간단히 보안코딩이라는 뜻이다. 개발하는 소프트웨어가 복잡해짐으로 인해 보안상 취약점이 발생할 수 있는 부분을 보완하여 프로그래밍 하는 것. 시큐어 코딩에는 안전한 소프트웨어를 개발하기 위해 지켜야 할 코딩 규칙과 소스 코드 취약 목록이 포함된다. 우리나라에서는 2012년 12월부터 '소프트웨어 개발 보안' 제도를 시행하여 시큐어 코딩을 의무화하였다.

* 코딩 : 컴퓨터 작업의 흐름에 따라 프로그램의 명령문을 사용하여 프로그램을 작성하는 일

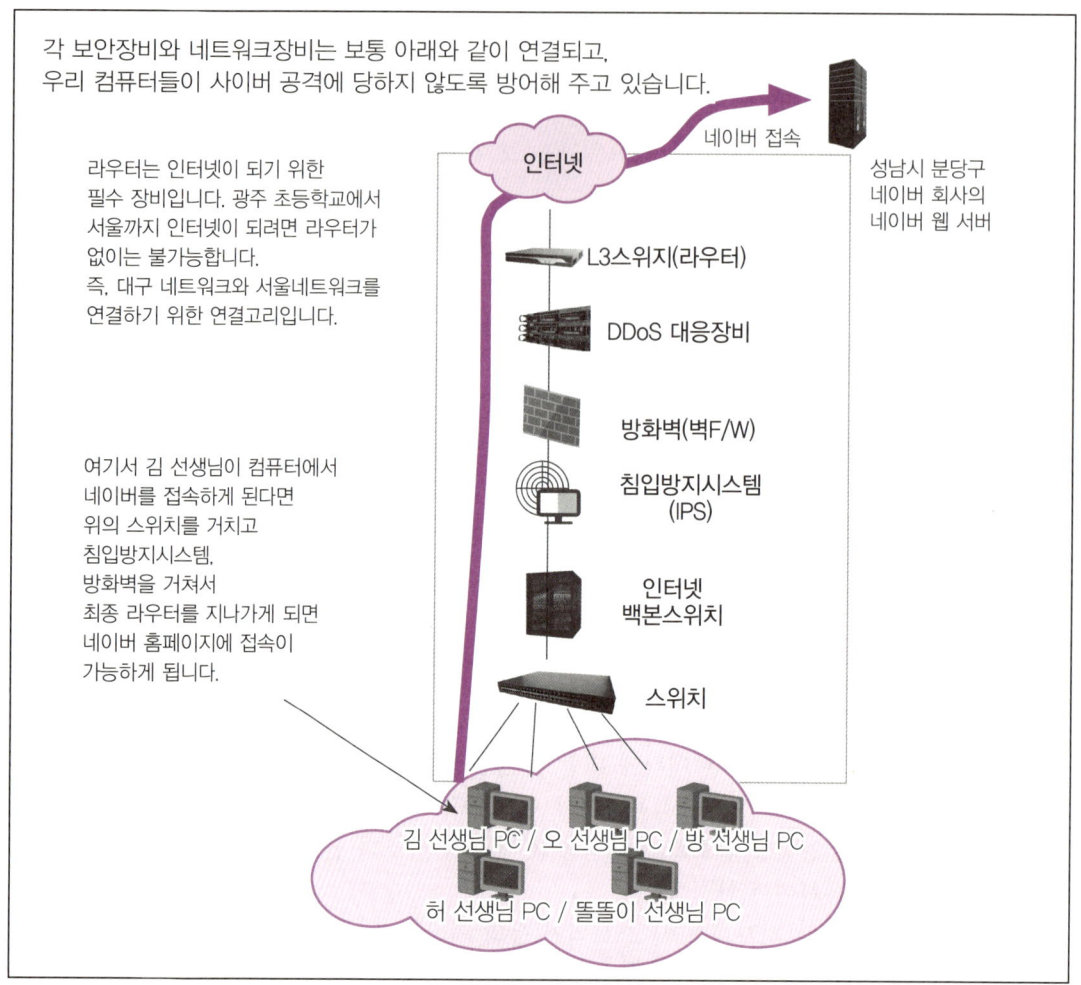

[그림 3-5] 인터넷 통신경로의 이해

- 네트워크 구성 및 보안장비
→ 우리가 학교 컴퓨터에서 인터넷을 사용한다면, 아래와 같이 다양한 네트워크 장비 및 보안장비를 거쳐야 하고 어떤 경로로 인터넷 통신이 되는지 알아보자. 아래에서는 컴퓨터에서 스위치를 거치고 IPS라는 침입방지시스템과 방화벽, DDoS 대응장비를 거치고, 마지막으로 라우터라는 장비를 거쳐야만 네이버 홈페이지에 접속됨을 알 수 있다.

- 정보보안 장비의 이해
→ 서버와 네트워크 장비들을 사이버 공격으로부터 안전하게 보호하려면 보안장비가 필요하다.

아래와 같이 대표적인 보안장비만 간단히 알아보도록 하자.
→ 방화벽 : 방화벽은 IP 및 컴퓨터에서 사용하는 PORT를 기반으로 차단하는 기능이 있다.

→ DDoS 대응장비 : DDoS 공격의 대응하기 위한 전용 장비이다.

→ 침입방지시스템(IPS) : 사이버 공격을 탐지패턴으로 탐지하고 차단하는 기능이 있다.

중요 Point

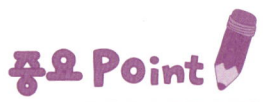

웹 방화벽이란?

웹(WEB) 페이지 또는 홈페이지를 지키는 방화벽을 뜻한다. 방화벽 앞에 '웹'만 붙인 것이다.

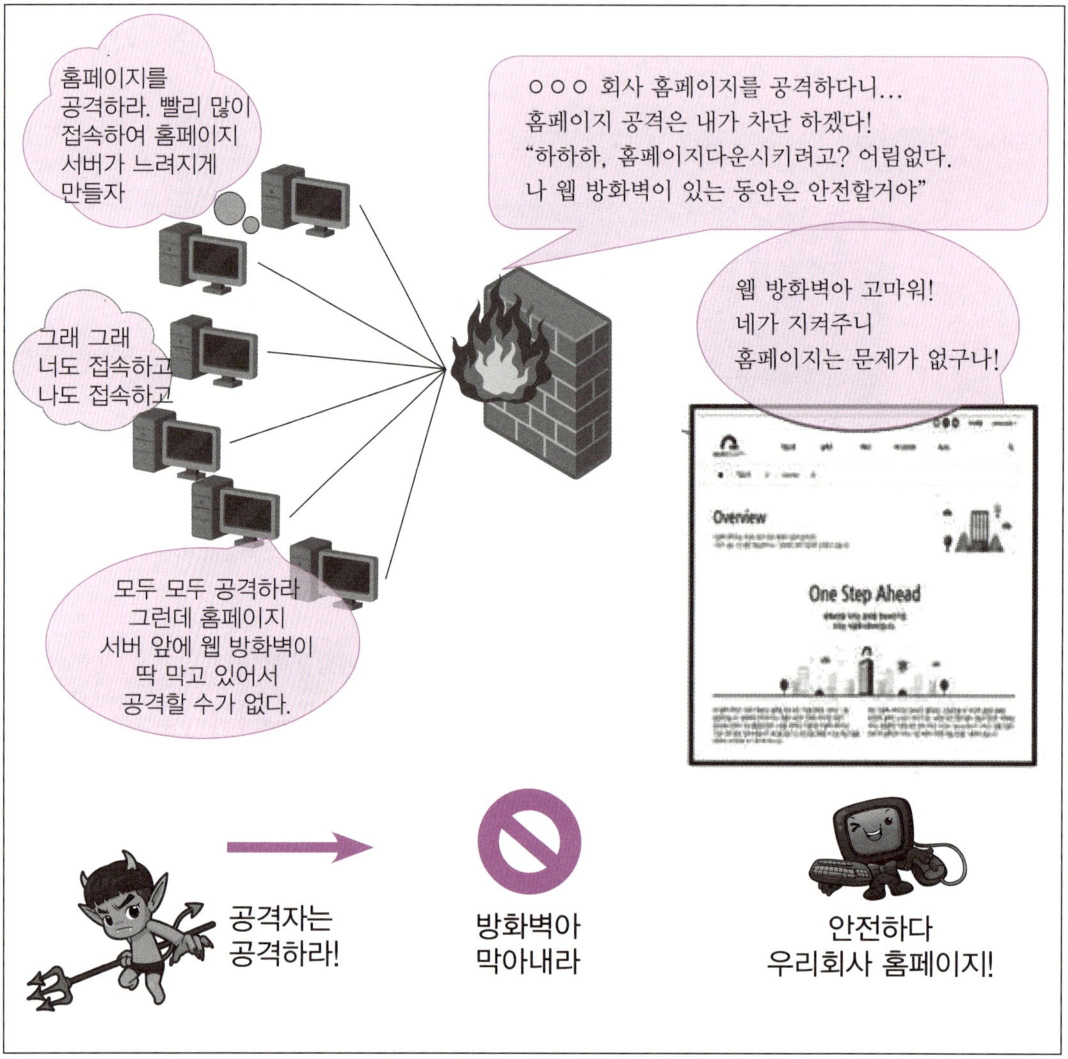

1장 물리적, 관리적, 기술적 보호조치 | 핵심정리

→ 물리적인 보호조치
- CCTV, 잠금장치(도어락, 캐비넷 자물쇠 등), 펜스(철망, 울타리)
- 이외에도 시설 및 장비를 보호하기 위한 화재감시기, UPS(무정전 전원공급장치), 항온항습기, 온습도계 등이 물리적인 보호조치에 속한다.

→ 물리적인 보호조치 세부사항
- 전산실은 통제구역으로 설정, 사무실은 제한구역으로 지정하여야 한다.
- 유지보수 등 주요 정보처리 설비 및 시스템이 위치한 보호구역내에서 작업 절차를 수립하고 작업에 대한 기록을 주기적으로 검토하여야 한다.
- 노트북 등 모바일 기기를 함부로 사무실 등의 공간에 반입/반출하지 못하도록 통제하여야 한다.

→ 관리적인 보호조치
- 보안관리 조직을 운영하는데 필요한조직 체계 및 정보보안 지침과 절차를 수립하여야 한다.
- 이 밖에 보안사고 대응책 마련, 자산 식별, 인사상의 보안관리, 상벌 제도수행, 보안 콘테스트(경진대회), 인적관리 등 관리적인 측면에서의 보안조치는 매우 다양하다.

→ 관리적인 보호조치 세부사항
- 정보보호 정책 수립 및 문서 관리와 더불어 정보보호의 업무를 수행해야 할 정보보호 조직을 구성하여야 한다. 용역업체 및 내부 조직원에 대한 정보보호 교육을 실시하고, 투입 및 퇴사시에 반드시 비밀유지 서약서를 받아야 한다.
- 법적 분야 등 정보보호 전 영역에 대한 위험식별 및 평가가 가능하도록 위험관리 방법과 계획을 사전에 수립하여야 한다.
- 보안감사 및 정보보안 수준실태 평가 등 현실태를 확인하고 수정하기 위해 연 1회 이상의 점검을 수행하고 관리하여야 한다.

→ 기술적인 보호조치
- 정보보안을 위한 시스템 보호 등에 보안기술을 적용한다.
- 기술적인 보호조치로는 방화벽, 백신, 암호화 등 다양한 방안의 기술이 있다.

→ 기술적인 보호조치 세부사항
- 보안시스템으로는 가상사설망(VPN), 침입탐지 및 차단시스템, PC 백신, 문서보안, 보안인증(OTP, PKI, SSO) 및 데이터베이스 보안, 정보유출 탐지 시스템, 서버보안 및 어플리케이션 개발보안, 운영보안, 악성코드 탐지 시스템 등 다양한 보안기술과 시스템이 있다.
- 기술적인 보호 조치로 네트워크 망을 보호하기 위해서는 네트워크단에 설치하는 침임탐지시스템, 침입방지시스템, 방화벽이 있다.
- PC 및 서버를 보호하기 위해서는 공통적으로 백신 적용 및 서버보안 솔루션 등을 설치한다.
- 정보 유출시 안전하게 보호하려면 중요정보 및 개인정보는 반드시 암호화하여야 한다.

제2장
암호

학습 및 평가 목표

암호의 개념, 정의를 이해하고, 암호의 방식과 암호를 정보보안에 적용한 사례를 이해하는지 평가한다.

암호의 개념

Chapter 1. 암호의 정의

■ 암호의 이해 및 정의
→ 암호(Cryptography) 또는 암호화(Encryption)는 일반적인 문자를 다른 사람이 알아보지 못하도록 다른 문자로 바꾼 것이라 할 수 있다.
→ 이렇듯 암호는 개인만이 알 수 있도록 하는 임의의 문자를 생성하는 것으로 개인정보를 보호하기 위한 가장 기본적인 수단이자 가장 강력한 방법 중의 하나이다.

■ 암호(화)키
→ 암호화하기 위해서는 암호화키가 필요하다. 암호화키란 원래의 문장을 일정한 규칙으로 뒤섞는 방법을 뜻하며, 암호화키로 암호화시켰다면 역으로 원래의 문장을 알아낼 수 있는 복호화키도 존재하게 된다.

암호화 및 암호화키에 대한 쉬운 설명

A가 "Hdeedelldeo, Mdey nademede ides codecode" 이런 내용의 편지를 B에게 보냈다. 하지만 중간에 C라는 사람이 이 편지를 훔쳐서 읽어봤더니 알 수 없는 문구만 적혀있어서 알 수가 없었다. C는 자신이 읽을 수 없어 그냥 B에게 편지를 전달해 주었다. 하지만 B는 A와 서로 간에 약속된 정보(Key)를 통해 편지를 읽을 수 있다. 그 키가 의미하는 것이 글자 중에 'de' 알파벳은 제외한다는 것이라면 아래와 같이 암호문이 풀리게 된다.

"Hdeedelldeo, Mdey nademede ides codecode" => "Hello, my name is coco"

이처럼 수신자와 발신자 간의 약속을 통해 편지를 암호화하여 전송을 하게 되면 중간에 다른 사람이 가로채더라도(스니핑) 정보는 안전하다. 이렇게 서로 간에 암호를 풀 수 있는 값을 키(Key)라고 한다.

Chapter 2. 암호의 종류

■ 암호의 종류
→ 대칭키 방식의 암호화
- 대칭키 암호(Symmetric-key Cryptosystem) 방식에서는 암호화에 사용되는 암호화키와 복호화에 사용되는 복호화키가 동일하다는 특징이 있으며, 이 키를 송신자와 수신자 이외에는 노출되지 않도록 비밀히 관리해야 한다. 우리가 일반적으로 사용하는 암호라는 의미로 '관용 암호'라고도 하며 키를 비밀히 보관해야 한다는 의미로 '비밀키 암호(Secret-key Cryptosystem)'라고도 한다. 이 방식은 고대 암호로부터 연결된 오랜 역사를 가지고 있다. 대칭키 암호는 암호화 연산 속도가 빨라서 효율적인 암호 시스템을 구축할 수 있다.
- 이 암호 방식은 알고리즘의 내부 구조가 간단한 치환과 전치의 조합으로 되어 있어서 알고리즘을 쉽게 개발할 수 있고 컴퓨터 시스템에서 빠르게 동작한다. 그러나 송·수신자 간에 동일한 키를 공유해야 하므로 많은 사람들과의 정보 교환 시 많은 키를 생성·유지·관리해야 하는 어려움이 있다. 이러한 대칭키 암호 방식은 데이터를 변환하는 방법에 따라 블록 암호와 스트림 암호로 구분된다.

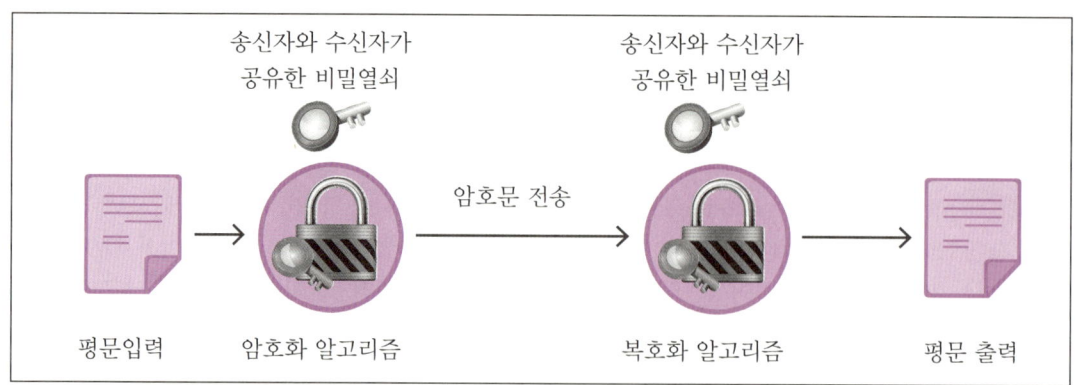

[그림 3-6] 대칭키 암호화 알고리즘 개념도

→ 공개키(비대칭키) 방식의 암호화
- 공개키 암호는 비밀키 암호와 달리 송신자와 수신자가 다른 키를 사용하여 비밀 통신을 수행한다. 송신자는 수신자의 공개키에 해당하는 정보를 사용하여 데이터를 암호화하여 네트워크를 통해 전송한다. 수신자는 자신의 공개키에 해당하는 비밀키로 암호화된 데이터를 복호화하여 평문을 복원한다.
- 공개키 암호는 다른 유저와 키를 공유하지 않더라도 암호를 통한 안전한 통신을 한다는 장점을 갖는다. 각 사용자는 자신에게 전송하기 위해 사용될 키를 공개하고, 공개된 키 정보로 암호화된 정보를 복호화 할 수 있는 키를 비밀로 보유하고 있음으로써 누구나 암호화할 수 있지만 공개키에 대응되는 비밀키를 가진 당사자만 복호화할 수 있는 특징을 가진다. n명의 사용자로 구성된 네트워크를 고려하면 각 사용자는 공개키와 비밀키 두 개를 보유하고 있으므로 네트워크 전체적으로 2n개의 키가 요구된다. 그리고 각 유저는 2개의 키만 보유하고 있으면 된다.
- 공개키 암호는 수학적인 난제를 기반으로 설계되어 있고, 암호화나 복호화를 수행하기 위한 연산이 복잡한 수학 연산을 기반으로 구성되기 때문에 효율성은 비밀키 암호에 비해 높지 않다. 공개키 암호의 경우에는 모두가 확인할 수 있는 공개키에 대응되는 비밀키가 각 사용자만 알고 있는 정보이기 때문에 광범위한 인증 기능이 제공된다.

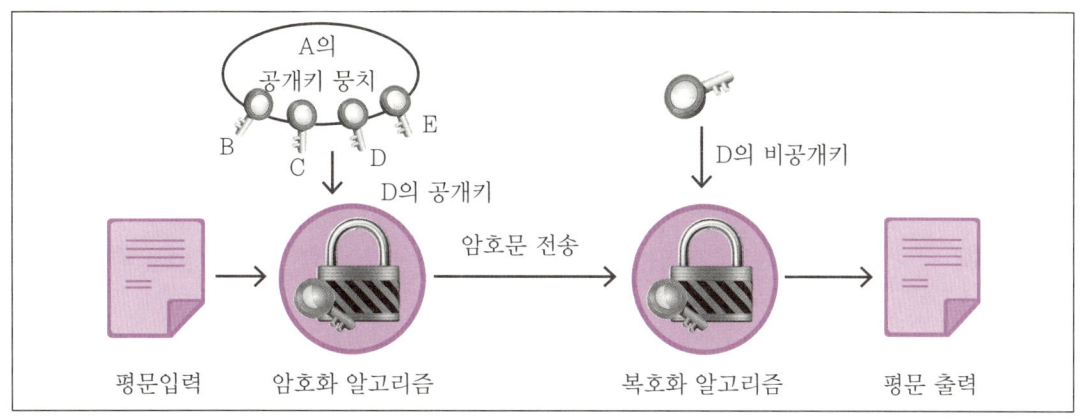

[그림 3-7] 공개키 암호화 알고리즘 개념도

→ 암호화 방식의 특징요약

[표] 암호화 방식 비교

구분	대칭키 암호방식	공개키 암호방식
암호키 관계	암호화키 = 복호화키	암호화키 ≠ 복호화키
암호화 키	비밀	공개
복호화 키	비밀	비밀
암호 알고리즘	공개	공개
비밀키 수	$n(n-1)/2$	$2n$
안전한 인증	미 제공	용이
암호화 속도	고속	저속

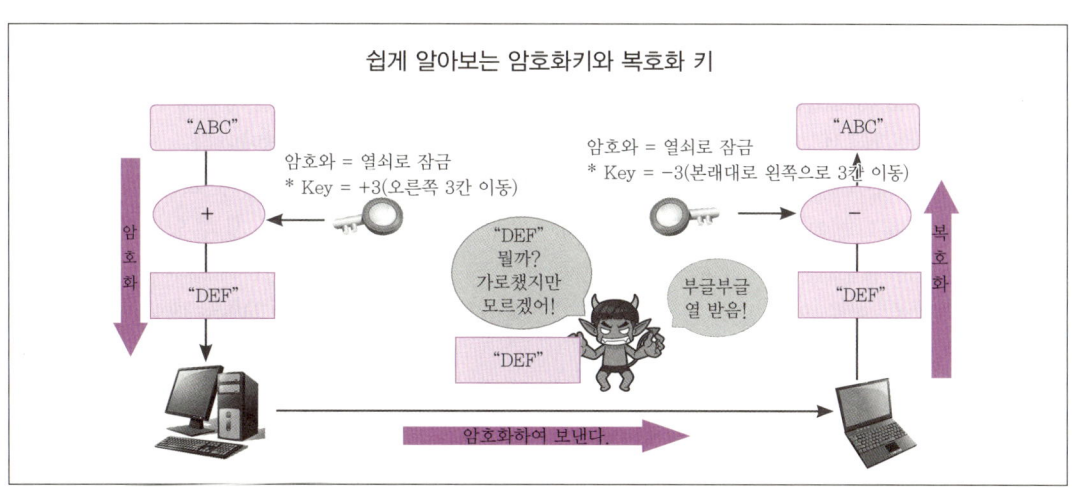

암호의 활용

Chapter 1. 암호의 활용

■ 데이터베이스 암호화
→ 데이터베이스의 유출을 사전 방지하기 위해 데이터를 암호화하여야 한다. DB 또는 Data Base(데이터베이스)라고 부르며, 이는 데이터들의 집합장소에 비유할 수 있다. 웹 서버 및 시스템들의 서버에는 개인정보 및 중요정보와 같은 데이터들이 저장되어 이 데이터를 악의적인 내/외부의 공격자에게 유출당한다면 사회적으로 큰 문제가 된다. 그러나 데이터베이스를 암호화하였다면 공격자가 유출한 정보를 복호화시킬 수 없기 때문에 데이터를 활용할 수 없게 된다.

■ 안전한 암호화 통신(SSL)
→ SSL의 이해
- Secure Sockets Layer, 즉 '보안소켓계층' 이라는 뜻이다. 쉽게 말하면 보안통신을 하기 때문에 누군가 중간에서 가로채도 정보를 볼 수 없는 암호화 통신이라는 의미이다.
- SSL은 웹 브라우저와 웹 서버 간에 데이터를 안전하게 주고받기 위한 업계 표준이다. 미국 넷스케이프 커뮤니케이션스사가 개발했고, 마이크로소프트사 등 주요 웹 제품 업체가 채택하고 있다. SSL은 웹 제품뿐만 아니라 파일 전송 규약(FTP) 등 다른 TCP/IP 애플리케이션에 적용할 수 있으며, 인증 암호화 기능이 있다. 암호화 기능을 사용하면 주고받는 데이터가 인터넷 상에서 도청되는 위험성을 줄일 수 있다.

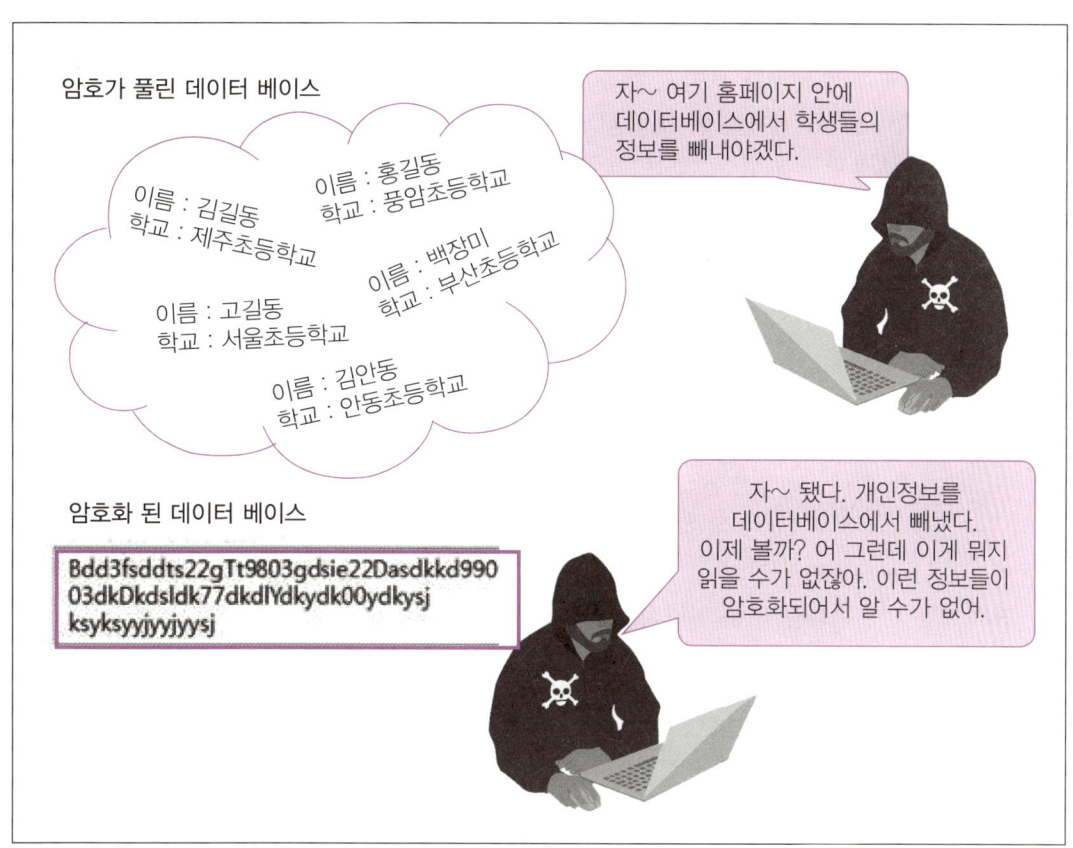

[그림 3-8] 데이터베이스 암호화의 쉬운 설명

- HTTPS(Hypertext Transfer Protocol over Secure Socket Layer)는 월드 와이드 웹 통신 프로토콜인 HTTP의 보안이 강화된 버전이다. HTTPS는 통신의 인증과 암호화를 하기 때문에 전자상거래에서 널리 쓰이고 있다. HTTPS는 쉽게 설명하면 HTTP + SSL 이라고 이해하면 되겠다.
- 우리가 SSL 통신을 쉽게 접할 수 있는 것으로 웹 주소창을 보면 http://naver.com, https://google.com 두 가지 방식이 있다.

- 보통은 http를 사용하지만, 로그인의 경우에는 https를 사용해서 로그인시 아이디와 패스워드를 암호화 전송하는 것이다. 구글은 홈페이지에서 모든 웹 페이지에 https를 사용하고 있

다. 그런데 naver는 로그인할 때만 https를 사용한다. 로그인할 때 http에서 https로 순간적으로 바뀌기에 우리 눈에는 보이지 않을 수 있다. 모든 웹페이지에 https를 적용하면 보안성은 높아지지만, 웹페이지가 열릴 때 느리게 열릴 수 있기 때문에 적절하게 활용해야 한다.
- 우리가 자주 사용하는 쇼핑몰 웹사이트 등 대부분의 홈페이지 회원가입이나 회원 로그인 창에서 https를 사용하지 않는 경우가 많다. 이런 사이트가 있다면 지금이라도 https(httpssl)를 적용해야 한다.

2장 암호 | 핵심정리

→ 암호(Cryptography)의 정의
- 암호 또는 암호화라는 것은 일반적인 문자를 다른 사람이 알아보지 못하도록 다른 문자로 바꾼 것이며, 암호화 및 복호화 할 경우에는 "키"가 있어야 한다.
* 위의 암호(Cryptography)와 우리가 로그인할 경우에 자주 사용하는 암호(PASSWORD)와는 의미가 다른 것을 이해하여야 한다. 로그인시에 암호는 패스워드라고 부른다. 이때 암호(Password)는 컴퓨터 프로그램이나 컴퓨터 통신망에서 허가된 사용자임을 확인하는 데 사용되는 보안수단으로 접근권한을 암호의 일치여부에 따라 부여하는 것이다.

→ 암호의 종류
- 대칭키 암호 방식 : 대칭키 암호 방식에서는 암호화에 사용되는 암호화키와 복호화에 사용되는 복호화키가 동일하다는 특징이 있으며, 이 키를 송신자와 수신자 이외에는 노출되지 않도록 비밀히 관리해야 한다.
- 비 대칭키 암호 방식 : 대칭키 암호 방식과는 다르게 암호화키와 복호화키가 다르며, 공개키를 사용하기 때문에 공개키 암호 방식이라고 부른다.

→ 암호의 활용
- 데이터베이스는 암호화하여 개인정보 및 중요정보를 보호하여야 한다.
- SSL은 웹 브라우저와 웹 서버 간에 데이터를 안전하게 주고받기 위한 전송구간 암호화 통신을 뜻하며, 모든 중요정보를 전송하는 웹/홈페이지 등에서는 SSL적용을 수행해야 한다.

제3장

악성코드

학습 및 평가 목표

악성코드 개념 및 정의, 다양한 악성코드의 종류를 이해하는지 평가한다.

악성코드의 개념

Chapter 1. 악성코드의 정의

■ 악성코드의 정의
→ 바이러스와 악성코드는 공격자가 의도하는 특정 목적을 달성하기 위해 악의적인 행위를 하는 프로그램이라는 점에서 공통점을 갖고 있다. 이렇듯 바이러스와 악성코드는 좋은 뜻은 아니다.
→ 악성코드란 악의적인 행위를 하기 위해 의도적으로 제작된 모든 프로그램 및 그 구성요소들을 총칭하는 단어다. 악성코드를 분류하면 원론적으로는 '바이러스'도 포함된다. 참고로, 해외에서는 악성코드(Malicious Code) 또는 악성 프로그램(Malicious Software)이라는 용어로 흔하게 사용된다. 줄여서 보통 Malware(멀웨어)라고도 한다.

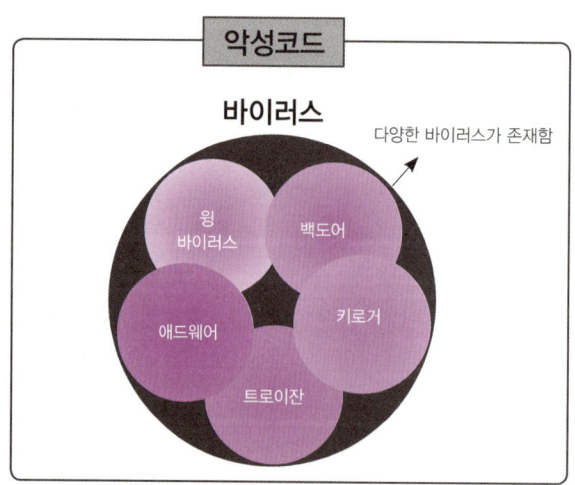

악성코드의 종류

Chapter 1. 악성코드 상세 종류

■ 웜 바이러스
→ 웜(Worm)은 원래 벌레와 증식을 뜻하는 용어인데, IT 분야에서는 인터넷 또는 네트워크를 통해서 컴퓨터에서 컴퓨터로 전파되는 프로그램을 의미한다. 웜은 다른 컴퓨터의 취약점을 이용하여 스스로 전파되거나 메일로 전파되지만, 다른 파일을 감염시키는 컴퓨터 바이러스와는 상당히 다르다.
→ 컴퓨터 바이러스는 부트 영역에 침입하거나 메모리에 상주 또는 정상 파일에 침입하여 감염시키지만, 웜은 스스로를 증식하는 것이 목적이다. 그래서 웜은 파일 자체에 이런 기능이 있거나 운영체제에 자신을 감염시킨다. 웜이 본격적으로 알려진 것은 윈도우 시대로 넘어오면서부터이다. 1999년 다른 사람의 이메일 주소를 수집하고 스스로 전달되는 형태의 인터넷 웜이 출현하면서 일반인에게 웜이라는 용어가 알려지기 시작했다. 현재의 웜은 이메일에 첨부파일 형태로 첨부되어 확산되거나, 운영체제나 프로그램의 보안 취약점을 이용하여 스스로 침투하는 형태를 보인다.

■ 랜섬웨어
→ '랜섬웨어(Ransomware)'란 몸값을 뜻하는 'Ransome'과 제품을 뜻하는 'Ware'가 합쳐진 단어이다. 그대로 해석하면 제품의 몸값을 요구한다는 의미이다.
해커는 사용자의 컴퓨터에 잠입해 내부 문서나 사진 파일 등을 암호화하여 열지 못하도록 한 뒤, 해독용 열쇠 프로그램으로 '비트코인'이나 금품을 요구한다. 쉽게 설명하자면 은행에 고객인 척 잠입한 강도가 인질을 잡고 돈을 요구하는 것과 비슷하다.

→ 랜섬웨어에 감염되면 확장자 파일명이 아래와 같이 동일하게 모두 변경되어 암호화되기 때문에 복호화 키가 없이는 열어 볼 수 없다.

[그림 3-9] 랜섬웨어 감염된 화면

[그림 3-10] 암호화된 파일을 풀기위해 금전을 요구하는 화면

■ 트로이잔 또는 트로이목마(Trojan) : 트로이목마는 정상 파일을 가장하거나, 정상파일 안에 삽입되어 실행되는 것이 특징이다. 사용자의 설치를 유도한 후, 사용자 PC에 있는 정보를 해커에게 유출하는 악성 행위를 하는 프로그램이다. 최근 발생하는 대부분의 악성코드는 이 트로이목마 범주에 포함된다고 보면 된다. 공격자들은 트로이 목마 악성코드를 이용하여 자신들이 원하는 목적(주로 금전적인 이득)을 달성하려고 한다.

■ 애드웨어(Adware) : 광고(Advertisement)와 소프트웨어(Software)의 합성어이다. 애드웨어는 광고 프로그램이다. 프로그램 자체는 악의적인 행위를 하지 않지만, 광고를 띄워 사용자들에게 불편함을 초래한다.

■ 스파이웨어(Spyware) : 스파이(Spy)와 소프트웨어의 합성어로, 본래는 어떤 사람이나 조직에 관한 정보를 수집하는 데 도움을 주는 기술을 뜻한다. 광고나 마케팅을 목적으로 하는 애드웨어(Adware)와는 차이가 있다. 초기에는 애드웨어 형태에서 최근에는 다른 사람의 컴퓨터에 몰래 숨어들어가 있다가 중요한 개인정보를 빼가는 스파이웨어 형태로 변형되었다. 대개 인터넷이나 PC통신에서 무료로 공개되는 소프트웨어를 다운로드받을 때 함께 설치된다.

■ 백도어(Backdoor) : 백도어는 말 그대로 '뒷문'으로, 시스템 관리자가 일부러 열어놓은 시스템의 구멍이다. 해커가 이미 장악한 PC의 다음 침입을 쉽게 하기 위해, 사용자가 모르는 침입 루트를 뚫어 놓은 것이다.

출처 : 그림으로 배우는 어린이 사이버보안

[그림 3-11] 백도어란?

- 악성 봇(Malicious Bot) : 스스로 실행되지 못하고, 해커의 명령에 의해 원격에서 제어 또는 실행이 가능한 프로그램 혹은 코드이다. 주로 취약점이나 백도어 등을 이용하여 전파되며, 스팸 메일 전송이나 분산 서비스 거부 공격(DDoS) 등에 악용된다. 사용자들에게 잘 알려진 '좀비 PC'는 악성 봇에 의해 감염된 것이다.

- 키로거 : 컴퓨터 사용자의 키보드 움직임을 탐지해 ID나 패스워드, 계좌 번호, 카드 번호 등과 같은 개인의 중요한 정보를 몰래 빼 가는 해킹 공격. 공격 도구는 공격 대상의 컴퓨터에 몰래 설치되어 공격 대상 컴퓨터에 입력되는 중요한 데이터를 공격자에게 전송한다. 키로깅(Keylogging), 키 스트로크 로깅(Keystroke Logging)으로도 불린다.

- 루트킷
→ 시스템에서 탐지되지 않고 지속적으로 데이터를 도용하는 데 사용되는 구성 요소. 설치 및 코드 실행 등 루트킷이 수행하는 작업은 최종 사용자의 동의나 인지 없이 수행된다.
→ 루트킷은 바이러스나 웜처럼 직접 시스템을 감염시키지 않지만 악성 코드를 실행하기 위해 탐지할 수 없는 환경을 제공한다. 공격자는 일반적으로 대상 시스템의 취약점을 이용하거나 사회 공학적 기법을 사용하여 수동으로 루트킷을 설치한다. 어떤 경우에는 바이러스나 웜을 실행하거나 악성 웹 사이트를 탐색하기만 해도 루트킷이 자동으로 설치될 수 있다.
→ 루트킷이 설치되면 공격자가 시스템에서 원격 액세스 및 도청을 비롯하여 프로세스, 파일, 레지스트리 키, 통신 채널 숨김 등 거의 모든 작업을 수행할 수 있다.

사회공학적 해킹 기법이란?

시스템이 아닌 사람의 취약점을 공략하여 원하는 정보를 얻는 공격기법. 인터넷의 발달로 이메일, 인터넷 메신저, 트위터 등을 통해 사람에게 접근하는 채널이 다각화됨에 따라 지인으로 가장하여 원하는 정보를 얻어내는 공격방법이다.[출처 : 네이버 지식백과]
이는 공격하려는 대상자의 주변 휴지통을 뒤지거나 주변 자료를 통해서 중요정보인 메일주소, 주민등록 번호 등을 확보하여 사이버 공격에 활용하는 기법이다.
예를 들면 어느 유명한 해커는 컴퓨터를 직접 해킹해서 계정비밀번호를 알아내는 것 보다, 특정인의 목소리를 흉내내어 그의 비서에게 전화를 걸어서 계정 암호를 까먹었다고 묻는 방법이 더 쉽다고 한다.

3장 악성코드 | 핵심정리

→ 악성코드의 정의
- 악성코드란 악의적인 행위를 하기 위해 의도적으로 제작된 모든 프로그램 및 그 구성요소들을 총칭하는 단어다.

→ 악성코드 상세 종류
- 일반적인 바이러스와 웜바이러스의 가장 큰 차이점은 자가 복제를 통한 네트워크상으로 확산되는 특징이 있다.
- 랜섬웨어란 컴퓨터의 파일을 암호화하여 복호화 키 없이는 열수 없는 악성코드이다.
- 트로이잔, 애드웨어, 백도어 등 악성코드는 다양하다.

제4장

사이버공격 대응

학습 및 평가 목표

사이버 공격의 개념, 사이버위기 경보 및 사이버안전센터의 기능과 역할을 이해하고, 다양한 사이버 공격의 유형에 따른 일상생활에서의 사이버 공격 대응방법을 이해하는지 평가한다.

사이버 공격의 개념

Chapter 1. 사이버 공격의 정의

■ 사이버 공격의 정의
→ 사이버 공격은 다양한 정의가 있지만 결론부터 말하자면 인터넷을 이용하여 허가받지 않은 시스템(통신망, 서버, 컴퓨터, 스위치 등)에 침입하거나, 장애를 불러일으키는 등의 행위를 뜻한다. 사이버 공격을 다른 표현으로 사이버테러리즘이라고도 한다.

> **사이버 공격이란?**
> - 인터넷을 통해 다른 컴퓨터에 불법 접속하여 상대방 국가나 기업에 손상을 입히려는 행동
> - 사이버테러리즘(영어: Cyberterrorism, 약칭 사이버테러)는 상대방 컴퓨터나 정보기술을 해킹하거나 악성프로그램을 의도적으로 깔아 놓는 등 컴퓨터 시스템과 정보통신망을 무력화하는 새로운 형태의 테러리즘이다. 주로 인터넷상에서만 행해진다.

Chapter 2. 사이버위기 경보

■ 사이버위기 경보
→ 사이버위기 경보는 사이버 공격에 대한 체계적인 대비와 대응을 사전에 준비할 수 있도록 발령하는 경보 단계를 뜻한다. 평상시에는 정상(초록)을 유지하다가 관심(파랑)→주의(노랑)→경계(주황)→심각(빨강) 순으로 4단계로 발령한다.

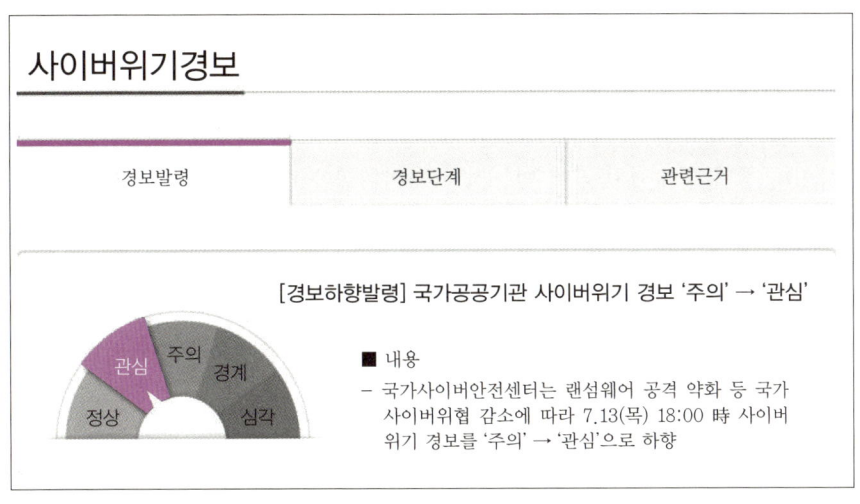

[그림 3-12] 국정원 국가사이버안전센터 홈페이지의 사이버위기 경보 발령화면

→ 국정원은 우리나라의 공공기관에 대한 사이버위기 경보를 총괄 관리/발령한다. 우리 기업들의 사이버위기 경보 발령은 한국인터넷진흥원에서 발령을 담당하고 있다.

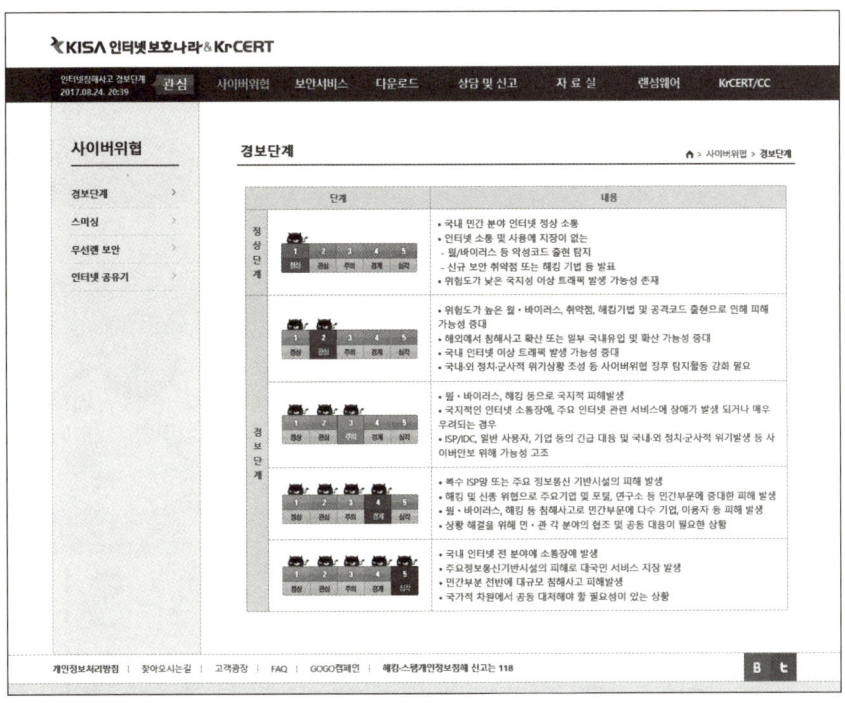

[그림 3-13] 한국인터넷진흥원 인터넷 보호나라&KrCERT 사이버위기 "경보단계" 화면

Chapter 3. 사이버안전센터의 기능 및 역할

■ 사이버안전센터의 기능 및 역할
→ 사이버안전센터에서 하는 일은 간단히 아래와 같다.
① 실시간 사이버 침입에 대해 공격이 있는지 사이버위협을 탐지한다.
② 어떤 서버에 취약점이 있는지 사전 점검한다.
③ 침해사고 발생 시에 어떤 악성코드인지 분석한다.
④ 해킹으로 사고가 발생 시 다시는 일어나지 않도록 방지 및 복구한다.
⑤ 이 밖에도 모의해킹 및 DDoS 대응 훈련 등 많은 사이버보안 업무를 수행한다.

→ 우리나라에는 중앙부처의 부문 보안관제센터와 산하기관의 규모가 작은 단위 보안관제센터를 운영 중이다.
- 중앙부처의 부문 보안관제센터라 불리는 사이버안전센터에는 외교사이버안전센터, 국회사이버안전센터, 과학기술정통신사이버안전센터, 환경사이버안전센터, 농림축산식품사이버안전센터 등 20여개가 넘는 사이버안전센터가 운영되고 있다.

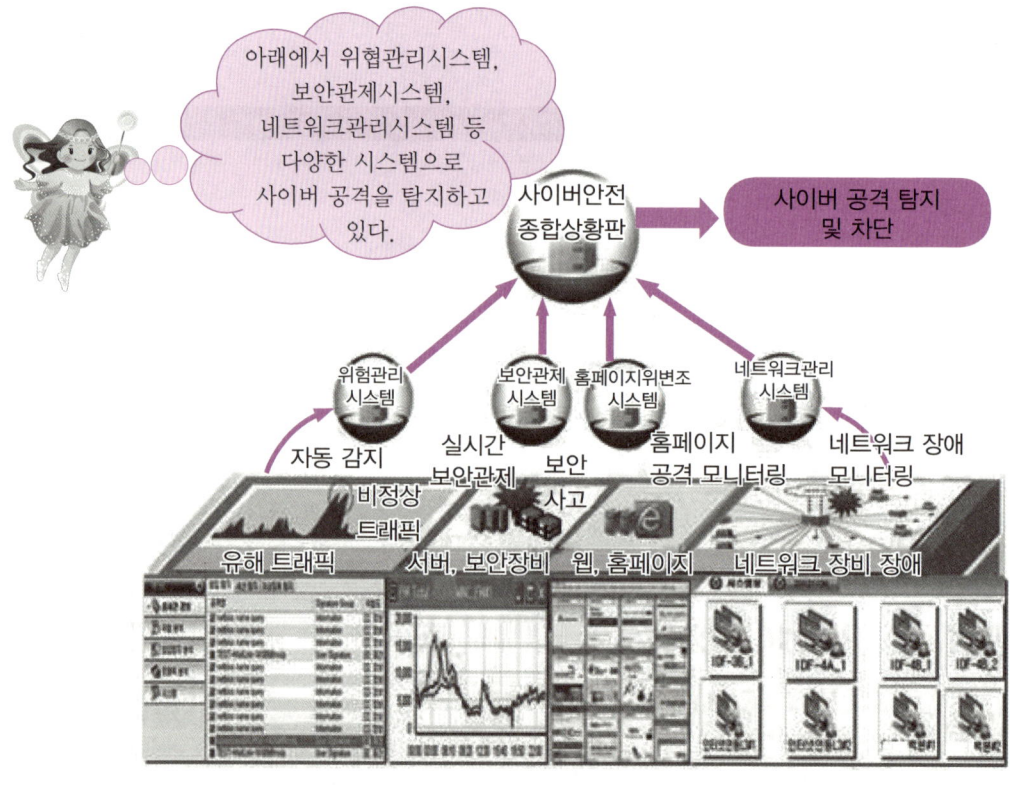

[그림 3-14] 사이버안전센터의 보안관제 체계도

사이버 공격의 유형

Chapter 1. 사이버 공격의 사례

■ 사이버 공격의 사례
→ 국내/외에서의 다양한 사이버 공격이 발생하여, 기업과 개인들은 엄청난 정신적/금전적인 피해를 입고 있다. 대표적인 사례로는 3.20 사이버테러와 7.7 DDoS 공격대란, 6.25 사이버대란 등을 들 수 있다.

→ 3.20 사이버테러
- 3.20 사이버테러 시 백신업데이트 서버가 공격을 당해서 백신서버와 연결된 클라이언트(사용자 컴퓨터)는 악성코드를 삽시간에 배포/다운로드 되는 현상이 발생했다. 금융권과 방송사의 수만 대의 컴퓨터와 서버가 동시에 다운되는 등 엄청난 피해를 입은 사건이다.
- 다음 페이지의 그림을 보면 공격에 사용된 방법과 절차를 알 수 있다. 공격자는 여러 가지 경로와 방법으로 악성코드를 감염시켰다.
  ① 공격자는 악성코드가 첨부된 해킹메일을 발송
  ② 공격자가 악성코드에 감염된 컴퓨터를 원격에서 제어가 가능하였다. 이를 이용하여 컴퓨터와 연결된 백신서버로의 경로를 확보했을 수도 있다.
  ③ 홈페이지를 해킹하여 악성코드를 게시하였으며, 일반 사용자들이 악성코드를 다운로드하게 된다. 디스크 파괴(시스템 부팅불가)용 악성코드를 백신 배포 서버에 올린다.
  ④ 3.20일 14시 이전에 디스크 파괴용 악성코드를 백신서버에서 각 컴퓨터에 백신업데이트하는 방식으로 모든 사내 컴퓨터에 배포하게 된다.
  ⑤ 3.20일 14시 이후에 악성코드에 감염된 컴퓨터는 일시에 디스크 파괴 공격을 당하게 되었다.

아무도 생각지 못했다. 발상의 전환, 허를 찌른 사이버 공격!

공격자는 3·20일 14시 이후에 악성코드가 실행되는 TIME BOMB(시한폭탄) 공격코드를 설정해 놓았다. 공격자가 악성코드 파일을 백신서버에서 패치파일로 속여서 배포한 사건이다. 백신서버와 같은 보안 시스템을 공격하여 백신시스템이 무시무시한 공격에 이용되는 발상의 전환과 허점을 노린 것이었다. 공격자는 가장 손쉽게 대량으로 악성코드를 전파할 수 있는 방법으로 백신서버 및 PMS(패치관리시스템) 등 서버와 통신하는 에이전트 구축 방식의 시스템의 취약점을 수개월에 걸쳐서 찾아낸 것이다. 이는 지속적으로 타깃(목표) 공격을 하는 APT(지능형지속위협) 공격의 일종으로 우리 국내 백신사의 허점이 여실이 드러난 사건으로 기록되어진다. 이 사고 이후로 백신서버는 패치파일의 무결성 점검기능을 강화하여, 올바른 패치파일인지 아닌지를 체크하게 되었다.

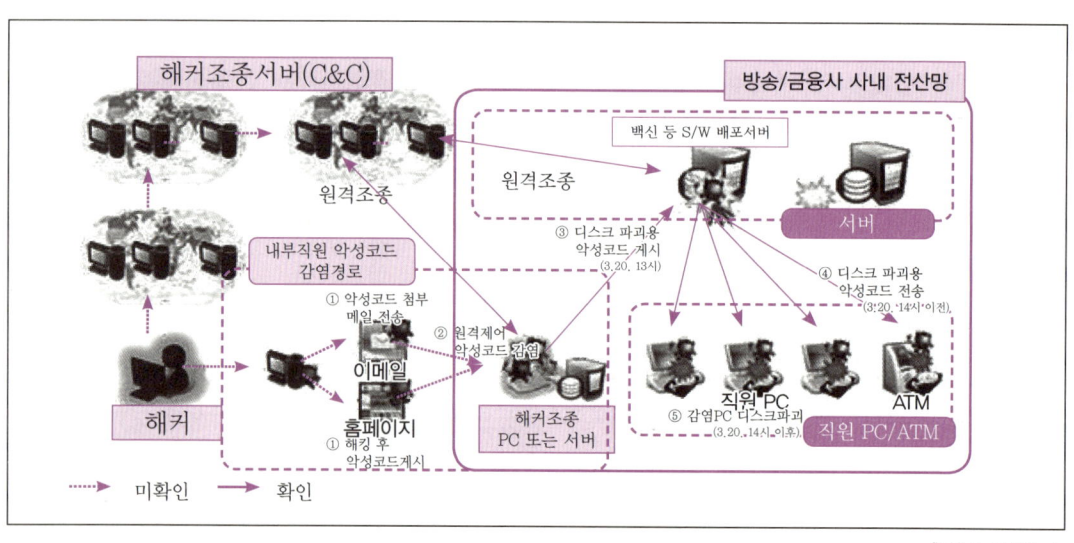

출처 : 보안뉴스

[그림 3-15] 사이버테러 공격 구성도

C&C 서버와 봇이란?

* C&C 서버 : 악성 봇에 감염된 PC에 스팸메일 전송, DDoS 공격을 수행하도록 명령과 제어(Command & Control)를 내리는 서버로 주로 해커가 운영한다.
* 봇(BOT)
  ① 로봇의 줄인 말로써 데이터를 찾아주는 소프트웨어 도구. 인터넷 웹 사이트를 방문하고 요청한 정보를 검색, 저장, 관리하는 에이전트의 역할을 한다.
  ② 보안이 취약한 컴퓨터를 스스로 찾아 침입해 컴퓨터 사용자도 모르게 시스템에게 명령을 내릴 수 있는 원거리 해킹 툴. 봇(bot)은 채팅 서버와 P2P 네트워크를 통해 컴퓨터를 감염시켜, 해커들이 마음대로 지시를 내릴 수 있으며, 다른 컴퓨터를 공격하도록 명령하거나 감염된 시스템에서 정보를 빼낼 수 있어 보안 문제 가운데 하나가 되고 있다.

→ 2009년 7월 7일 DDoS 대란
- 우리나라의 사회적 이슈를 만든 최초의 디도스(DDoS) 공격이다. 처음으로 발생한 상당히 규모가 큰 공격이라 많이 당황했고, 정부의 많은 기관들이 공격을 받았다. 대응하는데도 쉽지는 않았던 사례 중 하나였으며, 디도스(DDoS) 공격은 아래의 그림처럼 시간대별로 대상을 바꿔가며 이루어졌다.

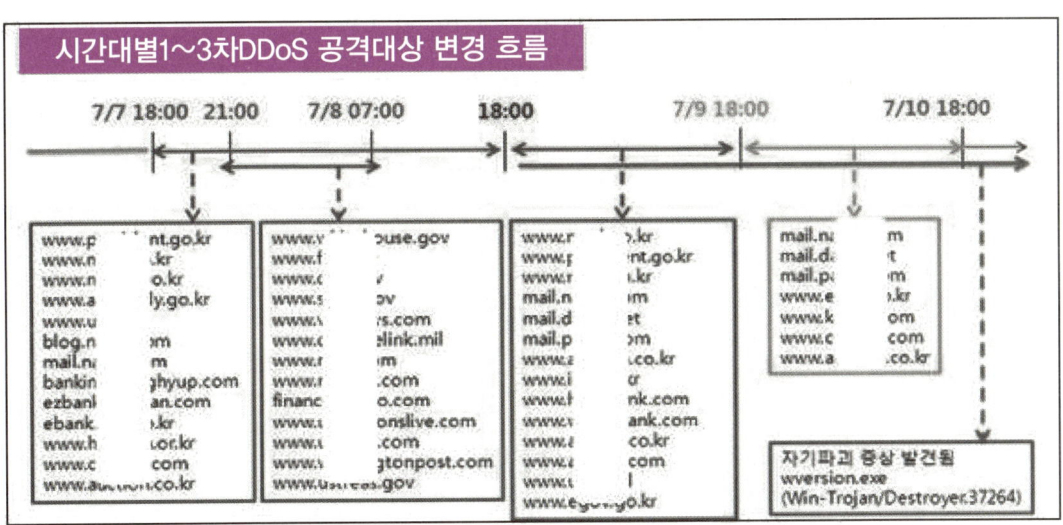

[그림 3-16] 시간대별 7.7 DDoS 공격 대상변경 등의 흐름

Chapter 2. 사이버 공격의 상세 유형

■ DoS 공격
→ DoS(Denial of Service) 공격은 영어의 의미를 풀어서 '서비스 거부 공격'이라고 부른다. 요청 받은 서비스를 제공하지 못하고 스스로가 거부하게 되어 '서비스 거부'라는 용어를 사용한다. 여기서 중요한 것은 공격(자)의 수량은 하나이다. 공격자와 피해자는 1:1 의 개념이다.

■ DDoS 공격
→ DDoS(Distributed Denial of Service) 공격은 영어의 의미를 풀어서 '분산 서비스 거부 공격'이라고 부른다. DoS 공격은 공격 PC가 1대지만, DDoS 공격은 여러 대의 공격자를 분산 배치하여 동시에 동작하게 함으로써 특정 웹 사이트나 대상서버를 공격하는 사이버 공격 방식의 하나이다. 서비스 공격을 위한 도구들을 여러 대의 컴퓨터에 심어놓고 공격 목표인 사이트의 컴퓨터시스템이 처리할 수 없을 정도로 엄청난 분량의 패킷을 동시에 범람시킴으로써 네트워크의 성능을 저하시키거나 시스템을 마비시키는 방식이다.

→ DDoS 공격의 대응법
- 가장 기본적인 DDoS 대응법으로는 수많은 트래픽이 공격으로 들어올 때 사람이 인위적으로 공격자의 출발지 IP를 차단하면서 대응하기란 어렵다. 그래서 DDoS 대응장비를 사용하면 가장 간단하게 대응이 가능하다. 다양한 방법이 있겠지만 몇 가지 예를 들어보자.
- 웹 서버 쪽에 DDoS 공격을 당한다면 서버 이중화를 구성하여 한쪽 서버에서 대용량의 공격을 받는다면 다른 서버 쪽으로도 공격트래픽을 분산시켜 대응하는 방안이 있다.
- 소기업이나 작은 조직에서 DDoS 대응방안이 마련되어 있지 않을 경우에는 한국인터넷진흥원(KISA)에서 운영하는 '사이버 대피소'를 활용하여야 한다.

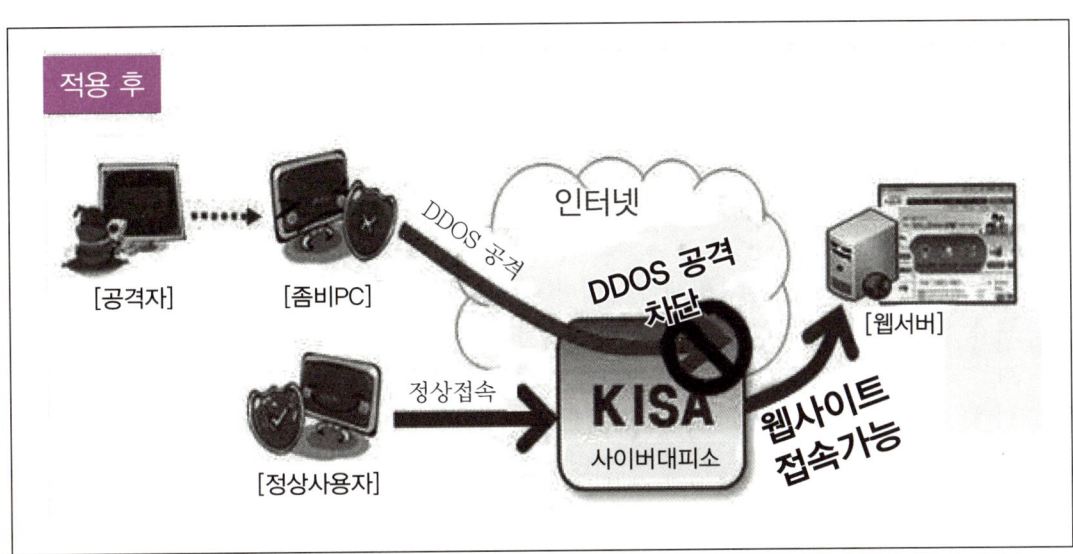

[그림 3-17] KISA 사이버대피소 기능 설명

DoS와 DDoS 공격의 차이

DoS가 많아지면 DDoS가 되는 것이다. 피해자는 1대인데 공격자가 많아지면 DDoS 공격이 된다.
보안공식 : DoS + DoS + DoS ···+DoS = DDoS

재미있는 DDoS 공격에 대한 설명

DDoS 공격을 쉽게 이해하기 위해 예를 들어보자.

친한 친구 명수는 저녁을 먹기 위해 맛집으로 소문난 중국집을 찾아 갔다. 자장면을 주문하고 기다리는데, 손님이 점점 많아 졌다. 그렇게 손님은 점점 많아지게 되어 줄서는 사람도 늘어났으며 결국엔 재료가 떨어져 음식을 못 먹는 사람들이 생겨났다. 결국 주문자가 많아서 서버의 자원인 음식재료가 동이 나서 자장면을 못 먹게된 것과 동일하다고 볼 수 있겠다.

> ※ 주문자(사용자-Client), 중국집(서버-Server), 음식 재료(자원-Resource)
> 다음은 DDoS 공격의 예로써 일반적인 웹 검색을 할 때의 상황이다.
> 명수는 공부를 하던 도중 모르는 부분을 알아 보기위해 검색을 할 것이다. 컴퓨터에 전원을 켜고 부팅이 완료되면 브라우저(Explorer, Chrome 등)을 실행시키고 주소창에 www.naver.com을 쓰고 엔터를 누르는 순간 명수는 네이버에 접속을 하게 될 것이다. 하지만, 한명이 아닌 전국의 수많은 학생이 네이버에 접속을 한다면 사이트는 바빠지게 되어 과부하가 걸리게 된다. 전국의 모든 학생이 검색을 한 것에 대한 응답을 해주어야 하기 때문이다. 바빠진 사이트는 결국엔 서비스를 해줄 수 없기 때문에 스스로 서비스를 멈추게 될 것이다. 이것이 가장 쉽게 이해할 수 있는 디도스(DDoS) 공격의 원리이다.
> 이처럼 해커는 목표 사이트를 효과적이며 강력하게 공격하기 위해 여러분에게 악성코드를 배포하며, 여러분은 자신도 모르는 사이에 디도스(DDoS) 공격에 이용당할 수 있으니 악성코드에 감염되지 않도록 각별히 주의해야 하겠다.

■ 웹 셸 공격
→ 웹 셸(Shell)이란 서버에 업로드한 취약점을 통하여 시스템에 명령을 내릴 수 있는 명령 코드를 뜻한다. 결국 셸이 명령어를 서버에 전달하게 된다. 이렇듯 공격자가 원격지에서 셸에 서버를 끄라고 입력하면 서버가 꺼지게 되는 공격도 가능하다.
→ 부연설명하면, 웹 셸이란 공격자가 홈페이지 서버에 셸이라는 파일을 저장하게 되고 원격에서 그 셸을 실행시켜 공격하는 방법이다.

■ 웹 위·변조 공격
→ 웹은 홈페이지를 뜻한다. 웹 위조/변조는 공격자가 홈페이지 화면을 변경하거나 가짜 페이지로 만들었다는 뜻이다.

■ APT 공격
→ 3.20 사이버테러 등 최근에는 장기간 잠복해 있다가 시스템을 파괴하거나, 정보를 유출하는 등의 공격기법을 지능형지속위협(APT, Advanced Persistent Threat) 공격이라고 한다.
- 이렇듯 APT 공격이란, 해커가 다양한 보안 위협을 만들어 특정 기업이나 조직의 네트워크에 지속적으로 가하는 공격을 뜻한다. 특정 조직 내부 직원의 PC를 장악한 뒤 그 PC를 통해 내부 서버나 데이터베이스에 접근한 뒤 기밀정보 등을 빼오거나 파괴하는 것이 APT의 공격 수법으로, 불특정 다수보다는 특정 기업이나 조직을 대상으로 하며, APT의 특징은 지속성과 은밀함이다.

- APT의 공격 기간은 평균 1년으로, 길게는 5년 가까이 공격을 하는 경우도 있어 APT의 공격을 당했는지는 확인하기 어려운 경우도 적지 않고, "마치 아프리카 초원의 사자가 먹잇감이 방심하는 순간에 공격하기 위해 인내하는 것"처럼 APT 공격자는 목표 기업의 시스템에 침입하기 위해 개인 PC에서 기업 시스템까지 모든 부분을 노리며 사용자를 끈질기게 공략한다.

APT 공격의 사례

트위터나 페이스북 같은 사회관계망서비스(SNS)를 이용하는 직장인 김 씨는 어느 날 자신이 평소 애용하던 음악 서비스와 관련해 e메일을 받았다. 즐겨 찾는 서비스인 탓에 김 씨는 별다른 의심 없이 e메일을 열어봤다. 그로부터 약 3개월 뒤, 김 씨가 다니는 회사의 고객 정보가 대규모 유출되는 보안 사고가 발생했다. 해커가 음악 서비스 관련 e메일로 위장해 김 씨의 컴퓨터에 침입했던 것이고, 잠복하면서 때를 기다리던 해커는 적당한 시점이 되자 고객 정보를 모두 빼내갔다.

→ APT 공격 흐름
- 일반적으로 단일한 악성코드 파일을 감염시켜 정보를 유출하는 단순한 해킹과는 다르다.
- 공격자는
  ① 먼저 정보수집을 한다. 어떤 취약한 사항이 있을지 대상을 물색한다.
  ② 그 다음 취약한 사항을 활용하여 컴퓨터에 침입한다.
  ③ 실시간 또는 정기적으로 해커의 명령통제(C&C)서버와 통신하여 중요정보를 수집한다.
  ④ 추가적인 공격루트를 확보(권한 상승 및 탈취)하거나 더 명확히 중요정보를 탈취하기 위한 확산작업을 감행 한다.
  ⑤ 드디어 데이터에 접근하게 된다.
  ⑥ 데이터 유출에 성공한다.
- 데이터 유출에 성공한 후에는 시스템을 파괴한다던지, 추가 공격을 위한 경유지로 악용하기 위해 은밀하게 잠복하게 되며, 또 다른 때를 기다리게 되는 것이다. 어떤 연쇄 살인사건과 같이 한 건으로 끝내지 않으며 지속적인 공격을 더 큰 피해를 발생 시키는 무서운 공격 형태이다.

APT 공격의 일종인 Watering Hole 공격이란?

APT의 공격 기간은 평균 1년으로, 길게는 5년 가까이 공격을 하는 경우도 있어 APT 공격을 당했는지는 확인하기 어려운 경우 많다.

마치 아프리카 초원의 사자가 먹잇감이 방심하는 순간에 공격하기 위해 인내하는 것처럼 APT 공격자는 목표 기업의 시스템에 침입하기 위해 개인 PC에서 기업 시스템까지 모든 부분을 노리며 사용자를 끈질기게 공략한다.

아래와 같이 APT 공격중의 하나인 '워터링 홀' 공격은 사자가 마치 먹이를 습격하기 위해 물웅덩이(Watering Hole) 근처에서 매복하고 있는 형상을 빗댄 것이다.

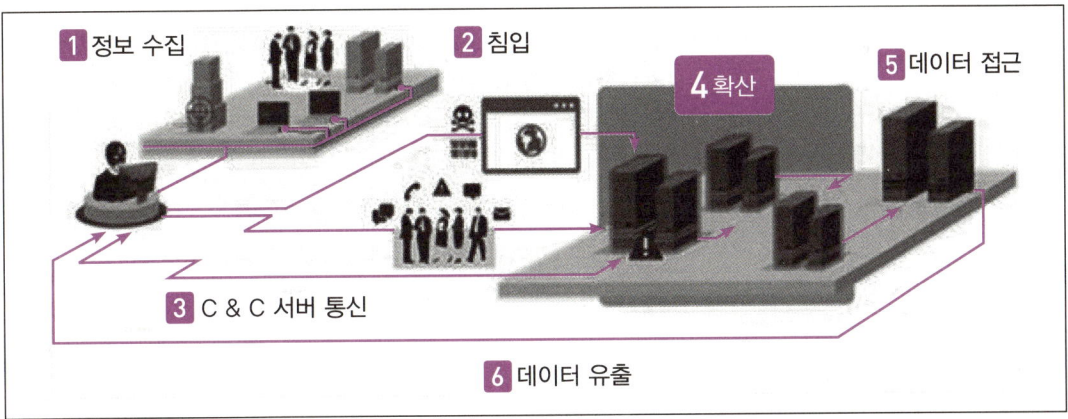

[그림 3-18] APT 공격 흐름도

■ 피싱 공격
→ 피싱은 정상적인 웹 주소가 아닌 가짜 웹 사이트 주소이다.
- 개인정보(Private data)와 낚시(Fishing)의 합성어로 주로 이메일 또는 인터넷 게시판 등에 금융기관이나 메일서버 주소를 가장한 웹사이트로 연결하여 인터넷 이용자의 개인정보, 계좌정보, 이메일 아이디/비밀번호 등의 중요 정보를 입력하게 유도하여 정보를 빼내는 사기 기술의 한 종류이다. 대부분의 경우 랜덤으로 조작된 이메일을 많은 사람에게 전송하여 메일 수신자가 피싱 사이트를 방문하게 유도한 다음 사용자의 입력된 정보를 얻는 것으로, 피싱 사이트는 사용자가 의심하기 어렵게(예를 들어 진짜 농협사이트와 거의 비슷하게) 홈페이지를 만들어서 매우 혼동하기 쉽다.

> **스피어 피싱(Spear Fishing)**
>
> 스피어 피싱이란 날카로운 창으로 예리하게 낚시하기 때문에 사이버 공격의 치밀성과 은밀성의 대표적인 방법이다.
> 정부 고위간부, 유명인, 군인 등과 같은 특정인을 대상으로 이들의 개인정보를 캐내기 위한 피싱(Phising, 가짜/속임수) 공격을 지칭하는 용어로, 물속에 있는 물고기를 작살로 잡는 작살 낚시(Spear Fishing)에 빗댄 것이다. 가짜 인터넷 사이트를 만들어 놓고 이곳에 접속한 불특정 다수의 개인정보를 빼내는 일반적인 피싱(Phishing)과는 달리 특정인을 목표로 한다는 점에서 다르다.

→ 피싱사이트는 해킹메일의 본문에 포함되어 오기도 하므로 주의해야 한다. 아래와 같이 실제 네이버 사이트의 가짜사이트도 발견되기도 하였다.

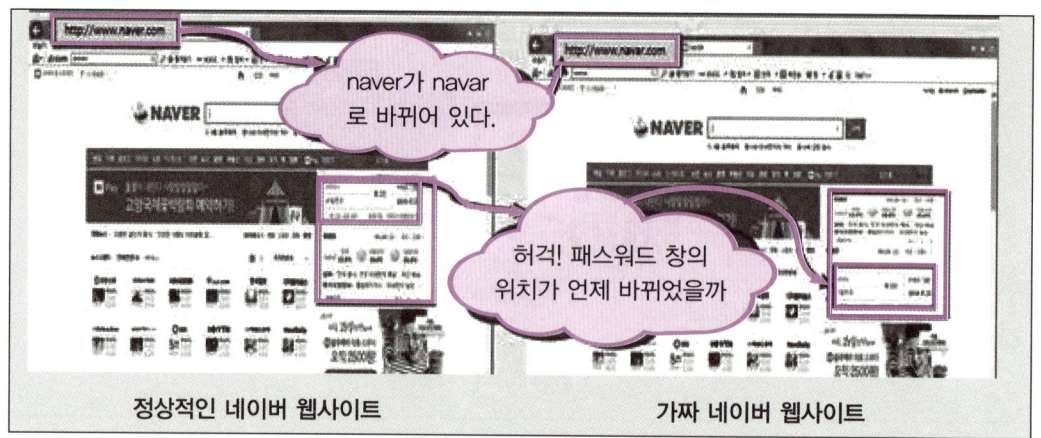

[그림 3-19] 정상적인 네이버와 가짜 네이버

- 해커는 진짜 홈페이지와 가짜 홈페이지(http://www.nhxpq.net, 이것은 농협사이트 주소가 아니다.)를 아주 똑같이 만들어놓고 개인정보 입력을 유도하기 때문에 은행 업무를 할 때는 항상 주의해야 한다.

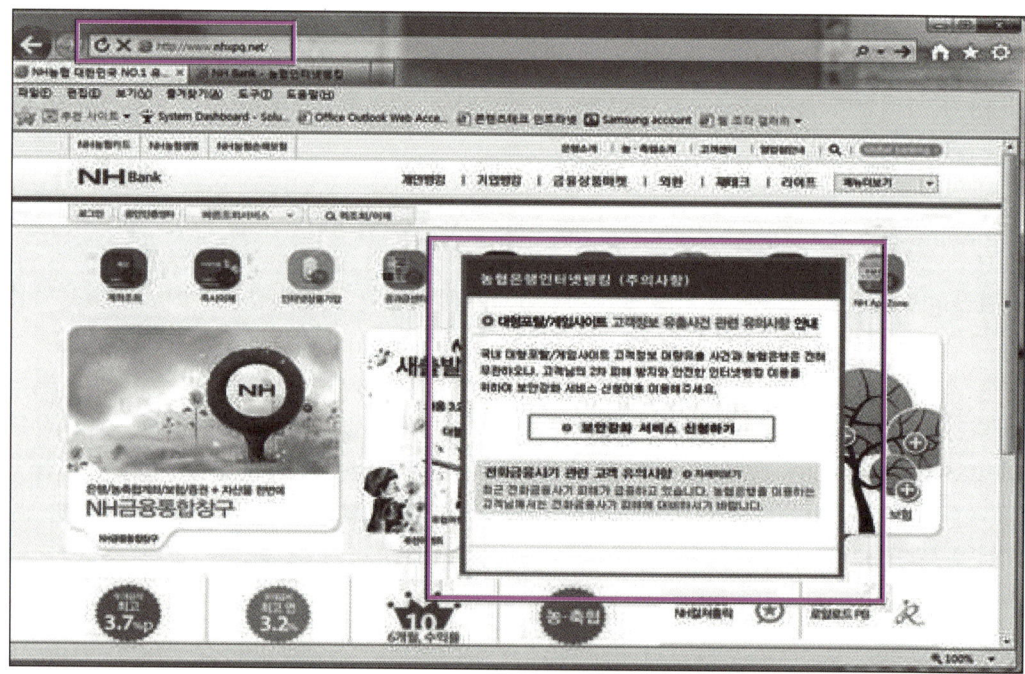

[그림 3-20] 가짜 '농협' 사이트 접속 시 첫 화면

- 맨 처음 팝업화면인 "보안강화 서비스 신청하기"를 클릭하면 아래와 같이 개인이 가지고 있는 보안카드를 입력하게 한다. 이를 입력하게 되면 고스란히 해커에게로 정보가 전송된다.

→ 피싱공격의 대응법
- 첫째, "녹색"을 확인하자!!! 인터넷 주소창에 녹색을 꼭 확인하는 습관! 나의 개인정보를 안전하게 지킬 수 있는 방법이다. 아래 예시의 사이트뿐만 아니라, 대한민국 모든 은행의 거래 사이트는 녹색 주소창으로 나타난다.

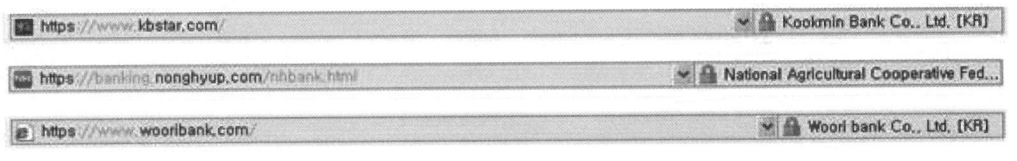

[그림 3-21] KB국민은행의 홈페이지

- 해킹으로부터 발생하는 금전 피해를 막기 위한 방법 첫 번째로 인터넷뱅킹이나 전자상거래시 사용자는 녹색 주소창을 반드시 확인 하여야 한다. 단, 금융 사이트지만 일반적인 금융사이트의 '대표 홈페이지'는 녹색창이 아니라는 사실은 참고하시기 바란다.
- 녹색 주소창은 가짜 홈페이지와의 구분을 위해 만들어진 기능으로 인증기관에 등록된 금융 사이트로 이상 없이 연결이 되면 주소창이 녹색으로 표시가 되고 자물쇠 모양도 함께 표시 된다. 따라서 금융 거래 사이트에 접속 시에는 녹색 주소창이 있는지를 확인하고 이 기능이 적용된 사이트를 이용하는 것이 안전하다.

- 둘째, 신뢰할 수 있는 포털 사이트에서 검색하여 접속하거나, 접속 시 웹주소(URL)를 확인하여야 한다. 아래와 같이 네이버에서 다음사이트를 검색하면 다음 URL이 나온다. 정상적인 사이트를 표출시킨다. 보안이 잘 갖춰진 포털사이트에서는 악의적인 사이트들의 검색을 차단하는 기능도 있기 때문이다.

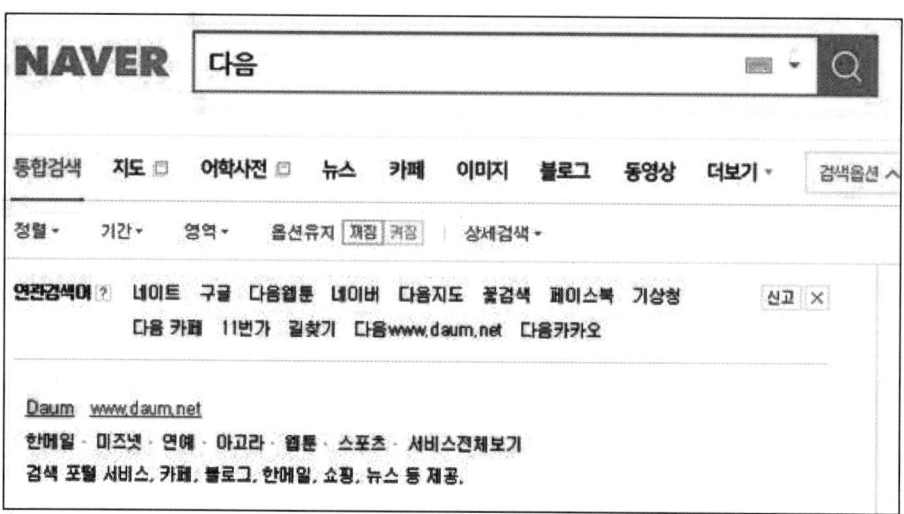

■ 파밍 공격
→ 파밍(Pharming)은 새로운 피싱 기법 중 하나이며, 파밍은 사용자가 자신의 웹 브라우저에서 정확한 웹 페이지 주소를 입력해도 가짜 웹 페이지에 접속하게 하여 개인정보를 훔치는 것을 말한다.

보안관제의 발전 방향

Chapter 1. 보안관제 한계 및 발전 방향

최근의 사이버 공격은 APT(Advanced Persistent Threat)로 알려진 지속적이고 지능화된 위협으로 진화하고 있다. APT 공격은 다양한 IT 기술과 방식들을 이용해 조직적으로 경제적이거나 정치적인 목적(Hacktivisim : 정치·사회적 목적의 해킹)을 위해 다양한 보안 위협들을 생산해 지속적으로 특정 대상에 가하는 일련의 공격 행위를 말하는 것이다. 특정 기업이나 조직 네트워크에 침투해 활동 거점을 마련한 뒤 정보를 외부로 빼돌리는 형태의 공격들을 총칭하는 말이다. 이러한 위협은 정찰, 무기화, 유포, 악용 및 설치, 명령제어의 공격 절차로 장기간에 걸쳐 수행되고 백신, 침입탐지시스템 등 기존의 보안체계로는 탐지되지 않도록 치밀하게 준비되기 때문에 보안체계를 잘 갖추고 있는 회사라 하더라도 공격에 무력화될 수 있다. 실제 최근 국내·외에서 발생한 사이버 공격은 공격 준비기간만 수개월이 소요되는 등 은밀하고 정교해지고 있어, 회사 내부에서 기존의 방식으로 공격을 탐지하기가 더욱 어려워지고 있다. 국내 금융·방송사를 대상으로 정교하게 계획된 3.20 전산장애 사고뿐만 아니라 해외에서 발생한 APT 공격도 이와 같은 방법으로 이루어졌다. 오퍼레이션 오로라(Operation Aurora, 2010), 스턱스넷(Stuxnet, 2010), RSA OTP 해킹(2011), 엘더우드 프로젝트(Elderwood Project, 2012), 레드 옥토버(Red October, 2012) 등의 APT 공격도 이와 같은 방법으로 이루어졌다. 국내의 경우도 마찬가지로 다량의 고객정보를 유출한 현대캐피탈 사고(2011.4, 175만 명 고객정보 유출), SK컴즈 사고(2011.7, 3500만 명 고객정보 유출), 인터파크 사고(2016.5, 1030만 명 고객정보 유출)는 대형사고 경험의 부족에서 기인한 문제로 볼 수도 있지만 관제 대상과 범위가 주로 네트워크 영역으로 한정되어 있고 외부로부터 유입되는 공격에 대한 모니터링에 집중하는 보안관제 체계가 사고의 원인 중 하나로 파악되었다. 즉, 내부PC를 대상으로 하는 공격이나 패턴기반의 탐지를 우회하는 알려지지 않은(Unknow) 취약점을 이용한 APT 공격, 사회공학적 공격 등에는 한계를 보인 경우이다.

■ 보안관제 기술 발전 방향
→ 솔루션 관점
    인터넷기반 업무에 대한 보안 위협이 증가된 1990년대 말부터 2000년 초반까지 침입탐지시스템(Intrusion Detection System), 침입방지시스템(Intrusion Prevention System) 등의 로그를 모니터링하면서 보안관제가 본격적으로 시작되었다.

    모니터링 대상 시스템과 로그가 증가하면서 이기 종간의 로그를 통합 분석할 필요성이 증가하였으며, 이 때 등장한 솔루션이 통합보안관리시스템(ESM)이다. 보안관제서비스는 패턴 기반의 실시간 탐지를 목적으로 하는 ESM과 통계 위주의 전체 로그 분석을 주 목적으로 하는 SEM으로 구분되었으나, ESM을 기반으로 본격적으로 성장했다. 이후 국내에서는 외부의 위협을 내부와 연계해서 모니터링하는 위협관리시스템(TMS), 대시보드 형태의 분석화면을 제공하는 종합분석시스템 등이 등장하여 ESM의 보완 역할을 했다. 해외에서는 2000년대 중반부터 SEM과 SIM이 합쳐진 SIEM 솔루션이본격화되어 현재까지 차세대 솔루션(NG-SIEM)으로 진화하고 있다. SIEM 솔루션은 차세대 보안 패러다임으로 부각되고 있는 시큐리티 인텔리전스(Security Intelligence)로 발전될 가능성이 높다. 가트너에 따르면 시큐리티 인텔리전스는 다양한 보안기술의 상호작용이 가능한 개념과 방법론으로써 다양한 소스로부터 정보를 통합하고 상호연관성을 갖는 상황(Context) 기반의 분석 기술로 해석된다. EMC(RSA, 정보보안사업부)사는 과거의 기술과 사고의 연장선상에서 대응해서는 안 되고, 보다 창의적인 보안 대응방법이 등장해야 한다고 권고한다. 이를 위해 빅데이터 분석을 중심으로 한 지능형 보안 시스템 구축의 필요성을 강조하였고 가트너는 빅데이터를 활용한 보안 분석기술을 통해 예전에 보이지 않았던 패턴을 발견하고 내재되어 있던 문제를 해결하여 비즈니스의 가치를 높일 수 있다고 예측하고 있다.

■ 모니터링 대상 관점
    과거 SIM 솔루션은 IT 단위 시스템의 장애처리를 위한 모니터링에 활용되었으며 각시스템의 로그를 수집하고 분석하는데 중점을 두었다.

    이후 SEM, ESM 솔루션의 등장으로 다양한 로그를 통합한 이기종 시스템들의 상관분석을 통해 알려진 위협에는 대응할 수 있었으나 최근에는 APT 공격 등 알려지지 않은 공격이 주로 발생하게 되어 탐지가 어려워지게 되었다. 이때 새로운 대응 방식으로 '시큐리티 인텔리전스'의 개념이 등장하게 되었다.

    시큐리티 인텔리전스는 빅데이터 기반의 상황정보분석 및 모니터링으로 유용한 정보를 찾아낼 수 있는 기술적 개념이다. 상황정보는 실세계에 존재하는 실체의 상태를 특징화하여 정의한 정보이며, 상황 인식(Context-Awareness)은 이러한 상황 정보가 상호 작용하여 현재 상황을 특성화할 수 있는 기술적 방법을 의미한다. 일반적인 상황 정보는사용자 상황, 물리적 환경 상황, 컴퓨팅 시스템 상황, 사용자-컴퓨터 상호 작용이력등으로 분류할 수 있다. 가트너에서 예측하는 응용 보안기술의 하이프 사이클에서도 시큐리티 인텔리전스를향후 5년에서 10년간 지속될 기대 기술로 예측하였다. 상황인식 보안(Context-Awareness Security) 역시 기대 기술로 회사의 입장에서는 이러한 기술들을 실제와 연계하여 다룰 필요가 있다. 시큐리티 인텔리전스로의 변화는 과거·현재의 가시화로부터 미래 예측으로의 진화를 의미한다. 미래 예측에는 대량의 데이터로부터 지식이나 유익한 규칙을 자동으로 학습하는 데이터 마이닝 기술이 유용하다. 시스템 단가의 하락, 하둡(Hadoop)의 등장, 클라우드 컴퓨팅 이용의 보편화로 인해 미래를 예측하기 위한 데이터마이닝 기술의 구현이 가능해지고 있다.

■ 방어 전략 관점

최근의 정교해진 보안 위협은 정보보호솔루션을 네트워크 경계에 배치하거나 내부 자산에 엔드포인트 솔루션들을 배치하여 대응하는 단층적인(One Layer) 방안으로는 실효성을 기대하기 어렵다. 결국 효과적인 정보보호솔루션의 조합, 중요 시스템과 데이터에 대한 접근 차단 등과 같은 기술적 보안과 더불어 보안의식 제고 교육프로그램 운영, 시스템 사용 등에 대한 명문화된 지침 마련 및 그 지침의 준수여부 점검 등과 관리적보안 활동이 상호 보완적으로 작동하는 정보보호 프로세스가 확립되어야 한다.

계층 방어(Defence in Depth)는 미국 국가보안국(NSA)에서 2002년 9월에 지침서를 제작·배포하면서 소개되었다. 이 지침서에 따르면 공격자의 공격 유형은 수동적 공격, 능동적 공격, 내부 공격, 근접 공격, 배포 공격으로 분류할 수 있으며 각 공격 유형에 따른계층 방어 예제는 다음 [표]의 공격 유형에 따른 계층 방어 예제와 같다.

[표] 공격 유형에 따른 계층방어 예제

공격 유형	공격 예시	1계층 방어	2계층 방어
수동적 공격	네트워크 스니핑	네트워크 암호화	애플리케이션 보안
능동적 보안	악성코드 삽입, 서비스 거부 인증 정보 가로채기	경계선 보안	컴퓨팅 환경 방어
내부 공격	비인가 정보 접근, 수정, 파괴	물리적·인적 보안	접근통제, 감사
근접 공격	물리적으로 근접한 곳에서 공격	물리적·인적 보안	기술적 감시
배포 공격	악성코드가 탑재된 S/W 배포	신뢰된 S/W 배포	무결성 검증

위 표는 계층 방어를 성공적으로 구현하려면 3가지 주요 방어 요소인 사람(People), 기술(Technology), 운영(Operation)이 유기적으로 상호작용해야 함을 소개하고 있다. 현재에 이르러계층 방어는 보안 아키텍처의 기본 구조로 자리 잡게 되었으며 보안 모델과 같은 형태의계층형 방어 체계를 구축하는 것이 일반화되어 있다. 퍼리미터(Perimeter), 네트워크, 호스트,

애플리케이션, 데이터의 5가지 방어 체계는 물리적 보안과 보안정책이 기반이 되어야 비로소 계층 방어의 모델로 완성된다. 5가지의 방어 체계는 다음과 같이 각각의 계층에 필요한 보안 솔루션을 설치하거나 보안 기술을 이용하여 구현할 수 있다.

퍼리미터 방어는 내부 네트워크와 신뢰되지 않은 외부 네트워크의 인터페이스 지점으로 인터넷, 비즈니스 파트너, 가상사설망, 전화선 등의 네트워크 퍼리미터가 포함된다. 라우터, 방화벽, 네트워크 침입탐지시스템, 프록시 서버, 원격접근서버 등을 설치하여 방어한다. 네트워크(Network) 방어는 내부 네트워크를 보호하기 위해 무선랜 보안, IPSec, 네트워크 세그먼트 기술을 사용하여 보안성, 가용성, 확장성, 관리성, 신뢰성 등의 서비스를 제공한다. 호스트(Host) 방어는 서버보안, 개인방화벽, 패치관리시스템, 안티바이러스, 감사로깅 등의 보안 솔루션을 설치하여 클라이언트 및 서버를 방어한다. 응용프로그램(Application) 방어인 웹서버, DB 서버, 이메일 서버 등을 보호하기 위해 웹 방화벽, DB 보안, 메일서버보안 등의 솔루션을 설치하거나 소프트웨어 개발 보안 등을 통해 중요자료에 접근 가능한 응용프로그램을 방어한다. 데이터(Data) 방어는 접근 통제, 무결성 검증, 암호화, 백업등을 통해 시스템에 저장된 중요자료를 방어한다.

계층형 방어 체계가 기술적, 시스템적으로 완벽히 구축되었더라도 운영 중에 발생할 수 있는 시스템 오류, 휴먼 에러가 예측할 수 없는 곳에서 발생할 수 있다. 따라서 모든 상황 정보를 수집하고 정기적으로 분석하는 추가 절차가 필요하며 이를 보안관제 시스템과 연동해야 한다. 즉, 시스템 현황을 한 눈에 파악할 수 있어야 하며 접근 통제 정책, 사용자 인증 정책, 물리적 보안 등이 5가지 방어 체계에서 생산하는 다양한 로그와 함께 연동되어야 계층 방어 체계가 성공할 수 있다.

사이버 대피소 소개

Chapter 1. 사이버 대피소

■ DDoS 사이버 대피소

→ 개요

DDoS 사이버대피소는 피해 웹사이트로 향하는 공격 트래픽을 대피소로 우회(우회된 이후 웹사이트로 접속하는 모든 트래픽은 공격 대응을 위해 일정기간 대피소에 수집됨)하여 정화함으로써 일반 사용자는 불편함 없이 정상적으로 웹사이트를 이용할 수 있다.

■ DDoS

→ DDoS 공격의 종류

일반적으로 사용되는 DDoS 대응 구조로는 공격 대상 시스템 기반 대응(Victim-End), 네트워크 기반 대응, 공격발생지(Source-End) 대응으로 나눌 수 있다. 공격 대상 시스템 기반 대응의 경우 DDoS 공격의 탐지는 쉬우나 네트워크의 혼잡을 초래할 수 있다. 대부분의 탐지 방법이 공격 대상 시스템 기반 대응 구조로 되어 있다. 네트워크 기반 대응은 라우터의 필터링 기능을 사용하는 방법으로 라우터의 성능이 높아야 한다는 문제점이 있다. 마지막으로 공격발생지 대응으로써, 앞서 말한 두 가지 방법의 단점을 보완하며 공격 트래픽이 발생하기 전에 탐지하여 막을 수 있다. 하지만 공격발생지의 자원소모와 상시 모니터링이 필요하다.

→ DDoS 공격 동향

다음 표는 7.7 DDoS와 3.4 DDoS 비교를 정리한 것이다.

구분	7.7 DDoS	3.4 DDoS
유포 경로	파일 공유 사이트	파일 공유 사이트
유포 방법	자동 업데이트되는 파일을 악성코드로 바꿈	자동 업데이트되는 파일을 악성코드로 바꿈
공격 방법	Cache Control 공격 같은 파일 구성에 의한 공격	Cache Control 공격, 공격할 때마다 변화하는 파일 구성
특징	특정 일시에 동시 공격, 공격 대상 재지정, 데이터 삭제 등	특정 일시에 동시 공격, 공격 대상 재지정, 데이터 삭제, 정보 유출, 스팸발송 등(7.7)
C&C 서버	70개국 746대 3단계 구조 및 마스터 서버 존재	61개국 435대 4단계 구조 및 마스터 서버 존재

■ DDoS 사이버 대피소의 원리

우선 DDoS 공격이 발생하면 사이버 대피소 시스템에서 공격 대상 DNS 주소를 사이버 대피소로 변경한다. 그 후 DDoS 공격을 유발시키는 Master 및 Zombie PC의 IP 주소를 우선적으로 검색 및 피해 상황을 집계한다. 그 다음 단계로 검색된 Zombie PC 의 IP 주소 및 정보를 ISP 사업자에게 전달하여 각 ISP 별로 차단한다. 각 ISP에서 Zombie PC 사용자에게 감염사실과 치료방법을 제공하여 악성코드를 제거하도록 유도한다. 사이버 대피소에서 유해트래픽을 걸러내어 정상트래픽만 실제 목표 서버로 통과시킨다.

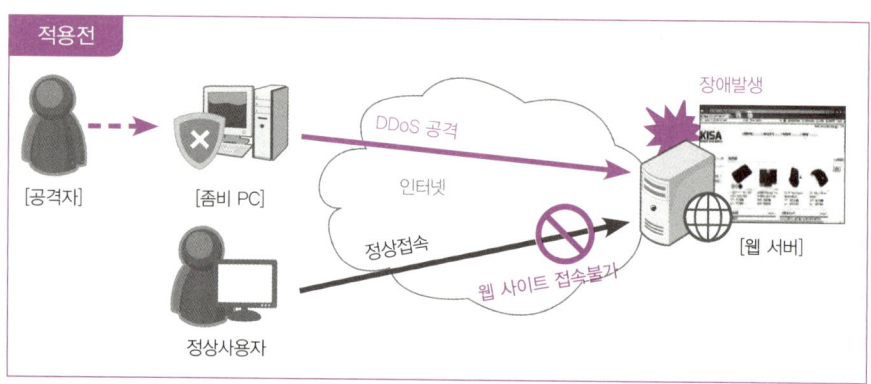

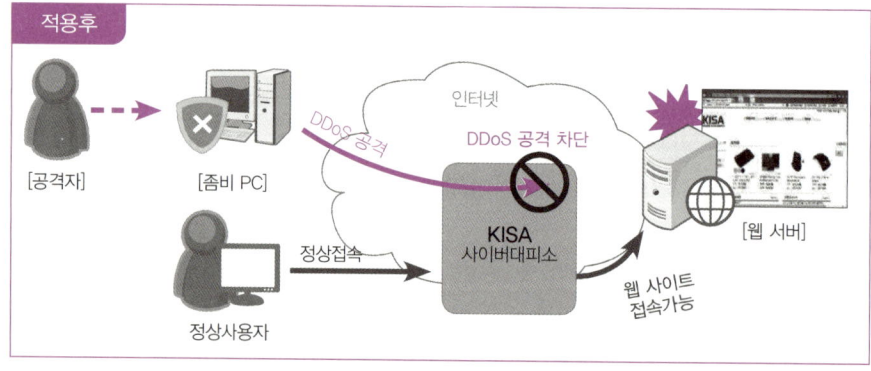

■ DDoS 사이버 대피소의 장/단점

→ 장점

DDoS 공격은 수많은 웹 서버 중 어디든 공격할 수 있기 때문에 영세기업이나 비영리단체와 같이 보안 장비에 투자하기 힘든 조직에 공격이 행해졌을 때 대처할 마땅한 방법이 없다. 이러한 단체를 위해 DDoS 사이버 대피소 신청을 받고 있으며, 서비스를 제공하는 단체의 트래픽 경로를 바꾸어 대피소에서 대신 트래픽을 처리한다. 따라서 실제 공격은 대피소 쪽으로 향하게 되고 실제 공격 시스템은 영향을 받지 않는다.

→ 단점

현재 사이버대피소 시스템은 DNS 주소를 대피소로 돌림으로써 공격 대상 시스템을 보호한다. 하지만 IP로 직접 공격 대상 시스템을 공격한다면 대피소로 막을 수 없다. 또 홈페이지의 이미지나 링크가 절대경로로 지정되어 있을 때 DNS가 변경되면 원활한 서비스가 제공되기 어렵다. 마지막으로 현재 사이버 대피소의 가용 트래픽은 40G로 그 이상의 공격은 막기가 어렵다. 이 중 3.4 DDoS 공격 구성은 다음과 같다. 파일공유사이트(P2P)에서 악성코드를 다운로드하고 설치되면 암호화된 통신을 통하여 C&C(Command & control) 서버에 설정된 공격 대상 IP 및 Main DLL(Dynamic linking library)을 받아온다. 그 후 공격에 사용되는 파일을 생성 또는 변종을 다운로드하며, host 파일을 변조한다. DDoS 모듈은 공격대상 IP에 공격을 시도하고, MBR/파일파괴 모듈은 MBR/파일을 파괴한다. 최근 발생하는 DDoS 공격은 하나의 악성코드가 아닌 다수의 악성코드가 유기적으로 연동되어 동작한다. 즉, 악성코드간의 관계가 중요해졌으며 추가 파일을 다운로드할 수 있는 모듈들과 연동된다. 또한 공격 시나리오에 맞게 주요 파일 업데이트가 가능하며, 공격 스케줄에 맞춰서 공격 대상으로 동시 다발적 공격이 가능하다. 여러 가지 공격기법을 이용하여 다수의 목표를 공격하기 때문에 대응이 어려우며, 주요 문서 및 파일을 유출하거나 삭제(자신 포함)가 가능하다.

4장 사이버공격 대응 | 핵심정리

→ 사이버 공격의 정의
- 사이버 공격이란 인터넷을 이용하여 허가받지 않은 시스템(통신망, 서버, 컴퓨터, 스위치 등)에 침입하거나, 장애를 불러일으키는 등의 행위를 뜻한다.

→ 사이버위기 경보 이해
- 사이버 공격이 확산되거나, 네트워크 통신망의 장애가 크게 발생되는 등
- 정상(초록)을 유지하다가 관심(파랑) → 주의(노랑) → 경계(주황) → 심각(빨강) 순으로 4단계로 발령한다.

→ 사이버 공격의 사례
- 대표적인 대규모 사이버 공격 사례로는 3.20 사이버테러와 7.7 DDoS 공격대란, 6.25 사이버대란 등이 있다.
- 최근 한수원 해킹메일 사고 및 대표적인 쇼핑몰 침해사고 등 대규모의 개인정보 유출 등의 사이버 공격이 끊이지 않고 있다.

→ 사이버 공격의 상세유형
- DoS, DDoS, 웹셸 공격, APT 공격, 피싱, 파밍 등 다양한 공격이 있다. 특히 피싱 및 파밍 등 개인들의 중요정보를 유출당하기 쉬운 공격에 대하여 이해하고, 대응하는 방안을 숙지하여야 한다.

실전 모의고사

01 다음 정보보호의 정의 중 국가정보화기본법에서 정의하고 있는 법적인 정의는?

① 컴퓨터 시스템의 공유 자원에 놓여진 정보에 대한 부당한 읽어내기, 변경 등에 대한 보호를 말한다.
② 정보의 수집 · 가공 · 저장 · 검색 · 송신 · 수신 중에 정보의 훼손 · 변조 · 유출 등을 방지하기 위한 관리적 · 기술적 수단(이하 "정보보호시스템"이라 한다)을 강구하는 것을 말한다.
③ 활자, 구두, 그림 및 통신을 통한 정보의 누설을 예방하는 조치로서, 적에게 자료의 노출을 방지하고 보호하기 위해 인원 및 정보의 공개를 제한한다.
④ 정보를 보호하기위하여 정보보호 기술만을 강구하는 것을 뜻한다.

02 다음 중 독일군이 제2차 세계대전에서 사용한 암호화 장치로 이 장치에 대한 연구가 나중에 컴퓨터의 발명 및 발전에도 큰 영향을 준 것은?

① 스테가노그라피(Steganography)   ② 에니악(ENIAC)
③ 알파넷(ARPAnet)   ④ 에니그마(Enigma Machine)

03 다음 중 정보보호의 목적으로 가장 거리가 먼 것은?

① 정보는 정당한 권한이 부여된 사용자만 접근 가능해야 한다.
② 정보의 불법적인 변경 또는 삭제는 방지되어야 한다.
③ 정보는 필요할 때 누구든지 사용이 가능해야 한다.
④ 정보를 사용하기 위해서는 정당한 사용자인지 검증해야 한다.

04 정보보호의 목적을 보장하기 위한 정보보호 기술의 결합 중 가장 거리가 먼 것은?

① 기밀성(Confidentiality) - 암호화
② 무결성(Integrity) - 접근통제
③ 인증(Authentication) - 해쉬함수
④ 부인방지(Non-repudiation) - 전자서명

05 다음 중 미비한 보안 시스템을 발견해 관리자에게 제보하여 블랙 해커의 공격을 훼방하거나 퇴치하는 역할을 하는 사람을 표현하는 용어는 무엇인가?

① 해커(hacker)
② 화이트햇 해커(white hat hacker)
③ 크래커(cracker)
④ 블랙햇 해커(black hat hacker)

06 정보기술의 발달에 따라 해킹은 더욱 증가될 전망이다. 다음의 해킹이 증가될 원인 중 가장 거리가 먼 것은 무엇인가?

① 해킹 툴의 간편화
② 사물인터넷이 가지는 취약점
③ 해킹 대상의 확대
④ 정보보호 윤리의식의 저하

07 다음의 정보보호 윤리의식 중 가장 거리가 먼 것은?

① 정보보호인으로서 직무상 알게 된 취약점을 신속하게 공유할 수 있도록 최선을 다한다.
② 정보보호인으로서 정보보호 직무에 관련된 이해관계인으로부터 경제적 이익을 추구하지 않는다.
③ 정보보호인으로서 보안 위협에 대한 정보를 신속하게 공유할 수 있도록 최선을 다한다.
④ 정보보호인으로서 자신의 전문적 지식과 기술을 통하여 우리사회에 투명하고 건실한 정보보안 인식이 정착될 수 있도록 노력하여야 한다.

08 다음의 정보보호 법규의 구조에 대한 설명 중 잘못된 것은?

① 법률 : 국회의 의결(議決)을 거쳐서 대통령이 서명·공포함으로써 성립하는 법률
② 시행령 : 법률에서 구체적으로 범위를 정하여 위임하는 사항을 대통령이 발하는 명령, 법률과 시행령을 합하여 법령이라고 말함
③ 행정규칙 : 법령을 시행함에 있어 필요한 세부적 규정을 담은 법규로서 대통령령의 시행에 관하여 필요한 사항을 각 부 장관이 규정
④ 고시 : 행정기관이 결정한 사항, 또는 일정한 사항을 공식적으로 일반에게 널리 알리는 일. 원칙적으로 법규성은 없으나 보충적으로 법규성을 가지는 일이 있음

09 다음의 정보통신망 이용촉진 및 정보보호 등에 관한 법률에서 정의하는 용어의 설명 중 잘못된 것은?

① 정보통신서비스 제공자란 「전기통신사업법」에 따른 전기통신사업자와 영리를 목적으로 전기통신사업자의 전기통신역무를 이용하여 정보를 제공하거나 정보의 제공을 매개하는 자를 말한다.
② 사용자란 정보통신서비스 제공자가 제공하는 정보통신서비스를 사용하는 자를 말한다.
③ 전자문서란 컴퓨터 등 정보처리능력을 가진 장치에 의하여 전자적인 형태로 작성되어 송수신되거나 저장된 문서형식의 자료로서 표준화된 것을 말한다.
④ 침해사고란 해킹, 컴퓨터바이러스, 논리폭탄, 메일폭탄, 서비스 거부 또는 고출력 전자기파 등의 방법으로 정보통신망 또는 이와 관련된 정보시스템을 공격하는 행위를 하여 발생한 사태를 말한다.

10 다음 중 정보통신망법을 적용받는 정보통신서비스 제공자가 이용자의 개인정보를 이용하려고 수집하는 경우에 이용자에게 알리고 동의를 받아야 하는 항목이 아닌 것은?

① 개인정보의 수집·이용 목적
② 수집하는 개인정보의 항목
③ 개인정보의 보유·이용 기간
④ 동의를 거부할 권리가 있다는 사실 및 동의 거부에 따른 불이익이 있는 경우에는 그 불이익의 내용

11 다음 중 개인정보 보호법에서 정의하고 있는 개인정보가 아닌 것은 무엇인가?

① 여권번호
② 정보주체의 전화번호
③ 법인 대표자 이메일
④ 외국인등록번호

12 다음 중 개인정보 보호법에서 개인정보처리자의 개인정보 수집·이용 원칙으로 옳은 것은?

① 수집하는 개인정보가 그 목적에 필요한 최소한의 개인정보 수집이라는 입증책임은 정보주체가 부담한다.
② 개인정보처리자는 개인정보처리자의 정당한 이익을 달성하기 위하여 필요하고 명백하게 정보주체의 권리보다 우선하는 경우, 정보주체의 동의 없이 개인정보를 수집할 수 있다.
③ 개인정보처리자가 정보주체에게 개인정보 항목 등 필수 동의 사항을 알리고 동의를 받은 후에, 어느 하나의 항목이 변경되는 경우 동의 대신에 변경 내역을 알리기만 하면 된다.
④ 개인정보처리자가 정보주체 이외로부터 수집한 개인정보를 처리하는 때에는 정보주체의 동의 없이 처리할 수 없다.

13 다음 중 개인정보의 수집·이용을 위해 반드시 정보주체의 동의를 받아야 되는 경우로 옳은 것은?

① 지방자치단체가 정책 홍보물 발송을 위해 이름과 주소 수집
② 유통업자가 고객의 경품 발송을 위해 주소 수집
③ 정보통신서비스 사업자가 이용자의 서비스 이용에 따른 요금 미납 관련 정보 수집
④ 공공기관에서 「지방세법」에 따른 지방세 징세업무를 수행하기 위한 개인정보 수집

14 개인정보 보호법에서 개인정보처리자가 정보주체의 동의 없이 개인정보를 제3자에게 제공할 수 있는 경우는 무엇인가?

① 민간기업에서 내부적으로 반드시 업무 처리에 필요한 경우
② 통계작성의 목적을 위하여 필요한 경우로서 특정 개인을 알아볼 수 있는 형태로 개인정보를 제공하는 경우
③ 학술 목적을 위하여 필요한 경우로서 특정 개인을 알아볼 수 있는 형태로 개인정보를 제공하는 경우
④ 정보주체 또는 그 법정대리인이 의사표시를 할 수 없는 상태에 있는 경우로서 명백히 정보주체의 급박한 생명, 신체, 재산의 이익을 위하여 필요하다고 인정되는 경우

15 개인정보처리자는 정당한 사유가 없는 한 보유기간 종료일로부터 또는 개인정보처리가 불필요한 것으로 인정되는 날로부터 (   ) 그 개인정보를 파기하여야 한다.

① 1일 이내
② 3일 이내
③ 5일 이내
④ 7일 이내

16 개인정보 보호법에서는 정보주체 또는 제3자의 이익을 부당하게 침해할 우려가 있을 때를 제외하고는 개인정보를 목적 외의 용도로 이용하는 것을 일부 허용하고 있다. 공공기관으로만 제한적으로 허용하는 경우는?

① 다른 법률에 특별한 규정이 있는 경우
② 정보주체로부터 별도의 동의를 받은 경우
③ 범죄의 수사와 공소의 제기 및 유지를 위하여 필요한 경우
④ 학술연구의 목적을 위하여 필요한 경우로 특정 개인을 알아볼 수 없는 형태로 제공하는 경우

17 「개인정보 보호법」상 근로자의 개인정보처리에 대한 설명으로 틀린 것은?

① 퇴사 직원의 개인정보는 원칙적으로 「근로기준법」에 따라 최소 3년 동안 보관할 수 있다.
② 입사지원자의 채용시험 성적은 개인정보이므로 성적 열람에 대한 요구가 있는 경우 열람의 제한 및 거절이 가능한 경우가 아니라면 정보주체에게 공개하는 것이 원칙이다.
③ 실무편의를 목적으로 서류전형 단계에서 면접 및 입사 이후에 필요한 개인정보까지 일괄적으로 수집해도 된다.
④ 채용전형 탈락자의 개인정보는 '개인정보의 보유·이용기간'을 정하여, 당사자가 동의를 받는 경우에는 수시선발을 목적으로 보관·이용해도 된다.

18 개인정보 보호법에서 수집·이용 시 정보주체의 동의가 반드시 필요한 개인정보는?

① 공공기관이 처리하는 개인정보 중 「통계법」에 따라 수집되는 개인정보
② 친목 단체가 상품의 공동구매 등 영리 목적으로 수집·이용하는 개인정보
③ 국가안전보장과 관련된 정보 분석을 목적으로 수집 또는 제공 요청되는 개인정보
④ 공중위생 등 공공의 안전과 안녕을 위하여 긴급히 필요한 경우로서 일시적으로 처리되는 개인정보

19 개인정보 수집 및 이용에 대한 설명으로 옳은 것은?

① 신입직원을 채용한 뒤 소득에 대한 원천징수 등 업무에서 주민등록번호를 처리하기 위해 별도의 동의를 받아야 한다.
② 수집·이용 시 정보주체의 피해를 방지해야 할 급박한 상황이어서 동의를 받을 수 없었다면, 급박한 상황이 해소된 경우 사후적으로 정보주체의 승인을 받아야 한다.
③ 외국인과의 거래를 하기 위해서 외국인등록번호를 수집하려는 경우에는 정보주체의 동의를 받을 필요가 없다.
④ 고객이 재난을 당한 상황에서 긴급하고 안전한 구조를 돕기 위해 고객의 개인정보를 이용하려는 경우에도 별도의 동의를 받아야 한다.

20 다음 중 개인정보 저장 및 파기 원칙으로 틀린 것은?

① 오랫동안 사용하고 있지 않은 사용자의 개인정보를 보존해야 하는 경우 일반회원 개인정보 DB와 분리하여 별도로 저장·관리하여야 한다.
② 컴퓨터 파일 형태로 저장된 개인정보 기록은 로우레벨 포맷 등 복구 또는 재생할 수 없는 방법으로 파기하여야 한다.
③ 개인정보처리자는 개인정보 처리정지 요구가 있는 날부터 30일 이내에 해당 개인정보의 파기 등 필요한 조치를 취하여야 한다.
④ 최초 회원가입 또는 회원정보 수정 등의 단계에서 수집·관리되는 개인정보 뿐만 아니라 접속로그(Log), 쿠키(Cookie), 결제기록도 파기대상 개인정보이다.

21 다음 중 윈도우에서 계정 암호 정책을 설정할 때의 설명으로 틀린 것은?

① 암호는 복잡성을 만족하도록 설정하여야 한다.
② 제어판 – 관리도구 – 로컬 보안 정책 – 계정 정책 – 암호 정책에서 설정할 수 있다.
③ 최소 암호 길이는 7자리 이상으로 설정하여야 한다.
④ 최소 암호 사용 기간은 1일로 설정한다.

22 윈도우에서 자동 로그인 비활성화를 하는 방법에 대한 설명으로 틀린 것은?

① 윈도우–실행에서 control userpasswords를 입력 후 실행한다.
② 사용자 계정 창이 나오면 "사용자 이름과 암호를 입력해야 이 컴퓨터를 사용할 수 있음"을 체크하면 된다.
③ 프로그램 및 파일 검색에서 netplwiz를 실행하여 설정할 수 있다.
④ 윈도우–실행에서 control userpasswords2를 입력 후 실행한다.

23 공유 폴더 사용을 제한하고자 할 때 수행하는 방법으로 잘못된 것은?

① ₩HKEY_LOCAL_MACHINE₩SYSTEM₩ControlSet001₩services₩LanmanServer₩Shares 에 존재하는 키 값을 모두 삭제한다.
② ₩HKEY_LOCAL_MACHINE₩SYSTEM₩ControlSet001₩services₩LanmanServer₩Parameters에 AutoShareWks를 생성하고 값은 0으로 설정한다.
③ net share 명령어를 활용하여 net share 공유이름 /delete로 해제한다.
④ 제어판 → 시스템 및 보안 → 관리도구 → 컴퓨터관리 → 공유폴더 → 세션에서 세션을 모두 제거한다.

24 원격데스크탑 연결 보안을 설정하는 방법에 대한 설명으로 틀린 것은?

① 계정 잠금 정책을 설정한다.
② 원격데스크탑 접속 포트를 3389포트로 변경한다.
③ 접속 가능한 IP주소를 제한한다.
④ 주기적인 접속 로그를 확인한다.

25 모바일기기를 위협하는 악성코드, 멀웨어의 설명으로 틀린 것은?

① 인터넷 주소가 표기된 문자메시지를 보내 링크 클릭을 유도하는 것을 스미싱이라고 한다.
② 스마트폰을 사용할 수 없도록 차단하거나, 주요 파일을 암호화하고 금전을 요구하는 것을 랜섬웨어라고 한다.
③ 사용자의 허가없이 프로그램을 설치하고, 사용자의 정보를 수집하는 것을 드로퍼라고 한다.
④ 기기 보안 취약점을 이용해 좀비폰을 만들고, DoS 공격에 이용하는 것을 익스플로잇이라고 한다.

26 무선랜을 안전하게 사용하기 위한 방법으로 적절한 것은?

① 무선공유기의 SSID를 어렵게 설정한다.
② 사용자가 잘 알고 있는 무선랜은 자동 접속되도록 설정한다.
③ 무선공유기의 인증 및 암호화 설정은 WEP은 보안에 취약하므로 WPA로 설정한다.
④ 외부에서 무선랜 이용이 필요할 경우 본인이 잘 알고 있거나, 무선랜 이용 장소에서 제공자가 확인된 무선랜만을 이용한다.

27 무선랜의 인증 및 암호화에 대한 설명으로 맞는 것은?

① WEP는 인증키로 사전 공유된 비밀키를 사용하며 64bit만을 지원한다.
② WPA2는 암호키의 동적 변경을 지원하며, RC4 알고리즘을 사용한다.
③ WPA는 사전에 공유된 비밀키를 사용하거나 별도의 인증서버를 이용한다.
④ WPA2는 별도의 인증서버만을 이용하기 때문에 보안이 강하다.

28 백신 프로그램을 사용할 때 사용자가 고려해야 할 사항으로 틀린 것은?

① 백신의 공식 홈페이지에서 배포하는 백신을 설치한다.
② 바이러스나 악성코드의 수가 매우 다양하기 때문에, 다른 소프트웨어 설치 시에 제공하는 백신 프로그램을 같이 설치하여 다양한 백신으로 컴퓨터를 보호하여야 한다.
③ 백신은 항상 최신 버전으로 업데이트하고 주기적으로 검사한다.
④ 백신 프로그램의 실시간 탐지 기능을 항상 켜놓아야 한다.

29 보안 강화를 위한 윈도우에 대한 계정관리 설정 중 잘못된 내용을 고르시오.

① 윈도우 서버의 기본 계정인 Administrator 계정을 변경하여 사용
② GUEST 계정 비활성화
③ 불필요한 계정제거
④ 마지막 사용자 이름 표시

30 윈도우 보안정책 설정을 위한 로컬 보안 정책(SECPOL.MSC)에서 여러 가지 보안 설정을 한다. 다음 중 로컬 보안 정책(SECPOL.MSC)에서 설정할 수 없는 것은?

① 콘솔 로그온 시 로컬 계정에서 빈 암호 사용 제한
② 관리자 그룹에 최소한의 사용자 포함
③ 익명 SID/이름 변환 허용
④ 로컬 로그온 허용

31 다음 중 물리적 보호조치에 해당하지 않는 것은?

① 회사의 출입문에 아무나 드나들지 못하도록 출입카드로만 열리는 도어락을 설치하였다.
② A회사 전산실에는 화재를 대비하여 소화설비시스템을 구축하였다.
③ B기업의 주차장 주변으로 불법 침입자를 차단하기 위하여 철조망(펜스)을 설치하였다.
④ 전산실 서버에 불법 접속을 막기 위해서 인가된 접속 아이디를 발급하였다.

32 다음 중 관리적 보호조치에 해당하는 것은?

① 기업이나 조직 내에 어떤 시스템이 운영되고 있고 수량은 얼마나 되는지 등의 파악과 철저한 자산 식별을 수행한다.
② 네트워크 구간에 중요정보를 전송 시에는 안전한 암호화 통신채널(TLS/SSL 등)을 사용한다.
③ 시스템 접근통제를 위해서 접근통제시스템을 구축/운영한다.
④ 전산실 시스템들의 서버 랙의 잠금장치를 설치한다.

33 다음 중 기술적 보호조치에 해당하지 않는 것은?

① 악성코드(바이러스, 웜, 트로이 목마 등)로부터 이용자의 단말기(PC 등)를 보호하기 위해서 백신을 설치하였다.
② 사무실 컴퓨터에 화면보호기를 설치하였다.
③ 사이버 공격에 대응하기 위해서 패스워드 생성 정책을 강화하는 지침을 마련하였다.
④ 네트워크 보안을 위해서 내/외부 네트워크를 보호하기 위해서 정보보호시스템(방화벽, IPS, IDS, VPN, TMS 등)을 구축하였다.

34 다음 중 정보보호의 조치사항으로 잘못된 것은?

① A기관에서는 홈페이지 로그인 패스워드를 안전하게 64비트 일방향 해쉬알고리즘으로 암호화 조치하였다.
② 전송구간의 안전한 통신을 위해서 SSL 통신을 적용하였다.
③ 시스템 접속 시의 패스워드 생성 정책으로 숫자, 영문자, 특수문자를 조합하여 8자리 이상으로 만들도록 설정하였다.
④ 전산실을 통제구역으로 설정하고, 출입통제를 위해서 안전한 출입카드 인증 및 지문 인증의 2가지 인증요소를 적용하였다.

35 아래의 그림은 어떤 악성코드와 관련이 있는지 답하시오.

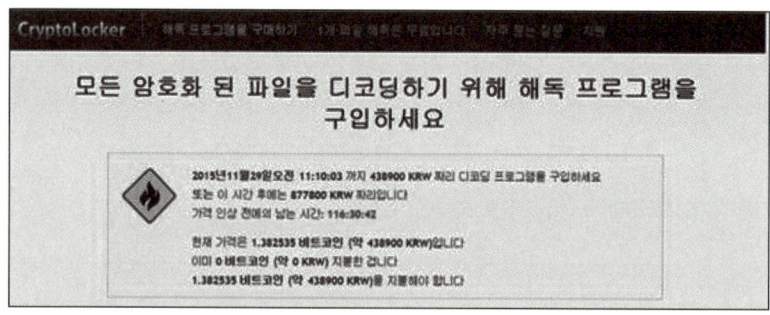

① 랜섬웨어　　　　　　　　② 피싱
③ 봇넷　　　　　　　　　　④ 백도어

36 다음 중 안전한 암호화 조치로 가장 알맞은 것은?

① 패스워드는 안전한 양방향 알고리즘으로 암호화 조치했다.
② 데이터베이스에서 주민등록번호, 성명, 집 주소, 이메일 주소 등 개인정보를 유출시 대응하기 위해서 모두 128비트 이상의 암호화 알고리즘으로 양방향암호화 하였다.
③ A기업에서는 개인정보가 포함된 데이터를 전송 시 전송구간의 SSL 암호화는 고려하지 않았다.
④ B쇼핑몰 회사는 회원들의 개인정보를 DB에 저장하고, 일부 회원의 정보만 암호화 하였다.

37 아래에서 설명하는 것은 무엇을 뜻하는가?

시스템 관리자가 일부러 열어놓은 시스템의 구멍이다. 해커가 이미 장악한 PC의 다음 침입을 쉽게 하기 위해, 사용자가 모르는 침입 루트를 뚫어 놓았다.

① 백도어
② 피싱
③ 파밍
④ APT

38 사이버 공격에 대해서 가장 올바르게 설명한 것은?

① 인터넷을 이용하여 허가받지 않은 시스템(통신망, 서버, 컴퓨터, 스위치 등)에 침입하는 등의 행위를 뜻한다. 사이버 공격을 다른 표현으로 사이버테러리즘이라고도 한다.
② 사이버 공격은 가상공간에서의 공격으로 실제 시스템에 장애를 일으키지 않는다.
③ 사이버 공격을 차단하는 장비에는 라우터가 있다.
④ DDoS 공격을 대응할 수 있는 장비와 기술은 개발단계에 있다.

39 다음 중 사이버 공격의 유형이 아닌 것은?

① DDoS공격
② DRDoS
③ 웹 쉘 공격
④ 스피어웨이(SpearWay)

40 아래 보기에서 설명하는 용어는 무엇인가?

데이터를 찾아주는 소프트웨어 도구. 인터넷 웹 사이트를 방문하고 요청한 정보를 검색, 저장, 관리하는 에이전트의 역할을 한다.

① 파밍
② 스파이웨어
③ RAT
④ 봇(Bot)

41 다음 중 IoT에 대한 설명으로 잘못된 것은?

① IoT는 Internet of Things를 말한다.
② IoT는 센서, 임베디드 단말, 네트워크, 보안, 빅데이터 처리, 클라우드 등 구성요소를 갖는다.
③ IoT는 엠비언트, 확장성, 이벤트 구동형, 시맨틱 쉐어링과 같은 특징을 갖는다.
④ IoT는 센서로부터 수신된 데이터를 주로 배치한다.

42 다음 중 IoT의 보안위협과 관련된 사항으로 잘못된 것은?

① IoT 기술의 활성화 및 신규 서비스 창출을 위해 정보보안은 필수적이다.
② IoT는 센서/디바이스, 네트워크, 플랫폼/서비스 군별로 각각의 취약점을 갖는다.
③ IoT 보안 취약점 중 센서/디바이스에 해당되는 것은 트래픽분석, 도청/변조, 데이터유출, 서비스거부 공격 등이다.
④ IoT 보안 취약점 중 플랫폼/서비스에 해당되는 것은 불법접근, 정보유출, 프라이버시 침해, 펨웨어 조작 등이다.

43 다음은 무엇에 대한 설명인가?

① 멀티테넌시(Multi-tenancy)   ② 멀티태스킹(Muti-tasking)
③ 멀티프로세싱(Muti-processing)   ④ 멀티로그인(Muti-logging)

44 다음 중 클라우드 컴퓨팅에 대한 설명으로 잘못된 것은?

① 서버, 스토리지, SW 등 IT 자원들을 구매하여 소유하지 않고 필요시 인터넷을 통해 On-demand 서비스 형태로 이용하는 방식이다.
② 인터넷 기술을 이용하여 확장성과 유연성을 갖는 IT 기반 기능을 서비스 형태로 제공하는 컴퓨팅 유형이다.
③ 실제 사용량에 따라 자원을 배치하고 활용할 수 없어 유휴자원이 많이 발생한다.
④ 클라우드 컴퓨팅은 그리드 컴퓨팅, 유틸리티 컴퓨팅 등으로부터 발전한 개념이다.

45 CSA(Cloud Security Alliance)의 클라우드 컴퓨팅의 7대 보안 위협 중 잘못된 것은?

① 클라우드 서비스 오남용
② 데이터 프라이버시의 보장
③ 악의적인 내부 관계자
④ 공유기술의 취약점

46 다음 중 빅데이터의 특징에 해당하지 않는 것은?

① 크기 단위가 TB · PB로, 데이터 크기가 크다.
② 주로 DB에 저장 가능한 데이터를 사용한다.
③ 동영상, SNS, 음악 사진 등의 비정형 데이터를 포함한다.
④ 데이터의 분석 속도가 수초 ~ 수분으로 거의 실시간으로 이루어진다.

47 다음은 빅데이터의 활용단계 별 보안요소 중 고려 사항이다. 어느 단계에서 고려해야할 보안고려 요소인지 고르시오.

- 데이터의 안정한 저장 및 관리
- 데이터 필터링 및 등급 분류

① 수집단계　　　　　　　② 저장단계
③ 분석단계　　　　　　　④ 폐기단계

48 빅데이터 내의 개인정보 노출을 방지하기 위한 비식별 조치 중 다음에서 설명하고 있는 처리 기법은 무엇인가?

- 임꺽정 180cm, 홍길동 170cm, 이콩쥐 160cm, 김팥쥐 150cm
→ 물리학과 학생 키 합 : 660cm, 평균키 165cm

① 가명처리(Pseudonymization)
② 데이터 삭제(Data Reduction)
③ 총계처리(Aggregation)
④ 데이터 범주화(Data Suppression)

49 다음 중 인공지능의 특징에 해당하지 않는 것은?

① 부족한 입력정보로 결과 생성, 출력 가능
② 휴리스틱 탐색(경험적)
③ 추론기능 있음
④ 자료나 정보를 사용

50 다음에서 설명하는 AI를 활용한 기술은 무엇인가?

인지기술 기반으로 제작된 컴퓨터이다. 자연어를 처리하고 이해하도록 설계되어 인간과 비슷한 사고 프로세스 활용이 가능하다. 대량 병렬 분석기능을 통해 단어에 함축된 실제 의미를 파악할 수 있으며, 스스로 가설을 설정하여 증거기반으로 검증을 수행할 수 있다.

① IBM Watson
② 구글 브레인
③ 구글 알파고
④ 마이크로소프트 옥스포드

실전 모의고사 정답표

1	②	2	④	3	③	4	③	5	②
6	④	7	①	8	③	9	②	10	④
11	③	12	②	13	①	14	④	15	③
16	③	17	③	18	②	19	②	20	③
21	③	22	①	23	④	24	②	25	③
26	④	27	③	28	②	29	④	30	②
31	④	32	①	33	③	34	①	35	①
36	②	37	①	38	①	39	④	40	④
41	④	42	③	43	①	44	③	45	②
46	②	47	②	48	③	49	④	50	①

부 록

사단법인 한국사이버감시단 소개
참고 문헌

사단법인 한국사이버감시단 소개

사단법인 한국사이버감시단

○ 감독관청 : 방송통신위원회 (허가번호 제2001-40, 정보통신부 서울체신청)

○ 홈페이지 : www.wwwcap.or.kr

○ 설립목적 : 급변하는 정보화사회에 나날이 늘어나는 사이버공간에서의 네티즌피해를 최소화하고 네티즌의 권리는 네티즌 스스로가 지켜가자는 취지에서 설립된 비영리 민간단체입니다.

○ 활동 연혁 (1999년~2017년)

2017. 07	정보보호활용능력 민간자격증 시행
2017. 02	지능정보 보안아카데미 사업단 발족
2016. 07	정보보안관제사 민간자격증 시행
2016. 03	서울신문, 인터넷 예의지국을 만들자! 기획시리즈
2015. 06	한국청소년정책연구원, 온라인 불건전 유해정보 유통실태 조사
2015. 04	한국청소년정책연대 결성 참여
2014. 04	국회 토론회, 청소년 유해매체 접촉실태와 대책
2013. 12	한국정보화진흥원, 사이버지킴이연합회 활동 감사패
2013. 11	정보문화실천 유공 미래창조과학부 장관 표창
2013. 06	한국정보화진흥원, 행복한 스마트문화 실천연합
2012. 12	행정안전부, 사이버지킴이연합회 활동 감사패
2012. 09	온라인 음란물 차단 모니터링 방법론 교재 배포
2012. 06	사이버지킴이연합회 결성 (청소년 유해음란물 클린운동)
2011. 06	명의도용 피해신고 코너 개설
2011. 04	게임이용 확인서비스 코너 개설
2009. 09	피싱사기 피해신고 코너 개설
2009. 05	메신져 금융사기 피해신고 코너 개설

2006. 06	국회 토론회, 넘쳐나는 사행성게임산업, 이대로 좋은가?
2005. 11	KISA, 주민번호 대체수단 활성화 대책반
2005. 09	KBS 1R, 인터넷실명제 열린토론회
2005. 03	일본인터넷핫라인연락협의회 국제컨퍼런스 참여
2004. 10	제15회 청소년문제 심포지엄 참여
2003. 11	청소년디지털미디어체험박람회 제2회 주관 (청소년보호위원회)
2003. 07	KBS 아침마당, '인터넷 청소년의 문제' 기획 참여
2003. 06	정보통신부, e-Clean Korea 캠페인 민간단체 주관 사업 시행
2003. 05	동아일보 '건강한 인터넷' 캠페인 공동주관단체 참여
2003. 04	KBS 추적60분, 청소년 유해사이트 실태조사
2002. 07	제14회 부산아시경기대회 사이버민간홍보단 운영
2002. 06	제15회 정보문화대상 (대통령 표창) 수상
2002. 04	건전한 사이버 청소년 문화를 위한 민관협의회
2002. 03	일본 인터넷핫라인연락협의회 협력교류
2001. 12	한국사이버범죄백서 편찬 (전자신문사)
2001. 07	사이버소비자협의회, 전자상거래(쇼핑몰)업체 이용실태조사
2001. 06	YTN, '네티켓을 지키자' 공동캠페인 실시
2001. 05	안전한온라인을위한민간네트워크(안전넷) 결성 및 발대식 주관
2001. 02	경찰청 '사이버테러대응센터' 업무 협조 연계
2001. 01	사단법인 설립 승인 (정보통신부)
2000. 07	서울경찰청 '사이버범죄수사대' 업무협조 연계
2000. 06	인터넷금융다단계 '8억메일' 불법성 캠페인 전개
2000. 02	사이버피해신고센터 운영 (피해구제 상담 활동)
1999. 11	한국사이버감시단 발족

참고 문헌

- 국가정보원, 2017년 국가정보보호백서
- 국가법령정보센터 http://www.law.go.kr
- 과학기술정보통신부 www.msit.go.kr
- 통계청, 국가통계포털 kosis.kr
- 행정자치부, 공공기관 민간 클라우드 이용 가이드라인 2016.7
- 행정자치부, 개인정보 보호법령 및 지침·고시 해설 2016.12
- 행정자치부, 개인정보보호 실태조사 보고서 2016
- 개인정보보호위원회, 제3차 개인정보보호 기본계획 2016.12
- 한국정보화진흥원, BIGDATA 선도사업사례집 2017
- KISA, 보호나라 www.boho.or.kr
- KISA, 방송통신위원회, 백신 프로그램 이용 안내서
- KISA, 방송통신위원회, 스마트폰 백신 이용 안내서
- KISA, 방송통신위원회, 알기쉬운 공중 무선랜 보안 안내서
- KISA, 방송통신위원회, 알기쉬운 무선랜 보안 안내서
- KISA, 방송통신위원회, 무선랜 보안 안내서
- KISA, 개인정보침해신고센터 홈페이지
- KISA, 2016년 개인정보 보호법 상담 사례집
- KISA, 2045 미래사회 인터넷 인본을 지키다 2017.03
- KISA, 2045 미래사회 인터넷 플러스 신뢰를 세우다 2017.08
- KISA, IoT 공통보안원칙 2016.9
- KISA, IoT Security Guideline, IoTAC 2016
- KISA, IoT 보안, 전길수 2016.11
- KISA, 클라우드컴퓨팅서비스 보안인증제도 2016.5
- KISA, 클라우드컴퓨팅서비스 보안인증 제도 안내서 2016.5
- KISA, 페이스북 이용자를 위한 개인정보보호 안내서

- ETRI, 인공지능 산업활성화 생태계 조성을 위한 제언
- TTA, 정보통신용어사전 http://terms.tta.or.kr
- 스마트폰 정보보호 민간 합동 대응반, 스마트폰 10가지 안전 수칙
- 융합보안산업, 사물인터넷시대의안전망 2014.4.
- 일본정보처리추진기구(IPA), IPA연결 세계개발지침 2016
- 인포더북스, 정보보안관제사 1.2급 2016.09
- 사이버보안의 북극성, 여동균 2016
- 어린이 사이버보안, 여동균 2017
- 보안뉴스, http://www.boannews.com
- 네이버백과, http://terms.naver.com
- 다음백과, http://100.daum.net
- 두산백과, http://www.doopedia.co.kr
- 나무위키, https://namu.wiki
- 위키백과, https://ko.wikipedia.org
- LGERI, 일본제조업의 IoT전략, 이지평 2016.12
- 시스코, https://www.cisco.com/kr
- IBM, 빅데이터와 보안
- IBM, 인공지능을 이용한 정보보안